徐枕——著

胡宗南先生四書 之壹

一代名將
胡宗南

胡宗南上將（1896－1962）

辦大事者非精心果力之為難，而仁恕存心相忍為國之不易也。

胡宗南

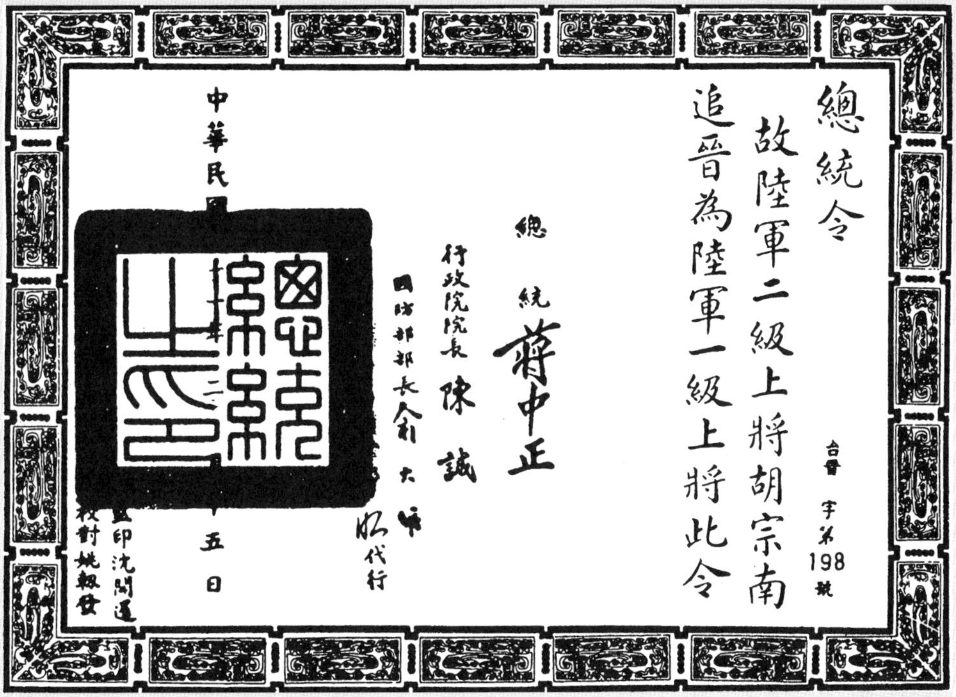

總統令

故陸軍二級上將胡宗南

追晉為陸軍一級上將此令

台晉字第198號

總　統　蔣中正

行政院院長　陳　誠

國防部部長　俞大維

代行

中華民國……五日

監印沈關道

校對姚毅安

追晉令

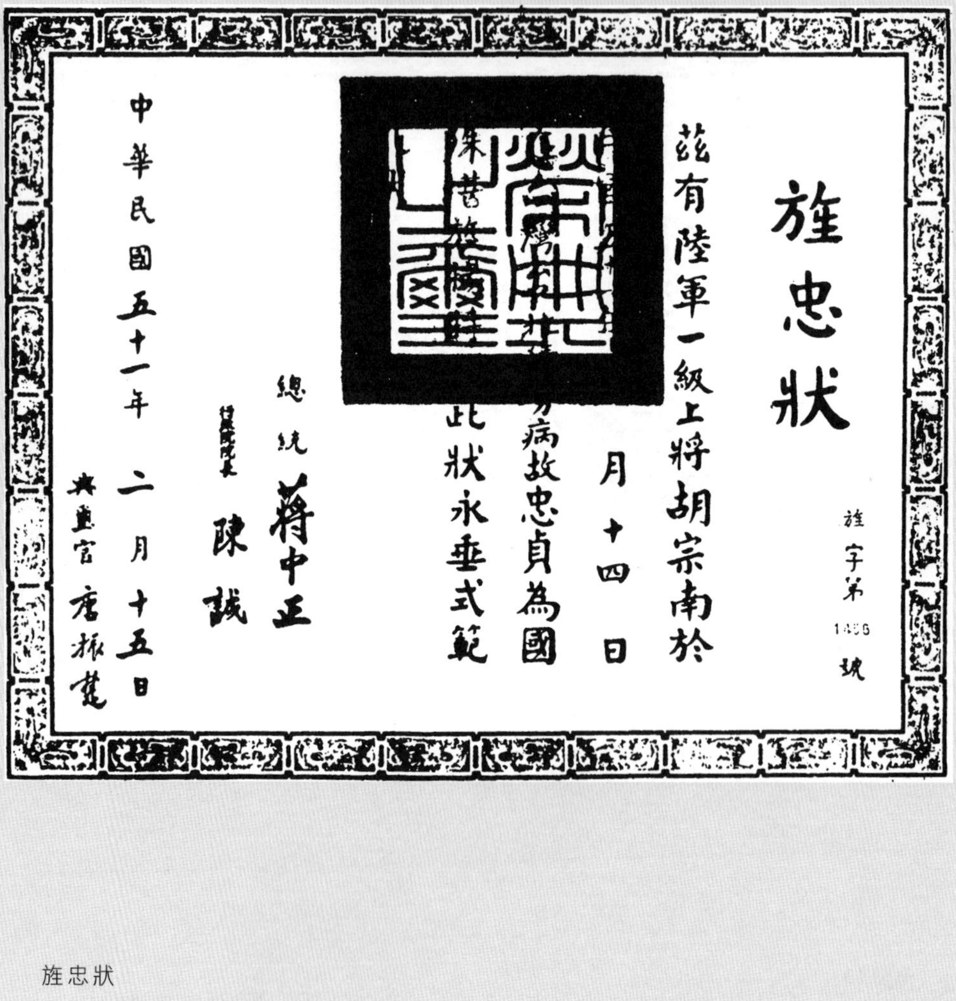
旌忠狀

旌字第1456號

茲有陸軍一級上將胡宗南於
月十四日
病故忠貞為國
此狀永垂式範

總統 蔣中正
行政院長 陳誠

中華民國五十一年二月十五日

典璽官 唐振楚

旌忠狀

總統令

總統府戰略顧問委員會戰略顧問陸軍二級
上將胡宗南少負志行堅卓果毅早歲入黃埔軍
官學校研習軍事曉暢戎機東征以來參與革命
戰役臨陣奮勇迭建奇功歷任第一軍軍長第十
七軍團長第三十四集團軍總司令第八戰區副
令長官暨西安綏靖公署
國干城抗戰勝利後共匪
上將秉承方畧痛追逃竄
府播遷率軍殿後艱危備
整訓部伍鞏固海防咸收
問方資藎籌期多獻替遽
晉陸軍一級上將以示懇予
令

總統 蔣中正

行政院院長 陳誠

中華民國五十一年三月十三日

典璽官 唐振楚

褒揚令

蔣總統頒賜之輓額

【出版序】

恢弘士氣，再造中興
——胡宗南先生四書

胡宗南上將是中國近代史上赤忱效忠領袖、完成中興大業的重要傑出人物之一，雖然胡將軍去世已逾五十年，但其風範與事功卻常留人心，永載史冊。

胡上將以一文人之身，在國民革命風起雲湧之際，投筆從戎，進入黃埔軍校第一期，從此追隨先總統蔣公，歷經東征、北伐、抗戰、剿共、保臺等戰爭，尤其是在八年對日抗戰期間，扼守西北，成功擊退了日軍的進犯，保護西南抗戰基地，培訓人才，奮鬥到日本投降，協助國家完成中興大業。接著在與中共的爭戰中，盡心盡力，堅持到最後一刻，才由蔣公派機接到台灣，繼續為復興大業而奮鬥，可惜壯志未酬身先死，常使英雄淚滿襟，胡將軍享歲僅六十七。

英雄豪傑的事蹟，自然應該流傳於世，永垂典範。王雲五先生主持臺灣商務印書館時，倡導編印「中國名人年譜集成」，以供後人學習。《民國胡上將宗南年譜》由其舊屬於憑遠、羅冷梅所編撰，並經胡將軍夫人葉霞翟博士校訂，於民國六十九年七月出版，至今風行未已。

一○二年，胡將軍的長公子胡為真博士自國家安全會議秘書長職位退休，臺灣商務印書館決定敦請胡資政重新修訂多年前由商務出版的《民國胡上將宗南年譜》，並建議出版《胡宗南先生文存》、《令人懷念的胡宗南將軍》等紀念集，以及由胡將軍舊屬徐枕撰寫的《胡宗南先生與國民革命》（今更名為《一代名將胡宗南》），總計四本書。

此項建議獲得胡資政同意，並願意在百忙之中撥空提供資料，修訂原稿。臺灣商務印書館能夠出版有關胡將軍的四本書，深感責任重大與非常榮幸。由於胡將軍對國家的貢獻，其事蹟載諸史冊，可為典範，好比儒家四書之可貴，乃敢建議編為「胡宗南先生四書」，逐月出版，以供流傳後世。

筆者愛讀史書，尤其是中國近代史，每當閱讀及此，不免掩卷嘆息。路遙知馬力，板蕩見忠貞，胡宗南將軍之事蹟，誠可謂忠貞愛國矣。

臺灣商務印書館前總編輯　　謹序

民國一〇三年二月

編者註：

1　胡宗南先生四書為：《一代名將胡宗南》，《胡宗南上將年譜》，《令人懷念的胡宗南將軍》及《胡宗南先生文存》四種。此四書內容最早在民國五十二年時即已出版，儘管出版單位不同，但都是有關胡宗南將軍的重要著作，緣此，本館乃於一〇三年（西元二〇一四年）決定將此四書重新整理，並由胡將軍的長子胡為真博士等人協助，進行各書修訂。歷史的巨輪是永不停歇的，由於史料不斷被發掘，亦歡迎各界持續補遺，以俾繼續出版。

2　《一代名將胡宗南》全書，對於在各戰役陣亡殉國者，以印刷黑體書其完整姓名，並儘量附以小傳，以昭諸先烈忠藎為國、捨生成仁之壯懷。

【推薦序】

黃埔精神的典範——胡宗南上將

國父領導國民革命，辛亥武昌起義，推翻滿清，建立中華民國，但政權為袁世凱等北洋軍閥所竊據。國父痛感只有革命黨的奮鬥，而無革命軍的奮鬥，乃於民國十三年，在廣東黃埔成立軍官學校，召訓全國有志青年從軍革命，並命蔣公為校長，以黃埔子弟為核心，組成國民革命軍，故蔣公亦被尊為軍父。

黃埔建軍，係以國父思想為核心的精神傳統。九十年來，歷經北伐（含東征）、抗戰、剿共、保臺四大戰役，全視黃埔精神的興替，決定戰役的成敗。九十年來，有光輝的勝利，也有慘痛的失敗，但只要黃埔精神得以傳承發揚，中華民國必能立於不敗之地，完成國父的建國理想。

蔣公曾明示，黃埔精神的精義，是團結、負責與犧牲。

團結是以信仰三民主義、效忠中華民國為基礎，三軍一體，如手如足；三軍一家，如兄如弟。以同甘苦、共生死的情感道義，形成萬眾一心的戰鬥意志。

負責是存誠務實，實事求是，精益求精，精練武藝，冒險犯難的戰鬥作風。

犧牲是成功不必在我，不成功便成仁的戰鬥志節。

亦即以黃埔精神，實踐於國家、責任、榮譽三大信念之中。

胡宗南上將是黃埔一期最年長的學生，入學時已二十八歲（當時學生平均年齡應為二十歲），曾有社會經驗，毅然攜筆從戎，故在先天上，他是黃埔一期最成熟的學生。歷經四大戰役，他的升遷在黃埔子弟中首屈一指，畢業後兩年（民國十六年），就當了師長，從帶四十人的排長，升到帶一萬人的師長。爾後從第一師、第一軍到第一戰區司令長官，先後統兵達百萬，而在蔣公心目中，直以接班人之勢期許之，乃因他是黃埔精神的標竿。

胡將軍是東征、北伐、統一、平亂、抗戰、剿共、保臺諸戰役，全程參與的唯一黃埔學生，功勛卓著，但似無赫赫之名。正如孫子所謂，善戰者無智名，無勇功，其尤足稱道者則為武德。

武德之首要為忠。胡將軍忠於三民主義，忠於中華民國，忠於領袖蔣公，忠於其職責，忠於其部屬，故能以身作則，同甘苦，共患難，士兵不能享受者，他亦不享受。值得一提的，黃埔一期於北伐成功後，恃驕而腐者不乏其人，豈止結婚，納妾者亦常聞，胡將軍以其官階，雖已有知心女友，但抗戰未勝，決不成家。唯忠能公而忘私忘家，無疑是領導成功的要訣。

抗戰期間，胡將軍曾經主持陸軍官校第七分校，地點在王曲。校中有兩幅重要對聯，一為「貪生怕死莫入此門，升官發財請走別路」；另一為「鐵肩擔主義，血手寫文章」。前者原出現於廣州黃埔，後者當出自胡將軍的壯懷，皆為黃埔精神之精義所在。

剿共戰爭自徐蚌會戰後，大局逆轉，總統蔣公引退。當時，胡將軍尚統領十個軍三十個師，為完整精銳的部隊，以中樞無主，竟滯留陝南五個月之久。迨民國三十八年十月，蔣公以總裁身分，赴重慶坐鎮，急調胡將軍入川，乃於十一月末，僅第一軍一個團，趕到重慶，掩護蔣公，於最後時機離開重慶，飛抵成都。

胡部陸續趕抵成都，面對叛離軍閥及共軍攻勢，保衛蔣公，在成都坐鎮十日，最後於十二月十日，由蓉安全飛臺。胡將軍達成勤王任務，並奉蔣公指示，率部轉進西康，在大陸行最後之奮鬥，以致犧牲殆盡，蔣公不忍其在西康殉職，於最後時機接至來臺。時窮節乃見，胡將軍臨難不苟、唯命是從的武德，足為年輕世代所效法。

高尚的武德，為不計名位，但知任務。胡將軍來臺後，蔣公命其赴孤懸的大陳島指揮。以大陸曾任戰區司令長官上將之尊，做一個師長的工作，且艱苦備嘗，他欣然前往。其臨危授命、不計權位的美德，正是崇高武德的表現。

民國三十九年三月一日，蔣公復職，重整軍備，自為當務之急，而召訓高階軍官，則親自主持。蔣公特聘日本的優秀軍官富田直亮（化名白鴻亮），來臺成立軍官訓練團，胡將軍亦入班旁聽受訓，與我同班。

抗戰時，我只是連長級的軍官，且在西南戰場，故無緣當胡將軍的部下，連照片都未見過，但久仰其威名，後竟成為同班同學，他是上將，我只是小上校而已。自有機會相處，始知這位身經百戰的西北王，至為低調謙和。他比我長二十三歲，在課業討論時專注傾聽，很少發言，但可看出他對大軍的指揮，有很多的感觸。

既為同班同學，偶而也有餘興，便是到他在臺北的小辦公室打橋牌。我的記憶裏，只有一杯淡茶，別無招待。他從未請我們用餐，這並非吝嗇，乃是多年儉樸的美德。

抗戰期間，胡將軍駐節西北重鎮西安，彭孟緝將軍時任西安砲兵旅長，要見他得依例先登記候約。但到臺灣後，彭將軍任參謀總長，胡將軍任澎防部司令官，彭總長到澎湖視察時，胡將軍都親迎於機場，對這位老部下兼新長官，執新部下之禮甚恭，彭總長連聲說不敢當。兩位對軍中倫理和階級服從，都立下完美的榜樣。

今逢黃埔建軍九十年，胡將軍長公子為真博士，整理乃父有關文件四件，編為「胡宗南先生四書」，重行付梓，見其孝思，這是最珍貴的精神資產。我身列黃埔子弟，重溫四書，深為感動。胡將軍是軍人武德的典範，是黃埔精神的標竿，凡我同志，應永遠傳承，並發揚光大，是為序。

黃埔第十二期　陸軍一級上將　郝柏村

中華民國一〇三年　時年九十五

【代序一】

陸軍一級上將胡公宗南傳

公諱宗南，以字行，胡氏。耕讀傳家，累著清德。父際清公由浙江鎮海遷居孝豐，尤以善行稱於鄉里。公少而豁朗英峙。隻身遊燕、趙間，覽河山之壯麗，念國族之阽危，慨然有澄清之志，時國父孫公開府廣州，創黃埔軍校，今總統蔣公為校長。聞訊欣然，負笈前往，第一期畢業，以見習官用，參與東征之役。

十四年棉湖之戰，因功擢升為上尉營附，旋遷少校。十五年北伐出師，任第一師第二團團長。進軍銅鼓，擊破孫傳芳混成旅楊震東部。繼攻牛行、樂化車站及奉新縣，均克之。遂南昌之戰，俘敵方本仁部九千人。上饒之役，復殲敵謝文炳全部。入浙後，洋埠之戰，敵孟昭月憑險頑抗，我友軍受挫，公率部破其主力，挽回戰局，遂得迅復杭城。上海之戰，由閔行潛渡黃埔江，襲敵畢庶澄部，攻佔莘莊、龍華及兵工廠，俘獲無算。翌年冬，以奇計制服敵鐵甲車，收復蚌埠，論功升第二十二師師長。旋協同友軍，收復徐州。十七年二期北伐，敗張宗昌部於棗莊臨城，會師濟南，全國統一之局迅告完成。是年秋，部隊縮編，改任第一師第二旅旅長。

十八年春，桂軍胡陶據武漢叛變，奉命西征，所部首入漢口。五月馮玉祥叛變，以討逆軍入豫，敗馮部孫良誠於嵩山中嶽洞。次年元月，唐生智又據鄭州叛變，第二旅迂迴平漢路東，至崇仔砦，俘其團長九人，唐部遂瓦解。會中原戰事再起，復親率第五團，擊敗孫良誠偷襲之兵，厥功尤偉，洊升第一師師長。駐軍開封鄭州，剿滅著匪大月牙，地方又安，民困以蘇。嗣後入皖進剿共軍，收復六安、霍山。追剿徐匪向前，沿大別桐柏山入川鄂邊境，三越秦嶺，激戰於漫川關、引駕迴、鳳凰嘴、寧羌各地，殲匪極眾。

二十四年毛共澤東率眾西竄，川西會剿，公部自摩天嶺至青川平武，力攻而入，即晉鄧艾入蜀之古陰平道。與共戰於松潘，大破之。匪眾四五萬，倖逃陝西者才五六千耳。是役也，自春徂冬，寒暑飢疲，疫癘時作，公與士卒同甘苦，撫循慰勉，故戰志始終旺盛。

二十五年，第一師擴編為第一軍，公晉任軍長。入甘，再敗匪於同心城、預旺堡、韋州。適西安事變猝發，總統蒙難，乃率軍東還，迎擊張楊逆部，致剿共未奏犂庭之捷，而負嵎之勢以成。論者謂張楊之變，為此後國家禍亂之因，殆非虛語；不徒公以當日殺賊未竟全功為憾也。抗戰軍興，率第一、第七十八兩師增援上海，苦戰六週，予寇重創。二十六年冬，升任第十七軍團長，明年兼中央軍校第七分校主任，移節西安，奉命整編華北各戰場退陝部隊。嗣參加羅山蘭封之戰，擊潰敵精銳土肥原師團。又明年，升第三十四集團軍總司令，仍駐關中，捍衛河防，封鎖陝北邊境。三十三年，敵陷洛陽，以山地兵第一百一十師團為主力，自盧氏窺陝境，破之。右禦日軍，左拒共軍，卒使豫西及陝甘寧青一帶安堵如恆，紓政府西顧之憂，微公之力莫及此。旋受命為第一戰區司令長官。

三十四年八月，日本投降。公奉命至鄭州受降。時共軍猖亂，乃出師增援冀晉，授以方略，長驅數百里，匪莫敢犯。三十六年三月，進攻匪剿延安，三日克之。五月各戰區裁撤，改任西安綏署主任。厥後榆林、大荔、涇渭河谷、中條山、運城、臨汾之戰，無不予匪重創。三十八年春。總統引退，四月，首都淪陷，匪由南陽，循白河，竄漢中，西安側背受敵，五月奉命移師漢中，擊潰進犯安康之匪。十一月奉命急援重慶，掩護政府遷蓉。於時賊勢已成，而川滇諸將領續叛，雖大局已無可為，然公所部猶能奮其最後之一擊，嘗諭袍澤曰：「勤王之師，義無反顧，設領袖蒙難，吾輩何以為人？」故第一軍千里應援，與匪在南溫泉、白市驛、江津等地血戰三晝夜，死亡枕藉，餘眾僅一團。將士之義烈，概可見矣。

來臺後，四十年奉命指揮整理大陳海上游擊部隊，任江浙反共救國軍總指揮兼浙江省政府主席，梳爬整飭，殫精竭慮，前後攻襲共軍三十九次；並親率所部攻黃礁、洞頭、大小洋嶼諸島，予匪重創。四十四年九月，調澎湖防衛司令官。四十五年赴美考察。四十八年十月，任調總統府戰略顧問。至逝世前，仍為中國國民黨中央評議委員，總統府戰略顧問，國防研究院院務委員。

跡公生平，幾無日不在戰陣之中。治軍以嚴，而馭下以厚；律己以儉，而待人以豐；嫉惡如仇，而好覆人過；愛才若渴，則善推其功；故袍澤咸心悅誠服，樂為效命，非偶然也。五十一年二月十四日以疾卒於臺北榮民醫院，春秋六十有四。表聞總統蔣公，深為震悼，親臨弔祭，飭典優隆，以彰忠藎。德配葉霞翟女士，生男子二，為真，為善；女子二，為美，為明。同年六月九日葬公於臺北陽明山之陽，親友袍澤會葬者千數百人。備極哀榮，同仁倡議刊行紀念冊，以昭矜式，遺列為傳記，因述其所知於公之生平事蹟者如上，深媿不文，未能表彰公之功德於萬一也。

羅列　中華民國五十一年六月

編者註：本文作者羅列（一九〇七—一九七六年）將軍，為黃埔陸官四期，曾任中華民國陸軍總司令，總統府國策顧問，及臺機公司董事長等職。

【代序二】

我與胡宗南將軍

其志潔，其行廉。數同學少年，惟衛霍相望。
遇上忠，遇下愛。萃平生風誼，在宗李之間！

這是我致悼胡宗南將軍的一副輓聯。自胡將軍逝世以後，我將這位功在旂常的大將，幾無時不在追思悼惜之中，尤使我夢寐難忘的，就是兩人形跡相親的許多往事。

我做胡將軍的直屬部下，是在民國十九年。當時，他是國民革命軍第一師師長，我是第一師第二旅的旅長，參加豫東作戰。每逢戰況緊急的時候，我總會在第一線和戰友們一起。有一次，師長以電話詢問我的行蹤，副旅長梁華盛將軍報告他說在最前線。於是，他冒著猛烈的砲火趕來，相見之下，以半帶責備的口吻對我說：「身為一旅之長，應該在旅的指揮所，豈可冒此危險，誤了你指揮全旅的任務？」從責備的口吻中，我開始了對他對部屬的關懷和愛護：事實上他也是冒著危險而來的。

民國二十年第一師奉命馳援江西剿共，部隊駐紮萍鄉。我的祖父恰在此時棄養，噩耗傳來，本擬束裝返里奔喪，可是本師任務非常重要，胡將軍勉我移孝作忠，遂打消歸計。萍鄉與長沙，近在咫尺之間，可以朝發而夕至；同時，我自投軍黃埔，即未回過故鄉，祖父之喪，不得親視含殮，雖不免有虧孝行，然國爾忘家，公爾忘私，使我在以後數十年能替國家稍盡匹夫之責，未嘗不是胡將軍當年的一番啟迪！

民國二十二年，我擔任第二師師長，經長城抗日之役，移駐北平。這時，胡將軍由西安蒞平，老友重逢，欣然道故。他和我談到華北當時的危機，同時談到四川剿共問題，結論是攘外必先安內，最後提出部隊支援。他說：「第一師和第二師是兄弟之師，我和你是患難之交，希望你能撥一個旅給我指揮。」我毫未猶豫的回答道：「只要你需要，同時得到領袖的許可，我馬上遵命辦理。」不久，第二師便撥一個旅給他指揮，以後該旅在四川松潘曾建有輝煌的戰果，旅長是鍾松（西元一九〇〇—一九九五年）將軍。

民國二十五年西安事變之後，我奉命慰問駐西北的部隊，特別到王曲去看胡將軍，天氣異常寒冷，他住在一個窰洞裏，既未著皮衣，也未生火，手上臉上都凍得紅腫發爛，我埋怨他為什麼不加衣，不烤火？他說：「弟兄們享受不到的，我也不要享受，今天是需要我們上下一致來克服困難，身體髮膚的受煎熬，算不了什麼！」他的話，深深地印在我的心坎，更無形中增加了我抵制苦難的勇氣。事實上，胡將軍的一生，始終是過著清苦的生活，他的腦子裏真是沒有存留半點私念，那種衣粗食糲的作風，正像一個苦行的長老。

民國二十六年上海之役，我是第八軍軍長。胡將軍則是軍團長。當時，軍團的組織尚未完成，第八軍先到戰場，通訊設備比較完整，毅然負起了兩個單位的通訊任務。每當夜晚，敵人攻擊停止時，他總喜歡邀我到南翔車站附近去散步，從戰爭的狀況，敵我的力量，部隊的部署，以及為學做人的道理，可說上下古今，無所不談。到最後，便是勉勵我如何打一次勝仗，才踏著蒼茫的夜色，緩緩而歸。

上海撤退時，他打電話給我，一開口就說：「失敗了！我們將撤退，向南京轉進，我不能來看你……。」我回答他：「抗日戰爭是長期性的，只要青山在，總有報仇雪恥的一天，你先走，我部署好就來。」他那嗚咽欲泣的聲音，至今猶縈繞在我的耳際，實在是太使人感動了！

自此之後，胡將軍率領重兵，移駐西北，我也失去了追隨他的機會。但是彼此間的情感，則是呼吸相通，有增無已。

民國二十七年，我在成都，接到他的急電，說朱紹良將軍臥病蘭州，邊區的醫生不易找，一定要我找位醫生到蘭州去替朱先生治病。終於，我請到了一位葉大夫，由胡將軍用專機接去，把朱先生的病治好才回來，但從這件小事，可以看出胡將軍對長官和朋友的敬愛之忱！

民國二十八年，胡將軍患牙病，他要來成都治療，囑我為他準備一切，同時吩咐我不要告訴任何人，以免麻煩人家。他來了以後，我們看看電影，吃吃小館子，逛逛名勝，足跡踏遍了有名的錦官城。這是我和他相處最久，也最輕鬆的一段時間。

抗戰勝利後，我在南京，他仍然坐鎮西北。民國三十六年春，他以迅雷不及掩耳的手段，揮兵直搗匪巢，共軍立寨為王的根據地，幾全部被摧毀，毛匪澤東倉皇脫逃，成了漏網之魚。這一擊，對西北局勢及整個剿共戰爭，都有影響，我曾經為他鼓掌稱賀。

我們不在一起時，經常保持著書札往來，他的鋼筆字，寫得十分秀麗，只要看到信封，就知道是他寄來的，一封一封都充滿著純摯的情感，信中談軍國大計，也談身邊瑣事，我特別珍視這些信札，把它全部裝裱，可惜都留在大陸，與古國河山，同罹浩刼，這是我最難去懷的。

以上是我和胡將軍交往的一鱗半爪，時時會在我的記憶中翻動。如今，老友云亡，對宿草之新阡，念將軍之大樹，真有「憑誰問，廉頗老矣」之感！

我與胡將軍自黃埔結識以來，將近四十年間，是同學，是長官與部屬，是同生死共患難的戰友。正由於這許多關係，彼此莫逆於心，有如兄弟手足一般。黃埔畢業以後，我們懷著萬丈豪情，奔向戰場，在槍林彈雨中接受磨洗。東征、北伐、抗日、剿共，無數次的革命戰爭，消磨了我們年輕的歲月，也堅定了我們許身報國的所志所事。遭際愈艱苦，情感愈真摯，而胡將軍寬宏豁達的襟抱，公忠體國的熱誠，也愈使人挹之不盡！

四十年來，人海滄桑。國家的變動，不可謂不大，黃埔軍人受領袖的付託，也不可謂不重。而真能以領袖的意志為意志，以國家的利益為利益者，胡將軍作我們的楷模，是當之無愧的。

我所了解的胡將軍，在權位日隆之時，未嘗有矜伐之意；在叢謗交集之際，未嘗有詆毀之心，他始終是堅守立場，堅守崗位，堅守對領袖效忠的赤忱，不憂，不惑，不懼，埋下頭來去竭盡他的軍人本份。這是我對他體念最深刻的地方，也正是我們黃埔軍人應該效法的地方。

黄杰　中華民國五十二年

編者註：本文作者黃杰（一九〇二—一九九五年）為黃埔陸官第一期，曾任中華民國陸軍總司令、台灣省主席、國防部長等職。

【自序】

鐵肩擔主義，血手寫文章

悠悠我心憂，蒼天曷有極。
哲人日已遠，典型在夙昔。

胡宗南先生畢生忠藎，功在黨國。鐵肩擔主義，血手寫文章。北伐、剿共、抗戰、戡亂無役不從，為軍之先鋒，為國之中堅。其為人也，高風亮節，讓功承謗。事有所碑，無我為大，業有所成，基層為大；成仁取義，無名為大。淡泊以明志，寧靜以致遠。平生不招待記者，不發布新聞。任何誣衊中傷，從不辯白自己。嘗謂：「大丈夫立身處世，俯仰無愧，何必求人諒解。」手定戰士之人生觀為「生於理智，長於戰鬥，成於堅苦，終於道義。」闡云：「擇善固執，貫徹始終，理智也；克復困難，戰勝環境，戰鬥也；屢敗屢勝，百戰不撓，艱苦也；篤信死守，不計成敗利鈍，道義也。由真切之理智，而歸於雄偉之道義，此戰士之所以為聖賢、為英雄，為時代光輝，為民眾表率。」先生之言，鏗鏘有力，精湛簡明。所謂〈今日之戰士〉一文，集哲學、科學、兵學於一爐，聞之者鏤骨銘心，溶融肺臟。雖時逾五十年，又切切而不能忘。

先生之赤肝義膽，忠於黨國，忠於領袖，發之於天性，誠之於五衷。畢生不治產業，清廉堅貞，尤足千秋風範，臨終之時，已身為上將軍，生無片瓦之屋，死無銀行帳戶。世人言滿清三百餘年來歷數清廉之官，以彭玉麟為最；民國五十年來，歷數清廉之官，以胡宗南為最，豈偶然哉！

先生逝世已二十八年矣，懼時隨世逝，儒將偉績，恐失傳於後世，謹不揣譾陋，偕郭谷鈺、黃潤生、鄭思聰、樓登岳、王希堯等諸學長，廣集資料，並為使後人能了解當時之大局，故將當年大事之年、月、日，列記於篇章之後，稿成送《老兵天地雜誌》發表，以求先進長輩之指正。每月刊出一章，其間忝蒙史銘、王仲廉、吳允周、吳俊、潘光、任光德諸師長之指導鼓勵，至感激奮。自七十五年九月三日起，迄七十九年元月三日止，全部刊竣，今付梓單行本，蒙郭谷鈺學長提供全部圖片及設計封面，增益匪淺，復蒙康世統、林金朝二位老師在百忙中指導校正，感銘心腑，深致謝忱。尚有望於長官、學長，不吝指正，彌補闕陋，俾使再版時得以完美無瑕。幸甚！幸甚！

徐枕 謹識　七十八年十二月一日於師大人事室

編者註：本文為民國七十八年作者之原序，原書名為「胡宗南先生與國民革命」。本書經與作者研商，更名為「一代名將胡宗南」，並由本館重新整理，修訂原書內容，於一〇三年八月出版。

目次

奮起抗戰 151

生於憂患

一　家世故鄉

胡姓為帝舜之後，周武王封虞舜三十三代孫胡公滿於陳。胡公滿周初為陶正之官，亦為周武王之東床快婿，因被封於陳（今河南省淮陽縣一帶），故稱陳侯，為奉祀虞舜的正統，後來子孫繁衍，散居各地遂以陳為姓，但在封陳以前散居各地之後裔，仍以胡為姓。西晉末五胡亂華時，紛紛南遷避亂，至明朝孝宗弘治中葉（西元一四八八—一五〇五）有胡公諱鈺，字純德者，定居浙江定海縣屬之陳華埔，先生為其十五世孫也。清康熙二十七年（西元一六八八年），分定海縣之沿海地區設鎮海縣，故世為鎮海縣人。曾祖諱仁傑公，為清之國學生，祖父諱自珣公，為郡庠生，父諱敷政公，字際清，亦清之國學生，妣王太夫人，同縣小港人也。

民前十六年，即光緒二十二年，陰曆四月初四日（西元一八九六年五月十二日），先生出生於鎮海縣陳華埔朱家塘樓自宅。二歲時，因父際清公受族兄漢政先生之邀，徙孝豐鶴落溪村經營藥業。並隨同漢政先生學習清丈土地，測量溝洫之工作。清時各地設有掌管地籍之人員，稱為莊書，負責辦理清丈田畝及田產買賣之事，以後際清公遂以莊書為業。由於為人公正和藹，為當地田戶所崇敬信賴，聲譽日隆。縣衙遂延聘其為催收主任，掌管全縣田產買賣過戶之職——如當今之縣地政事務所主任。

先生四歲時，生母王太夫人病故，葬於鎮海小山之祖墓，七歲時，際清公在鶴落溪村續娶吳太夫人，乃於是年冬回鎮海，挈先生至孝豐定居，遂佔籍為孝豐。

二　良師識慧童

八歲入學，從同村邑庠生諸鳴鑾先生就讀，是歲繼母吳太夫人生弟仲。九歲時諸鳴鑾先生捐館，改從諸獻莊先生就讀。十二歲諸獻莊先生因故離去，乃從諸懿德先生就讀。

懿德見其勤樸苦學，器宇不凡，每勉以立志，並以岳武穆、文天祥、史可法、曾國藩、胡林翼、左宗棠、彭玉麟等名人之忠勇為國事跡及清廉風範，誨以大成，並講述諸葛亮前後出師表及上後主書。先生存聞賢思齊之心，尤以對彭玉麟之辭河運總督奏章及諸葛亮上後主表二文，感觸至深。

是年，國父領導之革命，已風起雲湧。四月黃岡、惠州、七女胡，五月安慶，七月欽州，十月鎮南關等起義諸役，拋頭顱、灑熱血，革命黨人為國為民之壯烈犧牲，雖事皆未成，但對當時學童之心理，已深受影響。

十三歲，繼母吳太夫人病故，先生一面苦讀強記，一面協力際清公兼理家務，照顧仲弟。是年三月，革命黨河口起義未成，十月，清朝之光緒帝及慈禧太后先後逝世，宣統帝溥儀嗣立，政經腐敗，外則列強欺凌，內則軍閥弄權。

十四歲為宣統元年，學制改革，先生遂入孝豐縣立高等小學堂肄業，際清公續娶章太夫人。翌年，縣立高等小學堂甄別學生，由於學生都係私塾轉來，程度不齊，乃將學生分為甲、乙、丙、丁四班。先生以志氣昂然，穎慧敏達，名列甲班。同班同學中有章桂齡、章錫齡、章懿齡、諸文苻、章旭初、劉賡陽等人，皆品學兼優，一時之慧童。其中章桂齡未畢業，次年即考入湖北陸軍小學，繼畢業於保定軍官學校，後官至浙東警備司令。諸文荇為獻莊先生之次子，後改名文蘊，師事吳昌碩，精於繪畫，曾任上海新華美專教授。

是年，章太夫人生二弟琴賓。先生仍在縣立高等小學就讀，克勤克儉，奮勉力學，雖寒暑假期間，亦勤研不輟。縣立學校，並無學生宿舍，當時賃居於諸億千家中，諸家子弟眾多，房屋隘狹。喧嘩嘈雜，有礙專心研讀。見側屋有房，無人居住，傳有孤鬼出沒，皆謂不吉之所。而先生不畏邪，每攜書獨修其中，暮晚苦蚊子之多，乃取兩酒甕，置足其內，其勇敢勤學之情，已非常人所可及也。

宣統三年，陰曆八月十九日，革命軍武昌起義成功。九月二十二日，縣中有同盟會人王立三，運動駐軍反正，全縣光復，知縣李某棄職潛逃，由王立三暫掌縣政，學堂中學生歡呼剪辮，先生與相知同學，首先創導，當時民間有一首歌謠云：「青天白日旗一插，男女百姓剪頭髮。青天白日旗一插，從此女孩不纏腳。」可知當時人民是如何痛恨這蓄髮與纏腳二件惡習，亦如何希望手持青天白日旗幟的革命軍早日到來。

不久王立三奉命調任安吉縣民事長，孝豐縣政無人主持，當地駐軍管帶（營長）陳本立，藉口兵餉無著，勒索紳商，盜賊蠭起，官匪不分。農民輟耕，人心惶駭。高等小學堂亦為駐軍佔駐。甲級班應屆畢業考試，乃提前改在附近之明倫堂舉行，在治安動亂之時，一日而畢。先生以第二名優秀成績畢業。

距鶴落溪村十里之北鄉郭孝山，為土匪台州人林金魁所嘯踞，自稱爬平王，殺人縱火，四出搶掠，公然向各村鎮借糧借餉。駐軍無力進剿，而林匪貪得無厭，動輒殺人示狠，民不堪命。村人乃購買械彈，組織丁壯，自衛抗拒，並向郭孝山進剿。先生對此等匪類，至為痛恨，乃奮勇而往，參與前列，曾經數度激戰，將匪擊潰，此後林匪始不敢公然來村搶劫。斯為先生第一次參與圍剿土匪戰事也，時年十六歲。

是年各省先後響應武昌起義，袁世凱在北京出任為清廷內閣總理大臣。國父孫中山先生回國，成立中華民國臨時政府於南京。

三　中華民國誕生

民國元年元旦，國父宣誓就任中華民國臨時大總統於南京，改用陽曆。隨即成立臨時參議院為政府立法機關，林森、陳陶怡當選正副議長。在禮節上改為大禮三鞠躬，小禮一鞠躬，廢止跪叩儀式。並規定男子不蓄髮辮，女子不再纏足，革除民間惡習。二月十二日清宣統帝溥儀宣告退位，詔命袁世凱全權組織臨時政府。三月十一日國父公布臨時參議院通過的中華民國臨時約法，一部依據三民主義民主共和國之憲政大法，於焉產生。

此時南北兩政府對峙，國父為免人民兵連禍結，求全國早日統一，向臨時參議院辭職，並舉袁世凱自代，四月二日正式解除臨時大總統職務。我國五千年來專制皇帝的世襲政權，終於在國父三民主義共和政體號召下而結束。

中央政府雖然成立，局勢仍在南北相峙之中，地方上依然紛亂不安，湖州地方之劣紳，以興學為名，出賣文廟前荒地與英國教會，籌辦東吳第三中學。邑紳大譁，乃推沈毓麟為首等代表，交涉收回。而官衙昏吏，受英人指使，竟將此案移付上海會審公堂，受英人之壓力，訟竟不直。後來有朱轂蓀、孫貽謀等人協助再訟，乃得贖回半數。沈毓麟於是謀之於湖州所屬七縣仕紳，酌提絲繭捐二成，就湖城愛山書院創辦公立吳興中學，以對抗英人之教會學校。

吳興中學校長沈毓麟，字譜琴，為清之舉人，亦為同盟會會員。歷史教員朱轂蓀，係清名儒戴望之入室弟子，亦為清之舉人，工於詩詞，長於詞章考據之學。國文教員閔詠寬，清之拔貢，長於左氏春秋之學。地理教員鈕頌清，後為北平師大教授。物理教員高子瞻，北平高等師範學堂畢業，除工於物理外，兼長詩歌書畫。兵式體操教員陳其采，器械體操教練周逸鳴，英文教員孫仲謀，係聖約翰學院第一期第一名畢業生。學監蔡念青，為清之舉人。所有師資，皆為一時名流，其聲望德望，為當地人民所崇仰。教學嚴謹，學風優良，為當時學子嚮往之中學。

民國元年春，先生十七歲，畢業縣立高等小學堂後，即考入湖州公立之吳興中學。次年學制改為秋季始業，校長沈毓麟，於辛亥光復時，曾組織學生軍，參加革命行列，旋因清廷遜位南北議和而罷。至此乃將學生編成愛山同學會，分設文藝、游藝、體育三股，特別重視體育股，每日課餘，增加學兵體操一小時，由陳其采、唐貫經兩教員分值教練，加入體育股學生，以孝豐、長興、安吉三縣之人為多。先生加入體育股，被選舉為股長，認為既任股長，必須以學術領導同學，故除一般學科外，勤練體操，先生尤擅長於器械操，其器械操之成績，為全校五百餘學生之冠，示範表演之動作，引得全校師生讚賞。此一時期之學業，對奠定強壯之體魄，及堅毅之決心，有極大之影響。

革命雖已成功，但由於袁世凱之私心濫權，各地軍閥割據自雄，時局仍極混亂，民國二年三月，袁世凱派殺手刺殺革命黨元勳宋教仁。六月南京、江西、上海、廣東、安徽、福建、湖南、重慶各地，先後舉兵討袁。惜皆失敗，斯即所稱之二次革命也。

民國三年，袁世凱解散國會，撤銷國民黨籍之國會議員資格，廢止約法，已暴露其帝制自為之凶燄。七月二十八日第一次世界大戰爆發，日本佔我青島，九月一日，國父在日本組織中華革命黨，制定方略，並策定以青天白日滿地紅為國旗。

四　等終軍之弱冠

民國四年，先生二十歲，以第一名成績，畢業於湖州公立吳興中學，並即受聘於縣立高等小學任國文、史地教員。是年四月二十五日，袁世凱承認日本提出其喪權辱國之二十一條要求，以交換日本承認其帝制自為。並即於十二月十二日同意稱帝。十二月二十五日，蔡鍔在雲南起義，與李烈鈞分向四川、廣西進軍，反對帝制。而袁世凱竟然於十二月三十一日自稱為帝，宣告次年（民國五年）改元為洪憲元年。

民國五年，孝豐縣王家大族，由族人王立三創辦私立王氏小學校，由幼稚園起，初小四班、高小三班、補習生一班，學生三百餘人，為孝豐縣最完善之學校，是年舊曆正月，王氏小學成立，先生受聘為補習班主任教員。同校教員有方秉性、陳嘉謨、諸文荇、金文濟等，皆為縣中知名俊秀。先生之聲望尤高，校長王立三至為禮遇。

是年袁世凱稱帝改元，雲南發難，一月二十七日貴州首告獨立，二月十五日廣西獨立，四月，廣東、浙江、江西等地亦先後宣告獨立，四月二十七日國父自日本返抵上海，五月十八日袁世凱重施故技，派殺手刺死國民黨健將陳其美於上海，輿論譁然，指責袁世凱卑鄙下流，二十二日其最親信之心腹陳宧亦宣告四川獨立。二十七日湖南獨立。袁世凱在眾叛親離狀況下，愧憤成疾，不但全國人民反對帝制，即其最可信賴之部屬密友，亦一致請其取消帝制。可見國父領導的三民主義共和民主思想，已深入人心。袁世凱終於在六月六日羞憤而斃命。由於袁世凱私心稱帝，造成爾後軍閥割據自雄十餘年之戰禍不息，袁世凱真是中華民國之一大罪人。

自袁世凱死後，黎元洪以副總統繼任總統，而馮國璋當選為副總統。國父發表宣言，電請黎元洪恢復民元約法，尊重合法國會，從事建設。而袁世凱所屬段祺瑞、馮國璋、張勳等軍閥，依恃軍力，各自為政。

民國六年，先生仍任教於私立王氏高等小學，並兼任縣立高等小學史地科教員。是年六月國務總理段祺瑞解散國會，七月一日北洋軍閥張勳，竟然擁清宣統廢帝溥儀復辟，段祺瑞即在馬廠誓師，討平張勳復辟之亂，此時黎元洪通電辭去總統職，馮國璋見於北京之亂，宣告在南京代行大總統職權。段祺瑞復在北京任國務總理。八月二十五日，國會議員紛紛南下，在廣州舉行非常會議。九月一日選舉國父為中華民國軍政府陸海軍大元帥，宣言戡定內亂，恢復約法。十月三日，國父通電反對北京政府在軍閥控制下重組參議院，南北兩政府之軍隊在湘南激戰，是謂護法戰役之開始。

五　觀摩進修於南京

民國七年，先生仍任教於王氏私立高等小學，縣立高小校長已改由沈孟煊繼任，由於先生教學之聲譽卓著，仍堅邀先生兼任該校史地課程。是年南方軍政府由少數軍閥操縱改組，國父辭大元帥職，取道台北赴日本，於六月二十五日返上海，潛心著述，啟發國人。九月北京自行組成之新國會選舉徐世昌為總統。南方將領譚浩明及北方將領吳佩孚，電勸徐世昌勿為非法手腕所利用。

民國八年五月，孝豐教育界組織小學教育參觀團，由王立三率領，同行者有先生及沈孟煊、王徵、邵文晃、魏祖徵等六人。參觀上海萬竹小學、賓山小學、商務印書館編輯部、印刷所、南通師範附屬小學、無錫小學，並邀遊南通狼山、鎮江金山、焦山，南京雨花台、明孝陵、莫愁湖、雞鳴寺等名勝。在南通並接受張季直之邀宴，參加更俗劇場之開幕典禮。此為先生第一次外出旅行，切磋教育，瀏覽勝景，胸襟更為開闊。是年五月二十日，《孫文學說》一書出版，十月國父改組中華革命黨為中國國民黨。

民國九年，國立南京高等師範學校開辦暑期進修班，先生與方秉性、王徵等前往進修，因方秉性的介紹，與張其昀（字曉峯），及繆鳳林（字贊虞）兩先生相識。由於憂國憂民志同道合，拯民濟世意氣相投，很快就成了知友。因為孝豐在天目山區產竹著名，先生自幼在竹林中嬉戲，家庭器物，兒童玩具亦多竹器，且亦為當地出口之財源，故對竹特別喜愛，蓋愛其清風亮節，虛懷而不凋也。進修班中同學，見先生在植物中，獨鍾情於竹，不呼其名，戲稱其為竹、竹、竹。他不但不以為忤，且樂於自比於竹。認為竹是清廉人格的象徵。難怪後人說：「滿清三百年來，歷數清廉之官以彭玉麟為最。民國五十年來，歷數清廉之官以胡宗南為最。」其來有自也。

在南京高等師範進修期間，先生愛大自然風光，故在課餘時日，總邀約張其昀、方秉性等諸同學，上欽天山，登北極閣，遙望揚子江落日，嘆惜時局動亂之未已也。翠山長水、江風陣陣，激發凌雲壯志及雄毅使命感。月夜，上雞鳴寺，散步台城，仰望恬靜鍾山峰巒，俯視玄武湖銀色波光，偶聞槳聲，衝擊其凝思清神，儼然掀起平定祖國戰禍之壯志。逢星期休假，則從鼓樓岡騎驢，經隨園故地，遊清涼山、烏龍潭，出水西門，憑弔石頭城古壘，凝思古今往事。復經莫愁湖至上勝河，遙望揚子江滾滾東逝，每每仰天長嘯，高詠「三山半落青天外，二水中分白鷺洲。總為浮雲能蔽日，長安不見使人愁」之唐詩，在先生心目中的浮雲，當係指軍閥割據之戰亂，而長安亦希望能有長治久安之國都也，當時雖身為小學教員，已頗有肩挑澄清之氣概。

是年三月，國父完成地方自治開始實行法，五月六日，蘇聯第三國際代表胡定康（即維丁斯基 G. N. Voitinsky, 1893-1953）到上海，陳獨秀等人組織馬克斯主義研究會於上海，共產主義之瘟疫自此在中國蔓延，禍患無窮。

六　效班超之投筆

民國十年，先生二十六歲，仍執教於王氏小學。緬懷壯志的歷史地理教員，深深自覺對國家民族，應有一份中華兒女的責任，目擊軍閥橫行，國失法制，而革命軍屢興屢起，仍無力北伐統一。受國父宣言之啟迪，革命理論之薰陶，總有無路請纓之苦。乃於是年暑假，獨自從天津、塘沽、北平、山海關等地觀察形勢。正欲出關，一睹東北狀況，發覺所攜資斧被竊而罷。

圖 1：青年時期之胡宗南將軍

校長王立三聞訊後急寄旅費，乃得歸來，回校後謂同事陳嘉謨、王微曰：「十年以後，日本將為中國之大患，東三省必將先受其禍。」問其所見情況，云：「往來京榆路上者，日本浪人很多，其實皆日本軍人也。」後果然其言，可見先生之慧眼測世局，斷日軍之必將禍我國家也。

是年二月二十日，國父在廣州廣東省教育會演講五權憲法。四月十四日國會非常會議，選舉國父為中華民國非常大總統。七月一日中國共產黨正式成立於上海，陳獨秀為委員長，第三國際代表馬林由蘇聯來滬參加。十月十日國父手著之實業計畫完成，十二月十日國父在桂林，對滇、贛、粵軍，講述「軍人精神教育」。

民國十一年五月四日，國父以陸海

軍大元帥名義，下令北伐。九日在韶關誓師。六月十三日北伐攻克贛州。戰況尚稱順利，不幸十六日在後方鎮守之陳烱明叛變，圍攻總統府，國父脫險抵海珠，登楚豫艦，督率海軍討伐廣州叛軍，並令北伐軍自江西回師戡亂。二十三日國父移駐永豐艦，二十九日蔣公自浙抵粵赴難。謁國父於永豐艦。七月二十九日回粵平亂之北伐軍猛攻韶關失利，國父乃離粵經香港轉滬，決心討伐叛國禍首陳烱明。

是年先生仍執教於王氏小學，見其心目中最為敬仰之革命領袖蒙難廣州，北伐軍事頓挫，痛恨陳烱明軍閥行為，而知蔣公千里赴難，伴國父脫險赴滬，內心殊為欽羨，雖久懷投筆之心，而憾於請纓無門。國事蜩螗人人有責，軍閥之相互攻戰，皆在私欲之擴大地盤，人民塗炭，民生凋敝，浩嘆長嘯，慕宗愨長風之志。

民國十二年一月，蘇聯第三國際命令中國共產黨，潛伏於國民黨內，仍保持自身組織。蘇聯代表越飛自北京抵上海，國父與越飛在滬會晤，為防止共產主義在中國蔓延，乃發表聯合宣言：「咸認共產組織及蘇維埃制度均不能引用於中國。」十六日滇、桂討賊軍攻克廣州，陳烱明遁逃惠州，二十九日國父著「中國革命史」完稿。三月二日陸海軍大元帥大本營在廣州成立，蔣公任大本營參謀長。七月十三日蔣公奉國父命，率沈定一、張太雷、王登雲三人組成孫逸仙博士代表團，自上海出發，赴俄考察軍事、政治，及黨務，於九月二日抵莫斯科。十月五日曹錕以賄賂當選北京政府總統。國父以大元帥名義下令討伐曹錕並通緝賄選議員。十一月六日國父致函犬養毅，勸日本放棄侵華政策。十二月十五日蔣公由俄返滬，即以對俄政策及黨務、軍事等意見，書呈國父。當時蔣公認為俄國的蘇維埃政治制度，乃是專制和恐怖的組織，他們對革命友人的策略，反而比對革命敵人的策略更多，對自己同志及人民之手段，較之對敵人更為殘酷。

是年先生二十八歲，仍執教於王氏小學，風聞黃埔軍校在上海招生，乃於十一月請假赴滬，適逢同鄉闞懷珍，為黃埔軍校秘密招生委員，乃訴陳心志，報名投考，經其推介，初試錄取，得遂班超投筆之志，殊為興奮，臨行王立三校長，勉以大義，寄以厚望。

投筆從戎

一　壯志入黃埔

民國十三年二月，先生與凌光亞君同乘日輪嵩山丸號由滬赴粵。時有賀衷寒與蔣伏生二君，自湘至鄂，抵漢皋時，聞國父為培育革命幹部，創辦軍官學校，設有招生辦事處於上海，乃決定放棄記者生活，前往投考。及抵滬上，而考期已過，遂購買當日開往廣州之嵩山丸船票，兼程赴粵。不知何事耽誤，及趕到碼頭，該輪跳板已撤，且啟碇離埠十餘丈矣！於是急僱小艇，破浪追船，迨船及身，攀緣船檻，先生與凌光亞君即笑伸援手，協助將賀衷寒與蔣伏生二君，拉登甲板，於是互道姓名，此為先生與賀、蔣二人相識之始也。先生告以見二人追趕該輪，揮手呼叫急迫之狀，斷為必赴廣州投考軍校之同學也，賀、蔣二人，驚其觀察之敏銳及判斷之正確，遂互道經過，由於志同道合，暢敘抱負，成為莫逆。

船過汕頭，因裝卸貨物，停留三晝夜，賀衷寒報國心切，而船途不進，至感遲茫，乃題〈浪淘沙〉一闋：「異地問前程，無限心情。清明時節我南行。舟滯汕頭三日夜，一水盈盈。何處是羊城，山障雲橫。倩人指驗未分明。我欲乘風飛渡海，罷卻長征」。

辭成送先生看，評為「清醒豪邁」之作。及抵廣州，人地生疏，四人成為莫逆之交，時相過從。然先生與凌光亞係上海初試錄取生，而賀、蔣二人尚未辦理報名手續，於是聯名一函，陳送當時主持陸軍官校籌備處之廖仲愷，詳述自俄返國，放棄記者生涯，來粵投考軍校之決心及經過。廖仲愷閱後，准予與初試錄取生一同參加複試，經複試及格，則先生與之共為黃埔第一期同學矣！

圖 2：國父孫中山先生主持黃埔軍校開學典禮。
圖 3：黃埔陸軍軍官學校前景。

經複試及格學生，入伍編隊，先生編入第四隊，六月二日開課，六月十六日正式開學，國父親臨主持，並勉勵全體學生：

「……就是要從今天起，把革命事業重新來創造，需要用這個學校的學生做根本，成立革命軍，諸位學生就是將來革命的骨幹，有了這種好骨幹，成了革命軍，我們的革命事業才能成功。……革命事業，就是救國救民，我一生革命，便是擔負這種責任，諸君都到這個學校內來就學，我要求諸君，便從今天起，共同擔負這種責任。」

從這一番訓詞中，國父對黃埔學生的期許及賦予的責任是何等殷切。

是年元月二十日，中國國民黨第一次全國代表大會在廣州文明路廣東高等師範學校大禮堂開幕，出席代表一百六十五人，由國父主持，推定胡漢民、汪兆銘、林森、謝持、李大釗為主席團，通過組織國民政府之必要案。二十七日國父在廣東高等師範學校禮堂開始講述三民主義（原定每週一次，惟每有要公，頻有間斷，至八月二十四日以後，因赴韶關督師北伐而停止，計講民族主義六講、民權主義六講、民生主義四講，黃昌穀擔任紀錄）。

五月三日，國父特任蔣公為陸軍軍官學校校長兼粵軍總司令部參謀長。六月三日中國國民黨中央執行委員會決議通過，定青天白日滿地紅為國旗。九月二十四日國父制定建國大綱。

十月二十三日，馮玉祥、胡景翼、孫岳三人聯名發動北京政變，迫曹錕下野，並改稱其部隊為國民軍，擁護段祺瑞為國民軍大元帥，邀請國父北上。十一月四日國父發表北上宣言，主張開國民會議，及廢除不平等條約，並由廣州經上海抵達日本，二十八日在日本神戶高等女子學校發表大亞洲主義，演講最後的結語：

「你們日本民族，既得到了歐美的霸道文化，又有亞洲王道文化的本質，從今以後，對於世界文化的前途，究竟是做西方霸道文化的鷹犬，或做東方王道文化的干城，就在你們日本國民去詳審慎擇……。」

二　黃埔第一期

民國十二年三月二日，大元帥大本營成立於廣州農林試驗場，當時大元帥麾下，有滇軍、湘軍、粵軍、豫軍、贛軍等各軍系。而各軍系多有培養自己幹部的訓練機構，滇軍有幹部學校。粵軍有西江講武堂，湘軍有湖南講武堂，此外各軍多有隨軍學校，軍官講習所等類似訓練幹部的組織。大本營鑒於下級軍官的迫切需要，於是年冬由軍政部長程潛任校長，在廣州登峯路北校場廣東陸軍醫院舊址，成立軍政部講武學校。至十一月二十六日，國民黨中央臨時執行委員會決議，設立國民軍軍官學校，初擬以廣州測量局及西路討賊軍後方醫院為校址，以蔣公為校長，廖仲愷為政治部主任負責籌辦。

至民國十三年元月，第一次代表大會期間，鑒於軍官學校尚未正式開辦，國父於元月二十四日以大元帥名義下令，設立中國國民黨陸軍軍官學校籌備委員會，任命蔣公為委員會委員長，一度仍由廖仲愷代理，二月一日又任命王柏齡、李濟琛、沈應時、林振雄、俞飛鵬、宋榮昌、張家瑞等人為籌備委員。籌備處於二月六日在廣州南堤二號正式成立。

圖 4：民國 13 年 6 月陸軍軍官學校開學，國父與蔣校長合影。

籌備陸軍軍官學校初期組織名錄如左：

總理：孫文。

校長：蔣中正。

黨代表：廖仲愷。

政治主任：戴傳賢。

副主任：張崧年。

秘書：甘乃光。

教練部主任：李濟琛。

副主任：鄧演達。

教授部主任：王柏齡。

副主任：葉劍英。

戰術總教官：何應欽。

管理部主任：林振雄。

副主任：吳子泰。

軍需部主任：周駿彥。

副主任：俞飛鵬。

軍醫部主任：宋榮昌。

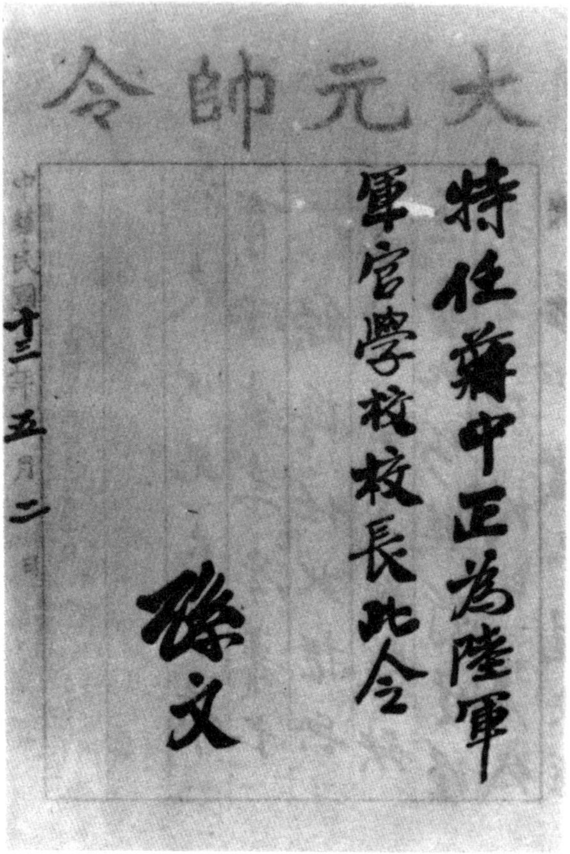
大元帥令

特任蔣中正為陸軍軍官學校校長此令

孫文

中華民國十三年五月六日

圖5：民國13年5月6日，國父特任蔣中正為陸軍軍官學校校長令。

校長辦公廳西文秘書：王登雲。

中文秘書：張家瑞。

政治教官：汪兆銘，胡漢民，邵元冲。

軍事教官：梁廣謙，錢大鈞，胡樹森，陳繼承，顧祝同，文素松，陸福廷，嚴重，王俊，劉峙。

蘇俄顧問小組：契列帕諾夫。

第一學期名額：有黨內先烈家屬二〇名，招考新生三二四人，於四月二十八日在廣東師範學校舉行入學考試，錄取正取生三五〇名，備取生一二〇人。五月五日將正取生編為一、二、三共三個隊，五月十日將備取生編為第四隊。第一學期學生總隊人數為四七〇人（後因遠道來投效者，人數陸續有增加決定錄取五〇〇人，適有湖北籍高啟圭君（後來台），因父母反對，未能辦理報到，故畢業時學生人數為四九九人），在廣州四十四里外黃埔島上原廣東陸軍學校及海軍學校舊址報到編隊，六月二日開始授課，因此國民黨陸軍軍官學校，又稱譽為黃埔陸軍軍官學校，簡稱為黃埔軍校。

開學的時候，軍校編制上略有更改，增加汪精衛為中央執行委員會政治教官，胡漢民為代大元帥政治教官。餘均如舊，隊職官名錄如左：

總隊長：沈應時。

第一隊隊長：呂夢熊。

副隊長：陳復。

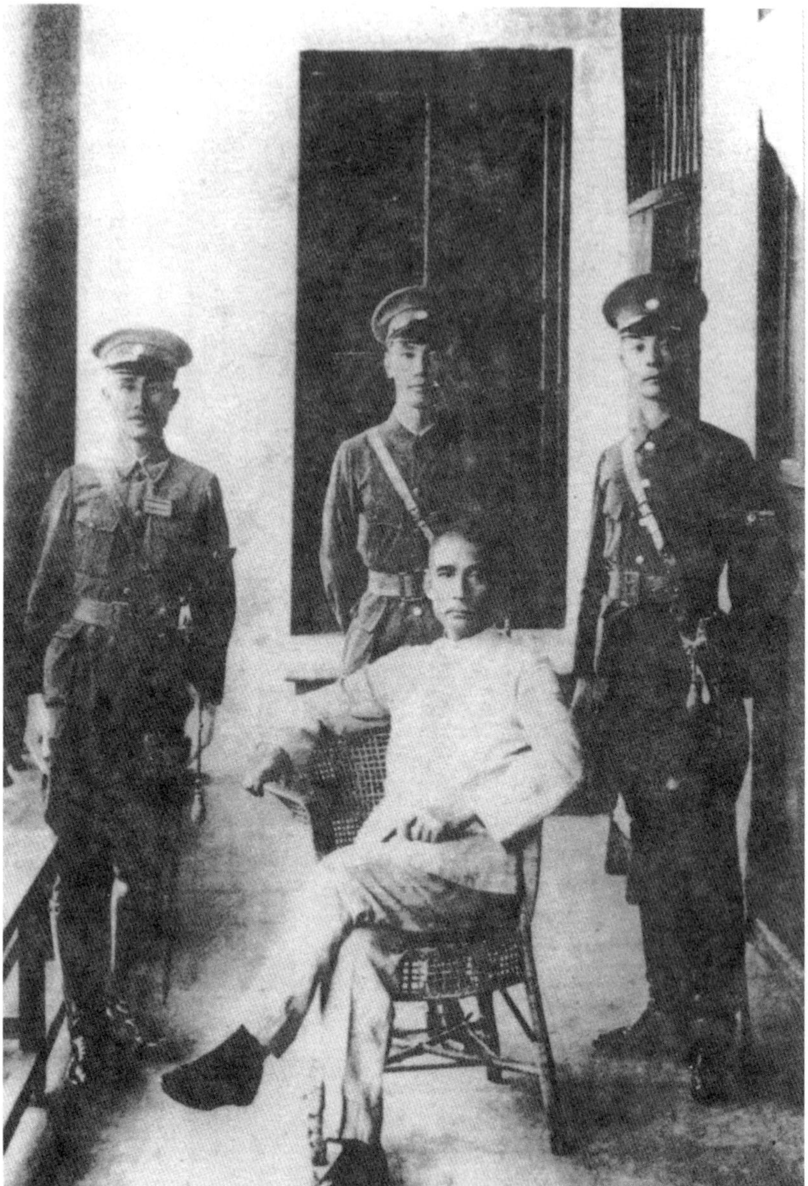

圖 6：國父與蔣校長、何應欽、王柏齡於黃埔開學時之合影

第二隊隊長：茅延楨。

副隊長：許用休。

第三隊隊長：金佛莊。

副隊長：劉宏宇。

第四隊隊長：李偉章。

副隊長：嚴鳳儀。

至於區隊長、副區隊長等所需基層幹部，就廣東省警衛軍講武堂，及西江講武堂等畢業生中考選，計有王聲聰、吳濟民、張仲俠、唐同德等五〇人，當時蔣鼎文、惠東昇、郜子舉、王祿豐等皆為區隊長。

黃埔軍校於六月十六日正式開學，至八月間，在外招考來的第二期學生，亦來校報到，於是成立第五隊，同時訓練。不久原屬於軍政部講武學校第一期之第三、第四兩隊，開往廣東韶關。尚留原校之第一、第二兩隊學生，因學生覺悟該校領導人並非真心在為國為民，僅在利用軍隊擴展私人勢力，且嚴禁學生前往高等師範學堂聆聽國父演講三民主義，學生非常反感。一見到原講武學校同學鄧文儀、桂永清、李漢藩、張際春等人，於黃埔軍校招生時，已離講武學校，考入黃埔軍校，乃由同學黃錦輝、陳列、余劍光、史銘（時名為史書元，民國二十年後改名為史銘）等到黃埔晉見蔣校長，要求轉學併入黃埔受訓，蔣校長見他們革命意志堅定，特准他們一四八人，編入黃埔第一期第六隊序列受訓，當時第六隊隊長為董錫昆，第六隊學生於民國十四年二月畢業。因此黃埔第一期學生，有二種特殊現象，學籍上有第一、二、三、四、

六，沒有第五隊。而一至四隊學生於十三年十一月二十九日畢業考試，三十日畢業，發給畢業證書。而據蔣公年譜初稿，於十四年五月黃埔軍校第一期學生畢業，軍次發給畢業證書，應為第六隊學生較晚之故，可知畢業證書係分二次頒發，不知何故，格式上亦略有不同（第一期王仲廉將軍尚保存有畢業同學錄黃埔軍校校史全部，至為珍貴）。

三　第一次東征

民國十四年，先生畢業於黃埔軍校第一期後，分發教導第一團三營八連少尉見習，旋調機槍連排長，當時班長出缺，兼任第一班班長。一月十五日陳烱明在東江，知道國父北上，以為時機來臨，乃收編東江南路土匪，又聯絡閩、贛、湘軍閥，自稱救粵軍總司令，任林虎為總指

圖 7（p26）：國父北上時巡視黃埔軍校——國父將生命主義革命責任付託全體師生的最後時刻

圖 8：民國 14 年胡將軍畢業於黃埔軍官學校第一期畢業照

揮，洪兆麟為副，率兵七萬餘眾，準備向廣州進攻。

廣州方面當時有滇軍楊希閔部，朱培德部，粵軍許崇智部，湘軍譚延闓部，桂軍劉震寰部，豫軍樊鍾秀部；尚有少數鄂、晉、陝軍，合稱聯軍，聞訊開始動員，以楊希閔為聯軍總司令。

二月一日東征開始，以粵軍為右翼，經海豐、陸豐直趨潮汕，攻洪兆麟部，滇軍為左翼，經河源、老隆、直趨興寧、五華，進攻林虎防地。桂軍為惠州攻城軍。

部署時，滇桂軍漠視黃埔校軍戰力，認為軍校一、二期學生訓練時間太短，所成立的二個教導團人數不到三千人，且餉械不足，無作戰經驗。但是黃埔校軍，充滿革命意識，氣壯山河，感到受全軍歧視，更激起克敵制勝意志，其時蔣公擔任粵軍參謀長兼任校軍總指揮，毅然率校軍加入右翼粵軍序列。

當時各路軍隊，軍紀敗壞，人民畏之如匪徒。而黃埔校軍出發後，不但軍紀嚴明，公買公賣，使人民耳目一新，且士氣如虹，行動迅速。於五日下午即攻克東莞。沿途百姓，真是簞食壺漿以迎王師，並自動向校軍報告敵軍動態，十一日即控制前進地區，十五日攻克淡水。

此時桂軍久攻惠州不下，而滇軍又在增城、博羅之間，不進不退。校軍以革命精神獨立作戰，於二月下旬攻佔海、陸豐。由於校軍之追奔逐北，戰果輝煌。三月三日大破陳烱明部於鯉湖，七日繼克潮州、汕頭。三月十三日東征粵軍及黃埔校軍在蔣公指揮下擊潰陳烱明主力於棉湖。

東征戰役中，先生晉升機槍連中尉排長，仍兼代班長職務，於棉湖戰役時，敵優我劣，雙方對峙不下，先生即率兩挺重機槍迂迴敵側後方，佔領陣地，密集射擊，敵陣大亂，掩護步兵攻擊成功，以戰功晉升上尉，不再兼任班長職。先生於出發前曾致函賀衷寒同學云：「**國危民困，至今而極，既不能救，深以為恥，獻身革命，所為何事，此次出發，但願戰死。**」此時先生雖為低級基層幹部，於未戰之前，已具必死之心，其忠烈之忱可見也。

滇桂軍數萬之眾，戰果不如三千校軍，使之含羞而妒嫉，企圖與林虎勾結，陷校軍於不利，幸蔣公獲得情報，商之粵軍許崇智，使粵軍校軍合力迅破棉湖，楊希閔與劉震寰始不敢行動。

棉湖大捷之後，林虎兩萬餘眾，由紫金向我棉湖後側進擊，校軍聞訊，迅即回師，將其擊潰，林虎即率部向興寧逃竄。校軍星夜兼程，由間道先取五華，直下興寧，待林虎到達，一擊而潰。於是分兵進駐潮、梅，東江遂告底定。陳烱明逃往香港，洪兆麟逃竄閩邊，林虎逃往江西。黃埔校軍轟轟烈烈的第一次東征戰役遂告結束。

正當黃埔師生慶祝東征大捷之時，突然傳來國父在北京逝世噩耗，全軍悲痛，對革命事業，形成很大衝擊。當時廣東省長代理海陸軍大元帥胡漢民，雖於三月十二日已知此一不幸消息，感於棉湖戰役正在生死關頭，怕影響士氣，所以秘而不宣，一直到克五華，收興寧，東江戰事結束後，才通知蔣公。當時蔣公曾通電全國同志，謹遵國父遺志，繼續努力革命外，並在悲痛之餘，揮淚寫了一首七絕詩：

親率三千子弟兵，鴟鴞未靖此東征；
孤軍革命成孤憤，揮劍長空涕淚橫。

東征告捷後，中央執行委員會任命蔣公為東征潮汕善後督辦，蔣公命校軍駐防梅縣，加緊訓練，校軍第一團團長何應欽在清理林虎的文件中，查獲滇軍楊希閔、桂軍劉震寰與陳烱明來往之逆謀密電，並約唐繼堯出兵由桂攻粵，楊希閔則聯絡香港英人製造商團作亂，電請北京派他為廣東督理等文件。於是蔣公即命廖仲愷回廣州，知會李福林軍監視楊、劉軍動靜，並將指揮部移駐汕頭。

四月十三日，中國國民黨中央執行委員會議決議，軍校教導團，整編為黨軍第一、第二兩團，成立黨軍第一旅，任何應欽為旅長，兼任第一團團長。任沈應時為第二團團長，全旅仍歸蔣公節制調遣。自此始有正式名義為實行三民主義，忠貞為國之黨軍武力。

四　第二次東征

民國十四年五月三日，滇桂軍楊希閔、劉震寰，不聽指揮，擅自行動，密謀不軌，企圖奪取廣州。蔣公急令何應欽、陳銘樞、許濟、吳鐵城等由潮、梅回師廣州。六月四日，滇、桂軍在廣州叛亂。胡代大元帥通電宣布楊、劉罪狀，命令各軍剿伐，十二日蔣公督率各軍攻擊廣州叛軍，進迫白雲山、瘦狗嶺一帶。當時楊、劉軍在廣州城內，奸淫擄掠，軍紀蕩然，人民恨之入骨，一聞蔣公率領革命軍攻廣州，凡有槍械之人民，紛作內應，城內彈如雨落，使得叛軍風聲鶴唳，草木皆兵。戰至中午，叛軍師長趙成樑，被革命軍擊斃，軍心動搖，革命軍乘勝攻克廣州，叛軍悉被捕捉繳械，劉震寰潛逃上海，楊希閔逃往香港。是役先生因功，調任上尉副連長。

六月十五日中國國民黨中央執行委員會全體會議議決，中國國民黨中央執行委員會為最高權力機關，改組大元帥府為國民政府，建國軍及黨軍改稱國民革命軍，並整理軍政及財政。

十四年七月一日中華民國國民政府在廣州成立，推汪兆銘為主席，並於七月三日成立軍事委員會，汪兆銘、胡漢民、蔣公等八人為委員。八月一日粵軍、湘、滇軍及攻鄂軍各總司令通告，將軍權交還國民政府，至此國民政府之軍政始告統一。八月二十六日軍事委員會討論軍政統一問題，所有各軍以省別為名稱者應撤銷，一律改稱為國民革命軍，並公布序列如左：

第一軍軍長：蔣中正，原稱黨軍。

第二軍軍長：譚延闓，原稱建國湘軍。

第三軍軍長：朱培德，原稱建國滇軍。

第四軍軍長：李濟琛，原稱建國粵軍。

第五軍軍長：李福林，原稱福軍。

自廣州之亂平定後，國民政府成立，軍權統一，並成立中央銀行，以宋子文為行長，統一財政，積極建立革命北伐基礎，此時北方已成為無政府狀態，一切皆由幾位大軍閥在發號施令，正是整軍經武之時。而陳烱明殘部，於東征軍回廣州平亂之後，死灰復燃，於九月一日進佔普寧、惠州、海豐、陸豐等縣，繼之叛軍之劉志陸部，佔據潮、汕。蹂躪東江民眾，較前更甚。至二十七日陳烱明部之洪兆麟、林虎及廣南八屬之鄧本殷，向廣州進犯。形成鉗形攻勢，情況緊急，中央政治委員會決定東征，特派蔣公為東征軍總指揮，是為第二次東征。九月杪部隊開始準備，先生由第一團上尉機槍連副連長，調升為第二團第二營副營長。以部隊經歷而言，未經過連長階段，由副連長逕升副營長，實為軍隊經歷中所少有，足見先生平時之言行及作戰之勇毅已為上級長官所推重。

東征軍於十月六日出發，在增城、石龍一帶集結，為免戰事曠日持久，決採中央突破戰術，將全軍分三個縱隊，欲一舉突破惠州，迅速擊潰陳烱明主力，以掌握東江門戶。

惠州城後枕東江、前臨西湖，三面環水，深溝高壘，形勢雄偉，號稱嶺南天險，為東江流域之要塞重鎮。自唐朝以還，千餘年來，史稱守必固的堅城。《惠州縣志》述其形勢云：「鐵鍊鎖孤舟，飛鵝水上浮；任憑天下亂，此地永無憂。」陳烱明盤據以為根基。

東征軍第一縱隊司令何應欽，以迅雷不及掩耳之行動，接近惠州城並攻佔制高點飛鵝嶺。蔣公親冒鋒鏑，蒞臨前線，下令四面圍攻，叛軍憑險頑抗。革命軍屢次攻勢衝鋒，血肉橫飛。

圖 9：二次追攻惠州城
圖 10：蔣總指揮以野炮攻擊惠州城北門

團長劉堯宸，率敢死隊攀登城牆，中彈陣亡，壯烈成仁。激戰四十小時，革命軍成仁捨生之勇毅，使叛軍動搖。革命軍乃用竹梯靠牆，前仆後繼，浴血攀登，叛軍紛紛逃逸，十月十四日薄暮時分，革命軍攻克惠州，俘虜叛軍四千餘人。這惠州城一仗，為第二次東征，最重要亦最艱困之戰役，全軍士氣為之大振，第二縱隊亦推進至紫金，左路第三縱隊攻克五華。

十月二十二日第一縱隊第一師擊潰梅壟西、洋蹄嶺之叛軍，收復海豐城，並推進於河婆，向梅林之敵形成包圍態勢，時先生已回第一團代理第二營營長，奉命固守河婆，而陳炯明部之洪兆麟，親率四千餘眾，由興寧南下河婆，企圖與梅林之叛軍會合，截斷我左路軍之後路，情勢危急。先生審察形勢，欲固守河婆，必須攻佔河婆最高山橫峯之敵陣，否則敵踞高臨下，河婆難以固守，遂率第六連連長李鐵軍之部攻佔橫峯，親冒矢石，與敵衝殺，一舉將敵擊潰，敵在梅林之大軍，遂被解除武裝，陳炯明所部雖已崩潰，仍四方散逸，但已無戰鬥力。東征軍遂於十一月四日進克潮、汕，肅清東江地區之陳炯明殘部，第一師師長何應欽任潮、汕善後督辦，先生率第二營駐汕頭梅縣地區。

五　孫文主義學會風波

黃埔軍校成立之時，當時因容共政策，所以一部分共產黨徒已滲入軍校之中，企圖利用國民黨之革命，以行共產黨竊據之陰謀，他們組織了青年軍人聯合會，秘密發展組織，分化同學，自國父北上以後，滲透於軍校中之全體共產黨員，發出通告，詆毀國父，此一通告及軍校全體共產黨員名單，為國民黨同志所獲得，其主要份子為李之龍、周逸群等人，專事攻擊軍校中忠貞黨員，曲解三民主義，甚至散佈謠言，說國民黨中元勛人員，都已參加了共產黨，以誘惑離間黃埔學生，將國民黨人區分為左派右派，拉攏左派，打擊右派，以國父北上後大元帥職務應交給汪兆銘為合理，不應由胡漢民來代理，並派出人員刺殺廖仲愷，加禍胡漢民。

共產黨徒在鮑羅廷指揮下一致恭維汪兆銘，而汪兆銘在投機心理下任其擺佈。於是軍校中賀衷寒、袁守謙、酆悌等人，發起組織孫文主義學會，與之對抗，先生亦為熱心發起人之一，但當時到政治部去簽名參加之人員，皆為共產黨通告的列名份子，他們又企圖篡奪此一組織來控制參加的人員，以組織來製造同學與同學間之猜疑。

當時軍校的衛兵司令胡公冕，大家都認為他是共產黨員，而先生與之過從甚密，因此都認為先生一定已加入了共產黨，賀衷寒畢業時分發在學校政治部當秘書，乃極力為之辯白云：「共產黨通告之名單上並無其人，不應以篤信三民主義之同志，猜疑為跨黨份子。」共產黨徒打擊拉攏先生之陰謀，始終未能得逞。

由於東征部隊進展神速，前方部隊對連級黨代表人員需求頗殷，賀衷寒亦奉調前方部隊服務，經汕頭抵梅縣，屢次與先生會晤，遂將共產黨之陰謀及校中謠傳告知先生。先生聞後，認為這是革命軍人的人格問題，為打擊共黨份子之陰謀挑撥，乃即在梅縣發起組織孫文主義學會，務期從速阻止共黨陰謀之進展，決心禁止跨黨份子之參加，國民黨同志與共產黨黨員，劃清界線。因之梅縣孫文主義學會籌備會集會之時，乃有共產黨徒李之龍等搗毀會場，侮辱長官的違紀事件發生。

東征指揮部政治部主任周恩來見事態嚴重，乃調李之龍赴後方擔任兵工廠黨代表。後即調為海軍代理局長兼中山艦艦長。孫文主義學會遂成為國民黨內忠貞同志之核心，此一劃清界線之主張，在共產黨投機取巧中，實有震撼的反擊力量。後人論此一組織，實為其後中山艦李之龍事件及十六年清黨事件之先導星火，功不可沒。先生之反共立場，亦因之而大白於天下。

是年閏五月，先生之妹月琴生。

六　中山艦事件

民國十五年元月十二日，軍事委員會決議，陸軍軍官學校，改稱為中央軍事政治學校，仍任蔣公為校長。二十日軍事委員會核准蔣公辭國民革命軍第一軍軍長，仍任廣州衛戍司令，第一軍軍長由何應欽繼任，並任程潛為國民革命軍第六軍軍長（該軍原稱攻鄂軍），二十二日第二屆中央執行委員會第一次全體會議，推選汪兆銘、譚延闓、蔣中正、譚平山、林祖涵、胡漢民、陳公博、甘乃光、楊匏安九人為常務委員。其中，譚平山、林祖涵、楊匏安為公開的共產黨員。汪兆銘、陳公博、甘乃光三人為親左人員，真正的忠於國民黨的只有蔣公、譚延闓、胡漢民三人，而胡漢民又因廖仲愷被刺去了俄國，所以當時黨政的形勢已為共產黨所左右，視蔣公為共黨奪權之最大障礙，而蔣公每次提出改革軍事建議，都被汪兆銘置之高閣，共產黨徒極力宣揚北伐不利，深恐北伐成功後，共產黨無法篡奪軍權。

三月十八日軍校教育長鄧演達（共產黨員），知道蔣公將往黃埔，指示海軍代理局長李之龍，將蔣公座艦中山艦由廣州開往黃埔，裝足燃煤，再返廣州，而中山艦通夜升火，待命開航。由於鄧演達一再電詢校長返黃埔之時間，引起蔣公警覺，於二十日以廣州衛戍司令名義，宣布廣州戒嚴，迅速逮捕李之龍等多人，監視俄國顧問住所，收繳共黨操縱之省、港罷工委員會之槍械，加強警衛，消弭反動。

經審問李之龍，始悉俄國顧問與共產黨徒密謀，預定蔣公上艦後，途中劫持，開赴海參崴，送蔣公去俄國，以達其獨霸廣州之局勢。

這就是中山艦事件，此一迅雷不及之處置，對國共劃清界線又邁進了一大步，當然俄共及共產黨之陰謀未能得逞，而反對責難的聲浪處處皆是，而反對最烈的是汪兆銘，竟然稱病赴法就醫。蔣公在交相攻擊，處境艱難下，沉思黨、國、個人問題，不禁感慨萬千，拍案嘆息道：

「今日方知孤臣孽子操心之危，處境之苦，若非親歷斯境，絕難想像於萬一。」

蘇俄的廣州領事代表，特來問蔣公：「如此作法，是對人，抑是對俄。」蔣公答以對人不對俄。不久在廣州興風作浪的蘇俄顧問季山嘉亦悄然回去。

其實共產黨的野心路人皆知，忠貞的國民黨員都欲將共產黨驅逐黨外，而汪兆銘一味庇護，把一切罪過推說是聯俄容共政策，是當年國父所決定的，不能變更。而其一直為共產黨徒所利用而不自知。

自中山艦事件之後，蔣公大智、大仁、大勇之毅力，使共產黨徒，略為收斂。而北方政局急趨直下，東北的奉軍入關，馮玉祥自稱的國民軍退出北京，吳佩孚揮軍北上，臨時執政自稱大將軍的段祺瑞下野，連一個表面統治的機構都沒有了，任憑軍閥各自為政。實際上，北方已無正式的政府組織。

北伐統一

一　銅鼓之役

民國十五年三月十三日，李宗仁、黃紹竑通電，廣西省依歸國民政府，以謀全國之統一。二十四日軍事委員會任命李宗仁為國民革命軍第七軍軍長。四月三日蔣公認為北伐時機已臨，機不可失，建議中央，請整軍肅黨，準備北伐，分析內外情勢，詳策戰略步驟。十六日，國民黨中央政治委員會與軍事委員會舉行聯席會議，推選譚延闓為政治委員會主席。蔣公為軍事委員會主席。

五月二十二日，二屆二中全會，通過迅速出師北伐等案。六月二日原在長沙之唐生智為吳佩孚之孫建部攻入長沙後，退守衡州，向國民政府求援，在衡州宣布，就任國民政府所委之第八軍軍長及前敵總指揮之職，六月五日國民政府任命蔣公為國民革命軍總司令。三十日國民革命軍兵站總監部成立，任命俞飛鵬為總監。七月一日，軍事委員會主席蔣公，頒布北伐動員令。

民國十五年七月九日，國民革命軍總司令蔣公在廣州東校場，舉行就職典禮，誓師北伐，並發表宣言及通電。參加典禮軍民約五萬餘人，由國民政府政治委員會主席譚延闓授印，中央黨部代表吳敬恆授旗，國民政府委員孫科，高舉國父遺像以授總司令，並各致勗詞。

北伐當時之兵力，共計八個軍，總計約十萬餘人，北伐之第一期攻擊目標為吳佩孚、孫傳芳。吳佩孚在兩湖地區之總兵力約為二十五萬以上，而其低估革命軍之士氣及戰力，此時還揮軍北上，與馮玉祥之國民軍戰於南口。孫傳芳自任江、浙、閩、皖、贛五省聯軍總司令，對北伐軍作觀望態度，高呼保鄉安民。

北伐軍分左右兩路進發，左路自湖南出湖北，右路經江西攻江、浙。以李濟琛為總參謀長，坐鎮廣州，以固後方。留第一軍主力駐潮、梅，警戒東陲，並以北伐軍進展之狀況入福建出浙江為東路軍。

這一時期北伐軍之軍令已告統一，為有思想、有信仰、有目標的部隊，人人奮戰，以一當十，攻勢凌厲，勢如破竹。十一日攻克長沙。此時貴州將領彭漢章、王天培通電宣告參加革命軍，國民政府軍事委員會任命其為第九、第十軍軍長。命為左翼，集結於津市、澧縣一帶，肅清鄂西之敵，此一局勢變化，原左路軍變為中路軍了，二十五日湖南省政府成立，唐生智被推為省政府主席。

當北伐軍出發時，第一師集結廣州，於誓師典禮後，隨即出發，沿韶關、彬州、衡陽，向株州挺進，至八月中旬，在株州集結完畢，序列為中路軍總預備隊。時第一師師長王俊，第一團團長孫元良，第三團團長薛岳，第二團團長倪弼，當部隊到達株州時，倪團長他調出缺，先生遂由第二營營長升任團長，時年三十一歲。

八月二十七日，經過數度拉鋸戰，北伐軍攻克汀泗橋，將吳佩孚之主力擊潰，此為北伐中最重要戰役之一。隨即進圍武昌，九月上旬第一師亦由株州鐵路輸送，往武昌地區挺進。五日車抵蒲圻，忽然奉令原車開回長沙。星夜馳赴瀏陽，八日至古港一帶，十一日至東門市，十二日進至湘贛交界之鐵樹關，與孫傳芳嫡系精銳第三方面軍楊振東西進之軍相峙，即部署攻擊，先生率第二團任正面攻擊，第一團任左翼，第三團任右翼。

十三日上午孫部亦向我進逼，先生所率第二團在豐田、何家坳之線與孫部第三方面軍副司令楊振東所屬之第七混成旅主力相遇，激戰半日，因地形不利，幾被包圍，入夜，先生重新部署，決死抗拒，十四日拂曉，先生率全團反攻，出敵不意，卒將正面之敵擊潰，而左右翼亦同時出擊，下午遂收復銅鼓，俘敵砲三門、機槍三挺、步槍二百餘枝，敵向宜豐地區退卻，至是孫傳芳企圖自贛西襲取長沙、株州，切斷粵漢鐵路交通，解除武昌城圍之企圖，全告失敗。後人論此一戰役，皆服我領袖用兵之神妙，與先生猛擊孫軍精銳，勇敢善戰之結果，而奠定北伐勝利之始基。

二　牛行、南昌之役

第一師自擊破楊振東主力，即乘勝向南潯鐵路推進，以期截斷南昌與九江間之聯絡，斯時守樂化（今新建縣）車站者，為孫傳芳基幹第三方面軍盧香亭之第三司令官崔錦桂部，九月二十一日，第一師奉命攻擊樂化車站，先生率第二團任正面攻擊，第一團任左翼。敵據守工事，頑強抵抗，並由徐家埠調兵增援，第一團左側受敵威脅，激戰至次晨，未克奏功，遂奉命第一師在柘林地區集中待命。

北伐右路軍，由第三軍軍長朱培德指揮，在未出發前，蔣公已密派熊式輝赴江西策反賴世璜，賴係國父督師北伐時由粵入贛之部隊，後即留贛受鄧琢如指揮納入贛軍體系。熊式輝往晤後，賴同意返回革命軍陣營，並秘密接受改編為北伐軍獨立第一師，熊式輝即任為該師黨代表，並不公開宣布，待時而動，因此孫傳芳抗拒北伐軍之作戰計畫，賴世璜大部分都能獲得，秘密傳報第一軍軍長何應欽，這對北伐軍在江西作戰，甚有貢獻。

九月三日，總司令蔣公任第一軍軍長何應欽為東路軍總指揮，第四軍軍長李濟琛為攻贛軍總司令，北伐攻贛軍，進攻贛州，賴世璜乘機宣布起義，故即順利光復贛州。總司令蔣公即任命賴世璜為國民政府軍第十四軍軍長。攻贛軍第六軍程潛所部，於攻克南安後，乘勝急進，一舉攻下南昌，由於輕敵深入，為孫傳芳自南路及樟樹鎮南下援軍相攻，眾寡懸殊，程潛被逼退出南昌。

九月六日國民革命中路軍克漢陽，第二、第三軍佔領萍鄉，七日克復漢口，吳佩孚退孝感，以劉玉春、陳嘉謨困守武昌。總司令蔣公先後任命應岐為十二軍軍長，樊鍾秀為十三軍軍長，劉佐龍為十五軍軍長，國民政府軍北伐聲勢益增，對各地割據之軍閥士氣，極受影響。

九月十六日馮玉祥自俄回國，在五原就任國民聯軍總司令，自稱為三民主義信徒，宣誓接受中國國民黨之主義，並率全體官兵加入國民黨，由于右任先生監誓，通電中有「中山主義，驅我而歸等語」。誓師以後入陝，然後出潼關與北伐軍會師中原。

孫傳芳五省聯軍總司令，與吳佩孚並稱之大軍閥，南昌之役，由九江增援，無論水路陸路，在交通上極為便捷，北伐軍第三軍及第六軍圍攻南昌，總不能遽拔，而人民遭兵燹之災甚重。蔣公認為南昌之戰，關係全局，乃於九月十七日將湖北軍事及政務暫交由唐生智代理，由武昌折回長沙，轉道入贛，親自督師，鑒於南昌久攻不下，人民損害慘重，遂改變戰略，即令第七軍李宗仁部調集大冶、陽新之兵力，攻擊九江，以減輕南昌攻戰之壓力，暫撤南昌之圍，重整部署，以殲滅南潯路之敵，絕南昌之援為優先，並於九月二十四日再頒全贛作戰計畫。

十月十日北伐軍克武昌，生擒敵將劉玉春、陳嘉謨。十五日楊森就任國民革命軍第二十軍軍長，十六日浙江省夏超就任第十八軍軍長，並以保安隊八個營開赴松江，為孫傳芳之宋梅村、王雅之兩旅追擊，退回杭州，後為孫傳芳所殺，十七日總司令蔣公電令曹萬順代理十七軍軍長。

十月下旬，第一師奉令攻擊牛行車站，二十日先生率第二團由生米街附近出發，向牛行車站挺進，下午三時前衛第三營行至距牛行車站四里許之長頭嶺，即與敵之警戒部隊接戰，斃敵數十名，敵退回主陣地固守。

翌日，第一師發起黎明攻擊，第二團任正面，第一團任右翼，地區平坦，皆為稻田，凡攻擊可資利用之地形地物，已皆為敵所掃除，敵據守深溝掩蓋之陣地，並發揮砲兵火力，頑強固守，而第二團官兵在先生指揮之下，奮不顧身，鼓勇猛攻，往來衝殺，戰況極為慘烈。戰至二十三日下午三時，右翼第一團遭敵增援軍之壓迫，陸續後撤。第二團雖在不利形勢下，決心死守已佔領之陣地，除尚留有第八連為控制部隊外，全團兵力均加入戰鬥。第九連連長張迪峯及連黨代表等九員陣亡，副連長、排長等死傷二十餘人，士兵死傷人數已達三分之一，終以敵軍四集增援，而我後援不繼，奉令向萬壽宮地區轉進，由第八連（連長史銘）掩護，且戰且退，敵以密集火力追擊，又傷亡士兵三十餘人。

十一月二日蔣公下令對孫傳芳發動總攻，第一師再度攻擊牛行車站之敵，敵仍憑堅固陣地激烈頑抗，並以密集部隊，向我左右出擊。先生所率第二團官兵，不避艱險，奮勇向前，激戰至六日晨，先生親率第一線營衝入敵陣，將敵擊潰，首先佔領牛行車站。

八日上午，南昌城內被圍之敵將，江西總司令鄧琢如，第一師師長唐福山，第九混成旅旅長周鳳岐等，見牛行已失，南昌難以再守，遂以城降。

牛行為南昌之屏障，為掩護南昌之主力所在，此時潰散之殘軍，紛紛南渡，麕集在南昌城郊東北地區。先生奉命率第二團迅速渡過贛江，將該潰軍包圍，俘虜敵軍長李彥春，王良田等以下各級軍官數百人，士兵一萬五千餘人，砲十門，各式槍械萬餘枝，騾馬數千匹，輜重無算。江西遂告底定，孫傳芳在贛最精銳之基幹，亦於此役全部消滅。

南昌戰役結束，先生復率官兵前往牛行車站戰場，收埋陣亡官兵遺骸，布帳設奠，為文以祭之，與祭官兵及人民同聲泣下，念生前之袍澤，安死者之英魂，唯仁德者為之，前所未有也。

南昌光復，第一師師長王俊調職，薛岳升代第一師師長，東路軍前敵指揮部成立，第一師改隸東路軍序列，與第二師及第二十二師同東出浙江，第一師推進至嚴州（今建德縣）地區。

此時東路軍之第一軍已入福建汀州、漳州，克泉州，十一月十九日蔣公電令何應欽收復閩浙。二十七日四川省各軍事領袖，採取聯合行動，接受國民政府任務。總司令蔣公任命劉湘為二十一軍軍長，賴心輝為二十二軍軍長，劉文輝為二十四軍軍長，范石生為第十六軍軍長。後復任鄧錫侯為二十七軍軍長，田頌堯為二十八軍軍長，四川遂告底定，斯受楊森之影響也，同時貴州之周西城亦加入革命軍，貴州亦告光復。

十二月一日張作霖在天津自任為安國軍總司令，孫傳芳親往天津，表示擁戴，並邀請其派兵南下，回到南京後，自稱為安國軍副總司令，自夏超起義事件後，孫傳芳即調浙江第一師陳儀部回駐杭州、寧波一帶，另調第三師周鳳岐部進駐金華、衢州、嚴州、桐廬、新登一帶。

三　浙江戰役

十二月十日，周鳳岐為孫傳芳之第三師師長，而在經過衢州時卻被任命為國民革命軍第二十六軍軍長，陳儀與革命軍亦有聯絡，於十七日蔣公任命其為第十九軍軍長。此時孫傳芳調整部署，以孟昭月為浙江總司令，以防北伐軍東進，及聞陳儀、周鳳岐與革命軍聯繫，而正式加入革命軍，本命其駐新登以防革命軍，結果他卻為革命軍向杭州警戒，這一驚非同小可，乃即命其第三方面軍司令之第八、第十兩師，及第二方面軍司令鄭俊彥之第四、第十兩師，集結杭州，將杭州陳儀所屬的軍警繳械，陳儀率殘部退往紹興，正式加入革命軍，公開宣告就任為國民革命軍第十九軍軍長。

孟昭月在杭州集結後繼續南下，向嚴州、蘭溪前進，並圍攻駐新登之周鳳岐，情勢非常危急。在敵係圍攻其第三師，而在革命軍則係第二十六軍遭圍攻，先生奉命率第二團輕裝馳援，日夜急行軍，迨至新登附近，即向敵攻擊，敵驚其快速，頗為震駭，一日激戰，悉來者即為攻擊牛行先生所統率之團，知不能勝，北退而去，遂解新登之圍，先生即親書布告，安撫民眾，護送難民後仍返原防。

十五年十二月十八日，國民革命軍東路軍總指揮何應欽攻克福州，而孫傳芳所任命之閩督周蔭人率部退入浙江溫州台州一帶，企圖與孫傳芳在浙江之部隊會合，此時孫傳芳所屬之第一師師長陳儀已通電參加革命就任為第十九軍軍長，遂即率領紹興、寧波兩地之部隊，分兩路南下迎擊周蔭人之殘部，與東路軍何應欽所屬由閩追擊入浙江第十七軍李生春部南北夾擊，在寧波附近地區激戰後，將周蔭人之部隊擊潰，其殘部由十七軍予以收編。

浙江方面自武昌、南昌、福建相繼光復後，浙江自治同志會，全浙各公會等組織，紛紛呼籲和平運動，口號為「浙人治浙，浙江獨立，保境安民」等運動。十九日浙江實行自治，推蔣尊簋、陳儀、蔡元培、黃郛等九人為省府委員。至二十二日，孟昭月部隊攻入杭州，浙江省自治成為曇花一現。二十五日周鳳岐發表通電：「奉國民革命軍蔣總司令電令，有指揮全浙軍隊之權」。

民國十六年元月一日，蔣公在南昌召集軍事會議，決定軍事目標為規復上海及南京，並策劃肅清長江下游之作戰方略，決定方略序列如左：

國民革命軍總司令：蔣公中正。

東路軍總指揮：何應欽。攻略浙、滬，肅清長江下游。

前敵總指揮：白崇禧。

第一縱隊指揮官：周鳳岐，轄十九、二十六兩軍。

第二縱隊指揮官：王俊，轄第一、二十二兩軍。

第三縱隊指揮官：白崇禧兼，轄第二、二十一兩師。

第四縱隊指揮官：馮軼裴，轄三十四、二十兩師。

第五縱隊指揮官：賴世璜，轄第十四軍。

中央軍指揮官：總司令蔣公兼，轄江右、江左兩軍。

江右軍總指揮官：程潛，自景德鎮、祁門進取蕪湖。
第一縱隊指揮官：程潛兼，轄第六軍。
第二縱隊指揮官：魯滌平，轄第二軍。
第三縱隊指揮官：賀耀祖，轄第四十軍。
江左軍總指揮官：李宗仁。自黃梅、英山，進取安慶。
第一縱隊指揮官：李宗仁兼，轄第七軍。
第二縱隊指揮官：王天培，轄第十軍。
第三縱隊指揮官：劉佐龍，轄第十五軍。
西路總指揮官：唐生智。
第一縱隊指揮官：唐生智兼，轄第八軍及鄂軍第一師。
第二縱隊指揮官：張發奎，轄第四軍。
第三縱隊指揮官：陳銘樞，轄第十一軍。
第四縱隊指揮官：彭漢章，轄第九軍。
總預備隊指揮官：朱培德，轄第三軍。

部署既定，命令下達後，各部隊開始整編集結，元月十日革命軍第十九軍主力抵達奉化，二十六軍之一部亦進駐金華，二十日東路軍前敵總指揮白崇禧到達衢州，召集軍事會議，決定任務及攻擊目標，此時入浙各部隊尚未到達指定地點，而孫傳芳之孟昭月、鄭俊彥部隊，在淳安、游埠、龍游、洋埠之線，構築陣地，企圖憑險固守。東路軍分三路進攻。先生率第二團攻擊洋埠之敵，二十二師之六十六團攻擊游埠之敵，六十六團原為江西之戰俘編成，攻既不能克，並有部分譁變，全線因以動搖，先生指揮第二團孤軍力戰六小時，始將孟昭月部擊潰，佔領洋埠，而第二團官兵傷亡二百餘人，洋埠之戰，挽回戰局，使全師得以迅速前進。

二月中旬第一師進至富陽地區，而孟昭月已獲得杭州補充，再度頑抗。十六日拂曉，先生率第二團攻擊前進，戰況至為慘烈，反覆肉搏，終將敵擊潰，收復富陽，同日第二十六軍敗敵於諸暨，俘孫傳芳衛隊旅八千餘人，獲得軍品輜重無算，而孟昭月逃回杭州，搜索全城，得款三百餘萬元後北竄。十八日東路軍遂克杭州，是役第三團圍攻新登，遭敵頑抗，第二營官兵死傷殆盡，營長李鐵軍負重傷，且斷一指。先生聞訊後即派員聯絡，並命史銘前往探視，極盡關切愛護之誼。

東路軍進入杭州後，右翼進佔蕭山，左翼亦同時攻克臨安，總指揮何應欽於二十三日抵達杭州，同月底第十九軍會合第二十六軍，進駐紹興、寧波，至此浙東之敵已全部肅清。

三月一日浙江臨時政治會議成立，任張人傑為浙江省主席，浙江遂告底定。

四　上海・南京之役

東路軍收復杭州後，即沿滬杭鐵路掃蕩前進，直抵松江地區，第一師在松江略作休息整補。

革命軍攻克杭州，孫傳芳守上海之師長李寶章，派遣代表向革命軍輸誠，總司令蔣公即任命其為第十八軍軍長。孫傳芳所轄駐泊上海海軍總司令楊樹莊，在南昌收復後，已與革命軍聯絡，蔣公任命為海軍總司令。三月十四日楊樹莊在上海宣布就任國民革命軍海軍總司令，所有軍艦編成四個艦隊，以陳季良為第一艦隊司令，陳紹寬為第二艦隊司令，陳訓泳為練習艦隊司令。國民革命軍得有海軍響應，聲勢大振，影響至鉅。

孫傳芳部隊自杭州北竄後，主力集中在楓涇、吳興、宜興一帶。三月十八日第一師向上海攻擊，第二團為先頭部隊，二十日迂迴東側，在閔行潛渡黃埔江，襲擊直魯軍援孫之畢庶澄部於殷行等地，先頭營遭敵頑拒。直魯軍所恃為僱用之白俄兵，高大健壯，酒醉兇猛，因之攻擊遲滯。先生即親至第一線視察，適有二白俄兵，不顧生死衝入我陣地，立即為我士兵生擒，只見其酒氣薰人，吼叫不已。先生見狀，即告知營連長：「敵人裝備優於我，白俄兵酗酒臨陣，忘其生死，來如狂風驟雨，去如亡群散獸，不可力爭，宜以智術制之。」即命攻擊部隊，加強野戰工事，初作佯攻，引敵抗拒，敵若來攻，堅守陣地持久以待。未幾白俄兵果來攻我，無所獲，長吼舞蹈，迨數小時後，酒醒力疲，搖搖晃晃在陣前慢步，無力再戰，先生即命奮起一擊，而將白俄傭兵擊潰，佔領莘莊，龍華及上海兵工廠。直魯軍畢庶澄部，見形勢不利，倉皇北潰。二十一日宣告上海光復，二十二日遂進入上海。青天白日滿地紅之國旗，全市飄揚，是日下午，先生集合團附，營長等人員，隨帶武裝衛士，乘俘獲之汽車，直入法大馬路，經愛多亞路跑馬廳，南京路等市區繞行一周，所經之處，人潮洶湧，熱烈歡呼，有壺漿夾道之慨，當時此數處最繁華街市，均屬英法租界，原不許國軍進入，而租界巡捕懾於國民革命軍之聲勢與民眾之狂熱擁戴，未敢加以阻撓，士氣益為振奮。

東路軍攻克上海之日，中央江右軍全線進攻，已到達南京郊外，東路軍亦急進北上，到達鎮江，二十三日革命軍開始攻城，孫傳芳逃往揚州，直魯軍亦向浦口潰退，三月二十四日光復南京。

五月先生因功升任少將副師長，駐南京小營魚雷學校。此時第一師師長已為鄧振銓，第一團團長方日英，第三團團長甘麗初，先生仍兼第二團團長。

五　寧漢分裂

十五年十月武昌光復後，鮑羅廷、汪兆銘控制共產黨團在武漢成立聯席會議，自稱是執行最高職權機構，而唐生智利令智昏，一時只想獨霸兩湖地盤，武昌方面之政治已為徐謙等共產黨徒所把持，當南昌光復後，譚延闓等來南昌，政府原擬中央政府暫設南昌，而武漢方面堅持應設武漢。並對蔣公大施攻擊。蔣公為顧全北伐大局，力主黨內忍讓團結，曾於十六年一月赴廬山牯嶺，邀集各委員會晤，消弭隔閡。二月同意革命政府駐武昌，中央黨部駐漢口，因之中央最高決策機關全在共產黨徒操縱之下。

在上海、南京攻佔之時，共產黨徒把持工會，發動罷工等暴力事故，工人暴徒以黨軍名義衝入租界，放火搶劫，企圖引起國際事件，幸處置得宜，未引起各國干預。

待南京光復，武漢中常會在汪兆銘主持下，通過免去蔣公國民革命軍總司令職，全國駭然，共產黨人內制唐生智，外連馮玉祥，在各地大搞農工運動，均以打倒蔣公為目標，汪兆銘能言善道，是一個既不能令，又不受令，翻雲覆雨的政客，此時是被共產黨徒利用的罪魁禍首。

十六年三月二十八日，中央監察委員會之常務委員會，通過吳敬恒所提之糾察共產黨員謀叛黨國案，並定此一行動為「護黨救國」運動，四月二日中央監察委員會在上海舉行會議，通過吳敬恒提議請查辦共產黨案，並審查中央執行委員，分為：㈠純為本黨忠實份子。㈡態度可疑份子。㈢共產黨份子及附和共產黨份子。決定將本案名單送達本黨忠實同志。

四月五日，汪兆銘與陳獨秀以武漢政府名義發表聯合宣言，要出兵聲討南京的反革命政府，一意孤行。六日張作霖搜查北京蘇俄大使館，發現大量俄共赤化中國之陰謀文件，並拘獲中俄共產黨徒李大釗等六十餘人。蘇俄大使館人員正在毀滅文件亦一併成擒，並下令槍殺李大釗等共黨三十餘人，十日總司令蔣公通電解散為共黨份子所把持之國民革命軍總政治部，十二日中國國民黨實行清黨。從此國民黨人與共產黨徒劃分界線。

四月十八日國民政府定都南京，寧漢分裂，國民政府通令全國肅清共黨份子。

此時武漢政府堅持容共，極力主張農工運動，又秘密組織紅軍，希圖建立共產黨政府。對北伐軍事，造成了極不利之影響。

六　北伐頓挫

十六年五月一日，總司令蔣公擬定三路北伐計畫，第一路總指揮何應欽，由鎮江攻揚州直驅淮海。第二路總指揮由總司令蔣公自兼（由總參謀長白崇禧代理）。任津浦路正面，並任陳調元為前敵總指揮。第三路總指揮李宗仁，由蕪湖渡江，襲擊津浦路直魯軍側面及救援六安、合肥被圍友軍。第一軍第一師編入第一路軍序列，由采石磯渡江後，為第一路軍總預備隊。沿運河右側行進，同日馮玉祥在西安新城就任國民革命軍第二集團軍總司令。五月五日總司令蔣公發布總攻擊令，各軍渡江北伐。

五月十日全線發起總攻，由於將士用命，上下一心，王師所指，所向披靡，不半月已連克揚州、靖江、瓜州、全板、合肥、蚌埠等十餘城。十八日第二路軍克滁州，直魯軍張宗昌、褚玉璞退徐州，第一路軍何應欽進駐揚州，孫傳芳逃往淮海。二十六日馮玉祥收復洛陽，於三十日攻克鄭州，竟然與武漢北上軍會師鄭州，並舉行聯席會議。會議決定，馮玉祥為河南省政府主席。關於平漢路以東，隴海路以北軍事，由馮玉祥擔任。

此時駐守宜昌之鄂軍獨立第十四師師長夏斗寅，不滿共產黨之暴動燒殺，已率師南下，討伐武漢共黨政府，六月一日四川劉湘就任國民革命軍第五路總指揮，出師討伐武漢，以楊森為前敵總指揮。二日國民革命軍克徐州，張宗昌逃往韓莊，六日閻錫山在太原就任國民革命軍北方總司令，通電服從三民主義，並表明反共立場。九日第一路軍攻克海州，孫傳芳退往青島。

雲南方面唐繼堯病故，龍雲與胡若愚與廣州聯絡合作，六月十四日總司令蔣公任龍雲為第三十八軍軍長，胡若愚為三十九軍軍長，於是雲南光復。十八日奉軍張作霖自任大元帥職於北京懷仁堂。

自攻克海州、徐州之後，第一師即沿駱馬湖、紅花埠進入魯境，並攻克郯城。

六月二十三日唐生智在武昌召集所部會議，決定舉兵東下南京，唐生智為總司令，以第八、第三十五、三十六等軍為第一方面軍，由唐生智兼任總指揮。以第四、第十一，及暫編第二十等軍為第二方面軍，由張發奎任總指揮，沿江東犯。

時北伐軍已大部進入魯境，克復臨城、嶧縣、日照、莒縣等地，圍攻臨沂，蔣公見於武漢軍東下，乃於六月二十七日下令撤臨沂之圍，調津浦路軍南下，以應付武漢東下之師。

北伐軍大軍南撤，日軍增兵青島，並以二千餘人開往濟南參加軍閥作戰，防我北伐，而孫傳芳、褚玉璞等乘機反攻，於七月二十日攻陷徐州，我第十軍王天培未與接戰，輕棄徐州隨軍南還，革命軍為整飭革命紀律經軍法會審後，將其判處死刑，於八月十三日正法。第一師南回後，由瓜州渡江，調駐杭州，此時先生已解除第二團團長兼職，專任副師長。

七　南昌暴動

寧漢分裂後，共產黨徒在鮑羅廷指示下，訂定中國共產黨行動方略，其重要內容有五：

㈠關於土地革命，應從下層沒收土地，不用上級機關國民政府下令沒收土地。

㈡在中央委員會中，增加新的領袖，代替舊的領袖。

㈢國民黨現在的構造必須改變。

㈣消滅現在不可靠之將領，武裝二萬共產黨員，加上兩湖挑選五萬工農份子，組織新軍隊。

㈤以知名的國民黨黨員作領袖，組織革命法庭，處罰反動軍官。

此一行動方略訂定後，在武漢方面原國民黨同志，赫然醒悟，認為與國父容共政策根本不相符合，引發清共決心。

四月間張作霖在北京蘇俄大使館，所搜出無數文件中，證明蘇俄要扶植共產黨篡奪國民黨之黨權、政權與軍權，六月二十日蔣公在徐州邀請馮玉祥晤談，將共黨陰謀與之溝通。二十一日馮玉祥即在徐州通電武漢，應立即遣送鮑羅廷回俄，驅逐共黨，寧漢合作共同北伐。六月二十九日唐生智所屬的武漢政府軍三十五軍軍長何鍵，在漢口發表反共宣言，要求武漢政府明令與共產黨分離，剷除蔑視人倫發展獸性的暴徒。並在漢陽、漢口，逮捕共黨份子，亦是要求國民黨與共產黨要劃清界線。這對鮑羅廷、汪兆銘是一個頂頭棒喝。

凡共產黨徒所到之處，就是沒收土地，暴動燒殺，稱之為農民運動、工人運動，擄掠資財，脅迫精壯。人心逐漸覺醒，各地政府清黨。馮玉祥、閻錫山，以及北京之奉直軍亦進行清共。劃清界線，清黨之風已引起共鳴，至七月十五日在武漢之中央黨部，部分之中央委員亦通過制裁共產黨案。

七月二十七日鮑羅廷受南京、武漢之譴責，不敢沿長江經上海，乃經河南、陝西、甘肅，入外蒙返俄。

由於武漢方面亦開始分離共黨，共產黨徒乃逃向江西，大多數編入張發奎部隊中，隨軍東進。八月一日張發奎所屬之軍長賀龍，師長葉挺，稱兵叛變，入據南昌，以中國國民黨革命委員會名義，發表宣言，改組國民政府，討伐南京、武漢政府。在南昌燒殺擄掠，城內朱培德部守軍三千餘人，經激戰後大部被繳械，程潛第六軍駐在南昌之官兵被屠殺三百餘人，中下級軍官被屠殺者八千餘人，江西中央銀行等財政單位被洗劫一空，是謂南昌暴動。

此時張發奎、朱培德主力部隊在吉安、樟樹地區，立即進剿，賀龍、葉挺飽掠人民資財，率部竄向撫州，經追擊而竄向閩、粵邊境之山區。

八　蔣公下野

八月八日在南京主要將領李宗仁、白崇禧、李濟琛等，頗懷異念，竟聯名致電汪兆銘、譚延闓，慶賀其分共之成功，並請求武漢黨人集合於南京，討論黨國大事。電報由李宗仁、白崇禧、何應欽領銜，而將總司令蔣公列名於第四。而蔣公與何應欽自己並不知道有此電文。

汪兆銘以分共為名，與李宗仁、白崇禧等人聯絡，主張議和，並以蔣公離去為必要條件。蔣公為促成寧漢合作，認為黨內能和衷共濟，個人去留，在所不計，乃於八月十三日通電辭職，革命軍北伐頓失舵手，人心惶惶，全國各機關團體紛紛致電挽留，翌日，國民政府決議慰留蔣公，並推中央執監委員胡漢民、張人傑、蔡元培、吳敬恆、李煜瀛等至上海挽留，因蔣公已回奉化，此五人見蔣公辭意已堅，乃於十四日同時通電辭職。軍事委員會於十六日通令，在蔣公未回任前一切軍政、軍令由該會負責處理，各部隊調遣，悉聽該會命令，不得擅自移動。

九　龍潭之役

北伐軍南撤，蔣公下野，孫傳芳認為是千載難逢之機，於八月十五日率部南下，逼近滁州，八月二十四、二十五日，以少數兵力自南京上游之烏江集，兔兒磯對岸，向江寧鎮，大勝關一帶佯渡，均遭擊退，至二十五日夜，乃乘大霧自望江亭、划子口、大河口三處，分乘民船小火輪百餘艘，向烏龍山、棲霞山及龍潭一帶強渡。以江中有外國兵艦，砲台守軍之射擊，頗受限制，雖擊沉敵船甚多，終以守兵不多，使敵強渡得逞，幾經激戰，棲霞山、龍潭均為其攻佔。

第一師在杭州奉命馳援，當時師長鄧振銓久假未歸，遂由先生指揮全師作戰。龍潭為南京之門戶，失而復得，得而復失，曾經二度易手，戰況極為慘烈，我第一、第七軍合力迎擊，第十四、十八、十九、四十等軍，亦先後參加戰鬥，血戰六晝夜，至三十日得海軍之協助，截斷江面，絕敵增援，斷其歸路。孫軍南渡之六萬餘眾，軍心動搖，遂大破之，孫軍除被消滅外，被俘官兵五萬餘人，師、旅高級官員數十員，繳獲槍械四萬餘枝。革命軍亦傷亡八千餘人。戰況之劇烈，為北伐以來所僅見，後來蔣公曾記其事曰：「此役關係首都之安危，革命之成敗，在國民革命戰史上實佔重要之地位，而戰鬥之激烈，尤可與棉湖、淞口、汀泗橋、武昌、南昌諸役相埒，或且過之。各將士深知此役關係之重大，均能奮不顧身。……劉峙師長頭部受傷，猶親督戰，衛立煌師長之落水不顧，繼續指揮，均能表現軍人之奮鬥也。痛定思痛，此後吾黨同志，亟宜團結，毋予人隙已毫無疑義矣。」

八月三十一日，龍潭戰役結束，孫傳芳之全部主力，皆被殲滅，先生奉命率第一師回駐杭州。

一〇　晉升二十二師師長

武漢政府既已實施分共，十六年八月八日在武漢國民黨中央黨部召開擴大會議，決定處置共黨份子，通緝列名南昌革命委員會之譚平山、林祖涵、吳玉章等人，並將所有任國民黨中央執監委員之共產黨徒一律免職，並開除黨籍，令跨黨份子登記及登報聲明，否則以反革命論。

八月二十二日汪兆銘、唐生智、李宗仁等會議於九江，決定武漢方面派孫科、譚延闓至南京會談。由孫、譚兩人建議，設立中央特別委員會，接管寧、漢雙方政權。九月十六日中央特別委員會在南京成立，推定國府委員四十七人、軍事委員會六十六人，至此多月來寧漢分裂之局面復歸統一。

九月二十六日何應欽擴編第一軍為第一、第九、第三十二，三個軍，以劉峙、顧祝同、錢大鈞分任各軍軍長。何應欽專任第一路軍總指揮。二十八日蔣公由上海出發，赴日本考察。

共產黨自八月一日南昌暴動後，九月八日毛澤東、瞿秋白等復在武昌、長沙地區發動兩湖秋收暴動，經當地軍隊協力圍剿，至十月間，毛澤東入江西井崗山，建立根據地。

寧漢合作後汪兆銘與唐生智在武漢成立政治分會，十月六日張發奎通電反對中央特別委員會，二十一日唐生智以武漢政治分會名義，宣布與國民政府脫離關係。

唐生智原為趙恒惕所屬之師長，參加革命軍後已晉升至集團軍總司令，然利慾薰心，永不滿足，外為蘇俄顧問玩弄而不自知，內聯汪逆共黨以自重，自蔣公下野後，狼子野心，益加猖獗，八月中在共黨操縱下，出師東犯，表面上聲言推誠相見，協同北伐，實際上驅逐地方行政官員，佔領政府機關，派任地方官吏，兩湖及安徽地區，盡為其所佔，節節向南京進逼，當時因孫傳芳軍南下，有龍潭之役，革命軍無力西顧，至此時竟然宣布脫離國民政府，國民政府乃下令討伐唐生智。

十一月一日蔣鼎文奉命來杭州就任第一師師長，三日第一師由杭州出發，在浦口渡江至滁州小駐。四日軍事委員會決定軍事序列，一路何應欽、二路白崇禧任北伐；三路李宗仁居中策應。四路程潛及五路朱培德任西征唐生智。第一師編入第一路序列，初為預備隊，沿津浦鐵路北進。

西征軍進展甚速，主因為唐生智所屬將領如何鍵、李品仙等皆痛惡其為共黨利用，唐生智師出無名，官兵皆不明為何要攻打救國救民之革命軍，且廣東之李濟琛，廣西之黃紹竑亦聲言出兵討唐，唐生智乃於十二日通電下野，乘輪逃往日本，西征軍迅即佔領武昌。

十四日在津浦路上之第一師，奉令攻鳳陽以北之雪花山向蚌埠前進。時直魯聯軍，以白俄駕駛之鐵甲車掩護作戰，往來轟襲，日夜不休，我軍不但無法前進，亦無法佔領陣地，先生見狀，乃命第二團選出健壯勇戰之士兵百餘人，攜帶十字鎬、圓鍬等土工器具，潛入軌道旁，挖掘散兵坑，車來時臥伏不動，車去時則掘斷其軌道，鐵甲車無軌道即不能行動，一出軌即翻覆地上，車毀人傷，終被制服，其守陣地之士兵，見鐵甲車敗覆，乃驚惶而逃，第二團遂佔領雪花山，十六日攻克蚌埠。先生因功升任第一軍第二十二師師長，時年三十二歲。

先生就任師長於軍次，此時副師長為唐俊德，參謀長為郭一予，所轄三個團，第六十四團團長丁炳權，第六十五團團長程式，補充團團長夏楚中，僅第六十五團精強能戰。

一一　蔣公復職

十一月十日蔣公由日返滬，受全國軍民熱烈歡迎。十七日廣東張發奎之黃琪翔軍藉口打倒新桂系，在廣州叛變，李濟琛等認係共黨之陰謀，汪兆銘辯說係反對特別委員會之故。蔣公見國事如此，殊為痛心，為調解寧粵各中央委員會意見，特發表「告同志書」。馮玉祥、閻錫山，先後電請蔣公復任總司令，何應欽等亦聯名敦促。

十二月十日中央二屆四中全會第四次預備會議通過，敦請蔣公復任國民革命軍總司令案。

十二日何應欽令津浦路北伐軍總攻徐州。先生所率之第二十二師至芝蘭附近，奉命驅逐徐州右側之敵。第六十四團，補充團首先遇敵之騎兵驟至，不支潰退，僅補充團第二營李文所部，阻遏敵騎兵於芝蘭村外，第六十五團跑步增援，終將犯敵擊潰，遂克六舖、土城，佔領徐州城東飛機場。十六日會同友軍克復徐州。是役程團長式於六舖之役陣亡。

程式：字明都，四川江津人，黃埔軍校第一期，先生任機槍連副連長時，程任排長，先生任營長時，程任營附，先生任團長，程繼任為營長，於十六年五月方調第六十五團上校團長，在六舖戰役陣亡，先生深為痛悼。後追贈少將，入祀忠烈祠。

自芝蘭戰役後，第六十四團團長丁炳權，補充團團長夏楚中相繼去職。

十二月十一日廣州共黨張太雷等實行暴動，以俄領事館為總機關，由第三國際代表紐曼指揮，組織蘇維埃政府，燒殺至為慘烈，十四日國民政府下令撤銷承認俄國領事，並停止其國營商業機構營業，形同斷絕邦交，吳敬恒與汪兆銘因廣州事變發生重大爭論。國民政府鄧澤如、古應芬查辦與廣東事變有關之汪兆銘等九委員。汪兆銘自知已為社會輿論所不容，乃於十二月十七日宣布引退，乘輪出國赴歐。

民國十七年元月二日，國民政府電邀蔣公入京，復任國民革命軍總司令，繼續北伐。四日蔣公由譚延闓、楊樹莊、何成濬、陳立夫等親為迎邀由滬入京。沿途各站人頭攢動，揮手歡迎。到達南京，歡迎民眾，萬人空巷，途為之塞。蔣公就任總司令職，惶惶民心始為之安。九日蔣公通電宣布繼續行使國民革命軍總司令職權。二月二日第二屆四中全會在南京舉行，通過改組國民政府暨軍事委員會，與整理黨務根本計畫，及制止共產黨陰謀案。七日推定國府委員四十六人，以譚延闓為主席，推于右任等七十三人為軍事委員會委員，蔣公為主席。

一二　二次北伐

十七年元月十三日，總司令蔣公令改編何應欽之第一路軍為第一集團軍，自兼總司令，下設三個縱隊，以劉峙、陳調元、賀耀祖分任總指揮，調任何應欽為國民革命軍北伐軍總司令部參謀長。二十八日軍事委員會任命蔣公為第一集團軍兼總司令，第二集團軍總司令為馮玉祥，第三集團軍總司令閻錫山，海軍總司令楊樹莊。並命統歸北伐全軍總司令指揮。

此時北方奉軍張作霖，其所屬安國軍號稱百萬之眾，轄七個軍團，分由孫傳芳、張宗昌、張學良、楊宇霆、張作相、吳俊陞、褚玉璞率領，決定對京漢、津浦路採攻勢防禦，對正太路、魯西大名一帶取攻勢，任張宗昌為津浦路總指揮，孫傳芳為魯南方面總指揮，褚玉璞為魯西大名方面總指揮，張學良為正太京漢方面總指揮，張作相為京綏路方面總指揮。參加作戰軍隊約六十萬人，唯以訓練不整，素質參差，且紀律敗壞，不為人民所接納。

四月一日，總司令蔣公在徐州行轅通令準備總攻，七日北伐之戰開始，第三集團軍從正太路，第二集團軍從京漢路，第一集團軍從津浦路向敵軍開始攻擊，十六日任命李宗仁為第四集團軍總司令，白崇禧為第四集團軍前敵總指揮，由京漢路北上參加北伐。

先生之第二十二師，編屬第一集團軍、第一軍團、第一軍序列，所屬之團亦改編為一、二、三、四團，第一團團長馮士英，第二團團長梁華盛，第三團團長李默庵，第四團團長李鐵軍，經短期整訓，已成勁旅。四月二日蔣公蒞師訓話，七日奉命出發，十一日奉命攻擊運河之敵，下午戰於侯孟渡口，敵直魯軍王棟所部，構三道防線以禦我軍，不意我軍驟至，浮橋未拆，二十二師第二團第二營營長劉柄，身先士卒，直撲上橋，中彈陣亡，第二營官兵悲憤奮戰，冒死奪獲橋頭機槍陣地。正在搏戰中，敵主力由上游六十子渡河，迂迴我軍左側，先生立命第四團李鐵軍部奮勇擊破之，副團長李正華騎白馬指揮衝鋒，遂乘勝在六十子渡河，攻克韓莊。此時第一集團軍已於四月十日攻克台兒莊。

一三　濟南慘案

四月二十八日，先生所率之二十二師由中宮出發，逐次攻擊前進，二十九日戰於八里窪，斃敵數百人，掩埋屍體時，發現有日本軍人冒充直魯軍參加作戰者。二十九日二十二師已抵達濟南近郊。

三十日晨，二十二師攻擊濟南西門，僅有少數敵軍抵抗，先生顧慮西門為日租界，易引起糾紛，遂令第一團馮士英，避開日租界，改攻北門。命第四團李鐵軍由南門攻入，故與第三師涂思宗部，同時佔領濟南城。張宗昌、孫傳芳向德州逃遁，其殘部亦向北潰退。

日本駐東北軍之大本營，勾結張作霖、張宗昌、孫傳芳等軍閥，企圖以武器，金錢之支援，而控制我國之地方武力，阻撓我北伐統一，日軍在青島登陸，開赴濟南，我外交部一再抗議，置之不理。革命軍進入濟南時，日軍已進入城內，分駐日本總領事館、日本學校、濟南醫院及日人所辦之濟南日報等地，且在商埠周圍架設鐵絲網沙包，構築堅強作戰掩體，挖掘戰壕，並以裝甲車巡行市區示威，民眾稍有接近即遭槍殺。

五月一日，第四十軍賀耀祖部與日租界駐軍發生衝突，旋即停止，三日衝突又起。蔣公以濟南必將釀成事件，由泰安親蒞濟南，為顧全北伐大局，立即召集將領會議，勉以忍辱負重，嚴禁軍隊開槍，並派代表向日本總領事西田畊一交涉，以第二十二師軍紀最佳，欲任先生為濟南衛戍司令，先生堅辭而未就，蓋恐官兵之遭殺又不能還擊也。

五月三日，凡我派往日總領事館交涉人員均被扣留，日本提出停戰條件，㈠濟南商埠街道不許中國軍通行。㈡膠濟鐵路不許中國運兵。㈢中國軍隊一律退離濟南二十公里外。並派軍衝入我戰地政務委員外交處濟南交涉署，大肆搜查，殺死我交涉人員，並將我外交專員蔡公時，打斷腿骨，仆倒在地，打碎牙齒，割去舌頭，然後再予槍殺。

革命軍駐廣東會館之第三師七團，及駐小韓四路之第一團，及警察等，因奉命不開槍，全為日軍繳械。徒手官兵被拘禁於正金銀行，斷絕飲食，不准坐臥，日軍並電張宗昌望其在日軍掩護下迅回濟南。

四十軍官兵，不遵守停火，與日軍交戰，蔣公乃製旗八面，命先生持往四十軍陣地，制止戰鬥。

五月五日革命軍大部已秘密渡河北進，蔣公亦移駐城東三十里許之黨家莊，城內留駐由李延年所率之兵力一團，令其固守二日，待日軍發動總攻時，始可向泰安方向撤退，第二十二師亦奉命撤出濟南，當時張宗昌尚在收拾殘部，日軍強佔濟南，北伐軍主力北渡黃河，二十二師奉命移駐曲阜整訓，以補後方之空虛。

日軍偵悉我大軍北渡黃河，蔣公已離濟南，其企圖脅迫蔣公訂城下之盟陰謀破滅，乃於六日夜對濟南守軍發動總攻，李團官兵已忍辱數日，至此放膽抗擊，英勇奮戰，全體官兵爭相殺敵滌恥，日軍連續攻勢，均被擊退。至九日，日軍向李延年要求停戰，當時協定，保證李團安全撤出濟南至黨家莊，但李團撤離東關未及三里，日軍伏兵突起襲擊，除五百餘人突圍外，其餘全部犧牲。

李團撤離後，日軍展開瘋狂獸性，大肆屠殺，住在醫院傷兵二百餘人全被射殺，孩童幼女多被刺死，事後在南京公布之調查報告，濟南慘死之中國軍民，達二、二五四人，負傷者一、四五〇人，另據非正式報告，估計傷亡軍民為一〇一、〇六二人，新城兵工廠損失六百萬元以上，國民政府定五月三日為五三濟南慘案國恥紀念日，以惕民心，毋忘國恥。

一四　光復平津

五月中旬國民革命軍已進逼保定、德州，五月三十日奉軍放棄保定，下令總退卻，三十一日第一集團軍收復保定，平津震動。

十七年六月一日，蔣公與馮玉祥在石家莊會晤閻錫山，商議平津善後事宜，六月二日張作霖通電退出北京，專車出關回奉，因拒絕日本要求出賣東北利益，在皇姑屯被日軍炸斃，奉軍聞張作霖被炸死，全線急退。原直魯殘兵，紛紛逃向天津，雖有二十餘萬之眾，但是時軍心渙散已無組織可言，主戰主和莫衷一是。

閻錫山率第三集團軍於六日抵達北京郊外。六月八日上午十時，第三集團軍商震部右路軍指揮官孫楚，乘車率第三十二、二十八、二十一各團，由宣武門進入北京城，舉行壯大入城儀式，部隊行列整肅，精神抖擻，樂隊齊鳴，軍勢甚盛。沿途民眾夾道歡迎，城內各地飄揚青天白日滿地紅國旗，下午總指揮官商震及第七軍軍長張蔭梧陸續進城，首先成立警備司令部，張蔭梧就職警備司令。

此時革命軍得逐次向天津包圍，為避免外交衝突，並未發生激戰。企圖在天津頑抗之張宗昌，見大勢已去，與褚玉璞離天津逃往灤河，所部向革命軍投誠，至此天津地區完全光復。六月二十日，中央政治會議議決，原直隸省改名河北省，北京改為北平，並以北平、天津為特別市。

一五　全國統一

天津光復，先生在曲阜整訓亦告一段落，奉准請假，回籍省親，得一遊杭州，寓西湖大佛寺，先生性好山水，尤喜在水清林茂之地盤桓。在杭州遇義烏趙龍文及江山戴雨農，晤談投機，雖各有職責，但為國為民經世濟民之志則一，志同道合，恨相逢之晚，遂訂性命道義之交，並邀請趙龍文同往曲阜。後部隊南旋，先駐徐州北大王莊、柳泉，後移九里山營房整訓期間，每晚飯後三分鐘，由趙龍文以簡短故事，啟發官兵革命大道理，最受官兵歡迎，在精神教育、思想教育上，發生了啟迪效果。

七月二日何應欽在中央黨部紀念週報告，全國現有國民革命軍八十四個軍，約三百個師，兵額為二二〇萬人以上，每月軍費最少須六千萬元，軍委會及總司令部，希望只留八十師，兵額在一二〇萬人，俾使軍費減至全國收入百分之六十。蔣公對東北問題決以政治解決，力主裁軍節餉，從事建設，並將所統第一集團軍先行縮編，以為倡導，先生之第二十二師於八月下旬在曲阜縮編為第一師第二旅，先生仍任第二旅少將旅長，李默庵、許非田、唐雲山先後為副旅長，轄第三、第四兩團，李鐵軍為第三團團長，梁華盛為第四團團長，羅歷戎為旅參謀主任，後為周士冕，旅部編制官佐十三人，編餘軍官皆不願離先生而去，先生乃將蔡仲、陳季莊等六十餘人留下。縮編後即奉命移駐徐州。

當時各軍皆不能按月發餉，官兵例以借支及伙食尾款為用度，亦不虞匱乏。縮編時編遣還鄉人員，皆發清欠餉，並發給旅費車票，留用人員僅發給欠餉單，先生留用六十餘人，報師不准，先生以人才易散而難聚，仍勉允留下，僅月給伙食，不支薪餉。次年西征軍起，幹部不足，師部及各旅皆求才於先生，先生儘量推介，使皆有專職，而尚感不足，皆服先生愛護人才之遠見，而先生竟能以不支薪餉而使編餘人員不忍離去，斯精誠之所致也。

八月九日中央政治會議議決，青海、西康、熱河、察哈爾、綏遠設省，改為省行政區。十月八日，國民政府公布中華民國國民政府組織法，並經中央常會決議，選舉蔣公為國民政府主席，以譚延闓、胡漢民、王寵惠、戴傳賢、蔡元培分任行政、立法、司法、考試、監察五院院長。

十一月十日，國民政府主席蔣公親蒞徐州校閱第一師，先生之第二旅被譽為模範旅，李鐵軍之第三團成績為全國第一。第二旅團長以上軍官奉命到南京官邸，蒙主席蔣公召見，訓勉有加，期許殷切，並蒙夫人出來相見，一一握手，親如家人，先生面聆領袖訓誨，極為感動，更勗所屬，益加奮勵，擁護領袖，服從命令，以竟統一建國之功。回歸駐地後，不但無稍露矜誇得意之色，且有臨深履薄之心。

　　十七年十二月二十九日，奉軍將領張學良、張作相、萬福麟聯名通電：「奉、吉、黑、熱四省，改懸青天白日滿地紅國旗，服從國民政府遵行三民主義。」至此全國統一，國民政府任命張學良為東北邊防軍司令長官，張作相、萬福麟為副司令長官。日本處心積慮，以為張作霖一死，東北必然混亂，即可藉保僑為名，出兵東北，使東北另組地方政府，脫離國民政府而為其傀儡，至是此一迷夢破滅。

綏靖中原

一　敉平李宗仁之亂

十八年元月一日，縮軍編遣會議在南京舉行，以不偏私、不欺飾、不假借、不中輟為鵠的。會議至二十五日結束，決定全國陸軍兵額，不得超過六十五個師，騎兵八個旅，砲兵十六個團，工兵八個團，共約八十萬人。戰時編制一律取消。空軍、海軍員額另定，全部軍費以國家總收入經費百分之四十為限。

軍隊編制以師為單位。師分甲、乙、丙三種：甲種師轄步兵三旅，每旅轄三團。乙種師轄步兵三旅，每旅轄二團。丙種師轄步兵二旅，每旅轄二團。全國設南京、開封、北平、漢口、瀋陽五個編遣區辦事處，主持編遣事宜。

北伐完成，國家統一，軍隊裁編，節約軍費，原屬顛仆不易之理，在會議上各將領無理由反對，然而軍閥餘孽，對於擴充私人武力，壟斷各省財政，擅自任免官吏，唯我獨尊之心理依然存在。奉命裁軍，先是陽奉陰違，繼而發表謬論反對，終而公然抗拒，我行我素，只顧個人私利，不念國家統一，因之組織秩序，法律體制，為之蕩然。

首先是李宗仁，以不滿中央裁軍政策，公然反抗，以武漢政治分會主席名義，免除中央任命之湖南省主席魯滌平職務，二月二十一日派何鍵為湖南省主席，並派葉琪之五十二師、夏威之十五師率兵入長沙，魯滌平被迫逃往江西，中央迭次勸告無效，乃於二十二日下令討伐，蔣公自任討逆軍總司令，何應欽為參謀長，朱培德為前敵總指揮，命劉峙率第一軍至太湖、潛山集結，朱紹良率第二軍至霍山附近集結，朱培德第三軍集中九江、南昌一帶待命。先生率第二旅為師之前頭部隊，由徐州出發，三月八日乘輪抵安慶，十二日沿望江、黃梅、廣濟、蘄水急進，日行百里許。

三月十七日各部隊完成集結準備，二十八日蔣公對武漢地區叛軍下達總攻擊令，並於三十日親臨九江督師，得海軍之協力，進展迅速，四月三日叛軍第三路軍副司令李明瑞，在黃陂、孝感實行反正，何鍵亦通電服從中央，就任中央委命之第四路總指揮職。五月一日先生率第二旅抵黃陂，李宗仁、胡宗鐸、陶鈞等見大勢已去，倉皇西遁，蔣公聞報率第六師乘艦逕蒞武漢，布告安民，並任魯滌平為武漢衛戍司令，未到任前由劉峙代理，劉文島為武漢市長，先生聞蔣公已入武漢，以半日行程急進，由黃陂進入武漢，擔任翊衛領袖警戒全市之責，旅部駐橋口營房。

武漢李宗仁叛變之時，廣西省主席黃紹竑力謀響應，時白崇禧以前敵總指揮名義駐軍冀東唐山一帶，蔣公發表「告原第四集團軍將士書」，勸其勿為一派一系自居，勿為一派一系所利用，諸將領大受感動。由李品仙領銜通電擁護政府，蔣公任命唐生智為討逆軍第五路總指揮，統率第四集團軍，移駐石家莊一帶待命。

五月五日，李宗仁自稱護黨救國軍總司令，通電繼續作戰，引兵犯粵，政府命何鍵、陳濟堂、龍雲等分道討桂，桂系將領俞作柏通電反正，國軍得空軍之協助，攻克梧州、南寧、桂林，廣西全境為國軍收復，任命俞作柏為廣西省主席。

二　討伐馮玉祥叛變

桂系軍李宗仁之叛變時，馮玉祥實與之勾結，待政府討伐武漢之時，亦藉口討伐李宗仁撤退原駐山東孫良誠部，破壞平漢鐵路武勝關隧道及黃河鐵橋。自率大軍進據正陽關，居心叵測，五月十五日，馮部將領孫良誠、劉郁芬、韓復渠等聯合通電，擁護馮玉祥為護黨救國西北軍總司令，指斥中央，公開叛變。中央力圖消弭未果，乃令第一師由漢口進駐豫南，先生率第二旅由應山踰平靖關入豫，經唐河移駐信陽，整訓待命，至九月初仍回駐漢口橋口營房。旋即奉命全師改編，旅轄三個團，先生之第二旅改為第一旅仍任旅長，副旅長唐雲山，第一團團長袁樸，第二團團長廖昂，第三團團長李鐵軍，原轄之梁華盛第四團撥屬第二旅。

十月十日馮玉祥部西北軍將領宋哲元、鹿鍾麟、石敬亭等二十七人，聯合發表反抗政府通電，在豫陝地區叛變，襲擊中央部隊，而馮自稱為西北軍總司令，號稱主力二十萬，分兵東進。蔣公迭電勸告，以國家民族利益為重，而馮執迷不悟，乃決定討伐，蔣公自任總司令，以朱培德為參謀長並命何應欽、唐生智為第一路、第五路討逆軍總司令，討伐西北叛軍，第一師師長劉峙，兼任討逆軍總指揮，隸屬於第五路唐生智序列，全師沿平漢路北上至新鄭，先生率第一旅戰於密縣，觀音堂，東、西馬跑，東、西月台，追逐至嵩山腳下，馮逆孫良誠部節節抗拒，退入豫西山區，總司令蔣公於十月三十一日親赴河南前線督師，十一月十五日收復登封，二十日攻克洛陽，馮逆叛軍西竄，二十二日蔣公由鄭州返漢口，命唐生智代理總司令職權，此時第一旅正向少林寺前進，突奉命回軍，日行一百三十里，至新鄭乘車，回駐武漢，第二旅亦隨之南行。

緣於唐生智身膺討逆軍總司令，竟與汪兆銘、馮玉祥合謀，企圖誘閉中央軍各師於豫西山區，自己則率軍直下武漢，作為根據地，事為中央偵悉，故急令第一、第二、第九、第十一師，迅速南移，唐生智見陰謀不成，於十二月五日在鄭州稱兵叛變，自稱護黨救國軍第四路軍，向在豫南之各師展開攻擊，第一師再由武漢北上，先生率第一旅在新安店下車，迂迴平漢路東側，時河南大風雪自十二月二十二日至年底不止，雪深沒脛，日行三十里，艱苦萬狀，作戰困難，雙方均無進展。

是年先生與何浩若訂交，何浩若，湖南長沙人，字孟吾，於民國十四年加入國民黨，十五年在美國完成學業，聞黨軍開始北伐，乃自美返國，參加戰鬥行列，當時對第十師第五十九團團長蔣伏生，非常欽佩，認其為一凡事不求人諒解，只求心正自安的奇人，而其治軍之嚴，作戰之勇，為第十師之模範。蔣伏生自民國十年與賀衷寒同往莫斯科，參加列寧所召集的遠東人民代表大會回來，受國父三民主義思想之啟迪，儼然揚棄共產主義，成為一個堅苦卓越的三民主義鬥士，而在平時談話中，他卻最欽佩先生，在一次西進的偶然機會中，他以非常莊肅的態度，介紹何浩若與先生認識，由於都是赤膽忠心，極為投機，志同道合，遂成知己。後來先生將何浩若介紹給戴雨農將軍，介紹詞是：「我已經替你找到了我們一個共同的朋友。」志士仁人，心知犀通，由此至誠一語，奠定了三十餘年來生死莫逆之交，待北伐完成後，何浩若辭軍職任教於中央大學。

十八年十二月二十九日，全國地質學會在北平開會，報告十二月二日在河南安陽縣周口店，發掘北京人頭骨化石，證明中華民族之祖先來自黃河流域，而破滅來自蒙古、埃及等西洋人之臆測。

三　敉平唐生智

十九年元月一日，第一旅迂迴在平漢路東側作戰，師部撥屬山砲兵一連，十五瓦特無線電第二分隊，預定上午十時即可由確山之楊莊出發，候至下午四時，砲兵連才到。此時第九、第十一師已受唐部攻擊，十一師師部在戴家崗被圍，勢甚危急，先生乃遣第一營營長黃煥率部先行馳援，親率第一、第二團向戴家崗前進。朔風怒號，雪沒及脛，行進極為困難，至戴家崗僅二十五里，已深夜十二時矣，而砲兵連及無線電分隊皆尚未到。

翌日第一團擊破敵門炳岳之騎兵，連日冒雪作戰，至八日抵崇儒砦，據報有唐部團長級九人，不堪風雪嚴冬，率其殘部麕集在砦內，先生派軍校五期湘籍連長歐鈞前往，以軍校同學親愛精誠之情誼動之，九人皆願受先生節制，不再為唐逆作戰，九團軍力，一夕瓦解。唐生智在討逆軍攻擊下，節節敗退，知難以維持，乃派彭煦同由鄭州至漢口，向何應欽接洽投降，九日討唐軍事結束，十日討逆軍徐庭瑤第二旅佔領累河車站，唐生智由日人掩護下逃往天津日租界，旋即流亡日本。

唐生智叛亂平定後，第一師全師回駐武漢。二月十日，閻錫山致電蔣公，高唱禮讓為國，請共同下野，時局因之震動，但軍閥私心，路人皆知，其稱兵自雄，目的在要脅蔣公引退，否則即將兵戎相見，蔣公不以為忤，乃於二月十二日電覆晉閻，示以「革命為義務，而非權利，請共謀匡濟，勿遽消極。」並說明目前正吾人努力奮鬥之日，決非高蹈遠行之時。重申和平統一之義，希望全國軍人，明察是非，應有順逆與公私之辨。此時晉軍已逐次向南移動。二月二十日中央宣傳部發表「告同胞書」，聲明中央決策，若以稱兵作亂者，當以武力討平之。由於局勢之變化，第一師全師由武漢調駐徐州，先生之第一旅，經浦口時，蔣公召集全旅營連長以上官佐，在國父陵園謁陵訓話，期望殷切，勗勉備至，第一旅至徐州駐九里山營房，積極訓練，準備作戰。

四　閻、馮之亂

十九年二月二十三日閻錫山、馮玉祥、李宗仁、白崇禧等四十五將領聯名通電，提出黨統問題，汪兆銘由歐返國通電響應，並下令動員反抗政府，黨國元老胡漢民、譚延闓、王寵惠等紛電勸閻錫山，勿為汪兆銘所利用，主席蔣公復予最後之忠告，誡其懸崖勒馬，維持和平，而閻錫山仍執迷不悟。三月十五日西北叛軍將領鹿鍾麟等五十七將領，通電擁護閻錫山為「陸海空軍總司令」，馮玉祥、李宗仁、張學良為副總司令，而張學良即致電政府表白心跡，對鹿鍾麟等之通電事一無所知。至此和平已無希望，政府不得已，實行武力討伐，是謂討逆之役。

閻錫山公開叛亂，以李宗仁為第一方面軍總司令，由廣西分犯粵湘，以廣州為攻擊目標。鹿鍾麟為第二方面軍總司令，主力集中鄭州，分攻信陽、南陽、襄陽、樊城，並沿隴海線東犯徐州。徐永昌為第三方面軍總司令，控制天津、北平、保定、石家莊各地為總預備隊，由豫侵魯，北向濟寧。並聯絡華中一帶不法軍人，樊鍾秀固守臨穎、許昌，萬選才侵碭山，孫殿英窺宿州。其他駐守海州之任應岐，莒城之高桂滋，福州之盧興邦等，均被其誘惑，共同叛變。三月十七日馮玉祥下達動員令，三月十九日閻錫山、馮玉祥企圖在北平組織軍政府，派員訪各國駐華公使。

中央所屬各將領紛電政府下令討伐閻、馮叛亂。政府為應付此一事變，由蔣公自兼討逆軍總司令，委朱培德為參謀長，韓復渠為第一軍團總指揮，由豫退魯，防守魯西之線，劉峙為第二軍團總指揮，防守徐州、碭山一帶。何成濬為第三軍團總指揮，防守平漢線許昌一帶。陳調元為預備軍團總指揮，擔任黃河南岸軍事，並派何應欽為武漢行營主任，主持湘鄂軍事。三月二十九日馮軍攻陷開封，中國歷史上空前大內戰於焉展開。

四月二十四日蔣公在漢口召集軍事會議，五月一日乃以陸海空軍總司令名義，發布討逆命令。當時馮玉祥逆軍之孫殿英已竊佔碭山之馬牧集，馮逆主力沿隴海路東進。第一、第二各師遂於五月三日由徐州西進，先生率第一旅三個團任正面，沿隴海路迎擊馮逆主力孫良誠部。初戰於車廂集，解中央獨立第二旅彭進之之圍，繼向龍門寨攻擊前進，擒其師長萬選才。第一團袁樸所部攻克湯墳、水口、儀封寨，第三團李鐵軍部攻佔大小麻姑寨，雙方反覆猛撲，寸土必爭，一日夜進出五次，敵我死傷慘重，嗣我軍進迫儀封東部，敵已動搖。五月十七日兼代師長徐庭瑤率部親攻李莊，右臂為敵迫擊砲所傷，攻勢頓挫。先生奉命升代師長，第三團團長李鐵軍升代第一旅旅長。

馮軍獲得晉軍楊效歐之援，且用達姆彈，於是國軍受傷者甚眾。唯皆前仆後繼，一日夜間有易連長數人者，馮軍之孫良誠亦號稱剽悍善戰，數度迂迴鐵路兩側，倏南倏北，友軍防不勝防。先生率部數戰於園莊、曹集、戴季崗、曹縣等地，為友軍支援。敵聞先生之第一師援至，軍心震懾，皆斂軍而退，畏之如虎，不敢相戰，蓋第一師為有主義信仰、嚴密紀律之部隊，攻擊敵人時拚命衝殺，防守則至死不退，視死如歸，上下一心，先生每親臨前線，激奮士氣，曉諭國家民族之大義，及身為軍人應肩負救國救民之責任，由於平時視士兵如子弟，患難與共，生死相依，行軍所至，秋毫無犯，民稱之為中央軍。

戰況雖然慘酷，獨先生所率之第一師卻能攻必克，守必固，使叛逆之徒，聞先生之名而不敢戰，望風披靡，因之駐歸德衛立煌之第十師，由京開豫戰敗之張治中教導第二師，皆冒用第一師番號，其團營鄰接部隊，願受第一師之指揮蔭庇者，亦多冒用第一師番號。

第一師紀律嚴明，信賞必罰，民眾心目中為前所未見之軍隊，簞食壺漿，以迎第一師，凡冒用第一師番號之友軍皆得效法第一師之精神，使叛軍到處所遇，皆為第一師，茫然惶悵，以為第一師之行動神出鬼沒，何其眾而速也，不敢貿然進攻，乃深溝高壘，堅守不出，掘長壕深寬各三公尺，沿壕綴以地雷、手榴彈，以阻我軍，並以騎兵，出沒我後方，作擾亂性的襲擊，我軍越壕攻擊者，率受重創。白晝雙方靜寂，入夜則機槍、步槍、迫擊砲、山砲、重砲，響徹終宵，如是者兩月，成雙方相峙之局。

五　第一師南北奔馳

討逆戰役在隴海、平漢兩線形成對峙狀況時，桂軍約四萬人，由白崇禧指揮下，北入湘境，五月二十七日陷衡陽，六月五日佔長沙，繼抵岳陽，佔領湖南，威脅武漢，但因湖南省主席一職之人選問題，桂系軍中李宗仁與張發奎爭執，引起內訌分裂。武漢行營主任何應欽，迅即指揮第四路軍及第八路軍，分別自湘北、及粵北夾擊桂系軍，第四路軍於六月十五日克岳陽，乘勝南下，並挑選敢死隊數千人，在海軍支援下猛烈攻擊，六月十七日攻克長沙，桂系叛軍在戰敗之餘，節節南撤，退守廣西老巢。國軍因亟待整補及綏靖地方，亦未窮追。

第三軍團總指揮何成濬之主力，由郾城北上，在許昌、臨潁一帶與叛軍主力激戰，六月六日我空軍飛機空襲許昌，將樊鍾秀炸死，叛軍守城無主，六月七日攻克許昌。

中原討逆戰事陷於膠著，閻錫山據平津之叛軍，由傅作義統率南下入魯，軍勢甚銳，第一軍團之韓復榘，自討馮戰役後輸誠中央，此時節節敗退，六月二十二日叛軍攻陷濟南，前鋒迫兗州，七月十二日我第十三師夏斗寅部激戰於曲阜。第二軍團總指揮劉峙奉命援魯，第一師遂即逐次北調，最後之第五團已登車，而叛軍孫良誠探悉第一師北去，乃發動總攻，沿隴海線東進，張治中之教導第二師先潰，陳調元所部繼之，全線動搖。叛軍前鋒進抵總司令指揮列車不及十華里。先生見狀，即命第五團下車反擊，力戰數小時，敵知確為先生所率之第一師部隊，以為中計，官兵震驚，迅速潰退，是役即為討逆戰役中之著名「菜油坊」之戰。當時第五團團長**陳篪**陣亡。陳團長是浙江溫州人，軍校第二期，平時言行，文秀如書生，然工謀略，作戰勇毅，是役身先士卒，中彈殉國。

津浦縣叛軍傅作義攻曲阜不下，進犯兗州之兵又為我北上之第一師擊潰，叛軍聞第一師兵至，無心戀戰，倉皇北退。時大汶河水漲，浮橋沖失，鐵路橋樑亦已為我炸斷，未及渡河北逃者，悉為我俘虜，軍糧輜重，棄大汶河南岸者如山積。

先生所率之第一師正在處理大汶河口善後整補，突聞隴海路告急，歸德（商邱縣）被圍，遂星夜回援，時秋潦正盛，自寧陵以東，皆水深數尺，久戰兵勞，各部隊胥疲於行動，而第一師南北奔馳，在先生不斷誨諭鼓舞下，士氣仍極旺盛。蓋先生之衣食住行，皆與士兵共甘苦也。此次南下，在魏集，解第四十四師蕭之楚之圍，阻敵東進，歸德附近之敵，遂聞風西逃，第一師始終成為戰場之主力。

大汶口戰役大捷後，討逆軍士氣大振，揮軍北上，直迫濟南，而閻錫山之叛軍士氣低落，濟南在討逆軍圍攻之下，逆軍不支，潰亂，八月十五日討逆軍攻克濟南，北竄逆軍為黃河氾濫所阻絕，除少數人員盡棄裝備渡河逃命外，餘皆為討逆軍所俘，總計收繳叛軍槍械三萬餘支，各式大砲二百多門，輜重馬匹，不勝其數，此乃一次殲滅性之戰役。對勝利有決定性之影響，十九日討逆軍北渡黃河，叛軍聞風而逃。

六　討平中原叛逆

九月一日汪兆銘、閻錫山、馮玉祥、李宗仁等在北平設立擴大會議，通電公布偽「國民政府組織大綱」，在北平成立「國民政府」，由汪兆銘主持黨務，閻錫山主持政治，李宗仁、馮玉祥主持軍事，此一所稱的擴大會議，實是一次澈底的分贓會議。

九月十一日討逆軍由平漢、隴海兩線聯合進攻，以洛陽、鄭州、開封為目標，分三路推進，為採逐次切斷隴海路逆軍之策，第一師迂迴最遠，由商邱附近經拓城、鹿邑、淮陽、商水、郾城、許昌至新鄭、密縣附近，截斷其遁回陝西之路，並掩護楊虎城部隊入陝西。

十四日隴海線討逆軍向蘭封推進，馮軍引水灌壕，企圖固守，十五日石友三部輸誠中央，遂自行率部退出考城。十八日張學良發表和平通電，擁護中央派兵入關，以于學忠、王樹常、胡毓坤為三軍軍長，張煥相為前敵總司令，分路入關，攻擊叛軍，二十日，北平之擴大會議及偽國民政府自行瓦解，汪兆銘等倉皇赴石家莊，閻錫山見大勢已去，通電表示下野，率部退回山西，二十一日東北軍董英斌旅接收天津，二十七日東北軍進入北平，同日政府任命王樹常為河北省主席，于學忠為平津衛戍司令。

九月三十日隴海線之討逆軍攻克蘭封，張自忠輸誠中央，政府任命為討逆軍第二十三路總指揮。十月三日討逆軍收復開封，馮軍紛紛渡河北逃，六日克鄭州，國民政府任命劉峙為河南省主席，九日收復洛陽，西北軍將領吉鴻昌、梁寇英、孫連仲先後率部向中央投誠。二十五日克潼關，二十九日克西安，十月三十一日閻錫山、馮玉祥，通電下野，與汪兆銘先後赴天津，討逆軍事結束。

此一中原討逆戰役，自民國十九年五月起至十月底止，時間長達六個月，戰線廣達數千里，叛軍動員兵力約六十萬，國軍動員兵力過於百萬，結果叛軍半數輸誠，死傷近二十萬人，國軍死傷亦九萬五千餘人，人民生命財產之犧牲難以估計，斯皆閻錫山、馮玉祥、李宗仁軍閥思想為汪兆銘玩弄之所致也。

十一月初，逆軍全部瓦解，紛紛反正，各部隊乘機爭相收繳叛軍槍械，先生統率之第一師獨謙讓戰果與友軍，第十九路軍蔡廷鍇、騎兵師張喬齡，踰越地境，入第一師駐地，爭奪戰利品，先生優容讓與之，讓功承謗，和衷共濟，先生之品德也。至十一月下旬，戰事全部結束，第一師移駐開封，先生以功實授第一師中將師長，時年三十五歲。第一師時轄第一、第二兩旅，另編併中央獨立第二旅為第一師獨立旅、副師長初為彭啟彪後為彭進之，參謀長劉德芳。第一旅旅長黃杰，第二旅旅長李鐵軍，獨立旅旅長初為彭進之，調升副師長後為丁德隆，團長為袁樸、廖昂、李文、梁華盛、羅歷戎、丁德隆、馮龥、李龐、黃祖壎，師部副官處長劉蕉元，後為龔紹華，軍需處長李文治，後為鍾振，軍醫處長趙漢江。至於中央獨立第二旅，原為湖北胡宗鐸部，十八年桂系挾之叛變，失敗後桂系南竄，胡宗鐸解職，改編為中央獨立第二旅，十九年初隨第一師移駐徐州，參加中原討逆之役，至是改變為第一師獨立旅，旅長彭進之調升為第一師副師長。

先生之治軍，不矜功，不伐能，謙以自牧，恭以處世。與人對，循循為宿儒，有時談笑風生，有時慷慨激昂。對部屬如父兄之於子弟，察之、撫之、翼之、教之。雖信賞必罰，而從未藉峻法而立威，聞有觸犯法網，終以哀矜之心處之。居戰恆以忠愛教部眾，常以「**軍人除忠領袖、愛百姓外，更有何事**」一語誨所屬，雖身為師長，其衣著、伙食與士兵同。對部隊訓練教育，特為關注，對傷病撫慰，更為執誠，當戰爭激烈之時，每親臨第一線，領導部隊衝鋒陷陣，必躬親為之，是故部屬敬愛而自畏，偶有過失，咸能深自歉責，嘗云：「對不起師長也！」若不受處分，無以自安。斯皆先生身教、言教之所由也。

七　開封軍官訓練班

中原討逆戰役結束，第一師移駐開封，下級幹部死傷頗眾，皆由士兵直升而上，先生對傷患官兵優遇誠慰，知所感恩，故傷癒者必歸隊，甚而有負傷十餘次，遍身傷疤者，雖不識字，先生視之如瑰寶，優於安置，以勵戰功。下級幹部中大多皆有此種戰功，連長陣亡，排長升代，排長陣亡副排長升任，由於連續戰鬥，一年中有班長升排長又升連長者，此次復員整訓，先生以提高幹部素質，培養戰力為第一要務，乃呈總司令蔣公核准，在開封成立軍官訓練班，遴選有戰功而資稟優異之優秀副排長以上人員入班受訓，並令各旅成立軍士連，訓儲各連班長人選。平時訓練，先生極為重視，以幹部造成超一級才能為目標，親自主持升旗，曾數諭部屬曰：「**戰鬥慘酷之際，一連中如有六、七人堅持不退，戰局即可穩定，行伍官兵唯有在戰鬥中求出路，戰局危急之際能作堅強之表現，為士兵所表率，必可穩定戰局。副排長雖非編制，仍宜設置，戰時排長傷亡，即可擇優升代，以鼓勵其平時應為全排之榜樣。**」當時一、四、七班班長皆為上士編階，各部皆稱之為上士班長，而第一師則稱之為副排長兼班長，此一不另增編額，亦不增加薪給，僅提高其職稱之措施，對士氣之鼓舞及責任之分擔，發生極為良好之效果。

先生亦親自上課，講述革命軍人對國家民族應負之責任，嘗云：

「革命的戰士，不是功名利祿的俘虜，不是風花雪月的奴才，不是咬文嚼字的紳士，不是養尊處優的懶漢，亦不是狼心狗肺的叛徒。」

「戰鬥紀律是道義的信條，是無形的規範，要自覺，要自動，要自治，要自信。」

「戰鬥的技術，是血汗的結晶，是經驗的累積，以戰鬥鍛鍊技術，以技術加強戰鬥。」

「戰鬥的技術，是主義的光輝，是人格的表現，用戰鬥磨練精神，用精神完成戰鬥。」

凡受訓的學員，聽了先生的講話，都感到其有過人之精神力，豪氣干雲的印象，氣魄宏偉，決心堅毅，言詞簡短有力，能使聞之者意氣激昂，產生旺盛之企圖及抱必死之心境。部隊行軍先生不騎馬，士兵宿營未畢，不進入房子，部隊開始整訓，很少至各場地看操，而經常巡視士兵之寢室、伙房、廁所及馬廄，以整齊、清潔定各部隊訓練成績，尤其特別關懷傷病官兵及養生安死，建立起中央軍與眾不同之軍風，而先生自己不愛財、不居功、不治生產，律己嚴、待人厚、潔身自好，極為上級長官器重。

八　半傷殘官兵年會

第一師自北伐以還，連年作戰，每次戰役，所有負傷戰士，由各團衛生隊送野戰醫院，輕傷者痊癒歸隊，重傷者送往後方醫院，經核定殘廢者，發給負傷證退伍還鄉。

此次復員移駐開封後，各地野戰醫院結束，第一師仍有傷兵三百餘人，皆為閻錫山部隊達姆彈所傷，此種達姆彈擊中人體後，能曲折深入，彈始破裂，為不規則形，雖當時流血不多，而痛徹心肺，難以忍受，傷者多廢而不殘，但為國家之撫卹規章所不及，遣歸回鄉，生活艱難。

先生緬懷傷殘官兵，憫念不已，乃命秘書王微，每人攝影裝冊，以留永念。每一念及傷殘官兵還鄉後生活狀況，總不能釋懷，乃命王微草擬細節章程，第一師成立半傷殘官兵年會。規定每年五月間於師部所在地召開，於會期半月前，在全國各大報刊出通告，將開會日期地點告知散居各地之第一師傷殘官兵。

傷殘官兵，凡能行動者，均於開會日期前，紛紛由各省、縣前來參加，甚至有蒙古、東北遠道而來者。自報到之日始，即住進師部所包租之旅社招待所。每日三餐，早餐為稀飯饅頭，小菜四份，午餐為五菜一湯，晚餐菜餚十大碗，十人一席。

當地所有之影戲院、旅社、浴室，均為師部包租，憑出席證即可至上述各處遊憩。會期共十日，第一日開始報到，每人先發中山服，白襯衣各兩套，毛巾肥皂各兩份，鞋襪各一雙，隨即編組，每組十人。次日起晨間有一小時半之政治課程，一小時半之小組討論，午後自行遊憩，第七日起正式開會，同時邀請地方黨政軍首長觀禮致詞，師部除各單位主管參加外，每連派代表三人參加。會後即組成審查委員會，審查各傷殘人員之年資、等級等有關資料，第八日起，即發放慰問金，為全年薪給之半，每一上等兵可領到一五〇元，中、上士可領到二〇〇元左右，此外並發給來回程旅費。凡有優秀子弟，無力入學者，可提出申請，發給資助求學金，第十日閉幕散會。

傷殘官兵們，以當年患難同志，得能共聚一堂，稱之為回娘家，來時孑然一身，去時滿載而歸，歡欣雀躍，感嘆師長之不相忘也。最後三天，每日晚餐，先生必親臨參加，共話家常，閉幕典禮，先生訓話，勉以：「良民為良兵之基礎，良兵為良民之模範，還鄉以後，應安份守紀，服從地方長官命令，努力生產，以報國家。」語詞懇誠，諸傷殘官兵，聆之有失聲而泣者，蓋深受感動而又憾於匆離也。

此一年會之召開，在募兵時，對鼓勵士氣，促進團結，以及發揚戰力，開拓兵源，有極大之影響。故第一師有訓練時無逃兵，作戰時無潰兵之稱，凡第一師招募新兵，未及一月即可告滿，此皆為退伍還鄉傷殘官兵之宣揚並促使其子弟親友來師投效之故也，唯所需慰問金及經費支出頗鉅，均由先生設法籌措，先生愛護袍澤之情，於此可概見也。

半傷殘官兵年會，簡稱傷兵年會，爾後每年召開一次，持續八年之久，至二十七年河南淪陷，交通梗阻後，始停止。

九　肅清河南匪患

民國二十年春，雖中原軍閥叛亂敉平，劉峙主政河南，但由於連年兵燹，而強悍者在社會動亂之中，嘯聚為匪，在豫東有王泰及大、小月牙，豫南有洪德昌、崔二旦等匪出沒，各擁眾數千，所過村寨，除非預洽納款供膳，即遭屠洗，大、小月牙尤為殘虐，索取無度，廬舍為空，去而復來，民不聊生。劉主席命保安團清剿，反為所敗，匪勢益為猖獗。

先生率第一師駐開封，承劉主席之命，肅清河南積匪，乃派獨立旅旅長丁德隆，率所屬第一、第二兩團，暨第一旅之第二團剿辦確山之崔二旦、洪德昌兩股。第一旅旅長李鐵軍率部（欠第二團）剿辦豫東王泰，大、小月牙之匪。先生顧念歷年來之剿共，或破其大股任其散竄，或驅逐出境以鄰為壑，或收編降匪死灰復燃，終不能使之肅清，故此次剿共，務令窮追消滅，方得回師。

蘇北殘匪王泰之一股，自入豫東後，即南竄與崔二旦合股，由確山竄往桐柏縣，遂與縣南之洪德昌、古大甲、傅老三、蕭六少等匪合夥，共推洪德昌為首領，以抗官軍，洪乃命王泰所屬股匪與崔二旦南竄鄂境，以引官兵南向，而自己率眾躡軍隊之後，以便夾擊官軍，否則自固以待變。

圖 11：民國 20 年 2 月 5 日，蔣主席率領陸軍第一師、二十三師、二十六師，暫編二十師各師旅團長謁總理陵墓。蔣主席右為胡將軍，時任第一師師長。

獨立旅旅長丁德隆，以洪德昌盤踞桐柏二十餘年，東西有二百餘里，南北七十餘里之山區，皆為匪窟，宜先剿除，以絕根株。乃以洪德昌為目標而攻其主力，遂與邑紳商謀，決以火攻銀山洞，砲擊銅山寨，乃繪製匪區要圖，分發各團，僱當地良民為嚮導，請縣政府設販賣隊，以供軍需。部署既定，乃命配屬之第一旅第二團向洪德昌之迴龍寨、銀頭、歪頭山各寨試攻，匪集數千人抗拒，時逢大雪，而匪之寨外，數十里無人煙，官兵皆露宿於冰雪之下，剿戰進行，殊為艱困，於是命暫止進剿，警備待命，以待晴霽。

二月初，氣候轉晴，丁旅全力進逼，一舉蕩平迴龍寨、銀山洞、歪頭山諸寨，嗣又連破匪二十八寨，匪酋洪德昌逃匿銅山寨，餘眾千餘人則遁入銀河洞洞內，固守不出，丁旅長積柴木草稈，施以火薰，洞內之匪，除少數衝出洞外被捕外，餘悉被濃烟烈火薰灼而斃。

銅山寨在泌陽與唐河二縣交界之叢山中，其西南皆為懸崖，僅東南一徑，匪設五通寨門，孤立峻峰，咸不易攀登，丁旅長集迫擊砲及旅砲兵，於旁近山頂，佈輕重機槍於通道，集中轟擊之，匪山寨之建築，皆遭摧毀，斃匪甚眾，洪德昌中彈傷斃，殘眾五百餘人，見首領斃命，皆降。

第一旅旅長李鐵軍，指揮李文之第三團，進剿王泰及大、小月牙，大、小月牙匪聞官軍進剿，遂東竄徐州各地，先生不以地境之越界為嫌，命李旅奮力追剿，三月匪眾回竄入豫東蔡縣之蔡溝，遂為李文團所圍，蔡溝即古之蔡城，壕深牆堅。先生即命野砲兵擊破其寨，殘匪數百人，悉被殲滅，河南二十餘年之積匪，遂告肅清。

一〇　平定石友三叛亂

北伐中原討逆之時，共軍以贛南為根據地，流竄於鄂、贛、閩、皖、湘、粵各省之邊區，各地區駐軍雖多方阻擊，因其來去飄忽，出沒無常，始終未能收效，自中原討逆結束後，政府對叛逆將領，總是寬懷容忍，以求團結攘外為第一要義，至此全國軍令，軍政已漸形統一，政府在南昌設立總司令行營，決定圍勦江西共軍，第一次、第二次圍勦，各部隊因缺乏對共軍勦戰之經驗，均無成效，反致損失，其勢益猖。二十年六月十五日，蔣公親蒞南昌，主持第三次圍勦事宜，而六月二十八日，汪兆銘、唐紹儀、鄒魯、陳友仁、李宗仁等人在廣州成立「國民政府」，並遣軍北犯湘、贛，另推鄒魯北上，與閻錫山、馮玉祥等聯絡，企圖推翻南京之國民政府，中央乃不得不抽調勦共之部隊馳援湖南。

二十年七月二十日，石友三在河北順德（今邢台縣）又復叛變。石友三於十九年曾在浦口稱兵叛亂未成，乃依投馮玉祥，迨馮玉祥中原叛亂失敗，石友三據冀南各縣效順政府，拒馮部北竄，中央許其戴罪圖功，令其所部仍駐冀南，此時其鑒於中央主力在贛圍勦共軍，而廣東自組政府，嗣復隨之叛亂，至是藉口冀人治冀，驅逐奉軍為號召，時奉軍駐河北之部隊，紀律廢弛，民眾苦之，經此號召，冀南二十餘縣，皆相應叛軍。

先生奉命率第一師由開封入冀平亂，軍次彰德（今安陽縣），知悉有自稱保安團總之某君，號稱安陽人虎，擁兵二十年，魚肉地方，手段殘忍，歷任官府，皆優容為之，甚或勾結圖利。第一師北越黃河後，民受其禍者，知為中央軍第一師，來訴者絡繹不絕，及師次彰德，已積牘盈尺。其聞先生抵彰德，率武裝從兵四人來謁，先生乃收其佩械，捕送開封省政府審辦，地方民眾，歡聲雷動，翌日北進，沿途父老，焚香來送，呼先生為青天。

先生率第一師沿平漢線北上，經磁縣、邯鄲、沙門、順德、元氏，折而東經趙縣、欒城，至蒿城各縣。石軍悉第一師至，官兵皆不敢迎戰，聞風披靡，企圖北逃，先生每至一地，安撫民眾，宣揚中央政策，此時奉軍張學良部亦南下攻克石家莊，七月三十一日石友三叛軍崩潰，至八月八日通電下野，其殘部由韓復渠予以收編。第一師與奉軍會師後戰事結束，回駐開封。

二　創設無線電通訊

第一師回駐開封不久，嗣因兩廣稱兵，即奉命南下，進駐萍鄉，整訓待命。

九月十八日，日軍攻我瀋陽，佔領營口、鞍山、撫順、遼陽、鐵山、長春等地，駐朝鮮日軍三個師團開入東北，得海空軍之掩護，瘋狂擴大佔領區，並在瀋陽強貼安民佈告表示將永久佔領我東北。

東北戰事擴大，在江西第三次圍剿共軍之部隊紛紛北調，圍剿計畫無法實施，共軍乘機反攻，到處竄擾。至於兩廣方面，中央採取容忍妥協，以求共同抵抗外侮，乃邀請其派代表會商。

十月二十五日，中央派李煜瀛、蔡元培、陳銘樞、張繼、張人傑為代表，廣東方面派汪兆銘、孫科、鄒魯、鄧澤如、李文範為代表，在上海舉行和平會議籌備會，廣東方面提出先決條件，要求主席蔣公下野及以十九路軍擔任京滬路衛戍責任，會議七次於十一月七日閉幕。決議事宜如左：

㈠分別在南京、廣州，各自召開第四次中國國民黨代表大會。
㈡雙方一切提案，提南京舉行之第四屆中央執行委員會處理，並同時改組國民政府。
㈢新政府成立後，主席蔣公即行辭職。唯廣東代表鄒魯，對蔣公下野之主張極不同意，認為如此作法，將是禍亂根源。

十一月九日中國國民黨中央執行委員會臨時全會決議，業經開除黨籍之汪兆銘、陳公博等三四八人，一律恢復黨籍，並撤銷其通緝令。

廣東稱兵之禍解決，第一師奉命由萍鄉開吉安剿共，先頭部隊李鐵軍之第一旅由分宜經兩河口前進，第以日軍侵華日急，九一八事變後東北之戰爭，已擴大至內蒙及華北地區，第一師奉令進駐鄭州，兼任鄭州警備及隴海路護路任務。

是年二月，河南積匪肅清之後，先生曾回籍省親，隨從參謀程開椿同行，程開椿係孝豐南鄉人，先生曾告以此次回家住三天，汝亦可回家三天，然後再到南京，迨到先生家大門外，原來之陋舊大門，業已改建，煥然一新，立即改變了主意，即告程開椿：「你不要回家了，我們明天就走。」第二天回到南京第一師聯絡處，問魏主任修理家門多少錢，即令軍需處在薪餉下扣回歸墊，將魏主任痛斥一頓云：「你拿去公款三百元，給我家修大門，你害我貪污，公家的錢可以做私人的事嗎？」認為挪用公款，徇私逢迎，例不可開，風不可長，從此未再用此人。遠小人，近大人，杜漸於微，用人之重要關鍵。事聞於部隊，全師官兵皆駭然警惕，蓋派駐南京聯絡處之魏主任，素聞彼為師內傑出之人員也，先生嘗謂，才德不能兼備時，寧捨才而求德，斯之謂歟！

在南京遇見李範一君，推售五瓦特無線電收發報機三架，此時對軍中而言，無線電尚屬新興之科技，先生漫然置之，回師以後，一日曾與參謀長羅歷戎、參謀胡受謙、秘書王微等，討論增強戰力問題，王微建議，增設電台，以增強通信聯絡，先生憎於十八年討唐之役，交通兵團配屬無線電第二分隊之無能，反而成為部隊行動之累贅，意頗不欲。王微告以我自設電台，自己訓練人員用之，當不致如是，且從前指揮三團，正面三十里，縱深十五里，命令由騎傳遞送，二小時能達，今指揮三旅，旅各三團，其正面縱深，遠非昔比，有線電話之構成，亦須在半日以上，非以無線電通訊，難以應戰機。先生乃命成立無線電台三所。

此次自萍鄉赴吉安剿共，先頭第一旅李鐵軍部，已由分宜至兩河口，行進在重山峻嶺之中，沿途均有股匪伏擊，幸李旅長鎮定應付，未為所乘，及師抵袁州（今宜春縣），夜半突奉停止剿共，速開鄭州之命，先生憂慮第一旅無法召回，幸由無線電傳達命令，次日，第一旅由兩河口回到袁州，沿途擊破共軍赤衛隊之襲擊，並繳收匪槍三十餘枝，俘男女匪八十餘人，先生殊感欣慰，對電台第一所所長蔡明山，第二所所長劉孟瀛，各發給獎金，以資鼓勵，此次移駐鄭州後，又從王微建議，在鄭州平民村，設無線電訓練班，訓練無線電專業人員二十九人，是為第一師正式自設無線電通訊之始。

二二　蔣公第二次下野

鄭州有豫豐紗廠，為國內棉業鉅子穆藕初所主辦，自上年起盈利數十萬元，有工人二千餘人，意分紅二成未允，已罷工五月，河南省黨部，省建設廳，數度調解未成，工人因罷工日久，生活益形困難，聲勢洶洶，欲暴動破壞，鋌而走險。鄭州原為河南重鎮，交通發達，商業繁茂，商人貪利，多售日貨，自九一八事起，學生主持抵制日貨，商人依違未能盡遵，青年學生，熱血沸騰，堅持要搜查沒收日貨，而商人亦以罷市為恫嚇，因之工人與資本家，學生與商人，形成對立，各提主張，大有山雨欲來風滿樓之勢。

第一師進駐鄭州後，先生見於社會狀況，伏有危機，乃命黨部書記汪震，秘書王微，調解豫豐紗廠工潮，及學生商界之糾紛，數度召集各界代表協商，勸導國家在內憂外患之際，必須互相忍讓，使各方意見折衷而行，河南民眾素敬先生，聞係先生派員調解，均不再堅持，一場風霾，雨過天青，先生之德業，在人民心目中，建立起一股安定力量。

先生素重人才，尤喜延攬大學名教授來師演講，往復討論時局及安民治軍之道，河南大學教授郭廷以，在東南大學暑期時已相結識，至此往還愈密，因得其推介，得與河南大學教授吳造峨及地方軍校之同學相結識而訂交。

二十年十一月十二日，中國國民黨第四次全國代表大會在南京中央大學大禮堂揭幕，並電南方代表胡漢民、孫科等來京開會，而胡堅持以蔣公下野為先決條件，蔣公不願以個人關係影響黨內團結，乃於十二月十五日辭去國民政府主席、行政院院長，及陸海空軍總司令職務，並於十二月二十二日上午十時四十分，飛離南京，重返奉化故鄉。

蔣公離京後，四屆一中全會於十二月二十八日改組國民政府，選任林森為主席，孫科為行政院長，張繼為立法院長，伍朝樞為司法院長，戴傳賢為考試院長，于右任為監察院長，並推蔣公、汪兆銘、胡漢民為中央政治會議常務委員，不負實際行政責任。

此時日軍已佔我東北，並在昌圖、新民一帶發動總攻，其侵略之野心，已擴展至華北，漢奸殷汝耕醞釀冀東獨立，國內領導中心不穩固，蔣公辭職後，政治、軍事頓失重心，民心激盪，抗日怒潮瀰漫全國，各地學生遊行請願，抗日救國共赴國難之心聲，深入各級學校及鄉鎮，熱血學生結隊至京請願抗日，社會秩序形成混亂，國民政府受日軍侵略日劇之影響，議遷洛陽，而各省軍人將領，亦有推翻政府之企圖，在此紛亂局勢，社會動盪之時，先生率第一師在鄭州，綏靖地方，維護交通，商業繁榮，由於社會安定，先生之聲譽日隆，各方人士避亂來鄭州者日眾。

一三 一二八事變

民國二十一年元旦，新政府成立，主席、院長暨各部會首長宣誓就職，日軍在上海已有計畫製造糾紛，藉口發動侵略，東北方面已攻陷錦州，局勢已極為緊張，中央政治委員會召開緊急會議，決定邀請蔣公重返南京，共商大計，六日蔣光鼐率十九路軍進駐京滬地區，衛戍京滬。在滬日軍之侵略行動已弓在弦，汪兆銘、孫科等人見事態嚴重，乃親至杭州，蔣公見昔日堅持要求其去職離京之汪兆銘，親自來請其赴京，深為感動，為應付非常時局，毅然赴京，以在野之身，勸贊戎機。

孫科於二十五日辭行政院長，二十八日中央政治會議推汪兆銘為行政院長，是夜日軍在滬發動一二八事變，中央為抗日之興起，希望以地方局部事件而予以解決，故名義上以十九路軍駐滬之部隊予以抵抗，並將拱衛京畿中央軍張治中之八十七師，俞濟時之八十八師組成第五軍，軍長由張治中兼，投入上海戰場，第一師在鄭州奉命改番號為四十三師，秘密開赴京滬線，以為後繼，每夜開一列車，分駐棲霞、龍潭各站，未幾即移駐常州、無錫、江陰等地，師部駐常州清涼寺。先生見京滬間公路交通狀況不良，即命各駐地部隊，分別趕築無錫、江陰間，常州、溧水間，及常州、溧陽間之公路，並修江陰要塞地區防禦工事，各公路為淞滬抗戰後方要道，過去地方仕紳梗阻百端，歷年修築未成，至是戰況迫切，日夜趕工，一月而成，以後軍隊調遣，賴以暢通之利。

是時第一師副師長彭進之，參謀長於達，參謀處長林樹人，副官處長龔紹華，軍機處長汪奇柏，第一旅旅長李鐵軍，第二旅旅長袁樸，獨立旅旅長丁德隆，團長李正先、廖昂、李文、史銘、羅歷戎、楊德亮、李及南、周士冕、李龐等人。

此次鄭州東開京滬路，時間較為緊迫，尚有部分眷屬在鄭州，先生乃命令黨部書記長汪震為留守主任，處理在鄭州眷屬事宜，指示：

㈠眷屬集中居住，代租民房，代付房租。

㈡不分階級，依個人興趣大家生產，各做手工。

㈢就學子弟強迫進入附近各級學校接受教育，並代付學費。

㈣解決軍眷一切發生之問題。

㈤命補充團少校幹事劉大軍為助理，專責管理傷病官兵問題。

這件無先例之事，由政工人員負責，先生認為對前去作戰士氣關係極為重要，使無後顧之憂，亦即為國民革命軍留守業務之首創也。

一月二十八日，日軍侵華事變發生，其初日軍以為如東北一樣毫不抵抗，任其長驅直入。然出敵意外，我軍堅強抵抗，至二月第五軍到達戰場後，敵方雖以陸海空軍優勢之裝備，向我攻擊，然屢攻屢敗，死亡慘重，日軍不斷自本土派兵增援，且數度易將，終不得逞，當時全國之民心士氣，極為激昂。

一月二十九日中央政治會議，推蔣公、馮玉祥、閻錫山為軍事委員會委員，繼之任命蔣公為委員長，三軍有主，國軍指揮系統，復歸統一，戰事延長至三月十四日，英、美、法、義各國代表，在駐滬英國領事館，舉行停戰協商會議，中、日雙方亦派代表參加，最後在國際正義壓力下，確立了日軍立即撤退，恢復戰前原狀之決議，至五月五日簽訂停戰協定，滬戰結束。行政院任蔣光鼐為福建綏靖公署主任，十九路軍亦隨同調往福建剿共。

一四　平定皖西

日軍佔我東北，於二月九日在長春成立偽「滿州國」，以清之廢帝溥儀任執政，企圖分割我疆域，造成傀儡政權後而予以併吞。廣東事變，汪兆銘翻雲覆雨，迫領袖蔣公下野。一二八事變淞滬之戰，人民塗炭。自知無力應變，又堅邀蔣公復出。可知當時我國實不能無蔣公領導也。此時在贛之共軍，雖經三次圍剿，皆不能收其功，乘此國家多事之秋，竄擾擴展，氣勢益形囂張。

共軍之徐向前，張國燾，徐海東股，竊踞於皖、豫、鄂之邊界山區，張國燾為主席，徐向前為紅軍三十一師師長，後為紅軍第一軍軍長，徐海東為政委，乘國軍淞滬抗戰之際，乃猛犯皖中，陳調元部進剿失利，共軍連陷六安、霍山，進窺舒、桐，其赤衛隊到處騷擾，劫掠物資，妨害農耕，沒收土地，裹脅精壯。

淞滬戰事結束，中央決定剿滅大別山區之共軍，先生奉命率第一師由京滬線入皖至安慶，經桐城、舒城，向霍山、六安之共軍進剿，為時半月，收復六安、霍山兩縣。先生乃派戴濤撫輯流亡，組織民眾，救濟被害人民，修理交通道路及被共軍破壞之村寨，凡赤貧者發給耕種資金，使安生業。先生曾謂戴濤曰：「以軍隊剿共，軍隊去則匪又來，若組織民眾，使之抗匪，則可省軍隊之力，民能安居，知有生之樂，自不願從匪，匪乃無所施其技，而使匪患潛消，此為根本之圖，汝宜盡心為之」。

共軍之戰術係效法蘇俄之游擊，有利時集零為整，失利時化整為零，所到之處，劫掠人民。先生對共軍之伎倆，早已洞燭，當民國十六年任團長駐南京小營砲標時，正值清黨以後，曾對王微、戴濤等曰：「清黨在軍隊容易，問題在青年與農民，今後農民問題如不解決，中國的命運前途，是堪憂的。」故先生在剿共作戰中，一貫堅持政治重於軍事，組織民眾，運用民眾，使之為反共壁壘，此次在六、霍地區，為其初軔，其後第四次，第五次江西圍共，使用七分政治，三分軍事之方針，正與先生剿共戰術思想相符合。後來陝北之動員指揮部及建議成立豫、魯、冀挺進軍，亦皆旨於此也。

戴濤奉先生之命後，率同幹部十餘人，深入鄉村，在三黃河、磨子潭等地區，買米賑饑，辦民眾診療所，民眾夜校，助民安居生產，組織民眾，訓練精壯，作輻射式伸向共區，凡六月之久，共軍踞山區，不敢東擾，其後友軍第十師攻克金家寨，摧毀共巢，全師奉命西調入鄂，戴濤猶被兩縣民眾遮留月餘，舒、霍之間民眾，皆稱第一師為「我們的部隊」，胡師長為「我們的師長」，其受人民之崇敬愛戴如此者，非有赤誠至仁之事實，不可能也。

第一師部隊所至，紀律嚴明，現金買賣，不取民間一針一線，除建築道路清理環境外，並助民整修房舍、寨牆，救濟貧困，撫慰傷亡，此次戴濤在六安、霍山間之措施，後為安徽省政府採為收復地區之楷範。

一五　窮追共軍

二十一年七月，自金家寨共巢被剿摧毀後，共軍徐向前等自皖西逃竄鄂東，與鄺繼勛合股，由黃安、麻城進犯黃陂，游騎出沒於新州，蔣公見鄂東緊急，亦自贛蒞鄂督剿，乃調第一師急援鄂東，並令指揮第八十七師之馮聖法部。第一師奉命後急進鄂東，與共軍激戰於黃陂縣之兩河口，擊退犯軍，並擊斃鄺繼勛之政委沈澤民（為沈雁冰——茅盾之弟，原名沈德濟）。徐向前率殘部越過平漢路西竄入豫東。

其時江西由樂安南進之大軍受挫，南昌空虛，十里外有共軍赤衛隊竄擾，人心惶駭，牛行車站行李山積，何部長應欽急調第一師援贛，而第一師之第一、第二兩旅已於黃陂戰後先赴武漢，僅獨立旅未發，乃由副師長彭進之率領赴援。南昌聞第一師至，人心大安，駐半月各路友軍陸續到達，原留豫西剿共之第三團亦至南昌，遂全旅至武漢歸建。

八月間，戴笠已任浙江警官學校政訓特派員，向先生調趙龍文為教務主任，第四團團長史銘為訓育主任，當時史銘不願離先生而去，先生告以雨農兄正在展開工作，需要幹部，你們去那裏和這裏都是一樣的，並出示領袖電令：「第一師胡師長：該師第四團團長史銘襄諳政治，著即調充浙江警官學校訓育主任。」史銘知不可免，但還是率直的說：「師長，我實在不願離開你」。

九月，竄豫東之共軍，倏分倏合，不斷竄擾各地，第一師駐武昌右翼部隊，以團為單位，先後調遣進剿，酈繼勛已大部就殲，僅徐向前部裹脅民眾，偷越平漢線西竄楊家寨。第一師隸武漢行營主任何成濬指揮，奉命追剿，九月二十六日追至隨縣之安居，全師乃得集結，繼續窮追。時第一師為中路，第五十八師劉茂恩為右翼，第四十四師蕭之楚為左翼，第五十一師范石生為後繼。

徐部經國軍緊追，由鄂北之隨縣、棗陽，經光化，自老河口北入豫南之新野、鄧縣間。新、鄧之間，草高及人，共軍所經，十室九空。嗣共軍復竄至南陽內鄉附近，以有民團攔阻，折而南竄，經鄖陽、鄖西而入陝西之漫川關。先生事先曾電呈武昌行營何主任，請飭陝西楊虎城派兵一團駐守漫川關，會剿徐部於群山中，至是陝兵不至，共軍遂踞漫川關，冒稱為楊部，第一師第四團到達時，與我第四團發生激戰，團長羅歷戎負重傷，官兵死傷九〇人，共軍亦就殲百餘人，見不能戰，乃越漫川關入秦嶺之中。

先生率第一師至七里峽出山陽，先頭部隊丁德隆旅殲共於鳳凰嘴、蔡玉窰一帶。中共紅四軍軍長蔡昇熙失蹤，俘虜百餘人，殘共即竄入秦嶺山區中。蔡昇熙為軍校第一期生，十六年先生任第一師第二團團長時，蔡曾任營長，旋離職赴漢口，先生曾派員勸其反正未果，據鳳凰嘴俘兵供稱，已被我軍擊斃。此時先生即電請楊虎城派勁旅防堵湯峪及大峪峽兩口。第一師出湯峪，五十八師出大峪峽殲共於窮谷之中，而楊虎城陳兵於引駕迴，去兩口三十餘里，未戰而去，若有默契者，任共軍由渭河南岸大道西竄，我獨立旅急追至盩厔縣陳平墓，爐丹村附近時，已入昏暮，共軍不及逃，遂發生激戰，我獨立旅第二團團長李龐，身先士卒撲入村內，中彈陣亡。徐部乘夜暗衝出，再由盩厔南入駱谷口經佛坪，進攻南鄭。先生則率部循斜谷包抄南進，經雙石鋪、留壩、馬道驛、褒城追擊。共軍攻南鄭未逞，燒掠東關後南竄大巴山中。第一旅緊追至四川南江之兩河口，獨立旅控制於大巴山脊，第二旅亦進至天池子。

時入寒冬十二月，先生正率部窮追徐部入大巴山，企圖使其無喘息整頓時機，一鼓將其殲滅，而川軍將領田頌堯、鄧錫侯等，皆拒中央軍入川，紛電中央，自願剿除殘共，武漢行營主任何成濬，亦以第一師久追兵疲，宜予休息整補，遂命駐南鄭待命，以避免與川軍發生誤會。

第一師自一二八淞滬戰起，即由鄭州迅開京滬線上，至五月淞滬戰事結束，奉命入皖剿共，嗣後跟蹤追剿，自盛夏經秋氣而入寒冬，盤旋於群山之中，露宿於霜雪之下，至是已二越秦嶺，山高氣寒，官兵猶著單衣，兼以鄂北、豫南地區，彌望荒山，居民稀少，糧食不生，補給難繼。幸官兵皆能激於殲滅共軍為民除害之一念，不避矢石，入陝南始見馬鈴薯，視為珍品，蓋自夏至冬已窮追八千八百餘里矣。

徐部自鄂東西竄之時，原有萬餘之眾，沿途激戰逃亡，被我擊斃或俘虜者一千六百餘人，餓死、凍死又倍之，俟其逃入大巴山中者已不足三千人。被俘共兵當在鄖陽以南者，尚可派員解送行營，自進入山區後，日行窮谷峻嶺之間，即送至師部者，亦無法轉送，唯有散縱勸其回鄉而已，收繳武器，亦多就地破壞，不使資共，無法長途攜帶也。

是年因日軍發動一二八淞滬戰事，二月國民政府以洛陽為行都，遷都洛陽，並以西安為西京。八月汪兆銘辭行政院院長出國赴歐。十月托派共黨首領陳獨秀在滬被捕，判處有期徒刑十三年。十二月一日一二八事件結束，局勢恢復平靜，國民政府由洛陽還都南京。十二月九日湘、鄂、贛邊區剿共總指揮部成立，同月三十日下達第四次圍剿命令，以碉堡政策，步步為營之戰術為原則；以三分軍事，七分政治為剿共方針。

一六　西定甘肅

民國二十二年春，楊虎城之十七師孫蔚如部駐天水，以魏象賢旅駐蘭州，孫蔚如覬覦甘省主席，唆使魏旅以微故迫逐甘肅省主席邵力子，搗毀民政、教育二廳官舍，公開劫掠，邵力子逃往南京，蘭州秩序大亂，各地回、漢部隊，原為封建勢力，霸域自守，至是更形割據，擁兵自雄，已有無政府而分崩離析之勢。中央乃命先生率第一師入隴，原駐蘭州、天水之孫蔚如十七師，全部調駐南鄭。

先生奉命後，即以獨立旅迅赴碧口，以堵中共北竄入隴，決定入隴南駐天水，以一團駐蘭州，維持省垣治安，第以陝甘地區山路狹窄，雙方軍隊移動，須先調整，曾迭電孫蔚如，詢其行期及行軍路線，皆未復，復電楊虎城，亦不復。不得已乃於二月二十七日由南鄭出發，經馬道驛、留壩，至廟台子之日，宿營紫柏山下，次日出發前，先生集師部官長訓話，略諭：

「張子房、諸葛亮皆第一流政治家，而能盡其心力輔助劉邦、劉備，戡平禍亂，中興民族，人民蒙其利，此無他。張子房、諸葛亮一心一意之在為國為民也。汪兆銘自名為第一流政治家，而不肯與委員長合作。自民國十六年為共產黨利用，造成寧漢分裂，後又構煽唐生智、馮玉祥叛亂，究其心不過為其個人私欲，全不為國為民，口述主義革命，實非真正實行主義而獻身革命，充其私心，若不幡然悔悟，必將造成對國家之禍害。吾人必須以全力擁護領袖完成國民革命，或免於將來之災患，今過紫柏山下，緬懷張子房、諸葛亮之功業，彪炳史冊，而其高風亮節，一片真誠，其為國為民之心，尤為吾人所效法，願各同志深識其意。」

部隊繼續西行，經鳳縣、雙石鋪、唐莊、馬路泉至天水。當第一師由唐莊出發之日，孫蔚如始由天水東行，三月三日下午第一師至天水，孫部之輜重眷屬尚未盡行也。

第一師至天水後，時共軍已以通江、南江、巴中地區為根據地，故仍以獨立旅駐碧口，以一個營駐昭化之三堆壩，防敵西竄，第一旅駐徽縣，第二旅與師部駐天水，以一個團駐成縣，另於略陽、兩當各駐一營，以防其北竄，第五團駐蘭州而以一個營駐寧夏之定遠營。

甘肅自楊虎城部隊進駐後，紀律廢弛，包攬稅收，干涉地方行政，西蘭公路上土匪肆虐，郵件已半年不通，官匪不分，商賈畏途，即天水城內，商肆亦僅開數小時，第一師到達後，民心始安，商店開市，郵政始通，秩序恢復，野有耕人，未幾朱紹良來主甘政，甘肅始安。

自九一八事變日軍強佔東北，一二八事變又蹂躪我淞滬之後，國內民心激奮，各地軍事領袖亦一致要求抗日，二十二年之元月三日，日軍攻陷山海關，守軍安德馨營全部殉職。一月十四日，國際聯盟十九國特別委員通過「日本發動九一八事件以武力侵略中國東北調查報告書」。二十四日大會通過十九國皆不承認日偽滿洲國，日本即聲明退出國際聯盟。二十七日即兵分三路，進攻我熱河省，及長城之古北口、喜峯口，第二師正在浴血奮戰中，中央鑒於北方戰事緊急，不得不抽調第四次圍剿之部隊北上抗日，以致第四次圍剿功虧一簣。先生曾數度電呈蔣公，願率部東開抗日，皆奉電諭：「駐防隴南，防匪北竄，其重要不下於抗日，宜加緊訓練，暫勿東開。」第一師於是仍駐隴南。

一七　新、寧二事

我國西陲新疆，地廣人稀，居民複雜，除土著回族維吾爾人外，有左宗棠征西時留居之漢人，有信仰紅教之蒙古人，崇奉紅教之西藏人，此外還有俄國人與維吾爾人之混血兒，稱之為二轉子，由於人種複雜，宗教信仰不同，各民族間糾紛，永難平息，稍一不慎，就紊亂擴大為民族戰爭，不可收拾，民國十七年新疆設立省政府後，以金樹仁為省主席，治理地方。

當時西北屯墾司令馬仲英，對金樹仁不滿，存心覬覦省主席一職。馬仲英原為回族部隊，久居甘新邊境，後為河西馬步青部所逐，逃往天津，在津獲日本特務機關之資助，給以餉械，乃偽裝駝商，由綏、寧入隴，收編舊部千餘人，遂西入新疆，二十二年四月十六日越星星峽，連陷哈密、鄯善等地，與金樹仁部隊相持。

先生奉命在蘭州成立混成團為入新之計，乃以駐蘭州之楊德亮第五團為基幹改編，加強裝備，唯以去年至鄭州入京滬，後復匆匆入皖，追匪至甘，騎兵騾馬等重裝備，皆留鄭州，乃急急徵集騾馬，打造大車，準備未成，新疆最具實力之盛世才、劉文龍發動政變，馬仲英之變遂為其所平，五月二十二日，新疆臨時政府成立，時劉文龍任新疆臨時省政府主席，盛世才任臨時邊防督辦，第五團改編混成團之事遂寢。

土匪孫殿英，原名魁元，歷來依附北洋軍閥，十九年馮閻叛變，乃投入馮部，踞碭山牧馬集，中原討逆戰事結束，隨閻錫山移居山西，六月間與閻軍猜疑，叛晉西竄，經綏遠伊克昭盟，竄至寧夏，連陷磴口、石咀子，將犯平羅，銀川告警，甘肅省主席朱紹良，慮其有入隴之慮，以告先生，先生即率天水之第四團與駐蘭州第五團之一部，進駐中衛，始不敢南下，棄部東逃，其殘部為晉寧部隊所收編，孫殿英之亂遂平。

一八　訓練整補

第一師連年剿共作戰，長途征剿，官兵之死傷病患，亟待整補，而西北交通阻塞，隴海路此時僅通至靈寶，關中平原雖有公路，實不過牛馬所行之大車道也，東南人士，視西北為畏途，幹部補充尤為不易，先生乃呈准設立中央軍官學校西北軍官訓練班，班址設在天水西門外之玉泉觀，考選部隊作戰有功行伍士官，及地方優秀學生，施以訓練，先生親兼班主任，下設總隊部，第一期總隊長郭釋愚，第二至第四期皆為周士冕，共辦四期，每期三個大隊，訓練時間六個月。自第四期起設有俄文班、藏文班及工兵科、騎兵科、經理科，由戴笠將軍派江雄風等三人為工兵科教官，講授特種爆破及製作炸彈等技術，聘請長沙李少陵、李武信兄弟為政治教官，陝西楊爾瑛為俄文教官，以培養幹部，提高素質。先生經常蒞班講話，參加聚餐，召見學員各別談話，告知革命幹部應擁護領袖，服從命令，以及道義、品德等應具備之修養。

至於士兵方面，先生鑒於陝甘人民體弱戀家，多吸食鴉片，不宜招補兵額，乃呈准在鄭州成立補充團，調參謀長林樹人為團長，訂立標準，以重金委託河南省政府招募新兵，在鄭州施以訓練後，分批開往甘肅補充，是故第一師雖頻年作戰，至此仍能兵員充實，士氣旺盛，在先生麾下，一如北伐當年之雄風，而在思想、忠誠、體能、學術上又有過之。

第一師在民國二十年成立五瓦特無線電三所，對爾後作戰指揮與通訊聯絡，發揮極大之功效，尤以在宜春時召回已深入匪區之第一旅後，先生對無線電通訊，已至為重視，後在追剿徐向前部期間，所經山谷隘道，全師三旅九團行軍長徑有達二百里以上者，而左、右翼劉茂恩、蕭之楚等友軍，每隔山嶺河川，路途懸絕，各項命令通報，皆賴無線電傳達聯絡，入甘以後，兵力駐地，益形遼闊，北達寧夏之定遠營，南至四川昭化之三堆壩，東則陝西之略陽，西至省垣之蘭州，南北二千里，東西千餘里，無線電通訊更為重要，先生乃命成立無線電管理處，派秘書王微為中校兼主任，續辦無線電訓練班第二期，當時聘請無線電專家有鄞縣林某、常熟陳南琛為教官。

部隊至天水以後，在連年東征西討中，有了一個安定的時間，對第一師官兵而言，機會很難得，平時先生對訓練極為重視，經常對幹部諭示：「**你們要士兵同志以血肉生命貢獻於革命戰爭，除了以革命大義相勉外，更需要誠懇而親切的引發士兵情感，使能自動地向我來接近，隨時吐露肺腑之言，這樣才能做到同生死、共患難、親愛精誠、團結一致，要不然彼此視同路**

人，**那裏還會發生力量呢！**」「今日駐軍天水，除軍律如前外，要一切為民眾，官兵與民眾發生糾紛，不問情由，對當事之官兵，嚴懲不貸」。

一日，有一士兵在天水街上買布鞋，為討價還價與民發生爭執，適巡查人員經過，即將士兵帶走，請其連長帶回。由於軍愛民，民敬軍，民眾竟以此些許小事使士兵受到軍紀處分，極為不安，然而在商業上討價還價之事又不能免，於是商店主人們開會商討，訂定一個公約，物品一律標價，實施不二價運動，使天水商人成了「不二價運動」之先進。

一九　人事與經理

當時人事、經理，尚無任何細節法則，先生之原則，唯公正二字而已，平時考核主在品德，戰事作戰主在勇猛。大凡經常誇耀自己功勞之人，謂之「自伐」，自伐其功人員，官兵們都會給予一笑置之，先生最重視誠心盡力，埋頭苦幹的人品，此形成風氣，師中營、團長出缺，團內連、排長出缺，部屬皆私議將為某人接替，或某人升任，等待命令發布，總不出眾議中之人選，每一幹部內心中，亦頗自明，升級應在某些人之後，或可在某些人之前。當時沒有鑽隙奔營，因緣際會之名字，除直屬長官外，更無外來推介八行書，軍官如此，連內士兵亦如此，競相修品勵德，默默耕耘。其實先生對人事從不預示徵兆，更不談各級人事升遷之事，唯以公正兩字而已。

先生不居功、不愛財，是其最為軍民稱道之處，當時部隊中尚係委任經理制度，依照編制發給經費，由部隊長負責經理。第一師所屬部隊，雖人員充足，但仍有結餘，先生乃創立公債金制度，即其本人薪餉之餘，及上峰之偶有賞給，皆悉數歸入公債金，成立管理委員會，所屬各旅、團、營、連，亦成立委員會，定期開會，公開收支狀況，結算存款。每到年終時如確因公為士兵，或確因病所借支，無法清償時，先生均予核銷。

先生無嗜好，全身心血，貫注部屬，自奉甚薄，律己極嚴，平生不治生產，而待官兵則甚寬厚，官兵中每遇婚喪大故，或有其他困難，寫一報告求助，往往批示加倍給與，而將「借」改為「給」，不再扣償，軍需人員常感困擾，先生總告之以官兵之事，亦吾之事也，勉力為之。

是年春，有二等兵劉夢清，河南上蔡人，係十九年豫東戰役負傷而失五指者，退伍還鄉以所得卹金購田數畝以維生，而其田為豪紳所奪，隻身由豫奔天水求助，先生聞有老弟兄來，親自接見，立匯二百元至其原籍地，另資其回籍旅費，並函請河南省劉主席，責令其地方有司，代其伸冤，後果得直。先生關懷部屬，愛護袍澤之軼事甚多，難以盡述，由此即可知先生對部屬之深情也。

先生對傷患住院，常親往撫慰，餽贈食物現金；如遇陣亡病故，除厚卹家屬培植其子女外，均安葬公墓；凡軍所駐時間較久之地，設置公墓；其中以徐州、天水、碧口、松潘公墓，規模最為宏大，祭掃儀節亦至為莊肅。當在部隊駐紮之時，清明節日，先生必率各級官兵代表，親往祭掃，除整理墓園外，清酒蔬果，三牲菜餚，香燭、輓幛、鮮花、素帳，香薰繚繞，燭光高照，奠儀誠莊，群情肅穆，告以未竟志業，後承者正在完成中，祈禱安息，以慰英靈。

二〇　二十二年時事

•三月：

三月一日，中央政治會議通過整理幣制案，改兩為元，以上海市面通用銀兩七錢一分五厘，合銀元一元為標準之換算率，並自三月十日起，在上海首先施行，以後所鑄之銀元質量，亦皆以此為標準。當時袁世凱時期所流行之銀元為七錢二分，從貨幣學理論而言，同為一元價值流通，在使民間收藏袁大頭而減少其流通也。三月三日，日軍攻熱河，陷承德、喜峯口，戰況激烈，國軍逐次北調抗日，在江西正在按計畫進行中之第四次圍剿，又不得不暫時中止，共軍得喘息機會，分路竄擾贛南。

•五月：

五月十四日，日軍攻陷灤州，華北局勢緊張。二十二日國民政府通令全國各機關，自七月一日起，一律實行統一會計制度。三十一日中日簽定河北停戰之塘沽協定。

•七月：

七月十八日，廬山軍官訓練團成立，正式開學。

•十一月：

十一月一日，蔣公在南昌召集剿共會議，訂定第五次圍剿計畫，十日各部隊開始按計畫行動。二十日，陳銘樞、李濟琛、陳友仁及福建省政府主席蔣光鼐、福建綏靖公署主任蔡廷楷等，組織「生產黨」，勾結中共，在福州發表通電，宣布成立「中華共和國人民政府」，更年號，脫離中國國民黨，取消黨旗、國旗，毀滅國父遺像及《三民主義》等書籍，公開背叛黨國。陳銘樞自任行政委員會主席，任蔡廷楷為人民革命軍總司令，陳友仁為外交部長，章伯鈞為教育部長，黃琪翔為參謀總長，並組織中央執行委員會；將十九路軍改稱人民革命軍，並表示對蘇俄及中共聯盟之志願，將福建分為「閩海」、「延建」、「興泉」、「龍江」四省。二十一日國民政府命令軍事委員會迅即敉平閩亂，二十八日委員長蔣公，親赴前線部署，以十四路軍為主力，分三路攻入福建，一路由浙江南下，攻廈門、福州，並命空軍空投文告，促十九路軍將士從速反正。

二十三年元旦，對福建叛軍全線發動攻擊，一月五日攻克延平，七日克水口，十日海軍進廈門，十三日海軍收復福州，叛軍分別退集泉州、漳州一帶，陳銘樞、陳友仁、蔡廷楷、蔣光鼐等紛紛逃亡。二十三日國軍收克漳州。十九路軍將領沈光漢、毛繼壽、區壽年等致電歸誠，三十日軍事委員會，將十九路軍殘餘，改編為第七路軍，任毛繼壽為總指揮，閩亂遂平。

二十一年一二八淞滬之役，政府為顧全大局，作為地方事件處理，對外概用當地之十九路番號，實際上後期作戰，都在第五軍正面。由於東北不戰淪陷，而上海首先抗日，輿論所趨，民心激昂，十九路軍因逢時會，聲譽大噪，上海民眾勞軍物資，堆積如山，皆為十九路軍所得，而第五軍將士，成了無名英雄。蔣公深體第五軍官兵內心之委屈，曾電第五軍云：「……此次第五軍加入戰線，因為敵人所畏忌，且必反動派所誣衊，苟能始終以十九路軍名義抗戰，更足以表現我國革命軍戰鬥力之強大，生死且與共之，況乎榮辱乎？……」領袖為國一片苦心，而蔣光鼐、蔡廷楷竟然氣盛志驕，不自珍惜。俟淞滬戰事結束，移防福建整補，原指望其協同進剿共軍，不意屢遭挫敗，士氣頹喪，遂即為野心政客所利用，幸經迅速敉平，尚未影響江西五次圍剿之計畫。

澤沛隴南

一　建設交通禁烟毒

天水地勢為小型盆地，四境多山，東通陝西，途多崎嶇，關山高峙，險阻難行。蓋即古時所稱之隴坂地區也。頻年以來，已成為匪盜之窟穴，行旅戒道，商賈畏行，東道之不通已非一日。而第一師進駐天水後，兵員、物資之補充，猶獨賴此道通行，先生顧念派兵戍守，徒資繁費，乃先除其根基，再掃清散匪。然後選用回民之雄傑而在當地有聲望者，權委其為關山司令，率其所部，以司警備。並設立交通站於馬鹿鎮，盜匪始不敢任意劫擾，以後行旅無害，道途始暢，蘭州以西之郵遞亦可安然經此而東焉！

隴南各縣，大都為山陵地區，高山深谷，道路傾圮，人民困於匪患及鴉片，村寨亦多殘破，先生乃命所部，盡力整修營地道路村寨，圮者建之，缺者補之，民居房舍破敗無力修理者，助以兵工，務求道路、村落，必整齊清潔。使入其境者，耳目煥然，當時旅行隴南者，有「入境即知為第一師部隊駐地，無待問訊」之說，其後各友軍亦皆效之。

甘肅交通不便，就航空而言，全省僅蘭州一處有飛機場，而與天水寫遠，緩急無以可恃。先生巡察城郊，乃在天水縣城東門外校場之側，地近北山之麓，建築小型機場，發動各營士兵輪番力作，先生自己每日也親臨荷鋤畚土，示同甘苦，故工鉅而時速，凡二月而成。而此西北航空多一基地，東通京滬，西達蘭州，天水第一師駐紮後，已形為西陲之重鎮矣。

陝甘地區連年荒旱，加以當地政府誅徵無厭，民有賣子女者，亦多有拆房舍求售者。二十一年第一師追匪至漢中，常遇孩童流落乞食，為部隊收容者二十餘人，至天水後又收容數十人。

先生見狀，乃命特種黨部予以集中成立童子軍，受訓為軍官，亦有部分資送中、大學畢業者。

甘肅省地瘠民貧，文化、教育各項建設，皆甚落後，漢人百分之四十亦吸食鴉片，省政府賴鴉片課稅為經費之主要來源，藉口寓禁於徵，實際上並不按畝課稅。甘肅省財政年收三百三十萬元，畝稅佔百分之六十，藉其總收入數攤派至縣，縣又攤派至鄉，鄉又按戶攤收，不論種植與否，天水年徵畝稅五萬有奇，民間所納又需倍之，人民種鴉片烟一畝，收烟膏六兩，甘谷地區土田較沃，可收十兩，售價一元半至二元，而畝稅應徵已過之，並無所利，然不種鴉片亦須徵繳畝稅，其苛虐真甚於虎狼也。

整個甘肅地區，上自官吏，下逮農民，莫不一榻橫陳，曠時廢業，年雖精壯，瘦弱乏力。賓客所至，首就烟榻，已引為時尚。凡山川良田，亦多種鴉片，暮春三月，罌花遍野，故民多羸懶，怠於工作，家業日趨凋零盜賊緣此滋生，實為地方之大患。先生見之，深痛惡絕，第一事關地方行政，且省政財源賴此挹注。不能干預，乃在駐軍地區廣事勸禁，田地亦悉令種植五穀，其有販運鴉片入境者，並皆驅逐之，由是隴南各縣，風氣丕變，凡駐軍所在附近地區，人民未敢有再公開吸食鴉片者。

二　革新縣政除惡吏

自朱紹良來主省政，天水新任縣長為溧陽王義訓，自陳願革陋規十一項，先生善之，乃於師特別黨部中成立地方行政設計委員會，指派周士冕、侯聲、王微、顏延康為委員，協助地方政府，推行中央政令，改易舊俗，並指定王微負責籌辦隴南印刷所，改進原由縣黨部主辦之油印

《民聲日報》，為宣揚政令之用，李少陵、顏延康負責改進天水中、小學教育，發動捐助書籍。

在民國十八、十九年間，陝甘大旱之時，政府豁免各縣地賦。天水奸吏王惠，勾結縣長張某，匿不宣布，照常課徵，追補尤不稍假，民有賣子女以供者，其後事洩，王惠逃庇於省垣禁菸督辦王裕經處。人民累訴不得直，縣民聞先生至，爭來告訴，有持香哭跪營門前者，先生乃移牘縣府按驗，而王惠已由王裕經從中力極推介發表為天水縣財政科員，馱車五輛，載其眷屬行李，施施而來。王縣長不得已拘繫之，案懸二月未結，忽奉高等法院嚴令開釋。縣民聞後麕集請願，適逢王惠自認有辦法，行走縣府門前，大有爾等奈我何之慨，遂被請願民眾擁至南門外毆擊之。人民聞打王惠，婦女老幼，皆執棍湧至。侯聲聞變，恐將造成暴亂，即向先生請示，先生告曰：「貪猾不誅，何以革命？是宜稍伸民氣，我軍維持治安，應力勸使散，然勿干涉過當。」侯聲趕至現場，而王惠已為民眾誅殺矣！

王惠為前清固源道道尹、天水人賈讚緒隨從，民國成立，罷官後推介其為天水縣政府經徵吏，主管徵收田賦事，故與張縣長勾結，家私百萬，案發後行賄當道。王裕經與賈讚緒係兒女親家，久任禁菸督辦，主管全省畝稅，對王惠庇之尤力，王惠為民所誅，王裕經以軍隊未與救援，乃在蘭州散布謠言，破壞第一師聲譽。朱主席深知其人其事，不為所惑，而隴南各縣人民，皆知王惠實死有餘辜，而頌第一師乃真正之革命軍也。

三　開風氣軍民同樂

先生率第一師進駐天水後，隴南地區本為烟毒、盗匪所困，至此逐漸紓解，盜賊絕跡，氓痞歸正，民安於業，夜不閉戶，兼以全師紀律嚴明，民間生產之糧秣土產，皆以現金購買，用於隴南防區者，月約二十萬元之鉅，於是百業競舉，地方繁榮，唯以民間風氣閉塞，一切仍依清末陋習，幾世幾年，累積而來，教育文化，未能展革，先生思以改革風氣，乃命特種黨部聯合地方黨部及教育界，發起慶祝民國二十三年元旦，使民知民國以來政府已使用國曆也。

初期構想在城鎮集會，由各駐地部隊組成球隊、龍燈、高蹺、舞獅等小組，於元旦上午前來天水集會表演。詎知風聲所及，各地民眾，亦皆自動組織演藝隊，前來參加，隴南最著名之馬跑擡閣，已五十年未舉辦活動，竟然出動而來，轟動整個隴南地區。

大會地點設在東校場，置戲台四座，分布於東、南、西、北四處，各地部隊和民眾，除預期之外，尚有不期而來者，共約三萬餘眾，均能於日前先後到達。二十三年元月一日上午九時，開始舉行慶祝元旦典禮。東校場雖大，亦僅能容納二萬餘人，至此擁擠得水洩不通。先生向來很少向民眾講話，在開幕典禮中見民眾如此踴躍，極為高興，講了三分鐘，歡迎大家來參加慶祝元旦，告知民眾亦是中華民國開國二十三年紀念，而台下之掌聲，亦足足維持了三分鐘，隴南民眾以能一見先生之手采為榮，可見當時民眾對先生之愛戴也。

四個戲台，分京戲、秦腔、河南梆子、新劇四種，同時開幕，當時秦腔台前人數最多，蓋陝、甘人民都鍾情於秦腔。戲台開鑼，各種雜耍亦同時開始活動，加以各地鄉土樂隊之演奏，小販之叫賣，孩童之喊囂，人聲呼喚，打破了東校場數千年來之靜寂。

到了晚上，各項龍、獅、船、蚌、彩燈、雜耍各成一組，一齊出動，燈火輝煌，人聲鼎沸，自下午五時三十分起，按序魚貫進入天水城，每一雜耍經過第一師師部大門前，總要表演一套，每表演一次，師部就送一塊紅布，一個紅包，以示元旦彩利，有部分小組通過後，不知如何又插入隊中，再來表演一次，紅布、紅包仍然照送，每夜至十二時始止。

天水城內共有居民四萬餘人，元旦前後突然增加三萬餘人，吃與住立即成了大問題，臨時發動學校、商店、民房、祠廟儘量招待這些遠來客人，可是露宿街頭者，仍然不少。

鞭炮聲、鑼鼓聲、呼嘯聲一連三天三晚，把寧靜的天水城，鬧得天翻地覆，男女老少，東奔西擠，雖灰頭土臉，皆仍歡笑不已。先生自己，每天自東城至西城，來回觀賞，晚上亦雜在人群中看熱鬧，一到三日晚上，各路人馬才漸漸散歸，如是之軍民同樂，民稱空前。

四　弔李廣重修古墓

漢之龍城飛將李廣，天水人也，與匈奴七十餘戰，射石沒羽，匈奴聞其名不敢入，惜因數奇不封，隨衛青之征失道，引刀自刭，百姓聞之，知與不知，老壯皆為垂泣，鄉民築墓於天水，哀其勇猛壯烈，念其干城勳功，悲其不壽，悼建窀穸，以為故鄉人民祭掃懷思，而祈將軍之安息也。墓在天水南山麓，距天水門約一小時行程，二十三年春，先生偕李少陵備些許點心，往弔漢代名將李將軍，因年代久遠，歷經風霜雨雪，已是荒烟蔓草，野莽叢生。僅有一石碑，上刻「漢李廣將軍墓」六字，尚可依稀辨識，至於何時何人所建，已無從查證。想漢時匈奴殺掠之烈，人民對李將軍寄望之深。唐之王昌齡曾有出塞詩云：「秦時明月漢時關，萬里長征人未還，但使龍城飛將在，不教胡馬渡陰山。」可見當時人民對李將軍期望之殷也，念斯一代民族英雄，生不封侯，死未勒石，後人每談李將軍往事，莫不為之嘆息。

先生與李少陵到達李廣墓時，太陽甫出，進早點而談李廣、李陵祖孫之事，先生以為李廣、李陵在軍事上可謂是了不起之軍人，但在行誼上，祖父要比孫子高明得多。李廣於勢窮之時，刎頸自殺；而李陵於情逼之際，偷生降敵，不論司馬遷如何為李陵辯護，總難以使國人諒解，而李廣之死，不論識與不識，莫不為之傷感而涕泣，生死之間名節之所關也。

晤談之間，極為融洽，二人對李廣、李陵之觀念一致，於是先生決定鳩工重建李廣墓，請天水仕紳賈讚緒作序，記其始末。經二月許，墓工告竣，祭奠之日，前往致祭執禮者數千人，自是曾被牛馬踐踏，蔓草叢生之荒塚，已煥然一新，而成為天水仕女遊憩憑弔之所。是年秋，先生與李少陵重遊李廣墓。李少陵作五絕一首以記之：

隴上正三秋，高原土一坏，
英名歷千載，何用覓封侯。

五　興教育整建城池

先生平時最重視教育、訓練，見天水各小學，仍多以三字經、千字文及四書五經為教本，雖名稱上已改為小學，實際上仍與私塾無異，經與省、縣政府協議後，於二十三年暑假期間，在天水之玉泉觀，創辦隴南小學教師訓練班。先生自兼班主任，李少陵任教務處長，向南京請來一位教育專家俞先生，策劃其事，並延聘著名之學者專家為講座，在京滬選購大批教材、教具來天水，皆以飛機為往返天水及京滬間之交通工具。

招訓小學教師一三〇人，訓練期間，每人發給很多參考書籍，每週舉行一次同樂晚會，先生經常參加晚餐，餐後邀約學員個別談話，詳詢各學員家庭狀況及教育學生之意見，親切如同家人，為期一個月結業，先生特備酒席與之餞行，臨別時每人發給旅費二十元及禮品文具一包，親送門口，一一握別，教師們感動得熱淚盈眶，人人自覺，一月訓練，知昨非而今是，有脫胎換骨之慨，誓言以所學為地方教育負起應盡之責任，場面至為感人。其後隴南各地，先生關切軍紀之嚴肅問題，派師部特種黨部總幹事侯聲為代表，慰問各地紳民，訪求疾苦。甘谷縣有一侯公堤，百餘年來未曾修護，已毀圮破落，堤內農田一千二百餘畝，歷年秋潦時，渭水上游激衝，水漲淹沒，作物歉收，農民無力整修。侯聲歸告先生，修堤之費約須三千餘元，若請駐甘谷一營之兵力從其事，縣政府可籌一千五百元購買器具物材，另以一千元酬勞官兵，如是可節省縣政府經費五百元。先生聞後笑謂侯聲曰：「是何言也！我師駐於此，為民興利，師之事也。」立即命軍需斥資一千五百元給侯聲，籌購物料，並電告駐甘谷縣之營長及其旅、團長，以一連守城防警備，二連修堤，限期於明春播種前完工，不得接受縣政府及當地民眾任何財物及招待。自二十二年八月興工，至二十三年春如期完成，甘谷縣民，除在堤上立碑記述該營兵工助民興利外，並派代表來天水，向先生獻旗，致誠摯謝忱。

甘谷修堤事後，先生見天水城牆，亦緊靠河流，原有護城之土堤，數十年來亦未加整修，堤防為水流失，水漲時已齒蝕城基，地方官民，未見城牆倒坍，皆不問聞。若不加以修護，秋潦水漲，城牆將危在旦夕，乃與參謀長於達，親督官兵整修之，築新堤三華里，以護城基，以河中之石砌築堤邊，防水衝激，植柳於上，以保堤土而增景觀。天水城南有古剎，名為水月庵，歷年駐軍，亦多有破壞，時師軍醫處正駐在庵內，該庵為居民佛教信仰中心，先生亦令兵工大加修葺，美化環境，並令軍醫處調整居所，許民進香、遊覽，此後夏日蟬鳴，秋夜皓月，遂為天水南郊之遊憩勝地。民感先生恩澤，傳有民謠一首：

第一師，來天水，師長名叫胡宗南。
開交通，興小學，教我兒童把書讀。
復古塚，修舊廟，旱沙荒野長花木。
建堤防，固城牆，水月庵裡去進香。

六　推至誠高朋遠來

自二十二年三月先生率第一師至天水，至二十二年冬，為第一師難得安定訓練之時間，除積極安定地方，捕捉盜賊，革新風氣外，並為地方興利除弊，尤以紀律嚴明，信賞必罰，故人民無苛捐雜稅，軍隊以現金購物，不賒欠，不擾民，使隴南地區商業繁榮，農民勤奮，年餘時間，百廢齊舉，自朱紹良來主省政，軍政上水乳相融，合作無間，因於交通恢復，地方安定，天水已形成為隴南重心。

中央頗注意西陲之建設，故四方賓客來天水者日眾，先生乃設三個招待所以禮貴賓。二十二年春史地學家張其昀，地質專家林文英，去蘭州經天水來訪，相見甚歡，流連十餘日。其後陳大慶將軍等亦來天水相訪，外人之來天水者，初夏有德國水利專家勞爾茲，查勘渭河含沙量，由參謀長於達陪往秦安一帶，查勘葫蘆河。至冬地質學家林文英陪同德國曼爾極來天水查石油資源，由秘書王微陪同赴西南各鄉調查，無所得將彼送往蘭州。

當時各省軍事將領，有寧夏之馬鴻逵、馬鴻賓；青海之馬麒；甘肅之魯大昌、馬步青；四川之田頌堯、鄧錫侯、劉湘；陝西之楊虎城、孫蔚如等，皆派代表常川住天水聯絡，先生除派摯友胡抱一先生在漢中接待聯絡外，並及時派員報聘，相處極為融洽。

先生亦關切各地土司，經常派員慰問，分送禮品，探求民情，有拉卜楞土司黃正清，卓尼草地土司楊積慶，對先生極為欽敬，該兩地產馬，每年派員獻送良馬來師，先生派員答聘，餽以重禮，後為補充騎兵隊馬匹，以其索價購買，當時土司對大量交易，索價較高，總以為必將討價還價若干，先生聞其開價索需，如數交付，二土司心存感激，翌年第一師川西剿共乏糧，兩土司聞訊，以犛牛數百頭運糧至四川，並連其牛亦悉數餽贈先生，部隊之飢困賴以稍紓，斯皆先生薄來厚往至誠之所致也。

七　地方自治植幹部

先生對於幹部人才之培養，重視教育與訓練，當時各地縣政府組織，雖已將衙門改為政府，實際上內部組織猶襲前清六科房之舊制，尚無民治氣象，先生認為改革政治，宜從組織與人才著手，遂建議省主席朱紹良，蒙朱主席讚可，乃於二十三年三月：創設隴南地方自治訓練班，招考全省各縣中學畢業及同等學歷青年共一六〇人，內屬隴南各縣者七〇人，予以一年之訓練，班主任由朱主席兼任，為便於訓練，委託先生兼代，李少陵為教育長兼任教官，顏延康

圖 12：民國 23 年 9 月 10 日至 24 年 8 月 6 日西北考察時，胡宗南師長在甘肅天水郊外送別——時中國文化大學創辦人張其昀教授赴甘肅考察，與老友當地駐軍國軍第一師胡宗南師長相迎。左起：張其昀教授、胡宗南師長、林文英、李海晨、程副官開椿、廖副官。（此圖由張鏡湖先生提供）

為秘書，班址設於天水文廟內。

訓練之主要科目為三民主義、建國方略、地方自治開始實行法、縣政研究、民權初步、政治學、經濟學、公文程式等，每天有二小時軍訓，由郭釋愚、劉厥敵二人負責。

先生亦經常蒞班作精神講話，並提問題測驗學生，畢業前分發天水縣各鄉區公所實習二個月，為推行清潔運動，剪辮運動，行人靠左走運動，由李教育長親率學生，分赴天水城廂內外，實地工作，響應蔣公提倡新生活運動，對風氣之開創，頗具效果。

隴南地方自治訓練班，於二十四年三月十八日結訓，此時共軍竄擾川西，焚掠北川，第一師已奉命出發，入川征剿，先生仍抽暇出席畢業典禮，向學生講話三十分鐘，親授畢業證書，並遴選七位優秀學生，組織畢業生同學會，撥發一千元作為同學會基金，並囑咐每年舉行同學會一次，討論地方自治興革事宜，以交換工作經驗。

由於各縣政府爭相委聘，而學生畢業後，亦均能恪守班規，勤勞力行，對各縣地方自治之開創，頗有業績，後有升任縣長者，而各縣紛紛要求續辦第二期，奈因第一師出發剿共，第二期計畫因而終止。

八　西北補充旅之成立

第一師入甘省，僅以第五團（欠一營駐寧夏之定遠營）一團之兵力駐蘭州，實際上常駐蘭州者，僅有二營兵力，二十二年孫殿英自晉、寧叛亂，先生曾派第四團進駐中衛，迨孫亂敉平，第四團仍回天水。朱主席紹良以蘭州為西陲政治中心，中央軍兵力過於薄弱，地方軍跋扈囂張，不足以震懾反側，商請先生增強兵力，於是先生請中央核准後，將鄭州所徵募之補充兵員，編成一個步兵團，復在天水徵募新兵二個團，合編為西北補充旅，進駐蘭州整訓，當時補充旅旅長廖昂，第一團團長蔣志高，後為羅克傑；第二團團長林樹人，林病故後為康莊；第三團團長胡受謙；故至二十三年冬，先生所率之第一師，已轄有四個旅十二團之兵力矣！

二十三年二月十九日，委員長蔣公在南昌發起新生活運動，以禮、義、廉、恥之四維為修身功夫，表現於日常生活，衣食住行以整齊、清潔、簡單、樸素、迅速、確實為生活準繩。

三月十一日蔣公命四路司令，對盤踞江西之共軍發動第五次圍剿。江西之共軍，已為國家之心腹大患，民國十九年冬至二十年春，國軍實施第一、第二次圍剿，因當時國軍對共軍之特性與組織，未能充分了解，且缺乏黨政配合行動，以致迭遭頓挫。二十年秋第三次圍剿又因日軍掀起九一八事變，政府不得不抽調剿共部隊北上禦日，致功虧一簣。民國二十一年，日軍又發動一二八事件，政府有事於淞吳，無力內顧，而共軍大肆蠢動，擴大地盤，猖獗於湘、鄂、粵、閩地區。二十一年五月，政府為貫徹攘外必先安內之決策，實施第四次圍剿，復因日軍攻陷熱河，侵犯我長城各口，喜峰口、古北口、冷口等地戰況激烈，政府復不得不北禦日軍，招致在順利進行中之第四次圍剿計畫，又告中折。

第五次圍剿，各部隊已積四次之經驗，首先實施對共區之經濟封鎖，一面建築碉堡，一面開設公路，步步為營，節節前進，黨政組織配合行動，實施三分軍事，七分政治之戰略，使用兵力，將近百萬，逐次攻克共軍所盤踞之要地，縮小包圍地區。後福建叛變事件發生，對圍剿軍事，略有停頓，幸閩變迅即敉平。至二十三年一月底，國軍對贛南共軍，已完成封鎖包圍，除公路碉堡外，凡已構築完成之各軍事要點碉堡，已達二千九百餘座，在先求穩當後求變化之戰術上，每攻克一地，必先構築碉堡，開設公路，以破共軍聲東擊西之人海戰術，至十一月十日，國軍攻克瑞金，整個圍剿過程中，共軍傷亡約二十餘萬人，殘共約七萬餘人，向湘南流竄，十一月十三日，蔣公命何鍵為追剿總司令，轄隸第一路軍劉建緒，第二路軍薛岳，第三路軍周元渾，第四路軍李元杰，第五路軍李韞珩，繼續追剿共軍。十二月二十七日，經國軍追擊之毛澤東部分兩路向川黔逃竄。

九　入川守廣元

二十一年冬，先生率第一師窮追徐向前部入四川大巴山區，因川軍拒中央軍入川而移駐漢中（今南鄭縣），後復奉命駐隴南。徐向前部踞通江、南江、巴中為巢穴，喘息坐大，成立蘇維埃，裹眾十萬，不斷擴展，至二十三年夏，川軍合六路之眾圍剿失利，共軍遂逼昭化、廣元。川軍始知無力消滅共軍，乃要求中央軍入川圍剿。二十三年冬，先生奉命入川，接替蜀北之川軍，乃命駐碧口之丁德隆獨立旅，附第一旅之李正先第一團入川。丁德隆以甘競生之第二團守昭化，另三個團駐廣元地區，而以重兵駐烏龍包，整修工事，儲存糧秣。先生又命駐天水羅克傳補充團，南移協防。

二十四年元月二十日夜，補充團在羊模壩遭共軍偷襲，有損失，共軍勢力益張。自二十一日起，共軍累探我虛實，前哨不斷接觸。丁旅長部署城守，清戶口、收軍器、備儲糧、禁謠諑、申明約束、信賞必罰，軍民咸有固志，時獨立旅甘競生部守昭化，分一營守三堆壩，第一團守廣元城，而以第一旅配屬李正先之第一團，守西門外烏龍包。

二十五日共軍陳昌灝渡須家河，督迴龍之共軍攻烏龍包山頂，董麻花率龍王廟之共軍攻山斜面，中共政委張琴秋率千佛岩之共軍攻城東北，徐向前督九華岩、雪峯之共軍攻城東，裹脅民眾五萬餘人，號稱十萬，自下午六時起，向廣元城攻擊，為我守軍拒止，殺傷甚眾。烏龍包俯瞰城西，陳昌灝、董麻花尤稱強悍，驅迫共軍亂民，冒死衝突，我第一旅之第一團李正先守烏龍包，浴血苦戰，五包陣地，已失其三，艱苦撐持，戰志愈堅。丁旅長撤城中預備隊獨立旅之第三團增援，冒彈肉搏，奪回三包，董麻花、陳昌灝均被擊斃，共軍之精銳略盡，一夜血戰，至二十六日晨，共軍全部退東岸大石板，是役丁德隆之旅，以四團兵力，不滿六千人，禦共五萬之眾，而元月二十日與共軍接戰，至二十六日，激戰七日，殲共數萬，廣元終因第一師獨立旅丁德隆旅長率部血戰而保全，川民對中央軍之勇毅作戰，不避生死，使廣元得免遭赤禍，念念不敢忘，乃在《廣元縣志》中記其事云：

「丁旅於二十三年臘月十五日來廣元，以一團駐昭化，兩團駐廣元，重兵屯於烏龍，餘駐城固守。沼東、金山佈二連，督兵補苴各工事，發現金，辦一月糧，匪乘上游無兵，以兩萬人渡大灘、橫梁、沙溪、朝天，漫山穿谷，自陳家壩、羊模壩、東山廟，斜瞰烏龍。連日又在須家河假榻作桴，絡繹偷渡。據邱橋、監壩，準備攻山。下游之匪數千人，由皂角舖、五河岩渡河灣場，上九龍山以擾亂下西。再偷渡牛寨壩、羊模壩、龍爪灣以牽昭化。二十一日匪攻天池，探官軍強弱，擊退之，夜則匪出潦溪，沿老鷹嘴過石馬壩，蜂擁蟻集，復攻天池、春凸梁。掃以機槍無脫者，黎明一望乃草偶耳」。

「二十二日夜，官軍見萬燈下九華岩，遵孔道雁行而進。丁旅長見匪持炬來，其勢必驟，何整然不參差？戒眾勿動，燈至柳林頓滅。翌日偵知，乃一人挑竹燈數十，魚貫進入，實不滿百耳。同日昭化報匪已佔天雄，分趨寶輪院襲三堆壩」。

「丁旅長分令紳商登記軍用品，囤官倉，清戶口，凡難民無他異者冊載之，散民難稽者遠移，家有刀矛，悉令交出。約束士卒，毋得與市民偶語。收城民鑼鼓，置各工事，有警則鳴。日晡（申時），南城角鑼聲鏗然。跡之，匪挖城泄水洞數尺，將以地雷轟城，擒斬二人」。

「二十五日未曙，丁旅長偕劉團長超寰，相度烏龍，安置砲位。自獅子山至烏龍頂，設五防線，增調二連於五防線，三連則在山側阻擊。午後集幹部開會，謂眾曰：『師長以廣元數萬生靈託於我，察匪惡戰，不出今夕。今與諸君約：臨陣畏葸，委卒危者斬。守禦不堅，擅離陣地者斬。調遣接應，市途跑步者斬。父老安舍，呵門求物者斬。夜深人悄，巡察奸宄，侵入民房者斬。殺敵致果，捍禦無失者獎。殲滅渠魁，奪回陣地者獎』。」

「入夜匪陳昌灝渡須家河，督迴龍之匪，攻烏龍山頂。匪偽師長董麻花，由下西率龍王廟之匪，攻斜山面。匪偽政委張琴秋，率千佛岩之匪，攻城東北。徐向前督九華岩、雪峯寺之匪，攻城東南。戌初齊發，三面攻城，十面攻山，殺聲、砲聲如大海迴瀾怒潮，雜風雨而至」。

「丁旅長巡視四城，官兵浴血苦戰，殺匪如麻。匪攻城不下，悉偷渡西岸，冀攻下烏龍再圖城。烏龍五線已失其三。丁旅長調守城精卒二連增援，親率力士趨西岸，下令奪回工事者獎重金。即有一連，奮怒突出，冒彈肉搏，奪回已失工事。董麻花被擊斃，下西之匪奪氣，僅陳昌灝山頂之匪，十盪十決，堅持不退。未幾，陳匪中砲彈而死，懼援兵四集，乃於翌晨竄至東岸大石板」。

由《廣元縣志》所記，可知先生所轄之第一師，部隊紀律之嚴，作戰之勇，非川軍所可及也。是役共軍傷亡萬餘人，徐向前部攻廣元未逞，北竄入陝，攻陷甯羌（今甯強縣），並將甯羌縣改為昇熙縣，始證實蔡昇熙確已於二十一年萬里追剿時為我軍擊斃。

甯羌位於川、甘、陝三省邊境，人口不滿五萬。徐部入城後，因蔡昇熙曾斃命於此，故見人就殺。凡被遇見者，無論男女老幼，無一倖免，為節省彈藥，數千人刀殺活埋，集堆一坑，斯即為駭人聽聞之甯羌萬人坑。全城為之擄掠一空，徐匪復率眾西竄。

甯羌慘狀，陝西省政府主席楊虎城，一無措施。先生聞訊惻然，乃派李少陵、侯聲、劉時榮攜款一萬元，前往急賑。李少陵等到達甯羌，已是人烟稀少，血肉淋漓，而成為人鬼難分之城。經過調查後，即在一古廟內發放賑款，多者二十元，少者五元，人民聞中央軍來發放賑款，紛來古廟相集，李少陵在萬人坑中伸手拾取一小腿，不過三、四歲幼童而已，不禁無言流淚，而來集民眾，一念及家人，亦皆號哭不已。廣元之民，聞甯羌被戮之慘，胥為之驚駭，慶第一師丁旅長德隆適時來救，川軍雖眾而不足恃也。

先生念甯羌共軍之禍之後，無人處理，乃請省政府以劉時榮為甯羌縣長，重整善後。李少陵、侯聲回師，將經過情形向先生報告，先生加菜以慰辛勞，席間先生舉杯賀李少陵曰：「徐向前禍川三年，敵不過李少陵當場一哭。」

一〇　攻戰摩天嶺

四川一省本甚富足，然因省內大小軍閥連年攻戰，搶奪地盤，民國以來，幾無寧日。民國二十年初，各地軍隊借徵糧賦，已超徵至民國四十二年，政府以劉文輝為省主席，即佔據成都平原。劉湘為四川善後督辦，佔據重慶地區，東西兩雄又不斷為爭地盤而互相攻戰。二十二年七月十三日劉文輝電辭省主席，退入西康。政府以劉湘為四川省剿共總司令，節制全省川軍，然鄧錫侯、田頌堯等不服劉湘，擁兵割據，據地自雄，仍在不斷攻戰中，連年戰禍，生民塗炭。迨共軍入川，無力剿滅，雖曾攻戰，然連戰皆敗，始要求國軍入川，此次若無第一師丁德隆之獨立旅迅速抵達，則廣元昭化之慘狀，恐與甯羌不遠矣！

此時江西之共軍，自經二十三年五次圍剿後，遂自湘鄂交界處，竄向貴州，經遵義會議決定北竄，與陝北土共劉子丹合股，遭國軍沿途追擊，乃越大渡河沿大金川、大雪山東麓北竄。而川北之徐向前股，亦由通巴西竄會合。先生奉命率所部第一旅李鐵軍，第二旅李文，獨立旅丁德隆，西北補充旅廖昂，共十二團之眾，入川堵剿，軍事委員會並派陸軍第四十九師伍誠仁，第六十師陳沛，中央第一旅鍾松，獨立第三十二旅王耀武等部隊，歸先生節制。

二十四年三月三日，先生率師部由天水出發，經徽、成、略、陽平關、至碧口。伍誠仁、陳沛、鍾松各師旅，先後來會。時徐向前部已據青川，有二十七、二十八、二十九、三十，四師之眾，而以主力守摩天嶺，阻我南進。

摩天嶺東西數百里，南北亦數百餘里，即古之陰平道，山高路絕，夏又寒冽。重山疊巘，峰嶺屢接。共軍踞刀背梁一帶，憑險固守。史稱鄧艾伐蜀，至劍州改道陰平，行無人之地七百里。先後至江油出劍閣，所謂陰平道最險要之處即在此地。先生命六十師攻擊西道玄馬關，二日未下。乃命補充旅第二團康莊，攻擊正面，佔領刀背梁，奪取摩天嶺。補充旅第三團胡受謙向敵陣左翼亞子口，迂迴側擊。

第二團團長康莊受命後，偵察地形，率二營另覓新道。於四月八日開始夜襲，利用原始森林中之風聲蟲鳴，泉流湍激等雜音為掩護，援竹木籐石，猿躍揉進。並戒所屬「毋得放槍，雖受創不得還擊，必潛至敵陣，拚力前戰」，歷半日一夜，黎明突入敵陣，呼躍奮擊，山鳴谷應，夜暗潛進，出敵不意，共軍遂驚亂潰逃，康團跟蹤追擊。其時獨立旅第三團劉超寰亦擊破刀背梁另一隘口之共軍，共軍即燒毀青川南竄。青川在摩天嶺南麓，居民四百餘家，我軍追至青川，火尤未滅也。此時玄馬關共軍陣亦為丁旅選鋒數百人，奮戰突破，追擊平武。共軍仍據半壁山頑抗，我第二旅李文之一部，與獨立旅丁德隆之第一、第三兩團，合力擊破之，徐部乃竄涪江南岸。

一一 再定廣元城

四月十一日，第一旅李鐵軍至廣元，時徐部後隊數千人猶在嘉陵江東岩覬覦廣元。人心惶急，一日數驚，守城川軍與民交惡。李旅適時到達，即猛擊共軍。次日循岸清剿，共軍遂西竄，廣元危而復安。廣元二次紅禍，皆有驚無險，危而復安，《廣元縣志》復記其事云：

「匪返東岸大石板，遲泥畏沮，莫策所向。旬餘聞青川匪眾已潰，乃引全部屯羅漢守，踞

蒼、廣之交，始謀橫出劍閣，假路松維，與朱賀合。時中央軍調丁旅復還碧口。鄧錫侯令其師長楊秀春守廣元，刁文俊守劍閣，劉漢雄駐劍州，何詹如防亭子、黃牛峽、米蘇。王志遠回駐蒼閬，狙擊游寇。楊曬軒截江油中壩，以塞奔衝之要，亦星羅棋布矣！徐向前乃指揮其餘眾，乘幽竄隙，分歧四擾。明進暗退，深入奇突。使我軍覺草木皆兵，守點者莫敢驟發。徐向前乃得從容遁去。後隊萬餘猶沿東岸布疑陣，以牽追兵。四月十三日防廣元之楊秀春疾作，糧食且盡，軍民交惡，患在旦夕。亭午，李旅長鐵軍驟至，午餐不具，怒曰：『軍民萬餘，困餓孤城，不因糧於敵而自餒，非夫也。』立飭兩連搜蘇維埃屯粟，川軍願附者而運糧，至迴鼻，未及嶺，匪東王廟隊至，據山頂以抗官軍，李旅長急遣精卒上二郎關，繞後截擊，匪敗逃，翌日令各營循岸追剿，廣元危而復安」。

由《廣元縣志》所載，可知當時川軍兵力並不少，然皆守點自保實力而不能主動攻剿，致使共軍在夜間行動，往來自如，糧盡不知因敵於城外，仍知搜刮城民些微存積，致使軍民交惡，若先生未能及時使李旅進駐廣元，則廣元危矣！

一二　松潘之役

二十四年五月五日，朱毛共軍經黔竄滇，復偷渡金沙江，北竄入川。十日中共中央委員瞿秋白、張亮、周月林在閩西就擒，經奉中央核定，就地槍決。十六日國軍強渡金沙江，向西昌追擊，朱毛共軍北竄。二十二日委員長蔣公抵重慶，旋飛成都，督師剿共。

六月先生率第一師至青川、平武，派西北補充旅副旅長劉鴻勳，率百餘人便衣先入松潘，搜集敵情，查看道路。然後命第二旅旅長李文，率四團先頭入松潘，尚未入城，共軍北竄之毛股先頭一縱隊亦至，遂迎戰於城東之白塔山，斃共數百人，翌日我軍沿岷江東岸，追至鎮江關，李旅即駐守於岷江大道。

先生判斷共軍將北竄，即率師部進駐松潘，命丁旅守岷江以西，第六十師守漳臘，阻共經南坪竄甘肅，獨立三十二旅守平武，防敵回竄，而以第一旅李鐵軍部控制於松潘東北郊，為機動部隊，西北補充旅廖昂守備松潘，而以一營守毛兒蓋，第四十九師伍誠仁部控制於漳臘、黃勝關之間為預備隊，並為顧慮上下包座為通甘、青要道，因在第一師作戰範圍之外，乃建議成都行轅宜駐重兵，遏敵北竄，奉復無兵可派，先生不得已，乃飭補充旅派遣康莊團之一營防守之。

松潘在秦漢時原為羌戎地區，至後周始置郡縣，唐宋時陷於吐番，元時內附，明初設松潘衛，領千戶所一，長官司十七，安撫司四，清因之。民國後改縣，而土官司仍沿舊制。《方輿紀要》稱：「松潘舊界，廣六百七十里，袤千六百里。」蓋自岷江以西，皆藏人居之，壘石為碉房，上層供佛，中層居人、下層蓄牛羊，土地剛鹵，不生五穀，藏人種青稞，歲一熟而已。

六月十四日朱毛共軍陷天全，盧山，已與徐向前合流，七月八日，朱毛共軍竄抵松潘西南地區，被阻於鎮江關之南，徘徊瞻顧，冀以奪徑北竄。毛兒蓋距松潘西二百餘里，僅有喇嘛廟及一小村而已，守軍為西北補充旅第二團第二營營長李日基部，死力拒守，困戰十四日，雖三廟已失其二，飲水且盡，仍日夜鏖戰，飢疲萬狀，迨聞第一旅援至，乃突圍而歸，蔣公聞狀，召見慰勉，李日基晉任中校。

毛部既佔毛兒蓋，先生慮其必西越草原北進，則上下包座關係重要，唯以包座孤懸西北，自出黃勝關，杳無人烟，糧運至艱，故前置該地守軍僅為康莊團之一營，嗣感該一營兵力，不足以遏共北竄，乃於中秋前夕，命康莊全團北進駐守之，並告之曰：「若匪萬人，必遏其北竄，逾二萬，自當增援也。」

共軍於八月三十日在毛兒蓋集會，因死亡日眾，兩派分裂，決定毛部北竄甘肅。朱、徐兩部仍集結在毛兒蓋蘆花一帶，準備率部南竄，入川西。

康莊率二營至包座，未一週，毛共果北竄，先生命分兵守求吉寺，八月二十七日並遣四十九師伍誠仁率全師至上包座增援，規定三日到達，而伍師行程遲緩，至九月一日方至上包座，師部守大戒寺，共軍乘其初至，夜襲之，伍師大亂，康團原守上包座之第三營，遂被圍攻，苦戰七日，連長傷亡二人，共軍更分兵圍下包座求岩寺，掩護其主力北竄，康團被圍激戰十六天，俘匪七百餘人，槍數百枝，我軍亦死傷百餘人，而共軍之主力乃竄入甘肅境內。

十月中，先生率第一師踰弓槓嶺，經南坪、鄧鄧橋、宕昌、西固、禮縣、至甘谷縣之三十里舖，窮追千餘里，方停止待命。其時先生曾發表對共軍官兵公開信，大意：「……追來追去，逃來逃去，在這裡我們又遇見了，像這追追逃逃，逃逃追追到何日才能終止？而真正受到損失與蹂躪的，還不是國家和老百姓，為了國家，為了人民，特向你們呼籲，放下武器，棄絕共產主義，投誠中央，以免生民塗炭，國力受損。……」該信刊出後，社會輿論公認先生並非單純一軍人，而是文武兼備，具有政治頭腦之新時代人物。此時共軍穿越甘境千餘里，惜各地駐軍閉門自守，無一堵擊者，毛共殘部遂於十月三十一日，由甘寧地區竄抵陝北，與原盤踞於保安以西之吳起鎮、劉子丹、徐海東、高岡等匪合流。

松潘之役，極為艱苦，該地僅產少量青稞，而岷江以東多為高山峻谷，水冷氣寒，耕地缺乏，道路崎嶇，糧運猶艱。時剿共部隊尚無後勤機構支援，先生指揮數萬之眾，麕集百餘里之間，通訊器材不足，團以下多賴步傳，搜羅既窮，餽運難繼，官兵日不得一飽。先生抵松潘後，即派謝義鋒、李少陵等為代表，招來阿壩、包座、蘆花等各地土司，宣揚中央德意，餽以禮物，頗為我軍盡力，多得以現金購糧。甘肅拉卜楞土司黃正清，卓尼土司楊積慶，在天水時素崇敬先生，悉第一師在松潘糧運不繼，乃以犛牛四百餘頭，馱糧餽贈，連同犛牛，以贈先生，官兵得一餐之食，略紓飢困。李鐵軍之旅，遠守草原，賴掘野菽維生，真是荒原無糧，艱困倍增。

松潘氣候寒燠不常，夏秋日出，則炙膚苦熱，日沒陰晦，可禦棉裘，未及中秋已白晝飛雪，官兵飢疲萬狀，病者什九，幸各地土司皆為先生配合，聞共軍之將至，悉堅壁清野以待，故中共方面之飢乏尤甚於我軍，疾疫大作，死亡枕藉，什百倍於戰死者，毛部西竄入川時，尚有六萬餘眾，至達陝北者僅達五千餘人耳。

一三 病假遇益友

自松潘戰後，先生亦以飢苦過甚，補給困難，電請將第四十九師、第六十師、中央獨立第一旅，第三十二旅等配屬部隊調回歸建，由第一師獨肩入甘追剿之任。自抵甘谷後，命劉鴻勳率兵一排，帶無線電一所，備帶哈達等禮物，循大小金沙江間草原北上，撫慰各地土司，傳達中央政令，搜查有無零星散匪潛匿，劉等由川北經西康邊境入青海，窮河源，歷二月餘方回，邊民自此，始睹漢軍官儀，而知有國民政府暨委員長蔣公矣！

第一師駐甘谷縣三十里舖，先生與參謀長於達，住南山一小廟中，此廟向北，陰晦久無人居，先生僅蓋軍毯二床，北方冬日寒冽，因之浸犯腹痛，歷久未癒，旋為委員長蔣公所聞，特派第一期同學冷欣偕醫飛陝，甘谷無機場，醫不果來，先生病亦少癒。蔣公特准假一月，偕冷欣赴京療治，病癒一遊杭州，遇蔣堅忍與之訂交，其後延聘為戰幹第四團教育長，陝西省政府秘書長等要職。

先生之異母弟仲，亦富才氣，傲兀自喜，自家鄉來西北後，頗以依先生為恥，乃與夏丏尊經營畜牧，然無所成。北伐時第一師參謀長張性白，與先生兄弟皆稱莫逆，乃招之赴蘭州，愛護備至，唯仲素患肺疾，是年十月卒於蘭州，先生正在軍務倥傯之時，乃託張性白料理仲弟喪事，遂葬於蘭州。

是年四月一日，委員長蔣公在貴陽發起國民經濟建設運動，宋子文任中國銀行董事長，六月十日，日軍對河北提出無理要求，由何應欽與日方代表梅津協定解決，即所謂何梅協定。七月一日廬山訓練團改在峨眉舉辦，是謂峨眉訓練團，使西南將領，得受國家民族、主義、政治之思想教育。

七月四日長江大水成災，皖、贛、湘、鄂四省災民達一千四百萬人，災區擴大至十萬方公里，淹死災民十萬以上，政府四出賑濟水災。

十月二日，國民政府特派委員長蔣公兼西北剿共總司令，張學良為副總司令，設司令部於西安，西北軍事，由張學良指揮。

十一月三日財政部頒布緊急法令，自十一月四日起，全國實施新貨幣制度，規定中央、中國、交通三銀行發行之鈔票為法幣，後農民銀行亦列入法幣發行單位。

十一月十二日中國國民黨第五次全國代表大會在南京舉行，十五日蔣公在五全大會作重要外交報告，謂：「和平未至絕望時期，決不放棄和平；犧牲未至最後關頭，決不輕言犧牲。」二十二日選舉中央執行委員及監察委員二〇八人，先生當選為監察委員。

十一月二十五日，在日軍導演下，河北省灤榆區行政督察專員殷汝耕降日叛國，宣布脫離中央，成立偽「冀東防共自治委員會」。外交部向日本抗議，在華日軍策動所謂華北自治運動，全國一致聲討殷汝耕。剿共雖告一段落，各地流竄之共軍尚待肅清，而日本侵華之野心日益暴急，自東北而至內蒙，至此又自內蒙進入華北，全國人心激奮，民族精神凝聚，對日一戰不惜犧牲之呼聲，已瀰漫全國。

一四　共區窮途乞和

民國二十五年元月十四日，行政院任命張發奎為閩、浙、皖、贛邊區剿共總指揮，國民政府亦已於去年底特派李宗仁、白崇禧為湘、桂、黔邊區剿共正副總司令。二月二十日毛澤東共軍，由陝北東渡黃河，竄犯晉西。

先生之第一師在甘谷整補，曾因公往蘭州，帶毛葛馬褂衣料一包，交與已任蘭州省公安局長史銘，囑其將蘭垣紳士開一名單，代為分別贈送以崇敬禮，史銘將名單送閱時，先生加排史銘一份，相顧長笑，回駐防地後先生請假，一度回籍省親，經南京時，奉軍委會指示：「部隊單位過多，與現行編制不符，應加改編，而甘肅已駐有第三軍王均部，與第六十一師楊步飛部，第一師再無留置甘谷之必要。」乃於三月杪全師東移，由甘谷出發，自泰安、清水越關山而東，經隴縣至西安，乘隴海鐵路火車至潼關小駐，待命改編。

此時毛共之一部，已進入山西，分向晉南、晉北竄犯，三月二十五日，陳誠將軍入晉協助剿共，在太原與閻錫山會商剿共事後，親來潼關，洽請第一師派一部入晉，先生迎送於永濟，即派第二旅第四團東渡入晉南。至於第一師改編之事，中央委請先生自行決定。時先生所統率之第一師轄四旅十二團，兵員充足，初擬編成三師之軍，而忌之者逕報中央，宜編四團之師二，刪減四團，嗣以兩廣有不安情況，奉命暫緩改編。

毛共雖已北竄，而徐向前、朱德之部南竄至盧山、靈關、天全等地。賀龍、蕭克等在川、滇、黔邊區集結，企圖攻佔成都，全蜀為之震動，國軍薛岳部移師西向，迭經苦戰，斃共四千餘人，俘虜千餘人，復得空軍助戰，將盧山、天全、始陽、寶興一帶共軍次第肅清，共軍冀據四川之企圖破滅，乃先後均竄往陝北與毛共會合。

由於日軍佔東北入內蒙，又積極增兵華北，陰毒煽動華北地方人士，嗾使自治，以期成為脫離中央而為其控制之傀儡組織。國難嚴重，各界無不憤慨，共軍利用此一群眾心理，提出停止內戰，一致抗日之口號，各大城市知識份子，不明其禍心叵測之真相，本於愛國熱忱，為其所迷惑。北平教育界為反對冀東自治，遊行請願，要求政府抗日，維護國家領土完整，於是華北各地民眾抗日團體紛紛成立，有華北各界救國聯合會，北方人民救國大同盟，平津學生救國聯合會，平津文化界救國會等等，多數受中共操縱，出版刊物，代作人民陣線之宣傳，企圖引起抗日戰爭，便於其喘息生存。

中共製造停止內戰，一致抗日之氣氛外，周恩來並透過駐港負責人曾養甫商談，表示但願從速停戰，一致抗日，別無要求，復致函陳果夫、陳立夫，訴申其抗日立場。

當時華北局勢受日軍無理侵擾，動盪不安，平津地區急在燃眉，民眾受知識份子之導向，激昂奮慨，皆以如罄國家資源以剿共，亦得不償失，政府乃同意與其和談，提出四項條件：㈠遵奉三民主義。㈡服從蔣委員長指揮。㈢取消紅軍改編為國軍。㈣取消蘇維埃政府，改為地方政府。

中共已在窮迫之際，只要政府停止清剿：任何條件均可接受，而暗中與西北剿共副總司令張學良及楊虎城等勾結，又欲實現其另一次陰謀。

國事雖在動盪不安之中，政府仍決心實施憲政，二十五年五月五日公布中華民國憲法草案，即國人所稱之五五憲法，共八章，一百四十六條，㈠總綱。㈡人民之權利義務。㈢國民大會。㈣中央政府。㈤地方制度。㈥國民經濟。㈦教育。㈧憲法之施行及修改。因國民大會代表選舉尚須時日，故後來中國國民黨五屆三中全會第三次全體會議決定，於二十六年十一月十二日召集國民大會，制定憲法，迨各地方團體代表選出，抗日戰爭爆發，軍事孔急，我國憲政之實施，因之延期。

一五　兩廣事變入長沙

民國十九年夏，桂系軍閥侵湘失敗，仍據有廣西全省，歷年來整軍經武，對政府始終處於半獨立狀態，雖懷異志尚不敢蠢動，至是日軍得寸進尺，佔內蒙、逼平津，增兵山東，蠻橫無禮，狡焉思逞。二十五年六月一日，桂系軍人陳濟棠、李宗仁等，以西南執行部及西南政治委員會名義，致電國民政府，假藉抗日名義，聲稱率部北上。六月五日侵入湘南之永州，其先頭部隊已到達全州，九日下達總動員令直逼衡州。二十二日兩廣組織獨立「軍事委員會」，陳濟棠自任「委員長兼抗日救國軍總司令」，李宗仁副之，公開背叛政府。兩廣軍隊多年來安定整訓，總數已在三十萬人以上，復自日本購得大量軍械，並擁有飛機數十架，一時局勢嚴重，全國民心為之不安。

其時湖南省主席何鍵，頻與兩廣來人接觸，此一舉足輕重地理位置之湖南省首鼠兩端異態不明。何鍵自知在此緊迫之間之立場，乃派省府秘書長易書竹前往南京請示，因中樞未予接見而不得要領。何鍵已知中央態度堅決，乃懇商在湘金融界極有成就之密友劉廷芳，其雖年輕，但極為蔣公所賞識，堅請其往南京密陳蔣公，其所部在湘十萬大軍撥歸中央直接指揮，劉廷芳知茲事體大，乃自包水上飛機一架，逕電蔣公求見，抵京時，翁文灝奉命往接，陪同往軍委會晉謁蔣公，首先表明此次係代表何鍵而來，並稟陳：「何先生說，他是您蔣先生的學生，您叫他東走，他不會向西走，他絕對服從您的領導。」又說：「現在國家只有您蔣先生一人領導，為國家計、為人民計，絕對不要打內戰，應立即派軍入湘，我說的每一句話，每一個字，如有不實不盡之處，我蹲在金陵不走，敢用頭顱擔保。」蔣公聞後，當然欣慰，立說：「不會，不會，不會。」並立即寫了一信，囑劉廷芳送往漢口，面交武漢委員長行營秘書長楊永泰及高級顧問何成濬，並派專機飛送其至漢口，劉將信面交楊永泰後即返回長沙。由於劉廷芳[1]此行，中樞安心，而何鍵立場亦已決定。委員長蔣公暨中央各首長，乃再三電告團結，曉以大義，兩廣人士，亦紛電陳濟棠、李宗仁呼籲國家民族利益重於個人利益之上，何應欽、朱培德、程潛、唐生智、陳調元等五位高級將領聯名致電，復盡忠言，勸告電文，交馳於道，而陳濟棠仍執迷不悟。中央不得已遣軍扼住衡州，並命第一師率三旅進駐長沙，為控制部隊。

七月，先生率第一師（欠一旅）由潼關進駐長沙。師部駐城東朱家花園，後移駐原四十九標營房。

兩廣部隊悉中央調第一師至長沙，知中央決心以武力討平叛逆，且內部將領見各界勸告電文，暨何鍵擁護中央之表示，亦多有所覺悟，兩軍對峙亦不敢肆意攻戰。

第一師奔走西北，部隊駐地分散，在潼關時間亦短，而未能策劃部隊訓練。進駐長沙後，部隊獲難得集中機會，先生乃規劃暑期訓練，而師部無線電管理主任王微，已先期在長沙東部湘雅學校開辦特種電碼暑期訓練班，先生見校內設備，適合全師幹部訓練之用，遂命擴大為第一師軍官暑期訓練班，先生自兼班主任，詹忠言為教育長，軍官編為兩大隊，無線電人員為一獨立區隊，連續辦理三期，先生皆躬親其事，使幹部思想觀念統一，戰術協同配合，將師長之人格品德，為黨國、為主義、忠領袖、愛人民之軍人道義守信守紀行為，貫注融合於幹部。平時先生重視短期精神教育，全師幹部受先生精神感召，斯第一師之強毅戰力始終勿替之所由也。

兩廣之變起，湖南近在鄰境，長沙已是滿城風雨，杌隉不安，俟第一師到達，人心始定，湘軍之立場亦已明朗。而湘籍青年，受時局激盪，意見分歧，但大多數基於國家民族之大義，反對兩廣叛亂，且驅逐兩廣代表離開湘垣。

先生鑒於青年之言行，乃請當時之教育廳長，約集各校有領導才能之優秀青年，陳大勳、江國楝、彭書隱等二十餘人，在長沙小武門外師部會晤，對青年侃侃而談，從家事而至未來志向，對於抗日問題，一一予以答覆，學生們用最嚴厲的口氣質詢：「政府為什麼不抗日？」先生婉言分析，勉勵學生用功讀書，將來報國機會正長，併以嚴肅態度告知：「目前很多青年誤解中央，有一天抗日戰爭發生，我一定邀請你們參加第一線，屆時希望你們投筆報國。」曾與陳大勳同學會晤三次，共進晚餐，殷殷誨勉，期以大成。後來先生雖在西北，常有書信聯絡。

七月四日廣東空軍飛行員四十人，受政府勸告感召，由大隊長謝莽將軍率領，駕機飛往南昌，通電服從政府，報效黨國。七日廣東第二軍副軍長兼廣東東區綏靖委員之李漢魂，宣告擁護政府，八日粵軍第一軍軍長余漢謀自大庾嶺防次飛南京，致電廣東將領，表示服從中央，團結禦侮，於是粵軍將領鄧龍光、巫劍雄等紛紛反正，廣東海軍艦艇兩艘，由艦長鄺文光、鄧瑞功率領，離粵北上。陳濟棠勢孤難鳴，乃電呈委員長蔣公，願遵五屆二中全會決議，將廣東軍事交余漢謀主持，兩廣事變乃告解決。

陳濟棠撤回全州部隊，下野赴香港，衡湘解嚴，中央寬忍為國，未追究責任，幾度南協勸告，李、白等表示悔悟，至九月六日，政府任李宗仁為廣西省綏靖主任，白崇禧為軍事委員會常務委員，黃紹竑為浙江省主席，李、白、黃始通電接受新任命，兩廣之變遂告結束。

一六 第一師擴編第一軍

此一期間，第一師難得集中整訓，決定在長沙改編部隊，而中共在陝北，趁日軍不時在華北舉行軍事演習，政府又多事於兩廣，復有南竄之勢，而中央乃命第一師回駐關中，九月杪，第一師由長沙開至咸陽、鳳翔一帶，師部駐咸陽打包廠，開始擴編，將第一師改編為第一軍，軍轄第一、第七十八兩師，師轄兩旅，旅轄兩團。中央任命先生為第一軍中將軍長，時年四十一歲。

先生既長第一軍仍兼第一師師長，副軍長范漢傑，參謀長於達，第一師副師長李文，參謀長於達兼，第一旅旅長李正先，團長熊志一、楊定南。第二旅旅長詹忠言，副旅長嚴明，團長劉超寰、李友梅。騎兵團團長蔡仲，砲兵營營長劉雪非，輜重營營長袁杰三，通信連連長戴宗逵。

第七十八師師長丁德隆，副師長羅歷戎，參謀長吳允周，第二三二旅旅長廖昂，團長謝義鋒、許良玉。第二三四旅旅長李用章，團長晏儉、徐保，騎兵團團長馬戰文。軍部補充旅旅長楊德亮，團長廖鳳運、郭釋愚。

第一師自辦之無線電台，分配軍部二台二所，第一師及七十八師各三所。

共軍竄陝北與劉子丹土共合股後，一改當年劉子丹坐地分贓山大王作風，收繳各縣團隊武器，裹脅民眾入夥，未及一年擴展至萬餘眾，奄有陝、甘邊境各縣之地。

西北剿共總部副司令張學良，統一指揮中央及陝甘部隊，策劃清剿共軍事宜，原在華北之東北軍，亦悉數調至關中。當中共不守和談約定，攻略陝北各縣之時，張學良以兩師之眾，北攻延安，皆在大小勞山間敗沒。兩廣事變發生，共軍乘機竄擾隴東、寧、涇地區，赤燄高張。

第一軍編配尚未完成，旋即奉命入甘進剿，由咸陽出發，經隴縣，越關山，入清水，向秦安、通渭、會寧各縣前進，阻共軍西進，以確保蘭州之安全，而共軍聞第一師至，越西蘭公路北側，逃入高原地帶，前無攔擊之師，一任其縱橫馳逐，而高原之地，深溝峻谷，不易迂迴。且共軍所經，村落為墟，不見人跡，舉目荒涼，對於給養嚮導，在在艱虞，追至海源打拉池，第一師第二團團長楊定南，中伏陣亡，其後共軍有回竄陝北之企圖，第一軍繼續向東進迫，入寧後經豫旺至紅水城，時孔令恂之九十七師駐中衛，周祥初之第八師在海原，皆歸先生之第一軍指揮，防敵回竄，先生自率兩師，連戰於水晶堡、同心城、山城堡各地，戰況激烈，殲共萬餘人。第七十八師團長**晏儉**陣亡，第一師第三團團長劉超寰亦負傷，追擊至環縣，第一師第一旅已繞至大水坑，七十八師一部亦繞至雞公嶺，向南壓迫，另以有力之加強營李劍仇部，警衛豫旺堡、隴東之共軍已全部就圍矣！而駐固原之東北軍王以哲，竟與共軍互通氣息，洩我軍情，第七十八師廖旅急功冒進，在山城堡之役中反受損失，正調整部署間，突接張學良電令，所有剿共部隊就地停止，聽候後令，於是已形成包圍態勢之共軍得從容逃回陝北。

楊定南，湖南湘鄉人。軍校三期，初頗不任事，先生任二十二師師長時，觀其誠篤、靜密，鼓勵培育之，期以大成，不幸此役殉職。

是年十月三十一日蔣委員長五秩華誕，首都及全國各地，紛紛獻機祝壽。十一月三日華北日軍舉行大演習，並指使蒙偽軍由百靈廟進犯綏北，為我駐軍擊退。二十三日上海市政府逮捕利用救國會名義作中共外圍之沈鈞儒、章乃器、王造時、李公僕、沙千里、鄒韜奮、史良等七人。二十四日綏遠傅作義軍攻克百靈廟，大破日軍指使下之偽蒙軍。此一時間，因華北軍情緊張，蔣公駐節洛陽。

一七　西安事變逼鎬城

張學良受命為西北剿共副總司令，指揮西北剿共軍事，其所屬之東北軍，雖對日軍侵華受過教訓，但對共軍禍害人民，茫然無知，北上剿共，兩度敗績，其思想行為上已遭受中共瘟疫之感染，軍中經常發現「放棄內戰，聯合抗日」之傳單，中共外圍組織之「第三黨」、「救國會」、「學生聯合會」等公開在西安街頭作反動之宣傳，而張學良、楊虎城與中共代表密切接觸之言論，亦時有所聞。

二十五年冬，日軍不斷在華北舉行各種軍事演習，並嗾使偽蒙軍大舉進犯綏遠，華北局勢已異常嚴重，十一月十七日蔣公自南京飛太原，晤閻錫山，策劃抗日軍事，旋返洛陽，而張學良受中共煽惑，於十二月三日抵洛陽，晉謁蔣公，要求釋放上海被逮之所謂救國七君子，未蒙允准，則聲稱所部不穩，敦請蔣公親往西安安撫。

十二月四日蔣公偕張學良搭乘隴海鐵路專車同赴西安。西安綏靖主任楊虎城，駐甘綏靖主任朱紹良，陝西省政府主席邵力子，甘肅省政府主席于學忠等軍政要員，均在車站恭迎。隨即在西安召開軍事會議，出席者有陳誠、蔣鼎文、陳繼承等高級將領二十餘人，策劃西北剿共事宜，會後蔣公乘汽車駐節於臨潼華清池，隨同衛隊僅二十餘人，另有憲兵五十餘人，警衛治安。臨潼周圍由張學良指派其心腹騎兵第六師師長白鳳翔率部駐防。十二月十日下午三時，張學良招來駐平涼的第一〇五師第二旅旅長唐君堯，令其往華清池接委員長到西安來，並告知特務團團長孫銘九應聽唐旅長指揮。

蔣公預定十二月十二日返京，乃於十一日召宴張學良、楊虎城、于學忠等各將領，張、楊藉故未到，十二日晨五時半，張學良發動兵變，劫持蔣公由臨潼至西安新城大樓綏靖公署，同時楊虎城將政府留在西安之將領陳誠、蔣鼎文、蔣作賓等十七人，加以軟禁。中央委員兼黨史會主任委員邵元冲，蔣公隨從秘書蕭乃華，憲兵團長蔣孝鎮，區隊長毛裕禮，侍衛官蔣瑞昌、湯根良、張華、洪家榮等，均於兵變槍戰時為護衛蔣公而殉難，總司令部參謀長錢大鈞，及侍衛官竺培基、施文彪等受重傷。

同日張學良、楊虎城通電全國，提出八項主張：㈠改組南京政府，容納各黨各派。㈡停止一切內戰。㈢立即釋放上海被捕之愛國團體領袖。㈣釋放全國一切政治犯。㈤保障人民集會結社一切自由。㈥開放民眾愛國運動。㈦確遵國父遺囑。㈧立即召開救國會議。張學良並堅請蔣公簽字同意，言詞雖仍恭禮，而意態橫蠻跋扈。

蔣公見其所言，皆與中共之口號類同，乃嚴加叱責：「余為上官，汝為叛逆。余身可死，頭可斷，肢可殘，而中華民族之人格正氣，不可不保持，今日之事，爾身有武器，余有正氣，余必捍衛民族人格，而求無虧於總理之信徒，無負革命之先烈，亦必無負於生我之天地父母與全國國民，爾乃妄想余為爾所威脅，爾若有勇氣，則立刻殺余，不然則認錯悔罪，立刻送余回洛陽，否則爾既不殺余，又不能釋余，則爾將何以自處，余為爾計，爾應立即殺余，乃為上策，爾何不決然殺余耶！」

自臨潼兵變事件發生，蔣公以求仁得仁之心，始終正氣凜然，不為威脅。張學良每對請願代表及其部屬說明，可謂汝等代表，代為轉達中央，亦可為委員長代表考慮各位意見，然而此時每有所請，口氣都與中共之口號一致，是以每遭痛斥，彼聞後低頭不語，神色沮喪。蔣公十二月十日之日記中，對張學良為人記述云：

「漢卿向余報告，在灞橋對請願者說話，曾謂：『我可以為你們代表，有話可以代達；同時我亦可為委員長代表，可酌量考慮你們的要求。』彼自以為所言甚為得體，言後甚為得意，余當即糾正其謬，告以『一人決不能做兩方面代表而站在中間，所謂信仰領袖，應為此乎？』今後對學良說話，不可太重，以免於心不安。張學良為人，小事精明，而心志不定，可悲也！」

從事變前後及蔣公日記所載，蔣公對張學良實視之如子弟家人，託之心腹，寄以股肱，若換一他人，決不致當面嚴加叱責，亦愛之深，情之親也。而當時張學良年方三十五歲，已為擁兵十萬的專閫大將，血氣方剛，不能體會長上心意，憤激之餘，乃闖下不可原宥之滔天大禍。

十二月十二日下午三時五十分，西安事變之訊傳至南京，當夜中央政治委員會開會決議：「褫奪張學良本兼各職，交由軍事委員會嚴辦，全國軍隊由軍事委員會直接指揮，並委軍事委員會常務委員兼軍政部長何應欽調動，討伐張學良。委何應欽為討逆軍總司令，劉峙、顧祝同為討逆東西兩路集團軍總司令，對西安取包圍態勢。當此之時，全國震驚，上下一致擁護政府，李宗仁、白崇禧、馮玉祥、閻錫山，亦一致指斥張學良，表示擁護政府討伐。」

十二月十二日，第一軍正在隴東地區以大包圍之戰略圍剿共軍，突接張學良所有部隊停止行動聽候後令之電文，正在疑慮間，又接友軍通電知張、楊叛變，委員長蔣公被脅迫劫持之電訊，先生悲憤萬狀，即在途中一小屋，召集就近師旅長、參謀長開會，當時有主張千里勤王，已屬不及，仍照原計畫剿滅共軍者，亦有主張就食中衛與孔令恂部會合者。先生衡量狀況，判斷劫持領袖，或非出於張學良之本謀，而張學良東北軍之主力，在甘省者僅為駐固原王以哲之第六十七軍，乃決定以主力監視王以哲部之動向，以潛析其逆謀，然後東向討逆，於是令七十八師繞駐瓦亭、平涼、涇川之線，堵其東南去路，軍部及第一師進駐黑城鎮，取鉗形包圍態勢，王部如有異動，立予殲滅，此時甘肅省主席于學忠所部，相應叛變，蘭州公安局局長史銘，及國民軍訓處主任胡維藩等中央駐蘭州之重要官員，均被拘禁，傳言將受民眾審判，先生除派員潛入蘭垣偵察情況外，並電于學忠請其將中央駐蘭人員護送至第一軍防地。

部署甫定，即奉朱紹良電，令即轉兵南下，向固原警戒，其時駐甘部隊毛軍長秉文，首先提請先生統一指揮在甘軍事，駐寧夏二十五師關麟徵亦取得聯繫，討逆軍總司令何應欽及討逆西路集團軍總司令顧祝同，皆電令先生統一指揮在甘之中央部隊，迅速東開，以與潼關西進之師會合，於是先生率第一軍及在甘各友軍，除監視王以哲兵力外向東疾進，五日急行軍抵達寶雞，與各友軍會合，並與黃埔同學二百餘人，通電討逆，當時之《東方雜誌》曾刊有專文，題為「少年將領胡宗南，討伐楊虎城」，並有誓言云：「楊虎城膽敢劫持元首，罪大惡極，楊虎城如到天上我胡宗南必追至天上，如入地下，即追至地下，……」，堅毅壯烈，擲地有聲，藉以警告張、楊必須對領袖之安全負責。

此次事變，雖張學良為罪魁禍首，研議之初動，實出於楊虎城之惡緣，當時西安綏靖公署楊虎城轄有馮欽哉第七軍所轄之四十二師，師長由馮欽哉兼，及孫蔚如第三十八軍所轄之十七師，師長由孫蔚如兼，另有三個警備旅及綏署直屬之警衛團總兵力約三萬人，訓練裝備皆不及中央軍，當張學良每次去洛陽回來精神沮喪時，他竟提出劫持兵諫的建議。致使張學良墮其術中。其時楊已與毛澤東所派之汪鋒密商合作休戰，後復與中共代表王英會談，達成互不侵犯協定，設立交通站，輸送物資往延安。

東西討逆軍入陝兵臨城下，張、楊始知大禍臨頭，勢將玉石俱焚，尤以先生之通電及其豪憤之怒氣，無一敢觸第一軍之鋒刃，反而以如何保護領袖安全而憂慮，十七日釋放蔣鼎文返京，商談停戰。

十二月十三日政府空軍已開始對渭南、華縣之各軍營轟炸，討伐軍已向潼關西進，二十日宋子文由京飛抵西安，於晉謁蔣公後翌日飛返南京稱：張學良閱讀蔣公日記後，深感蔣公人格偉大，尤以「漢卿為人小事精明，大事糊塗」二語，有悔過之意，要求空軍再停止轟炸三天。

二十二日蔣夫人偕宋子文、蔣鼎文、戴笠、端納等皆以為國家民族計，此時萬不可無蔣公領導，其生還之意義，遠較成仁殉國為重要，乃冒共死之決心，同飛西安，張學良見之，為之衷心折服，益感羞愧。

討逆軍東西兩路正向西安推進，張學良之東北軍與楊虎城之西北軍，自覺必遭中央軍消滅，雙方發生摩擦，而張氏在甘之王以哲一軍又不能東來，三日停戰又延三日，停戰期滿，中央軍直達城下，一旦四面攻城，決無生路，而惶惶不安。

張學良見情勢如此，乃決定請蔣公易服出陝，為蔣公所拒，並嚴加訓斥。二十五日張學良、楊虎城兩人除中共外，已為全國軍民所深痛惡極，中央軍之陸、空攻擊，已逼在眉急，張、楊知過悔悟，決定送蔣公回洛陽，頻行蔣公乃召張、楊訓之曰：

「……現在國家情勢，及余救國之苦心，爾等均已明瞭，余生平作事，以國家之存亡與革命之成敗為前提，絕不計個人之恩怨，更無任何生死得失之心，且余親受總理寬大仁恕之教訓，余以親愛精誠為處世之道，此次爾等悔悟之速，足見尚知以國家為重，如此應絕對服從中央命令，而共同挽救垂亡之國運，此即為轉禍為福之道也。」

十二月二十五日下午四時，蔣公由張學良陪同飛離西安，五時二十分抵洛陽。全國軍民聞領袖之脫險，欣歡若狂，各地自動熱烈慶祝，所有全國各廠商所存之爆竹，為全民搶購肆放一空，群眾漫遊街頭，如瘋如癡，狂歡不已，可見全國軍民對領袖之擁護愛戴也。

二十一日軍事委員會組成高等軍事法庭會審，張學良被判刑十年，褫奪公權五年。蔣公以其悔過甚速，請中央予以特赦，免其徒刑，唯仍交軍事委員會嚴加管束。

蔣公在西安時已受風寒感到不適，且以張、楊之事，身為全國統帥，應負責統御領導不善之責任，乃呈請辭去委員長職務，國民政府中央委員會一致決議挽留，並給假一月，返奉化原籍休養。

事變結束，甘肅省主席于學忠回蘭州派兵護送史銘至第一軍防地，臨行前于之副官長李伯棠告云：「胡軍長有電，要主席派兵護送你至第一軍防地，當時因情勢不許可，故亦未復電，主席要你回去後向胡軍長致意。」史銘回到軍部後，即將經過面告先生，先生聞後朗笑曰：「只要他接到我的電報就好了。」問以故曰：「他對於你及中央駐蘭州人員的安全，就是有所顧慮了。」于學忠所部相應叛逆，拘留中央在省垣人員，初欲提請人民公審，而後不敢輕舉妄動，先生一電之關鍵也。

一八　蘭州暴亂念故人

史銘於民國二十一年八月，由第一師第四團團長，調浙江省警官學校訓育主任，到校後兼任學生總隊總隊長。於二十四年七月率領第四期學生七十餘人，由杭州至廬山實習，當時特派員戴笠先生前來巡視訓話後，即偕同往牯嶺晉謁委座，史銘旋即奉派為蘭州公安局長。

二十四年八月中旬，史銘率領部分畢業生前往蘭州就職，當時甘肅綏靖公署主任兼省主席朱紹良，為使工作方便，綏署聘其為少將參議。任職以後，整飭警政推行新生活運動，一切尚稱順利。

二十五年春，朱紹良專任綏署主任。甘肅省主席中央另派東北軍五十一軍軍長于學忠接任，因之省府高級主管甚多調動，由東北幹部接替，為了省府移交，西北剿共副總司令張學良赴蘭州安撫，在勵志社召見史銘，對蘭州警政工作，甚為嘉許，所提一切困難交由于主席代為解決。事後于學忠在省府召見史銘晤談，其結論：「對於增加編制員額，所需經費由財政廳撥發。增加武器，由五十一軍借用步槍三百枝，手槍五十枝，所需其他額外工作經費，由財政廳核實支付。」如是蘭州警政工作之一切困難已獲得解決，進行程序，頗為良好。

十二月九日先生曾電史銘，請其接待由德回國來西北考察之朱世明（抗戰勝利後曾任我國駐日代表團團長），史銘乃邀約綏署參謀長章亮琛，新一軍參謀長兼軍政督察處長張性白，國民軍訓主任胡維藩，郵電檢查所長呂春等人為陪客，於十二日下午五時在家歡宴朱世明。是時史銘正欲下班回家，突接省府秘書長周從政來電囑赴省府一晤。史銘到達省府，即令史銘下令所有警察人員繳械，為史所拒，旋即被六個暴徒雙手反銬，拘留於公祠一小房內，器具雜亂，灰暗酷寒，既無爐火，亦無茶水，只聞附近槍聲大作，哀號慘呼之聲，不明發生何事。至十四日中午，始有人送飯一碗小菜一碟來。

十五日下午，五十一軍副官長李伯棠偕家人來訪，始悉少帥造反，將委座扣留在西安。言及當日歡宴朱世明晚餐狀況，因久等未見回來，乃邊吃邊等，後聞槍聲乃各自散去，家中遭便衣人員搜查首飾衣物，均遭劫掠。章亮琛、張性白、胡維藩、呂春等人亦被扣留在勵志社，另有綏署秘書長翁醉亭、交通處長李蘊華、副官長拜偉、軍法處長何曉宣等人亦被拘禁。

十八日，李副官長偕夫人送食物來，悉先生已三度派員來家採訪，並送來生活費，《民國日報》及《西北日報》皆已停刊，西安情況不明。

二十六日晨悉委座已脫險飛京，原欲待于學忠回蘭州，將中央駐蘭州人員交付人民審判槍決之事終止而釋放。

蘭州之亂綏署主任朱紹良及省主席于學忠均去西安，其罪魁禍首為民政廳長劉廣沛之子劉君房，與天津《大公報》記者長江（原名范希天）及一一三師師長李振唐等人，煽惑士兵暴動搶劫，並繳警察及各單位武器，發生槍戰。綏署軍需處長王式輝、參議楊陟岡、衛士隊高鳳梧、監印官柳長庚、副官蔣國卿、特務長周元之、公安局保安隊長劉惠祥、余所長、李巡官、騎兵團長蔡仲、第八師李連長等中央機構人員七百餘人均遭殺害。中央在蘭機關如二十四師留守處、第八師留守處、中央護送班禪回藏專使行署、監察使署等單位均被搶劫一空。

西安事變結果，于學忠返蘭州，謂蘭州變亂非其本意，並派李副官長送史銘至第一軍駐地靜寧。先生偕其同至天水向朱紹良主任報告蘭州變亂情形，後史銘即飛京候命，抗戰軍興，奉派為駐粵漢鐵路少將署長兼鐵道線區司令部警務處長。

1　劉廷芳，湖南人，北伐後自美國哥倫比亞大學畢業（與胡適之、朱經農等人同學）。回湘辦實業，主持湖南省銀行，對新式企業辦理，成績斐然，民國二十年蔣公視察湖南時聞其人，曾一度召見，翌日至其家欣賞蘭花，其條陳我國經濟礦業之經營大計，極為公器重，本節摘自劉廷芳著《記六一事變未曾公開的一段內幕》及唐德剛著《西安事變及六一事變五十週年》。文載《傳記文學》五十卷第二期二十一頁。

奮起抗戰

一　暴風雨前夕

民國二十六年一月五日，行政院院務會議決定：

㈠撤銷西北剿共總司令部。

㈡任命顧祝同為軍事委員會委員長西安行營主任。

㈢西安綏靖主任楊虎城，甘肅省府主席兼第五十一軍軍長于學忠撤職留任。

㈣陝西省主席邵力子辭職照准，任命孫蔚如為陝西省主席。

㈤甘肅省綏靖主任朱紹良辭職照准，任命王樹常為甘肅省綏靖主任。

西安事變為我國國民革命史上一大轉捩點，形成中國已有一位全國軍民一致擁護之領袖，各軍系、各派系對中央產生了向心力。日本鑒於中國之統一團結，其以後之侵華國策更難以實施，乃加速對中國發動進攻，亦使中共在陝北得以有長期之喘息機會，成為後來擴大叛亂之根源，使抗戰結束後，大陸赤淪，張學良之西安事變，實為遠因也。

二月九日，顧祝同率西安行營人員進駐西安，陝西秩序即恢復。雙十二事變結果，第一軍奉命西移，分駐平涼、涇川、靜寧各縣，並在各駐地作短期訓練。四月奉命東開，五月，先生率第一軍全部抵達徐州。軍部及第一師駐徐州近郊，七十八師駐歸德，兼負津浦、隴海兩路之警備任務。

第一師於二十五年九月在咸陽擴編為第一軍，先生仍兼任第一師師長，編配未竟，入甘剿共，故未成立軍部，仍就第一師師部編制為軍指揮機構，此次到達徐州後，始成立軍部，先生辭去第一師兼職，由李鐵軍繼任師長，第一旅旅長李正先升任副師長，旅長由劉超寰升任。第二旅旅長詹忠言調任師參謀長，曹日暉升任旅長，團長為王應尊、楊傑、陳鞠旅、李友梅。七十八師師長亦調任，由李文升任師長，副師長仍為羅歷戎，參謀長吳允周。周士冕繼廖昂為二三二旅旅長，李用章仍為二三四旅旅長，團長為許良玉、謝義鋒、文于一、徐保。第一軍軍部成立後，副軍長為范漢傑，參謀長於達，副參謀長羅列，參謀處長胡長青，副官處長袁杰三，軍需處長蔡翊祺，後為潘廷俊，特別黨部書記沈上達。

先生所統率之部隊，自二十一年秋追剿徐向前部入甘，除二十四年川西剿共，二十五年短期入湘外，在陝甘達四年之久。先生每以不得參加淞滬、長城作戰為憾。軍至徐州後，官兵習聞日軍侵我種種暴行，極為憤慨，對宋哲元被日軍所逼而談判冀察中立化之事，尤為憎惡，敵愾心殊為強烈。

先生判斷時局，日軍侵華，貪得無厭，得寸進尺，步步進迫，中日必將一戰。念所部頻年剿共，官兵對日作戰，尚乏經驗，乃接受七十八師參謀長吳允周建議，舉辦軍官短期訓練班，聘請陸軍大學教官馮龍、曾紀遠等四人，及步兵學校教官四人，自旅團長至軍士分別編隊，實施戰術、戰鬥等研練，以團對抗之實兵演習為測定訓練之成效，歷時二月，全軍訓練依計畫完成，遂奠定抗日作戰之基礎。

歷年以來，日軍不斷在華北製造事端，迫使我政府退出華北，至二十五年，除嗾使內蒙各旗宣布獨立外，並在河北以演習為名，佔我豐台，北據密縣，東入通州，除宛平外對北平已形成四面包圍形勢。由於西安事變後民族運動益加澎湃，全國軍民抗日情緒高漲，其殺我軍民，囚我疆吏，屠我村鎮，姦淫婦女，及擄掠資財等種種暴行，層出不窮，一經報導，人人髮指，政府為爭取時間，一再容忍，而人民已無可忍受，一致奮起，普遍拒買日貨，從軍抗日，共赴國難之心聲，已瀰漫全國。

二十六年三月十二日，日本新外相佐藤發表宣言，堅持對華政策三原則，即為要我承認偽滿洲國，允許日本開發華北，維持內蒙獨立，並聲明絕不放棄既得利益。我政府一再堅決聲明，凡涉及領土主權之完整者，斷難接受，於是日本決心挑起侵華戰爭。其陸相杉山元奏呈日皇謂，中國軍事力量脆弱，政治組織不堅，決不能作長期抵抗，並預估戰爭不會超過三個月，即可屈服我政府。在此一狂妄錯誤判斷下，作煽動侵華戰爭之宣傳，在我海域作大規模之軍事演習，以我國為假想敵，其現役常備兵僅為三十八萬人，乃積極動員後備軍人，計其動員陸軍兵員為四百四十八萬人，海軍兵艦一百九十餘萬噸，空軍飛機二千七百餘架，企圖亡我國家，滅我民族。

二　抗戰軍興

二十六年六月五日，日本新外相廣田稱，對華三原則已不適用，將力使外交脫離軍事，嗣後將平津駐屯軍河邊聯團集中兩聯隊以上之兵力，於北平近郊豐台一帶，七月七日夜日軍第一聯隊第三大隊第八中隊由中隊長清水節郎，率領下在宛平縣蘆溝橋舉行夜間演習，以蘆溝橋為假想目標至夜十一時許故伎重施，藉口失蹤士兵一名，堅欲入宛平城搜查，企圖一入城消滅守軍而佔領宛平城，時宛平守軍為宋哲元二十九軍轄下馮治安三十七師所屬之吉星文二一九團，因時屬深夜恐引發事端，予以婉拒，日軍即開砲向宛平城轟擊，吉星文以守土有責，奮起抵抗，民族自衛戰遂以展開。

此時蔣公正在廬山主持訓練團事宜，七月八日得日軍挑釁報告，知犧牲已到最後關頭，乃決心應戰，下令總動員，電示宋哲元以不屈服、不擴大之方針就地抵抗，十三日再電宋哲元曰：「此次勝敗，全在兄與中央共同一致，無論和戰，萬勿單獨進行，不稍與敵方以各個擊破之隙，則最後勝算必為我方所操，請兄堅持到底，處處固守，時時嚴防，毫無退讓餘地，今日對倭之道，唯在團結內部，激勵軍心，絕對與中央一致，勿受敵欺則勝矣！」宋哲元乃聲明不接受日軍任何條件。

日軍的伎倆是先製造事端，然後威脅談判，當地駐軍若與談判，就提出苛刻條件，要求撤退駐軍，使地方特殊化，由其駐軍組織傀儡政權。七七事起，日軍後援不繼，乃要求宋哲元談判，以地方局部事件處理。同時按其預定侵華計畫，兵分三路入華。

第一路由關東軍派鈴木、酒井兩混成旅團，經熱河進攻北平北側。第二路由朝鮮軍派遣川岸之第二十四師團入關，向北平南側地區挺進。第三路以平津駐屯軍為基幹，向北平東側地區攻擊。另由日本國內派出板垣征四郎之第五師團經朝鮮入關，會合日本海軍圍攻天津、塘沽，並在天津集結飛機二百餘架，一面在北平附近豐台，通縣等地到處挑釁，一面引誘宋哲元停戰，至七月十六日，日軍入關兵力已達五師團，總數已在十萬人以上，迅即佔領豐台、宛平等各縣。

七月二十六日，日軍以優勢之裝備，加以空軍、坦克之協力攻陷南宛，守軍二十九軍副軍長佟麟閣，冀察第二區剿共司令趙登禹皆奮戰殉國。國軍退出平津。

八月十二日中央臨時常務委員會，在南京國父陵園靈谷寺舉行會議，決議設國防最高委員會，並授予委員長蔣公黨政軍全權，蔣公鑒於敵軍裝備優良，我軍不利於陣地戰，乃擬定長期方略，利用空間爭取時間，不重一城一地之得失，延長戰線，消耗日軍國力，以積小勝為大勝，並在敵後建立游擊基地，組織民眾，在淪陷區內發動游擊戰，使敵軍首尾不能兼顧，晝夜而不得安寧。

八月九日，日軍陸戰隊在滬登陸，堅要我撤退駐滬保安隊，經我嚴詞拒絕。八月十三日晨九時，日軍之陸戰隊即向我保安隊進攻，中央即命張治中部三個師增援上海。

八月十四日，日軍空軍轟炸杭州筧橋航校，我軍首次應戰，擊落敵機九架，下午日軍以其最精銳之木更津航空隊十四架轟炸機，由台北松山機場起飛，進襲我杭州筧橋空軍基地。我空軍第四大隊長高志航，率機群迎戰，擊落六架，自八月十四日起至十六日，各地區空戰中我空軍共擊落敵機四十八架，空軍總部後來定八月十四日為空軍節，自此抗日戰爭已形成為北、東二個戰場，八月二十三日敵增兵二個軍團，我亦以陳誠所部，增援東戰場。

淞滬陣地，固知不應久守，然為顧及全國民心士氣及國際視聽，不得不作堅強抵抗，由於敵不斷增兵，且有海、空軍及坦克之配合，我軍浴血抵抗，傷亡甚大。

此時第一軍駐徐州，見抗日戰爭擴大，已無局部解決可能，先生憶及去年在湘時對各大學青年曾有請其參加抗戰之諾言，乃電請湖南教育廳長朱經農，轉知陳大勳，邀其來徐州一晤。發電後旋即奉命參加淞滬作戰，八月三十日由徐州出發，七十八師在歸德上車，當時委員長命令，指令在無錫集中，適值寶山楊步飛六十一師潰退，夏楚中軍危急，第一師至無錫尚未下車，即由第三戰區前敵總指揮官陳誠，令繼續東開，增援寶山，迨至寶山，夏楚中陣地已失，第一師遂奮勇作戰，九月二日以後，七十八師建制所屬之各旅部隊，亦陸續投入戰場，在毫無工事掩護下，遭敵軍陸砲及空軍轟擊，苦戰五晝夜，雖官兵血肉橫飛，而仍寸土必爭，尤其在顧家鎮之線，第二團團長楊傑，第四團團長李友梅先後陣亡，負傷者尤眾，九月四日夜，奉命移守楊行、羅店之線已為日軍攻佔。

楊傑，河北人。軍校四期，為人和平穩健，勤於職守，苦戰陣亡。

李友梅，廣東五華人。軍校四期，歷任連營長，以精悍善戰稱著，在顧家鎮反攻時，身先士卒，中彈身亡。

第一軍攻擊羅店向敵猛撲，將敵包圍，而日軍見勢危急，增援，復將我軍包圍，而我軍亦各方增援再包圍增援之日軍，紛紛以手榴彈白刃肉搏，死傷枕藉，先生見勝負繫於一頃，乃瞠目大呼曰：**「兄弟們，國家生死存亡，就看這一仗。」**一面鼓舞士氣，一面率先衝出戰壕，一手持指揮刀，一手持手槍，率部衝殺，全軍官兵見先生衝往直前，人人爭先，不顧生死，一鼓作氣，衝入敵陣，日軍雖謂訓練精良，但都依賴空軍、砲兵、坦克為前導掩護，一見第一軍官兵蜂擁衝來，大吼亂刺，為之震駭，紛紛後退，日軍指揮官雖亦揮刀督戰，見此情況，亦落荒而走，直到日暮，卒將日軍逐出羅店，點檢日軍棄屍二千餘具，在三日之內，羅店失而復得者三，日軍自侵華以來，尚未遭如此之敗跡，稱此月浦、羅店之役為「血肉磨坊」。而亦凜知中國將領中有奮不顧身，不可輕敵之胡宗南其人也（見《民國演義》三四八回）。

淞滬抗戰，敵雖不斷增兵，我軍亦繼續增援，羅卓英、薛岳、朱紹良等各集團軍，皆先後率部到達淞滬地區，奮起應戰，投入戰場，我雖傷亡重大，敵軍傷亡亦眾，唯以飛機、艦砲向我陣地猛轟。第一軍奉命轉進劉行，補充陝西籍新兵二千一百人，續於楊行地區苦戰半月之久，敵始終未能越我雷池一步。旋奉命至崑山整補。時淞滬陣地，寶山地區為一線，楊行、羅店為一線，張家樓、大場、蘊藻濱、北新涇等地又為一線。

三　晉任軍團長

九月中旬，第一軍奉命改編為十七軍團，先生升任為軍團長，時年四十二歲。羅列任軍團部參謀長，仍以第一軍軍部為指揮部。

九月十八日，湘省青年武漢大學學生陳大勳自徐州見先生所留信件趕來崑山相晤，當時見先生身穿與士兵相同之破舊軍服，頭戴斗笠，在砲火連天戰場中相見，神色自若，先生見其長途輾轉能來，甚感欣慰，當年之信誓旦旦，皆能信守，笑對其曰：「你很有勇氣，你還記得我們在長沙時的諾言罷！自九一八事件以來，你們很多年輕人，對領袖的忍辱負重，對國家抗戰準備工作，爭取時間，不盡了解，而有所誤會，今天你在戰場上可看到了領袖代表民族人格的正義光輝，革命軍人發揚犧牲忘我的精神，希望你不要回去了，馬上負責組織戰地青年，參加軍中勤務工作。」陳大勳感動不已，一位高級將領，對一位青年，竟能一諾千金，立即就在上海、蘇州一帶，動員熱血青年，組織童子軍五十餘人，成立宣傳隊，救護隊，及戰地服務工作，勵士氣、激民心，從此陳大勳就成為第一軍的成員。

十月上旬先生又奉命接替川軍楊森部防區率部守大場，並增援蘊藻濱，原命守七天，以待後方部署完成，先生以戰後殘部與新補之兵，堅守四十二天，旋奉命轉進至蘇州河南岸，將大場防務交由桂軍廖磊所轄之第七軍韋雲淞接替。日軍每日以飛機輪番轟炸，未能寸進，蘇州河之役，雖左右翼友軍退卻，而第一軍兩師陣地，屹立不移，且分兵攔擊，阻敵強渡，日軍面對第一軍，始終不得寸進。

十月二十六日，大場陷敵，第一軍已逐次轉進至蘇州河南岸，繼續抵抗。

日軍自發動滬戰以來，以艦砲、飛機日夜轟擊，有時佐以水陸戰車。我軍之守禦者，皆四方臨時調集，對防空、防戰車之戰術，訓練未深，而滬濱地勢，低下而多水，工事亦難堅固，官兵皆以血肉之軀與敵相搏。先生所率之第一軍，經徐州短期訓練後，較他部略勝一籌，當時先生之戰術在於近戰，凡敵之轟炸砲擊，皆疏散隱蔽，待敵步兵接近，即以手榴彈刺刀與之肉搏。而先生日夜出巡於戰場，鼓舞士氣，官兵見之，無不興奮。後白總指揮向何參謀總長報告云：「桂軍十個師，只打一天，只有第一軍能打，該軍兩師陣地，始終屹立不搖。」其時先生亦獲黃杰稅警團八一迫砲之助，得使發揚第一線火力。日軍畏我近戰肉搏，不敢貿然突進。

十一月五日日軍以淞滬之戰，遭我誓死抵抗，三月來無所進展，乃以第六及第一一四兩個師團兵力，在杭州灣北岸之全公亭，金山衛等地登陸，九日淞江失守，我淞滬守軍，為免腹背受敵，乃作全面撤退，並留置八十六師五二四團謝晉元部，扼守閘北四行倉庫，吸引日軍前進兵力，掩護國軍安全轉進。此次淞滬戰役，敵軍先後到達三十餘萬人，死傷十餘萬人，我軍投入戰場者計五十餘師，傷亡三十餘萬人。

第一軍自大場轉進後，奉命防守蘇州河，苦戰數日，奉命撤退，由李玉堂、俞濟時兩部掩護，軍部正在轉進中，忽遭溯蘇州河而上之敵水上挺進隊之襲擊，倉促應戰，略受損失，特別黨部書記長沈上達，落水溺斃。先生率第十七軍團至崑山停留一天，收容後撤部隊。第一軍苦戰三月，補充數次，其中團營長傷亡，前仆後繼，幹部陣亡者多至百餘人，原任連排長幾已無倖存者，陳大勳所領導之戰地童子軍服務隊員，亦僅有五人追隨部隊行動，餘皆傷亡，胥為青年俊秀，先生聞之，深為痛惜。

沈上達：浙江孝豐人，時為特別黨部書記長，曾為記者，長於社論文學，蘇州河之役，遭敵侵襲，落水殉職，後援陣亡例贈卹少將。

四　爭取優秀青年

十一月十六日，先生率部抵無錫，隸上官雲相序列，補充新兵一團，部署初定，而日軍之坦克亦已跟蹤而至，步兵繼之。先生即率部隊戰於無錫常州之間，第一旅長劉超寰負傷，七十八師李文部無錫苦戰，三晝二夜方將敵軍阻止。

先生見各友軍之撤退，秩序混亂，至為感嘆，曾與戴雨農電云：「弟刻在無錫進入陣地矣！此次前方撤退各軍，秩序混亂，毫無紀律，官無鬥志，兵多傷亡，吳福線尚不能守，澄錫線更無論矣！黃埔部隊多已犧牲，其他部隊無人撐持，當望風而潰矣！第二期革命已失敗，吾人必須努力培養第三期幹部，來完成未來之使命矣。」

二十日國民政府遷都重慶，宣告中外，繼續對日抗戰，是日第十七軍團在鎮江渡江，至揚州整補一週，後補充新兵三團，至此各部隊兵員始略見充實。

十二月二日先生在揚州奉召赴京，初命守南京，將任以南京衛戍副司令，為唐生智之副，令尚未下，日軍已沿江之北岸進犯，又命南回浦口督戰，五日先生抵浦口，日軍已攻南京，十日敵分兵掠浦口，先生率部隊擊退之，十二日首都南京陷落，先生於西進途中，聞南京棄守，大聲說：「糟了，完了，中國的軍人不能保衛自己的國土和首都，這是我們革命軍人之恥。」又云：「三民主義的信徒，不能保衛國父的靈寢，這是每一個黨員之恥！」望眼烽火滿天，鐵騎縱橫，祖國山河破碎，悲憤填膺，寂然良久，熱淚盈眶而出，這是部屬所見先生第一次流淚。

南京原定破釜沉舟，準備死守，並無撤退計畫，至戰況緊急之時，南京衛戍司令唐生智，以戰局無法挽回，下令棄守，守軍分路突圍，大部分守軍，均與城共存亡，犧牲壯烈，日軍入城後，縱兵放火，搜索劫掠，姦淫屠殺，獸性瘋狂，集體姦殺婦女兒童於街頭，見慘號哀呼婦女，以刺殺為淫樂，當時殺我軍民三十餘萬人，長江之水為之赤，飄流屍體三月未盡，稱之為現代史上破天荒之殘暴紀錄，較未開化之野蠻人種，猶過之而不及。

十二月十六日，第十七軍團奉命至徐州布防，守一週，日軍犯滁北白米山，即將其擊退。下旬奉命西進，年底至壽州，以後復奉命經阜陽、固始、潢川，至信陽待命。

當時大軍轉進，沿途流亡人眾，先生仍組青年隨軍服務團，大量收容各地有志報國之青年，派陳大勳任補充旅政訓工作，旋復令其趕回長沙，與教育廳朱經農廳長洽商，設法去召三湘青年參加第一軍，作為革命骨幹（當時政府成立臨時大學收集隨同政府後撤之各大學師生）。

陳大勳到長沙後，持朱廳長名片至韮采園「北大」校園，往謁梅貽琦、蔣夢麟兩先生，經其同意，即以學生會名義，號召同學從軍，於是北大、清華、南開之優秀份子，均因仰慕先生一諾之義，風從雲湧。北大化學系在校內號稱四大金剛之孔令晟、倪中岳、靳古銘、潘裕然等以請纓有門，不顧錢思亮、蔣夢麟、梅貽琦等校長教授先完成學業之勸告，毅然投筆，先後簽名參加者達兩百餘人，臨時大學內熱血報國之優秀學生，網羅一空。

另有湘雅及中央醫院學生、護士一行五十餘人，正準備赴戰地隨軍服務，由與謝冰瑩在湘南文壇齊名之護士長李芳蘭女士率領，聞陳大勳號召臨時大學之事，共來參加，於是由臨時大學生會組成青年服務團，由李芳蘭為團長，陳大勳為指導員，洽請當地駐軍預備第七師師長曹日暉（曾任第一師二旅旅長），政治部主任汪震之協助，在長沙郊外廣雅中學內集中，名為西北軍官訓練班，共往信陽。

其時中共以延安山上之幾個窰洞，成立「抗日大學」，派代表徐特立亦在長沙招生，雙方展開爭取青年之爭，這批受過高等教育的青年認清共產黨是土匪，當年南昌暴動，兩湖暴動往事歷歷，而第一軍是真正革命軍，在陳大勳等清辯之後，以先生之英名聲望，擊破中共之宣傳與誘騙。周恩來還在武大東湖約談陳大勳，希望這批青年由陳率往延安並在武漢大學作一次公開演講，引起了與陳大勳激烈辯論，周恩來罵陳大勳小資產階級意識太濃厚，不明瞭「延安聖地」的情況，並誣稱第一軍在上海根本沒有參加作戰。陳大勳係親自參加第一軍在淞滬奮戰之人，聞之怒火上衝大聲斥責周恩來信口雌黃，沒有國家民族觀念，不懂得抗日戰爭的神聖意義。

在預備第七師遭曹日暉師長協助下，青年服務團西北軍官訓練班人員，前往信陽，到達漢口時，適遇先生因公在漢口，陳大勳即向先生報告，這群青年中少數人思想上較為左傾，先生告稱：「沒有關係，三十歲以前的青年，思想皆未定型，只在於我們自己的訓練與運用如何而定。」談到罵周恩來之事，先生說：「罵得很好」。

第一軍在徐州時，曾收容當地愛國青年隨軍服務，其後又收容徐州中學教員趙觀濤率領四百餘流亡學生。在壽州遇見安徽童子軍教練徐康明率領流亡學生五百餘人，先生皆優禮收容，隨軍西進。後來這批青年即成為軍七分校及戰幹團之基礎，而陳大勳、孔令晟等都成為軍校學生之一員。

先生在軍中，每年乘暇總要請假歸省老父，每次留居一至二日而已，自淞滬戰起，家報亦斷。際清公於是年十二月九日病逝故里，先生軍次壽州，方得家報，時已逾二旬矣。當時軍事倥傯，不克奔喪，及抵漢口時，始克請假，奉委員長蔣公手諭：「孝豐陷落，道途阻塞，毋庸冒險回籍奔喪。」遂未能前往，於先生心中，引為一大憾事。此時戴笠正在東南，親往孝豐，協助其家人營葬，並接其妹來渝，先生之家事，唯戴笠可以為其作主料理，蓋生死莫逆已情勝手足矣。

五　由豫入陝

二十七年元月一日，中央常會決議，行政院院長蔣公辭職，由孔祥熙任院長，張羣為副院長，海軍部歸併為海軍總部，交通、鐵道兩部合併為交通部，實業部改為經濟部，特任陳立夫、張嘉璈、翁文灝為教育、交通、經濟三部部長。元月三日軍事委員會核定豫皖、贛、閩、粵、湘、鄂、川、陝九省設立軍管區司令部，十日國防最高會議，任何應欽為軍事委員會參謀總長，白崇禧（為軍訓部長）兼副參謀總長，徐永昌為軍令部長，陳誠為政治部長。

十一日，日軍陷濟寧，第三集團軍總司令兼山東省府主席韓復渠不遵命令，未戰棄守，失地誤國，送軍法嚴辦，於二十四日在漢口伏法。

南京淪陷，政府已遷重慶，軍事委員會移至漢口，元月十七日政府改組最高統帥部，軍委會直隸國民政府，設委員長一人，統率全國陸海空軍，並指揮全民，擔負國防之責。軍事委員會將前方作戰序列，劃分為戰區：

㈠平漢路方面：為第一戰區，司令長官程潛。

㈡山西方面：為第二戰區，司令長官閻錫山。

㈢蘇浙方面：為第三戰區，司令長官顧祝同。

㈣兩廣方面：為第四戰區，司令長官參謀總長何應欽兼。

㈤津浦綫方面：為第五戰區，司令長官李宗仁。

㈥甘、寧、青方面：為第八戰區，司令長官委員長蔣公兼，副長官朱紹良。

除戰區劃分外另設武漢衛戍總司令部，總司令陳誠。西安行營，主任蔣鼎文。福建綏靖公署，主任陳儀。

先生率部抵達信陽附近地區，中央原擬令先生所部移駐武漢外圍整補訓練，以保衛武漢之作戰，而原西安行營主任顧祝同，以為關隴居川蜀上游，當地戰區部隊皆新編成，戰力薄弱，為日軍由晉竄入關中，或中共居心叵測，乘虛南下，皆足以動搖抗戰基礎。以先生曾久駐秦隴，尤為中共所畏憚，人地最宜，遂建議中央，軍事委員會乃令先生率第一軍所部暨胡長青、胡受謙兩補充團，自信陽經南陽逐次西移。入陝後，先生率僚屬與千餘流亡學生，進駐鳳翔，以東湖少數房屋為司令部。

先生率第一軍在上海作戰時，奉命升任十七軍團長，戰事正劇，未曾另組軍團部，僅報請調升羅列為軍團部參謀長以為輔助。此時移駐關中後，先生解除第一軍軍長兼職，由第一師師長李鐵軍升任軍長，而令指揮友軍部隊，協力固守鄭州至靈寶之線。先生在鳳翔成立軍團部。當時人事調整，參謀長羅列，副官處長袁杰三，參謀處長傅維藩，軍需處長蔡翊祺，軍法處長洪友蘭，機要組長王育。

軍團部初駐鳳翔東湖，後移西安永寧門外薦福禪寺，即俗稱小雁塔。先生初居西安建國公園，後移往東倉門之下馬陵董子祠，乃漢董仲舒墓前之祠屋，居僅三間，中有塑像，以紙壁障之，以為會客進膳之所。先生居東頭後房，簡陋殊甚，至是年冬始賃陵前夏家（夏新華）房舍，為辦公會客之所。

六　軍七分校之成立

自淞滬抗日戰役後，軍中幹部犧牲極大，第一軍中連排長尚存者，不及什一，其他友軍當亦類同，先生思及抗日將為長期戰爭，軍政幹部必須大量培育，以資補充，去年在無錫時，已存此意，自至關中，沿途收容青年一千餘人，亟須先予以訓練。於是請准在西安成立中央軍校第七分校，派羅列、吳允周、羅歷戎、袁杰三、張研田、洪軌等六人為建校籌備委員會，先借鳳翔師範為校址。復有河南省政府黨政幹訓班學員八百餘人在涂心園率領下，聞悉先生在鳳翔

圖 13：陝西王曲中央陸軍軍官學校第七分校校本部正門——該分校由胡將軍任主任，自民國 27 年創立至 35 年停辦，共畢業正規軍校學生十五期至廿一期及各項班隊學生共計三萬七千餘人，分發全國各部隊擔任初級幹部，對國軍抗戰，戡亂及政府遷台後歷次戰役貢獻甚大。

創立七分校，長途經西峽口、龍駒寨前來投效。

當時的政治教官有：張研田、吳宣農夫婦（留日）、張大同（留美）、林維淵、蕭湛恩（留法）、洪軌、涂克超（留英）、楊爾英、毛一萍（留俄）、及厲厂樵、李甦、淦靖南、張雲鶴、沈陶、繆鳳林等名流學者。軍事教官方面有李正先、劉釗銘、黃祖壎、劉安祺、李用章、李繩武、夏季屏、王應尊、杲春湧等，堪稱人才濟濟，薈萃一堂。當時這些政治教官，都是慕先生大公無私，忠貞不二之人格，景從而來，每個人都各有獨特專精，他們都體會到國難當頭，人人都應肩負起時代所賦予之責任，物質條件不足，一切都可忍受，但生長江南一帶魚米之鄉之人，對三餐饅頭，實在難以適應。於是大家集資，在附近開一餐館，由沈教官主其事，目的不在謀利而在解決膳食問題，鳳翔民眾見太太們花枝招展掌鍋炒菜，傳為美談，亦多來一嘗江南佳餚，致小餐館得能維持。

第七分校成立學生總隊之編組，第十五期第二總隊還附有一個女生大隊，約有六十餘人，係千里赴難沿途收容之女青年，出操上課生活起居皆與學生總隊同，然無學生之學籍，屢請不准，但堅持不休。一日，先生蒞臨訓話：「現在軍校招生，尚無招收女生規定，各位報效國家，自有其他途徑，站在人情上講，任何人都得無條件遵守……」言至此，全體女生突然痛哭失聲，大隊長徐康民更是滿面淚痕，欷歔不已。先生面對斯一場面，不忍見中華兒女，為請纓未遂而痛哭流涕，乃轉身面向黑板，背手而立，沉思訓練革命第三期革命骨幹，作為全國戰場後繼之幹部，出生入死與日軍搏鬥，風霜雨雪無所畏，槍林彈雨無所懼，女生實難適應，約數分鐘後乃轉過身來，以堅強溫和語氣曰：「本校是軍校第七分校，本人是分校主任，你們看我如家長，我待你們如子弟，現在強敵壓境，抗戰報國是無條件的，各位將來的前途，我一定完全負責，我相信大家，大家亦要相信我，我們彼此互信，跟隨我們的領袖，向前邁進，光明不久就會來到。」女生大隊在信任、信仰的互信慰勉下，以鼓掌歡送先生離去。

二十七年五月，七分校始移西安南部四十里之王曲，位於終南山麓，山澗交匯處為絕龍嶺，相傳殷朝聞太師絕命於此，後改為青龍嶺，七分校移此後，先生改其地為興隆嶺，嶺下有聞太師廟，古柏森森，宏偉壯觀，校本部即設於廟內，半坡上有太師洞，利用洞旁廣場，建築教官宿舍，面臨湘子河，支流縱橫，盡為農田。附近居民，均沿用漢唐名人姓氏，作為村名，以念先賢，如留村（張良）、皇甫村（皇甫冉）、曹村（曹參）、王曲（王維）、韋曲（韋應物）、杜曲（杜甫）等。在湘子河畔尚有唐明皇之長青宮舊址，後經七分校員生之努力，改建為常寧宮，作為校長蒞臨檢閱七分校時憩息之所。

軍七分校成立之初，先行考選西行沿途收容之青年，繼又奉命接收康澤在王曲所辦之特種訓練班，暨顧希平在終南山麓所辦之江蘇抗日青年班，編為十五期第二總隊，李正先為總隊長，同時在冀、豫、魯等地區招錄陷區學生數千名，成立十五期之三、四、五各總隊。

自分校成立，中央陸軍軍官學校校務委員會任先生為主任，顧希平為副主任，曾擴情為政治部主任，後為王超凡，曾任辦公處處長吳允周為教育長，汪維恒為經理處長，趙立群為軍醫處長，隊職官大部由部隊中副職調充，主任教官有張研田、余紀忠、洪軌、張大同、徐直民、涂克超、蕭思滋、林維淵，教官有崔垂言、周天僇、李潤沂、張光祖等，余紀忠以政治部副主任兼主持《王曲月刊》編纂出版事宜，先生經常駐宿王曲興隆嶺，主持校務，興隆嶺距王曲校本部約半華里，原係張學良任西北剿共副總司令時所建之別墅，有屋數間而已。

第一軍自滬戰後，長途西進，無線電通訊人員奇缺，先生命在鳳翔設班訓練第四期，適前無線電管理處王微回陝，任四十六師軍需主任，先生遂命兼任班主任，後併入七分校第二總隊。

趙龍文已任中央警官學校校長，杭州淪陷後，率部游擊，聞七分校成立，選送浙江青年四百餘人來陝，先生為爭取陷區青年，乃先後成立江、浙、皖、贛、鄂、湘、各地招生總隊，為十六期學生之準備，陷區青年聞訊，亦有遠道跋涉自行來陝投效者。此時先生任第二團團長時之營長史銘，已任粵漢鐵路警察署署長，與黃埔一期蔡昇熙為同鄉同學，蔡昇熙於民國十六年變節投共，先生曾數度派員勸其歸順中央而未果，後於寧羌一役為我軍擊斃，至中共再度攻佔寧羌時並將寧羌縣改為昇熙縣，當時史銘已任職杭州警官學校，先生曾有書告，始證昇熙確已死亡至是史銘接獲家信，告以昇熙家道清寒，父母已年老力衰，弟妹眾多，幾無以餬口，史銘乃將此情轉告先生，並云昇熙有弟昇傑，已成丁，擬將其送請培植，嗣蒙先生同意，將昇傑資送七分校受訓，昇傑畢業後，歷在抗戰、戡亂戰役中遍樹功績，來台後仍為反共復國盡力，亦見先生眷念故舊，子弟無辜，廣收慎用培育人才之美德。

七　戰幹第四團及西北幹訓團

中共盤踞延安，自抗戰軍興後，即宣告共赴國難，向政府提出四項諾言：一為實行三民主義而奮鬥。二為取消暴動政策與赤化運動。三為取消蘇維埃政府。四為改編紅軍為國軍。實際上實行一分抗日，二分應付，七分發展之陰謀，將其盤踞地區稱為紅區，指政府控制地區為白區。政府收編其紅軍，根本不聽指揮調遣，每月領取軍費全部投入宣傳及發展組織，並在延安成立抗日大學，蠱惑陷區失學失業青年，赴陝北受其利用。先生憂以必將為國家之大患，務須加以防止。而隨軍前來之青年，因體力不合者，尤其是女生不能入七分學校，亦宜妥為安頓，乃商之西安行營主任兼省主席蔣鼎文，慨允月撥五千人糧食，於是先生請准中央，在西安成立戰時工作幹部訓練第四團，團址借用西安城西南隅前東北大學遺址，該大學為張學良任西北剿共副總司令時，為收容東北大學生而建立，有屋數十幢可容二千餘人，男女兼收，凡被誘騙延安抗大之學生，經過關中時，皆勸導送入訓練，爾後凡地方幹部及軍中政工幹部皆取給於是，援例恭請委座兼任團長，蔣鼎文為副團長，先生兼任教育長，周士冕為副教育長，負團務實際責任，王大中為政治部主任，洪軌為副主任，袁亮甫為教育處長，汪維恒為經理處長，依克倫為醫務處長，吳錦清為總務處長，吳啟程任秘書，汪伏生為政治總教官，政治教官有劉亦常、常文熙、鄭伯豪、吳啟誠、洪軌、徐鎮南、江世義、王撫洲，皆留歐美學有專長者，此外如周天僇、崔垂言、連震東、徐熙民、厲广樵、營爾斌、臧勃鯨、劉啟坤、馬志鑠、王虞輔等，皆國內碩學知名之士，大率嚮往先生忠貞為國之德業與無我無私之人格，慕義景從，以獻身於抗戰行列，前韓國駐華大使李範奭，亦曾任學員總隊大隊附。

自政府遷渝後，秦隴已為川蜀之屏蔽，地理位置益形重要，甘、寧、青各省種族複雜，政情特殊，而其軍政幹部率多就地取才，受主義薰陶之機會不多，第八戰區副長官朱紹良乃與先生聯合呈請成立訓練機構，一以調訓原有幹部，一以訓練優秀青年，為今後軍政幹部之補充，奉委座指示：成立之西北幹部訓練團，綏察二省亦列入訓練範圍。於是恭請委座兼任團長，朱紹良為主任，寧夏省主席馬鴻逵、青海省主席馬步芳為副主任。先生為教育長，旋薦第七分校副主任顧希平為副教育長，負團務實際責任，其後顧希平升任教育長，調袁杰三為副教育長，兼辦公廳主任，先生秉朱副長官之命，盡心規劃，尤其協和各族之意見，灌輸三民主義思想與政府戰時政策，對邊境民族之團結、愛護等，皆列入訓練要點，自是西北軍政幹部，始得受中央之教育矣！

八 增援豫東

二十七年三月二十九日，中國國民黨臨時全國代表大會在武昌舉行，通過改進黨務方案，選舉蔣公為總裁，汪兆銘為副總裁，並通過設立三民主義青年團，及組織國民參政會，四月六日國軍在臺兒莊大捷，殲敵三萬餘眾，二十九日武漢大空戰，擊落日機二十一架，五月中旬，日軍土肥原賢二之第十四師團進逼隴海路，陷豫東各車站，我七十一軍宋希濂，二十七軍桂永清，六十四軍李漢魂等部激戰於豫東地區，敵陸續增援，以飛機、坦克掩護向我進迫。

五月十九日我軍撤出徐州。二十日委座親蒞鄭州指揮，為求打通隴海路圍殲由荷澤南下之日軍，電令先生率第一軍東進增援，第一軍迅即由隴海路輸送向開封附近集中，隸第一戰區指揮，二十二日先生除留步兵一團警備鄭州外，主力即挺進至開封以東地區，二十三日第一軍暨配屬三十六師蔣伏生部主力，進至興隆集以東地區。

時羅王寨及其南北地區已為敵佔領，並以一部攻我曲興集、馬莊、陳留口等地友軍，先生即命七十八師之二三四旅向馬太府、梁山之線前進，攻擊方始，忽奉戰區電令：「三十六師以一個團聯絡七十八師固守曲興集，殲滅馬莊之敵，確保陳留渡口。」於是攻擊停止，而曲興集、陳留口、馬莊旋即被敵佔領。

二十四日薛岳總司令策定攻擊羅王寨，命先生以一部置於八里灣招討營，主力由右翼迂迴，擊敵側背，於是七十八師之一團佔領代莊潤、河集之線，三十六師亦佔領幾寨、段寨、譚寨各地。二十五日七十八師攻擊羅王寨，佔領郭李莊。二十六日七十八師又以戰車砲兵擊破劉莊之敵，續攻陳留口，佔領大小王莊。二十七日我各軍遂對蘭封羅王寨發動總攻，宋希濂軍之八十八師收復蘭封，敵竄三義集。二十八日先生以七十八師為右翼隊，進至青龍集，三十六師蔣伏生部為中央亦進攻曲興集，第一師為左翼隊與敵激戰於歐潭，而敵自羅王寨撤退後，均集中於曲興集，頑抗益力，七十八師奮勇進擊，將頑敵擊破。敵在黃河貫台架設之浮橋，友軍未能及時將其破壞，敵酋土肥原賢二遂從浮橋北逸。其時另股日軍已佔領商邱，先頭抵小壩車站，時奉委座指示：「第一戰區應避免與敵在豫東決戰，即將主力向平漢路以西地區轉移，以保爾後之機動。」

五月三十一日武漢第三次空戰，擊落日機十五架，六月二日國軍撤出開封。四日先生奉第一戰區命令：「指揮第二十七軍，第三十九軍，預備第九師、第三十六師，新編三十五師、第一〇九師，騎兵第二旅及二〇〇師之搜索營，於孫閣、滎陽南北之際、佔領既設陣地，阻止敵寇西進。」先生率十七軍團於六月七日到達滎陽附近，九日開封陷敵，佔領中牟、尉氏之寇，分途進至白沙、韓佐附近，企圖進攻鄭州，適黃河趙口，花園口河堤潰決，寇遂四竄，第一軍軍長李鐵軍九日奉戰區命令兼任鄭州警備司令，指揮一〇九師李樹森、二十師張測民、二十五師鍾祖蔭旅、馬祿之騎兵第二旅等部，固守鄭州。

九　信羅之役

六月十四日陝鄂二省政府改組，蔣鼎文為陝西省主席，陳誠為湖北省主席。七月上旬先生奉命率第一、第七十八、第三十六各師移駐汜水，鞏縣孝義鎮，集結整訓。此次豫東戰役，先生與六十一師師長鍾松，獲頒華胄獎章，當面寇酋第十四師團長土肥原賢二原為在我國東北製造事件之主角，自經此羅王寨之役後，被解除軍職，已失其昔日之顯赫矣！七月二十五日，敵陷九江，二十九日，日俄在張鼓峯，發生戰事，日軍失利，八月十一日，停戰。

八月下旬，日軍華中派遣軍進犯武漢，其第二軍之第三、第十六師團由六安、固始、潢川公路逕撲信陽。先生奉命增援信陽、羅山地區，阻敵西進，乃率第一師、第七十八師、第四十六師南下，時在豫之第十六軍董釗部之二十八師及由四川東開之趙錫光一六七師皆隸先生節制。

九月十九日，日軍之第十師團陷潢川，二十三日越羅川西進，先生率各師迎頭痛擊，收復小羅山，迫敵於羅山城下，敵死傷五千餘人，次日，日軍得其第三師團增援，併力反攻，我各師奮勇迎擊，血戰兩晝夜，敵我傷亡俱大，乃命馬戴期以一營守信陽，以主力改守信陽附近各要點，持久抵抗。而敵繞攻柳林及兩側地區，友軍潰退，先生奉命向信陽西北山地轉移，掩護西荊公路，並爭取外線，確保機動自由，遂沿桐柏山北麓布防，日軍自經信、羅之戰，遂不敢西進。

十月二十日，日軍登陸廣東大亞灣，旋即進入惠州，二十一日廣州陷敵，二十五日武漢經激烈之保衛戰後撤守。在豫西與敵對峙之各部隊，在蘭封戰後，皆有損耗，中央為充實戰力，先生之十七軍團，奉命進駐洛陽整編。其時二十七軍軍長桂永清調任，四十六師師長李良榮亦調職，先生推薦范漢傑為第二十七軍軍長，黃祖壎為第四十六師師長，另編入四十五師劉進，預備第八師陳素農所部，合為三師六旅之軍。

九十軍於豫東戰後，其一九五師已編入九十八軍，一九六師師長胡伯翰亦去職，劉超寰升任一九六師師長。先生推薦九十軍軍長彭進之為十七軍團副軍團長，而以七十八師師長李文為九十軍軍長。信、羅戰役後六十一師隨同移駐關中，乃該師與關中之二十八師，預備第七師合編為九十軍，守宜川至郃陽河防。

第八師陶峙岳部、二十四師李英與一九六師劉超寰合編為七十六軍，陶峙岳升任軍長，守洛陽迄臨寶間河防。

第一六七師趙錫光部編入第一軍，於是第十七軍團之戰鬥序列，雖有第一、第十六、第二十七、第七十六、第九十等五個軍，然二十七軍及七十六軍之一九六師乃在豫西，歸第一戰區直接指揮，關中原有之十六軍歸第十戰區長官部直接指揮。實際當時受先生指揮節制者為三軍八師之眾（第一軍、第九十軍、第七十八軍欠一九六師）。

十七軍團在洛陽整編完成後，奉命移駐關中。

一〇　戰區調整

自武漢棄守後，全國各戰場形勢已有重大變動，中央重新劃分戰區：

㈠河南安徽北部為第一戰區，司令長官衛立煌。
㈡山西及陝西之一部為第二戰區，司令長官閻錫山。
㈢蘇南、皖南、浙、閩二省為第三戰區，司令長官顧祝同。
㈣兩廣地區為第四戰區，司令長官張發奎。
㈤皖西、鄂北、豫南地區為第五戰區，司令長官李宗仁。
㈥甘、寧、青、綏地區為第八戰區，司令長官朱紹良。
㈦湖南、贛西、鄂北地區為第九戰區，司令長官陳誠（薛岳代理）。
㈧陝西方面為第十戰區，司令長官蔣鼎文。
㈨蘇北及山東為蘇魯戰區，司令長官于學忠。
㈩冀察地區為冀察戰區，司令長官鹿鍾麟。

抗日戰爭，事起倉卒，作戰部隊率多臨時編組，假以事權，責以重任，故指揮系統，自軍事委員會起，中間經過戰區、兵團、集團軍、軍團、軍，始能到達戰略單位之師，再經過旅、團轉達營連。致使命令或報告之轉達遲滯。統帥部為減少中間指揮層次，乃廢除兵團，裁撤集團軍以下之軍團部及師以下之旅部。先生統轄各師之旅部即遵令裁撤。原任旅長、副旅長，分別調任副師長及七分校隊職，唯先生所率之第十七軍團部，因陝甘情形特殊，任務重要，奉命暫為保留。

二十七年十二月十八日，汪兆銘潛離重慶飛往昆明，遊說雲南省主席龍雲及第四戰區司令長官張發奎煽動叛變中央，未果，連夜乘滇越路火車前往越南首府河內。汪兆銘之為人，意志薄弱，生性反覆，而領袖慾極強，自國父逝世後，歷次背叛黨國，操縱政局，慫恿軍人叛變。蔣公一本寬大容忍之態度，冀其感悟，當二十一年一二八事變前夕，玩弄政治手段，迫使蔣公下野，至局勢緊張之時，因無能力領導全國，又親迎蔣公來京主持大局，滿口仁義道德之言論，心存私慾。自抗戰軍興，出任中國國民黨副總裁，國防最高委員會副主任委員，國民參政會議長，位崇而責重，然仍不能滿足其野心。其在河內，尚欲望龍雲、張發奎對其滔滔遊說，有所叛亂之行動也。

當日軍陷南京之次日，在北平製造王克敏傀儡政權，發動媾和運動失敗，在南京又製造了梁鴻志傀儡政權，期以華制華政策。然此時我國之抗戰決策，為全民所堅持，而蔣公之領導，亦為全民所擁護，戰場上雖不斷轉進淪陷，全國軍民對國民政府之信任，毫不動搖。日軍累次提出亡我國家之和平條件，均為我拒絕。平時反對蔣公之人，除少數漢奸外，亦一致擁護蔣公領導抗戰之國策，即使在漢奸之中亦無一人敢代表全國人民與日軍議和，故王克敏與梁鴻志，只能代表其本人而已，且南轅北轍，兩人各有主張，並不協調。

日軍急於求和，長期消耗，已難負荷，王、梁既不足恃，乃探求吳佩孚以北洋軍閥之聲望籌組國民政府，代表全國與日議和。吳佩孚在北洋軍時代，是唯一秀才，讀過經典詩書之人，一生崇拜關、岳，講究氣節，不肯作遺臭萬年之歷史罪人。但日軍土肥原祈求不絕，吳佩孚乃置棺明志，自寫一聯：

得意時清白乃身，不納妾，不積金錢，飲酒賦詩，猶是書生本色。
失敗後倔強到底，不出洋，不去租界，灌園抱甕，真個解甲歸田。

明告土肥原，欲強逼我，可入棺就死，漢奸決不當，日軍無奈，乃將箭頭指向性情多變，反覆無常的汪兆銘身上。誘使汪兆銘變節叛國的主謀是代理宣傳部部長周佛海，其他支持者為外交部亞洲司司長高宗武及該司第一科科長董道寧，皆係留學日本精通日語，初在香港，繼至上海，後竟偷往東京，與日軍接觸。

十二月二十一日，日軍首相近衛發表「更生中國」之聲明，妄言澈底擊滅抗日之國民政府，與新生之政權相提攜，以建設東亞新秩序。二十九日汪兆銘自河內發表通電，主張中止抗戰，接近近衛聲明，對日求和。

政府對汪之變節，殊為突然，蔣公不忍汪因此而自絕國人，乃派中央委員谷正鼎馳赴河內，並代為辦妥英、美、法等國遊歷護照，勸汪暫時出國，遊歷一時期，汪終不允。各戰場高級將領三十五人皆率全體將士發表通電，痛詆汪逆，責其通敵求和，罪無可逭，表示一致擁護中央，嚴懲叛逆以肅黨紀。後即有王魯翹等鋤奸之五義士赴河內多倫比亞路汪逆住宅，翻牆入室，衝入其臥房，將正在其房內之秘書曾仲鳴擊斃，以為鋤奸完成，但汪兆銘獨幸而未死，然已是心驚膽寒，後來日軍為顧慮其安全，派影佐禎昭及犬養健等人乘北光丸輪至河內迎汪，汪兆銘遂率同周佛海、陳公博、諸民誼、高宗武、梅思平、周隆庠、董道寧諸人，乘日輪潛赴上海，組織偽南京政府，成為日軍侵華之工具。在抗日危難之間，身為政府高級官員，竟然喪失天良，無視氣節，甘心為漢奸，成為歷史上遺臭萬年之亂臣賊子。

汪逆之事，全國震驚，先生以其既無恥又突發神經病喻，以為狼心狗肺之鼠輩，愈早現其豺狐原形，對抗戰大業愈有利，除痛斥其荒謬卑鄙外，預言此等漢奸必受國法之嚴懲，並告知所屬官兵，一心一德，擁護領袖，堅持抗戰國策，最後勝利必屬於我。至於吳佩孚，先生尚覺其晚節可風。

二　第二期抗戰方針

自廣州武漢淪陷，蔣公為加強全國軍民對抗戰之信心，發表告全國軍民書，聲明寧為玉碎；毋為瓦全之最大決心，指出抗戰已進入第二期，一時之進退變化，絕不能動搖抗戰決心，任何城市之得失，不能影響抗戰之全面，古今中外被侵略者與侵略者之長期抗戰，終能獲得國家獨立與民族自由之一日。並先後在長沙、南嶽、西安召開軍事會議，指出第二期作戰之特質在完成持久抗戰準備，爭取與國，以待國際形勢之轉變，打破敵人以戰養戰之企圖。

蔣公手訂要則，剴切指示：

㈠抗戰四要實施綱領：

1.提高士氣。2.收攬民心。3.愛惜物力。4.撫養傷兵。

㈡整軍作戰應特別注重各點：

1.一切事務計畫與組織要緊縮節約。2.注重學術科之研究。3.注重戰術研究。4.游擊戰要嚴肅紀律宣傳主義。5.各部隊經濟公開。6.賞罰嚴明。7.改良整頓軍醫。8.特別注重各項戰用品。9.認真辦理諜報人才之組織與訓練。10.注意命令下達後之監督。11.注重下級官兵壯烈犧牲之表彰。12.爭取活擒俘虜與優待俘虜、禁殺俘虜。

㈢抗戰要旨：

1.政治重於軍事。2.民眾重於士兵。3.精神重於物質。4.組織重於實際。5.訓練重於作戰。6.情報重於判斷想像。7.整理重於購置。8.宣傳重於作戰。9.紀律重於一切。10.命令重於生命。11.行動重於理論。12.分組會議、檢討工作、自我批評重於正規教育。13.各種工作計畫與訓令要定期實行，並檢查考驗，評定賞罰。14.專技重於博學。15.常識之重要。16.緊縮重於生產，節約重於豐裕。17.注重政治、經濟、常識，與三民主義之理論。18.建設創造重於戰爭。

㈣學校機關與部隊之教育重點：

凡二十五項，大意規定多用競賽與檢查方法，啟發受教育者自動、自覺、創造與負責之特點。

蔣公手訂四大要則，即為第二期抗戰之行動綱要。除調整戰區，整頓部隊層次外，檢討全國總兵力合計二百九十六師，二十九個獨立旅，共約五百萬人，淪陷區游擊部隊約八十萬人。而敵人在華陸軍共三十五個師團，約九十二萬人，因戰場遼闊，第一線兵力已不敷分配，且師老財匱，陷入泥淖，不能自拔，因此在第二期作戰中，我軍已由劣勢轉而為優勢。

一二　爭取陷區青年

二十八年一月一日，中央常務臨時會議決議，永遠開除汪兆銘黨籍，撤除一切職務，並決定西康設省，成立省政府以劉文輝為省主席。

汪逆變節求降，本為日軍所編導，以為國內文武高級人員必有起而響應者，而造成抗日陣營之分裂與混亂，不意我全國軍民，激於民族大義，雖使驚而後又為之欣也。蔣公稱其為利令智昏，自陷絕路。

國父臨終之前，曾告汪兆銘等曰：「勿為敵人欺誘。」誠聖人聖語已先見於斯人也。蔣公嘆憶往事云：「異哉兆銘！余未就委員長職，彼故數數勸余，後表示決就，彼即表示意態冷落。蓋當此危局，余苟不力為支持，天下事尚可問乎？」又云：「汪數年來出沒政潮，屢進屢退，事急則出國，既平則復來，一生自矜好專，失信不義，以愛憎用事，不講道義，欲利太濃，其不能靜而定，固其然也，赴日乞降乃吾民不幸之最大者，可痛之至。」民族之敗類，國人惡之，回憶往事，寧漢分裂，中原變起，共黨橫行，兩廣事變等等莫不由其煽惑而生。今其自蹈絕路，早去敗類，淨化抗日陣營，國人之欣，不亦宜乎！

日軍見汪逆之變，我抗日軍民之意志，益更堅定，其預期我分裂之企圖破滅，乃於一月六日內閣傾軋，首相近衛辭職，由平沼祺一重行組閣，初欲我之裂紛，而終則其自亂陣容矣！

二月一日委員長重慶行營結束，另設行轅於成都及西昌，派賀國光、張篤倫分任各該行轅主任。二十一日國民政府派劉峙為重慶衛戍總司令。

抗戰進入第二期，國軍除正面抵抗外，並在敵後積極發動游擊戰，故日軍雖已佔我國東部各大城市，亦僅限於點線，至於廣大正面，仍在當地政府及游擊隊控制之中，而淪陷區青年，不願從寇從共，志在報國而請纓無途，先生在陝西前往大力爭取，並曾在江、浙、皖、贛各地設立招生總隊，招收陷區青年數千人轉至西北，然因道路阻梗，個人都無法自達報效國家者為念，尤其在長淮地區，人口稠密，向為兵源所在，時中共正在其地發展，先生顧念青年為共脅從，將大為我軍之患，乃特設長淮招募處，分在河南、蘇北、皖北各地，多方秘密招致陷區學生，青年丁壯，分次分途設法送達關中，以為七分校及幹訓團學生之來源。嘗云：「**我們如能在敵後爭取一個青年，敵人就等於損失兩個青年的力量，同時亦等於我們增加兩個青年的力量。**」故七分校當時除在內地各省招生外，尚有浙江總隊、山東總隊、山西總隊、河北總隊、蒙古總隊等編組。同時運用已受訓的青年，再潛返敵後原籍吸收青年，收效至大，以後每年總有數萬人，從不同地點，不同途徑，經長途跋涉，來到關中。當時中共在延安之抗日大學，不限學資，吸收全國青年。先生即在共區鄰接要道，分設若干接待所，將盲目投向共區之青年，誘導其進入軍政或普通學校，阻其安入中共。

一三　國民精神總動員

二十八年三月一日，中央訓練團在重慶開辦，十二日中央公布國民精神總動員綱領、國民公約及實施辦法。二十八日南昌失守。五月一日開始實施國民精神總動員，宣誓國民公約。國民精神總動員之要旨，全國人民應遵守之目標有三：

國家至上，民族至上；

軍事第一，勝利第一；

意志集中，力量集中。

在三大共同目標下，發揮至大至剛的精神力量，來完成繼往開來的時代使命。精神動員與國民公約乃係抗戰卻敵之最大武器；國民月會之組成，乃為抗戰民眾之精神堡壘，團結奮鬥，持久不懈。於物質缺乏，生活艱困之下，抗戰能延續八年，在日軍飛機、大砲、戰艦、坦克之猛烈摧殘下，屹立不搖，不為震駭，而獲得最後勝利，後人窮其本源，實由於民族大義之發揚，精神動員之成功。

六月二十三日，日軍登陸定海。

此時先生在西安對甘肅之複雜狀況，至為關注，自政府遷渝，形勢變易，陝甘地區已成為抗戰基地之上游，後方安全更為重要。軍委會亦鑒於此，於二十七年冬准在陝豫地區成立十個師，先生奉命成立四個師，乃由長淮招募在豫、皖、蘇北壯丁外，在陝西增徵新兵一萬人。甘肅補訓處成立三個團，在天水成立四十八師，調參謀長羅列為四十八師師長。以甘肅各保安團隊在甘東成立一九一師，以楊德亮為師長，原曹日暉之預備第七師已改為五十三師，另成立預備第七師，以嚴明為師長。旋奉命編為四十二軍，升楊德亮為軍長，調軍七分校教育處長吳允周為一九一師師長，其後另成立第十八補充旅，由四十二軍參謀長徐汝誠為旅長，統歸朱長官紹良就近指揮節制。

四十二軍成立後，中央之兵力已能拱衛蘭州，各民族之地方組織及部隊，始告安定。

一四　今日的戰士

先生南北征戰，奔波萬里，各重要戰役皆躬親於第一線，率部衝鋒，淞滬戰役時已為軍長，尤發起與敵肉搏，使日軍有血肉磨坊之役，驚駭不已。而每臨前線，見所屬師、團、營長

圖 14：民國 28 年胡宗南將軍在第七分校王曲河西大操場對學生講話「今日的戰士」

亦多在第一線上，常責其師、團、營長負一師、一團、一營官兵生死存亡之責，怎可親在第一線上，萬一陣亡，如何完成部隊任務？部屬皆笑而不答，蓋心存你身為師長如此，升任軍長又如此，部屬豈係畏死者乎！

先生進入關中後，已進入傳道、傳業、傳熱的階段，以教育後進培養國軍幹部肩負幹部搖籃之保母責任，把自己革命軍人人生觀「生於理智，長於戰鬥，成於堅苦，終於道義」之哲理，傳導於每一師生。

先生曠世最聞名之演講——「今日的戰士」——於二十八年七月一日對七分校十五期畢業同學開始演講，將先生之哲學、兵學、科學的結晶，注入於每一師生之思想觀念之中，成為畢業學生為人處世支配戰場行為之準繩，爾後凡七分校各期畢業學生，於集訓期間，先生必親臨河西大操場，每日演講二小時，為時一週，對七分校學生之人格、品德，有極深遠之影響。

先生之講話神態，氣魄宏偉，決心堅毅，語詞簡短精湛，鏗鏘清晰，激動時慷慨激昂，橫掃千軍；期望時精誠殷切，親和融溶。聞之者如錘之在心，如鑿之椎骨，鏤肺銘臟，注視肅立而不敢動，聞後終身不能忘。今日的戰士其重要內容為左：

引言

1. 槍加科學、加機械、加電力，成為科學頭腦、鋼鐵身體。
2. 槍加紀律、加主義、加組織、加民族，成為主義的戰士，民眾的武力。
3. 槍加鎚子、加斧頭，成為前方戰鬥，後方生產的軍人。
4. 各位站在這個時代的前面，要領導群眾。完成抗戰建國的事，只有熱忱、毅力還不夠，還要保持科學的利器，發揮科學辦事的效能，才能獲得最大的成功。

生活

1.以身作則，實行新生活規條，做到不吸菸、不酗酒、不嫖妓、不賭博，不說謊話，不輕然諾，不洩漏機密。
2.前方生活士兵化，後方生活平民化，日行百餘里，背負三十斤，打水、要茶，一切自己來。
3.燒餅、油條、高粱麵、小米稀飯是上等伙食。粗布衣、麻草鞋是我們上等衣冠。茅屋、土坑、窰洞、硬板床，是我們美麗的住室。
4.精神生活要上流，以最忠實，最勇敢，最熱忱，最廉潔，永遠做榜樣給人家看，永遠以自己的模範來影響群眾，領導群眾。
5.為上級服務是義務，不是羞恥；敬師長，敬長官，正所以表現親愛精誠。
6.人品者人與人之比較；人格者人與獸之分野。人格重於生命，生命可以犧牲，人格不可以犧牲。
7.虛名可以讓人，財物可以讓人，只有當仁不讓，見義不讓。
8.什麼都可以滿足，知識不可以滿足，階級不如人，地位不如人，不是羞恥，知識不如人，體格不如人，才是羞恥。
9.總理遺教，領袖訓示，是我們生活規範，行動方針，生命泉源，戰鬥範典；亦是我們勝利的明燈，工作的導師，不可須臾背離。

工作

1. 工作以精到、敏捷、積極、專一為主，不敷衍、不妥協、不懶惰、不消極、不散漫、不推諉、不掩飾、不欺騙。
2. 人生以服務為目的，辨明出賣與貢獻的分野，以最低的階級，負最重的責任，拿最少的錢，做最大的事。
3. 工作應從苦幹、實幹中努力，養成口到、心到、手到、足到的習慣。
4. 每一個幹部，必須養成做大人無名為大，做大事下層為大，成大勇無我為大的工作精神。
5. 有恆為成功之本，打破做一行怨一行，站在那裡討厭那裡的樣子，打破這邊混混，那邊混混，半生做不出一份事的壞樣子，必須腳踏實地，死心工作，做一事是一事，做一行是一行。

紀律

1. 火車在軌道上走，人在紀律中生長，不可以個人行動，破壞團體紀律，毀傷團體名譽。
2. 生活必須自重自愛，處處靠人家監督、鞭策，這是奴隸心理，決不是革命戰士。
3. 渴不飲盜泉之水，熱不息惡木之蔭，約束自己，打破物質引誘，才能建立光榮純潔的人生。
4. 賭博就是貪汙，走私就是賣國，敷衍就是官僚，虧空就是犯罪，向人家借錢就是自刮臉皮，盜賣軍糧就是自殺。

5.服從命令，執行命令，更要保證完成任務，攻必克，守必固，這是戰鬥紀律第一。
6.死字頂在頭上，成功握在手裡，受命不辱，輕傷不退，被圍不驚，撤退不亂，這是戰鬥紀律第二。
7.不幸而被俘，嚴刑拷打之下，刀鋸鼎鑊之前，至死不投降，至死不變節，不出賣戰友，不洩漏機密，造成中華民族至高無上的氣節，可歌可泣的風格，這是戰鬥紀律第三。

戰鬥

1.人是鬥爭的，與天爭，與物爭，與強暴爭，與艱苦爭，只有積極，只有快樂，只有前進，不許頹喪苦悶，消失戰鬥意志，所以戰士只許流血，不許流淚。
2.爭取信仰，爭取信任，爭取互信，從名譽奉之於上，誹謗歸之於我中努力。從平安奉之於人，危險歸之於我中努力。從信仰堅於人，犧牲大於人，苦幹過於人，並不自視高於人中努力。從不怨、不尤、不慌、不忙中努力。
3.陣前搶救傷兵，搶埋遺屍，生與其危，死臨其穴，此同志之事也，後死者之事也。
4.發現間諜漢奸，叛徒奸宄時，必須竭力解決之，切不可姑息隱瞞。對敵人寬大，就是對自己殘酷。
5.今日中國，需要志士仁人，猛烈鬥士，做無名英雄，在飢餓寒冷中打滾，在艱難困苦中打滾，在槍林彈雨中打滾，滾成一個鐵漢、硬漢、英雄好漢，創造出轟轟烈烈的戰鬥光輝。
6.軍人必須有必死決心，同時要練成不死的技能，這樣才能殺敵致果，求得勝利。

結論

1.今日的戰士，生於理智，長於戰鬥，成於艱苦，終於道義。擇善固執、貫徹始終，理智也；克服困難，戰勝環境，戰鬥也；屢敗屢勝，百戰不撓，艱苦也；篤信死守，不計成敗利鈍，道義也。由真切之理智，而歸於雄偉之道義，此戰士之所以能為聖賢，為英雄，為時代光輝，為民眾表率。

2.歷史的使命，落在你們身上，祖宗的付託，交在你們身上，黨國的命運握在你們手上，幾百萬先烈的眼睛盯在你們頭上，同志們！努力罷！

一五　游幹班之成立

歐洲局勢激盪，日軍對我之侵略，國際間終不能作有效制裁。二十七年三月德國合併奧大利，六月取得捷克蘇台德區，九月英、法簽定慕尼黑協定，使捷克淪為德國之附庸。二十八年四月義大利併吞阿爾巴尼亞，五月德義在柏林簽定軍事同盟，八月德蘇簽定互不侵犯協定，九月一日德國進軍波蘭，第二次世界大戰爆發，國際局勢已有了重大變化。十二月國民政府通緝漢奸陳群、繆斌、何世楨、梅思平、高宗武、丁默邨、林柏生、李聖五。二十日汪兆銘在南京與漢奸王克敏、梁鴻志會商成立偽組織。

九月初，日軍設立對華派遣軍總司令部，派西尾為總司令，板垣為參謀長，九月中旬，南昌之日軍第一〇一及第一〇六兩師團，秘密向贛江以西移動。鄂南、湘北敵之第六師團，第三三師團，及第三、第十三師團約十二萬餘人，配合長江敵艦向岳陽方面集中部署會攻長沙。自二十三日後，各路皆展開激烈戰鬥。我第九戰區代司令長官薛岳，集中二十萬精銳部隊按預定之作戰計畫，逐漸由正面撤退，並置重兵於兩翼。日軍盲目突進，其先頭於二十九日進至長沙北面之永安市、土杉市、金井、福臨舖、橋頭驛等地區，十月二日，我軍以敵已進入，開始由兩翼猛烈圍攻，敵軍大敗，狼狽潰竄，傷亡在四萬人以上，我軍跟蹤追擊，當地民眾亦起而協同。十月六日我軍恢復原有陣地，戰事結束，是為第一次長沙大捷。

抗戰進入第三年，華北、華東地區失地雖然擴大，由於國際局勢變化，從長沙第一次大捷戰役檢討，日軍之戰志及士氣，已大不如前，南京偽組織成立，對我之抗戰毫未發生影響，不但國內文武高級人員無一響應，反而其當時隨行之人員，有取其賣國文件，脫離汪逆逃歸香港回來重慶者。在此種局勢下陷區游擊部隊紛紛由當地人民組織成立，不僅牽制日軍之兵力行動，而維繫人民愛國心及向心力，尤為重要。先生有志經營陷區，組織敵後部隊，以配合正規部隊之作戰。而現有幹部皆受正規軍事之訓練，缺乏游擊戰術之素養，乃呈准中央在西安南七十里之翠華山太乙宮成立西北游擊幹部訓練班，又以湯恩伯總司令有訓練經驗，乃邀請其主持訓練事宜，經洽定教育由湯恩伯派員主持，事務由先生派員主持，先成立四個隊訓練學員，亦分由兩個集團軍所屬幹部中，逐次抽調參加。報請委座蔣公兼任班主任，白部長崇禧、徐部長永昌為副主任，蔣長官鼎文為教育長，先生兼任副教育長，湯總司令恩伯為總教官，辦公廳主任由羅列兼任，梁幹喬為政治部主任，總務處長游子青，教育處長熊克念，軍事總教官駱翰選，大隊長先後為曾潛英、夏季屏、熊志一等，政治教官高承祺，軍事教官姜禮宏、王異之、孟化一、陳誠之等人，每期訓練六個月，學員先由豫陝部隊選送，然後及於綏、察、甘、寧各省，自此以後，敵後各民眾自行成立之游擊部隊，有正式受過訓練之幹部前往組織領導，戰力增強，使日軍後顧之憂，因之而加深。

該班至二十九年後，先生任教育長，繼之者有陳大慶、陶峙岳、繆徵流，共辦十二期畢業學員，分送陷區各游擊部隊服務，至三十四年勝利後結束，部分官兵併入七分校。

第二期抗戰要旨，奠定了抗戰勝利基礎，而先生之「今日的戰士」，始終成為軍七分校訓練之方針，上自將帥，下至學生士兵，皆引為言行之準則。

各訓練單位逐次成立。大軍雲集，先生有鑒於官兵精神食糧之缺乏，文化事業之不振，乃於二十八年秋成立「新中國文化出版社」，由謝國馨主其事，計劃出版大批有關軍事、政治及文藝、哲學等叢書，另外發行文藝、科學、軍事、政治性質之四大刊物。當謝國馨與先生談及有妹謝冰瑩者對編撰文化刊物有專長時，先生立命其電催謝冰瑩來西安。

此時謝冰瑩因盲腸炎由老河口至重慶治療，接其兄電報後正在疑慮，主編文藝月刊，宗旨為何？發行人是誰？稿費是否可靠等等問題時，其兄第二次電報又至，告以不必疑慮，展開大西北文化運動的計畫已擬定，胡先生之魄力了不起，眼光遠大，出版社前途不可限量，千萬要來。謝冰瑩遂決定到西安應聘。

當謝冰瑩抵達西安之次日，先生即在幹四團貴賓室接待洗塵，並請教育長葛武棨，副教育長蔣堅忍等人作陪，席間先生告以云：「**我們距延安太近，需多作一些文化工作來感化那些迷途而不知返的青年，同時幾十萬國軍在西北作戰，沒有精神食糧是不行的，所以特地請你來幫忙，主編一個文藝月刊。**」謝冰瑩建議用「黃河」為刊名，先生曾說好極了，好極了。

第二個月《黃河》月刊出版了，號稱文化沙漠之西北，萌芽出一枝鮮花，在黃河流域中茁長，成為人見人愛的文化種籽，如同黃河的波濤澎湃，初版由五千份以後而一躍為每月出版一萬二千份，使整個西北社會，有了思想觀念上正確的嚮導，對幾十萬官兵精神食糧的灌輸，《黃河》月刊功不可沒。

屏障西北

圖 15：中美兩國代表簽訂新約，取消舊約。

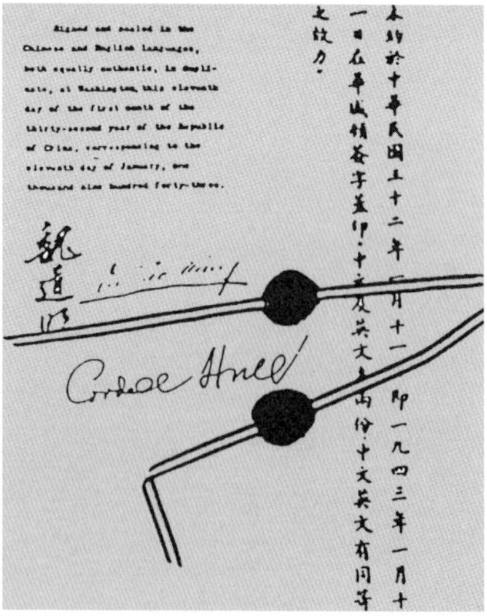

Signed and sealed in the Chinese and English languages, both equally authentic, in duplicate, at Washington, this eleventh day of the first month of the thirty-second year of the Republic of China, corresponding to the eleventh day of January, one thousand nine hundred forty-three.

魏道明

Cordell Hull

本約於中華民國三十二年一月十一即一九四三年一月十一日在華盛頓簽字蓋印。中文及英文各兩份，中文英文有同等之效力。

圖 16：民國 32 年元月 11 日，美國取消在華一切特權的條約，於華盛頓簽字。

一　三十四集團軍成立

二十九年一月二十一日，高宗武、陶希聖在香港《大公報》揭發日汪出賣國家主權密約之全部內容，汪逆之所為，不但為全國軍民所不齒，亦為其親信人員所厭惡。三月二十九日汪兆銘在南京成立偽組織，三十日國民政府向各國聲明南京偽組織無效，並下令通緝附逆漢奸陳公博等七十七人，美國國務卿赫爾聲明不承認南京汪偽組織。

四月一日，國民政府通令全國尊稱孫中山先生為國父。二月行政院任命盛世才兼任新疆省政府主席。十日國民參政會決議，提出修正之「五五憲草」於國民大會，政府已決定於抗戰勝利後實施憲政，還政於民。

五月二日國民政府令：萬福麟、鄒作華、馬佔山、繆徵流分任遼寧、吉林、黑龍江、熱河四省主席。十六日，我三十三集團軍總司令張自忠在鄂北宜城（今自忠縣）南瓜店附近督戰，壯烈殉職，國府明令褒揚，追贈陸軍上將。

二十九年五月，先生所統率之十七軍團，除原有之第一、第十六等軍外，另有歸先生督訓整補者如第七十一軍，及由河南、山西各地作戰殘破之部隊調入關中，隸十七軍團整補，如九十八軍劉希程與其他單位頗多，先生之任務甚重，於是中央將先生所部之十七軍團擴編為三十四集團軍，任命先生為三十四集團軍總司令，時年四十五歲。

三十四集團軍總司令部仍駐西安永寧門外之薦福寺，俗稱小雁塔。總部人員，參謀長羅澤闓，參謀處長李汝和，副官處長游子青，後為李則堯，軍需處長蔡翊祺，軍法處長孫仁山，機要組長王育，後為王微，秘書先後有徐先麟、宋文翰、白心鏡、陳碩，特務營營長繆寶琳，通信連連長濮存詳，另設長淮招募處處長劉先臨，副處長謝振華。

三十四集團軍之建制，第一軍陶峙岳，第十六軍董釗，第九十軍李文等三個軍。隸屬指揮系統者，有七十六軍李鐵軍，新十二軍劉元瑭及騎三軍。轄屬督訓單位者有四十二軍楊德亮，新七軍曹大中，二十七軍范漢傑，騎兵師馬祿及十九、三十六兩個補訓處。

二三 援晉南

二十八年冬，日軍犯晉西，先生命九十軍東渡黃河入晉，二十九年六月，配合第二戰區反攻。六十一師鍾松部攻克侯馬，一〇九師胡松林收復河津、稷山，五十三師曹日暉部收復汾城，殲寇甚眾。日軍始未敢西向。二十五年陳誠曾親來潼關，洽請第一師派兵入晉剿共，先生曾遣第二旅第四團入晉，收復晉東、晉南各縣，故此乃第二次援晉也。

六月中旬，日軍已數度進犯晉東、晉南，連陷長子、長治、高平、襄垣等縣，對河南第一戰區北境形成威脅。第一戰區司令長官衛立煌，請中央由關中派軍增援。先生奉命即命二十七軍軍長范漢傑率第四十五師劉進，第四十六師黃祖壎，預八師陳素農部東開，分別由白坡、白浪北渡黃河，經垣曲越王屋山、陽城而進入沁水、高平太岳山區。九月發動攻擊，連克長治、長子等縣，寇不能擋，乃施放毒瓦斯以阻止我軍攻擊，時雖已恢復原態勢，因地在二戰區境內，一戰區之企圖消極，未再命揮軍前進，而共軍朱德之十八集團軍亦踞高平、晉城各地，與我中央及第二戰區防守部隊犬牙交錯，共軍每日與日軍暗通聲氣，我二十七軍遂處於兩面戒備之中，此種狀況，歷時二年之久。按此為第三次援晉矣！

是年九月六日，國民政府明令定重慶為陪都。二十六日美國總統羅斯福下令，自十月十六日起對日禁運一切廢鐵。自二十六年抗戰開始，美國一直是日軍廢鐵主要供應國，日機濫施轟炸我各大城市，對重慶不斷進行空襲，美國之態度已開始轉變，並決以經濟援助，借我二千五百萬美金，我以鎢礦償還。

十一月一日，共軍之新四軍在蘇北地區，乘國軍換防之時，猛烈攻擊國軍；十九日參謀總長何應欽電令黃河以南中共十八集團軍部隊，限本年十一月底以前開往黃河北岸作戰，而共軍置之不理。

十一月四日行政院決議，張羣、谷正倫分任四川、甘肅省主席。

十二月四日，察哈爾省政府主席兼第六十九軍軍長石友三通敵叛國，被處死刑。九日軍事委員會再令朱德、葉挺全部共軍撤至黃河北岸地區作戰，而共軍不聽指揮，置之不理。二十九日美國總統羅斯福發表爐邊談話：㈠中、美、英三國命運關係密切；㈡美國承擔民主國家兵工廠之責；㈢以大量軍需援華。這是美國對我抗戰態度之轉變——由同情，而進入援助。

是年冬，共軍在陝北蠢動南下，佔馬欄、栒邑等地，先生乃請軍委會核可將九十軍自晉西調回，擔任宜川、韓城之河防任務。

三十年一月四日，皖南共軍新四軍叛變，幸經第三戰區顧祝同長官斷然處置，予以包圍繳械，生俘其軍長葉挺，共軍擅派陳毅為新四軍軍長，張逸雲為副軍長，劉少奇為政委，重組部隊，對抗中央，軍事委員會一再命令其十八集團軍之朱德部隊撤至黃河以北，而不加理會，當年將紅軍編入國軍，隸屬軍委會指揮，純係欺騙陰謀。

二月十日，「台灣革命同盟」在重慶成立，號召台灣人民抗日並策劃光復台灣之任務。

三　講述人品修養

三十年一月十八日，先生在小雁塔總部指示準備作戰事項，關於計畫、訓練及糧食、汽油儲備等均作規畫。二十四日西行視察部隊，上午十時到耀縣，下午五時到宜君。二十一日檢視二十八師。二十二日七時到中部，偕行政督察專員余致中、縣長孟若峒、騎二師師長馬祿，同祭黃陵，遊黃帝廟。二十三日到安吳堡，對十六軍官長點名訓話。

先生每以生於理智，長於戰鬥，成於堅苦，終於道義自勵，亦以此教育部屬，其對軍校第七分校學生之精神教育，戰鬥教育，特加注意，在王曲會報時指示：

㈠大隊附以及帶隊官，教育隊附，副主任以上人員，每週須寫「工作檢討」一篇。

㈡校部每週應有「演講會」，造成每一兵種、每一科目均有幾個以上的權威專家。

㈢大隊長以上人員，教育處須提出「應讀書籍」。

二月二日先生策定秦隴根據地及晉南、隴東地區工作方案。三月四日在學員總隊講「戰場之創造和戰術之運用」，十七日在河西大操場集合各總隊升旗，講「人生最可怕的」二十一條及「當你最困難的時候」十條：

人生最可怕的：

1. 無品——禽獸之流。

2.無志——落伍腐敗份子，不爭氣、不長進的寄生者。
3.無禮——不守紀律，不守範圍，自以為英雄，不過土匪而已。
4.無恥——喪心病狂，無所顧忌，軍閥的爪牙，官僚的走狗，漢奸的附庸。帝國主義的幫兇，國家的罪人，老百姓的死對頭。
5.無膽——屋子裡磨刀，見人跪倒的懦夫，老鼠一樣的可憐蟲。
6.無識——頭腦空虛，人云亦云，被別人牽了鼻子走的傢伙。
7.無氣節——可以威脅，可以利誘，沒有骨頭的軟體動物。
8.無靈魂——沒有思想，沒有信仰，沒有道義的飯桶草包，行屍走肉。
9.無擔當——擔不了責任，挑不起困難，專門依賴旁人的低能力者。
10.無良心血性——麻木不仁，狼心狗肺之徒。
11.可死不死。
12.應當自殺而不自殺。
13.貪汙。
14.動搖。
15.投降。
16.虛浮輕薄。
17.敷衍苟且。
18.畏怕艱難。

19.態度為灰色蟲。
20.工作如營混子。
21.心死氣餒，一敗不能再戰。

當你最困難的時候：

1.我們在最困苦艱難的時候，無論如何沉重，如良馬一樣，千萬不要倒地。
2.經濟壓迫，工作困難，環境惡劣，正是革命青年建立品格之時，要充實我們的人格，堅定我們的意志。
3.在困苦的時候，思想、志氣更應崇高，不許向部下借錢，或向別人求助，環境愈困苦，志氣就愈高。
4.困難中出現動搖，向後轉，不想再幹，必須提防此種消極心理。
5.遇到困難，不要遲疑猶豫或討厭畏縮，必須立即迎接這種困難。
6.在危險的時候，只有出之以堅忍，才不會被滅亡。
7.我們聰明失敗了，天才沒有了，但有一種東西可以恢復，那就是「忍耐」二字。
8.在戰鬥危急的時候，不動搖，不後退，這是革命的軍人。
9.忍耐到最後五分鐘，才能得到勝利。
10.前後左右四面均受包圍，這時候才正是足以表現我們能力的機會。隨時倒地，潰敗下來，是最可恥的事，你們要特別注意。

三月十八日講評七分校學生演講比賽會餐後，講述軍人不能完成任務應自刎十一條。

四　戰區變更

三十年四月，徐達少將在浙江招考十七期十二總隊，新生分三大隊先後到達王曲。七分校每年在各地招收青年學生，無論幹四團及十六期，凡江浙學生，於金華集結後到長沙，可水運北上抵老河口，入陝。道途暢通，並無困難。然該總隊第一大隊於二十九年九月十八日自金華出發，至萍鄉時已聞沙市、宜昌失守，因之水道不通。該大隊遂南入衡陽，經廣西、貴州、四川橫貫七省，至三十年春始由川入陝，夏、秋、冬、春四季皆在途中，後之二、三大隊亦經此一路線而行，萬里跋涉，堅志不撓。另十四總隊係在山東陷區招考，穿越日軍間隙，又隨時警覺共軍之偷襲，此二總隊為全國十七期中最遲編成之總隊，忍受飢寒疾病，初志不折，一心只為抗日復國，克盡艱辛，其所受之苦難，較之其他各總隊又有過之也。

五月四日，先生鑒於日軍侵華戰局之變遷，重作部署，調二十八師增加河防，守大慶關，而將七十八師調郃陽為戰略部隊。五日調整暫五十二師，暫十五師陣地，由總部墊款五十萬元，構築各地城防工事，為固守西安、咸陽、三原之準備。由於豫南戰況緊急，五月六日先生決定以十七期第九總隊，軍官總隊，教導第一、第二兩團守西安城防。十日中條山戰況緊促，七分校學生隊必要時皆納入戰鬥序列，故十二總隊新生入伍開學後，即行持槍射擊教練及野外戰鬥，將徒手制式教育進度刪除。二十四日先生至潼關視察工事，二十五日至朝邑看老黃河第三陣地及朝邑城防工事，二十七日至郃陽，對七十八師官長訓話後至韓城之禹門，上帽子山視察工事，二十八日視察南麓陣地後回至大荔，與部隊僚屬研究殲滅日軍傘兵部隊之作戰對策，三十日在總部檢討河防部署及南山準備事項，三十一日視察咸陽工事位置，並在茂陵講評。

六月七日，日軍以原在晉南之三十五、三十六、四十一、三十七，四個師團之兵力，進犯中條山。中條山東西一百五十公里，南北約五十公里；前扼山隘，背臨黃河，國軍配置於中條山中，為確保黃河北進之各渡口，在晉日軍由北而南被阻於中條山，雖累次進攻，均被我守軍擊退，此次復徵調二十一師團及第三、四、九各混成旅團及騎兵第五旅團，總兵力約十萬餘人，向中條山攻擊，激戰十日，敵死傷慘重，不能寸進，及施放毒氣，我新編二十七師師長王俊、副師長梁希賢及參謀長陳文祀等，均陣亡殉職。先生聞其部隊已由孔令恂率領過河之訊，慮日軍之乘機尾隨南下，乃即命七十六軍李鐵軍部當晚東開潼關附近，為增援第一戰區之作戰。原守孟津河防之一九六師，全師東開張茅，由副師長葉成率五八六、五八八兩團至茅津渡，與日軍遭遇，損失甚重，乃退守黃河南岸，旋即令開關中整補。

六月下旬，中央調整戰區，陝西、甘肅兩省原劃分為第十、第八兩個戰區，第十戰區司令長官蔣鼎文駐西安，第八戰區司令長官朱紹良駐蘭州，先生自二十七年入陝後即隸屬於第十戰區，至此，第十戰區奉命裁撤，自黃河以西，秦嶺以北，皆劃入第八戰區，先生所統率之第三十四集團軍第一、第十六、第五十七、第七十六、第九十各軍，悉隸屬第八戰區，受司令長官朱紹良指揮節制。

先生自二十二年率第一師入甘，未幾，朱紹良來任甘肅省主席，兼駐甘綏靖主任，又共同敉平孫魁元入侵之亂。朱長官素器重先生，愛護依畀尤深，先生亦奉命惟謹，當年先生在隴南行政教育、建設諸措施，朱主席亦極為欣賞，而對朱公政治聲望均有助益，故自戰區變更後，關中之事朱長官一以委先生，而先生之志業遂亦日趨恢宏矣！

五 動員指揮部之成立與撤銷

三十年初，關隴地區負責戰備正式建制部隊，僅有先生一個集團軍，轄三個軍，而作戰地境東自陝州，沿黃河西進，北至宜川，正面長達一千一百華里，為抗日河防戰線。自宜川沿黃龍山麓經洛川囊形地帶，至甘肅環縣，為陝北隴東封鎖線，最初沿線僅有少數守軍盤查，招待過往軍民。自前年新四軍叛變，共軍在延安常發生蠢動南犯，乃加強戒備，始有封鎖線之名，計長一千三百華里，而戰區西境接河西走廊，南沿秦階漢沔秦嶺而至伏牛山，東西龍駒寨、潼關、函谷關等戰略要地。頻年以來，東則警訊頻傳，時有增援之命；北則共軍狡頑，更煩鎮懾之勞，而地居戰時首都之上游，動關抗戰之成敗，而先生以一個集團軍力撐其間，每感防廣兵單，左支右絀，苟不能阻敵西犯，防共軍南侵，則關中一有動搖，西北遂至靡爛，此豈尋常軍事得失所能計也？先生深思焦慮，自感對國家民族責任之重大，尤其抗戰以來，名為全面抗戰，而民眾尚未動員；甚至軍隊苦戰於前，民眾逃散於後，例如淞滬戰役，難民塞途，反礙軍隊行動，敵間謠言一起，村民逃亡一空，軍隊不得民眾支援，轉以影響士氣；如能善用民力，以配合軍隊作戰，既無後顧之慮，更得支持之力。念自二十一年在霍山、三王河剿共，組訓民眾，抗敵自衛，成效斐然，可為例證。

緣此迭與僚屬梁幹喬、蔣堅忍、顧希平、羅澤闓等人籌商組訓民眾，協助守備辦法，轉呈蔣長官鼎文亦准辦理。自元月間得第三戰區解決新四軍叛亂之訊，更慮陝北有所蠢動，戒備不能不嚴，乃於二月上旬開始組織動員指揮部於西安崇廉路，請蔣長官兼任指揮官，下設四處及邠洛、商同兩區指揮部，邠洛區指揮部設耀縣，訓練動員封鎖線以南各縣民眾，梁幹喬任指揮官；商同區指揮部設大荔，訓練動員河防以西各縣民眾，蔣堅忍為指揮官。

邠洛區地境遼闊，關山隘口，皆與陝北共軍共之，共軍隨時可以度越，需兵尤眾。梁幹喬苦心擘劃，先訓練沿線保甲長，以束伍、盤查、清諜、交通、運輸諸法，依次及於當地之壯丁；由北而南，由急而緩，數月之間，成效大著，民皆知如何防敵之偷越也。中共為之恐惶，遂縱反間播為謠言，或捏造姓名控訴梁指揮官，譸張為幻，無所不至，而蔣長官不為所動。

六月下旬戰區調整，蔣、熊對調任職，蔣長官交卸陝西省主席，改兼西安軍令部辦公廳主任，而熊斌由西安辦公廳調任陝西省主席，熊於接事之初，即以動員指揮部妨礙陝政統一為言，先生數至熊邸解釋之。至九月，熊調蔣堅忍為大荔第三行政督察專員，暗示停止動員訓練之事，如有必需者，亦須以專員名義行之。旋自重慶來電，亦以為言。至十二月先生尊重熊主席之意，準備撤銷動員總指揮部，斯共軍之反間宣傳皆為中樞之所取，實令人可悲。二十一日，軍政部派駐西安辦事處主任猶國材，八十軍軍長王文彥等，皆以民眾動員工作不宜中斷。猶主任更力言兩區動員工作甚佳。二十五日，先生令參謀長盛文建議邠洛區動員指揮部裁撤後，仿邠洛區例派梁幹喬為耀縣第四行政督察專員，熊亦不允，堅持動員指揮部與區指揮部一律裁撤，陝北民眾動員工作，遂於是年年底結束，訊至延安，中共領導人舉酒相慶，謂反間策略成功，比之打一勝仗更有價值云云，殊堪憾嘆者也！

六　建議擴編集團軍

先生認為對日抗戰，我軍之戰力，應擴展於敵後，以民族大義，策反偽軍，並爭取陷區青年及邊遠地區之防衛，三十年一月十二日派郝鵬舉赴包頭，策反偽軍反正，三月二日致函孫殿英，勉以大義。並派魏晉言赴綏遠聯絡。七分校主任教官洪軌，戰幹第四團辦公廳主任邱是膺建議，選定學生五百人經營淪陷區工作問題方案，旋因糧餉無法解決，事不果行，而先生籌劃晉南，晉東南戰幹四團學生敵後工作隊編組，亦因晉、豫兩方皆因戰鬥地境關係不能同意而止，惟對秦啟榮之回山東，先生仍力予資助，對定遠營之事，亦派譚輔烈主持，曾與羅歷戎、劉林等多所籌議。榆林孤懸陝北，時為中共所覬覦，先生視之為戰略要地，共軍若有蠢動，榆林可拊其背也，乃派董釗前往，長期聯絡，獨當時未見顯效，然對共軍而言，不得不有後顧之慮。

三十年春，晉、豫地區戰後極待整補之部隊，陸續開入關中，交由三十四集團軍予以整補者，有新七軍、二十七軍、八十軍，及四川調入關中，隸屬於先生督訓之十二軍，此時在先生統率下有十二個軍之眾，而三十四集團軍建制為第一軍，第十六軍，第九十軍等三個軍，已超制二倍；軍委會以為言，而忌之者尤眾。於是先生於六月二十七日呈請編為三個集團軍，以第二十七、三十六、七十六及九十三四個軍編為一個集團軍（第九十三軍此時駐洛陽附近，隸屬於第一戰區），以宋希濂為總司令，劉戡、李鐵軍副之；以第四十二軍（駐蘭州歸第八戰區長官部直屬），第五十七軍（駐隴東），第八軍及新第十二軍為一集團軍，以王敬久為總司令，李延年，董釗副之。以第一軍、第十六軍、第九十軍及騎兵第三軍為一集團軍，先生繼任總司令，陶峙岳，范漢傑副之。

七月十七日奉軍委會銑電指示，對六月二十七日所呈編組三個集團軍之計畫，認為未妥。先生經再三研討，乃以巧電呈復，以三十六、七十六軍及新七軍編為一集團軍；宋希濂為總司令，李鐵軍副之。以第一軍、十六軍、九十軍為一集團軍，先生任總司令，陶峙岳、董釗副之。以第三軍、四十二軍、第五十七軍為一集團軍，曾萬鐘任總司令，陳鐵、范漢傑副之。同時建議一九一師師長吳允周調任騎兵第三軍副軍長，總司令部參謀長羅澤闓調一九一師師長，預備第三師師長周開勛為五十七軍副軍長。以王繼祥為第三師師長，王之宇為第十九補訓處處長。至是年冬，各軍師長皆已奉准，而各集團軍編制仍未能決定。

七　東援豫西

三十年七月下旬，先生再度東巡，二十二日檢查潼關老牛頭工事。二十七日檢閱獨立渡河工兵第三團。二十八日檢查朝邑城防工事及大慶關平民縣陣地。二十九日在朝邑講評。

八月十八日先生再度視察咸陽工事。九月二十三日第三次視察朝邑大慶關陣地，並令工兵第三團舉行架橋演習。二十四日視察潼關砲兵陣地。

九月敵以第三師團、第四師團、獨立十八旅、第十三師團之一一六聯隊，三十三師團之一部，獨立第十四旅團三個大隊，獨立砲兵、工兵各一聯隊，會同鄂南湘北第十四、第六兩師團，汽艇百餘艘，飛機百餘架，總兵力約十二萬人，由第十一軍軍長阿南維幾指揮，發動大雲山、洞庭湖戰鬥。

九月十七日拂曉，敵接近長沙外圍，我軍逐次抵抗後即向撈刀河、瀏陽河決戰地區分別轉移，誘敵深入。二十六日敵分途進入東南，另一部由春華山迂迴長沙，企圖包圍長沙，主力向長沙猛犯。二十七日，傘兵百餘人在長沙附近降落。至二十八日下午六時，一部曾竄入長沙城內。此時我援軍先後到達，將敵層層包圍，猛烈圍殲，由於敵後方聯絡線均已為我軍切斷，其少數快速部隊及便衣隊，經渡頭市向珠河流竄，均經我先後消滅，敵恐慌萬狀，於九月十三日開始突圍北潰，我追擊部隊啣尾猛擊，斃敵甚眾。十月八日渡過新牆河、汨羅江，恢復原有態勢。是役斃敵四萬一千五百餘人，俘獲二六九人，步槍一三四七枝，機槍三十八挺，山野砲六門，戰馬八七一匹，裝甲車八輛，擊落敵機三架，擊沉汽艇七艘。是為長沙第二次會戰大捷。

在長沙會戰日軍已呈不利之時，復以一一〇師團、三十六師團各一部，會同豫東之三十五師團暨獨立第四旅團一部，配屬化學兵隊及戰車、重砲、飛機等共約五萬餘眾，於十月二日拂曉前分三路在界馬、大黃、琵琶陳、榮澤口等地，渡汎進攻鄭州，其左路之寇，被我軍阻於中牟西南；右路之寇，亦被我軍阻於榮澤西南地區；其中路日軍以毒氣攻擊，四日陷我鄭州，斯時其左路之敵亦陷我中牟，進至鄭州會合後，西竄須水鎮，另一股竄至十八里河。

十月六日先生奉命東援，即命七十六軍軍長李鐵軍率部出潼關入豫，參加第一戰區作戰，並命一六七師開陝州，歸屬七十六軍序列由李軍長節制指揮。九日李軍長到達靈寶待命。

十三日我軍反攻，一度攻入鄭州及中牟，雙方攻戰激烈。我軍不斷增援攻擊，至三十一日始克鄭州。十一月四日鄭州東北之敵潰退，汎東之寇經京水由黃河鐵橋南端西竄，我軍即分路圍殲，戰至六日，日軍藉重砲兵之掩護，分別退據中牟及邙山頭，形成對峙。旋奉委員長蔣公電示：「鄭州之敵後退，李軍回防。」並密令：「警備陝北共軍之蠢動。」七十六軍乃於十一月上旬回駐關中。先生曾於二十七年五月豫東參與蘭封之戰，九月參與豫南信羅之戰，此次雖未與敵交綏，而師至豫西，可謂第三次增援第一戰區也。

八　黃河東西對峙

龍門山橫亙陝、晉二省，自大禹治水鑿開龍門口河床後，該山就分為東西兩山，東龍門山屬山西，西龍門山屬陝西，龍門口後人為紀念治水功績，亦稱禹門口，此處為黃河最狹之處，黃河之水經禹門口直瀉南下，急流如萬馬奔騰。日軍自長沙會戰、鄭州會戰二次潰敗後，增兵晉西河津。十月二十五日西犯，二十七日犯東龍門山，經我軍激烈苦戰，東山、船窩、史家灘等陣地陷落。二十八日帽子山，夏嶺亦告失守。至三十日，東龍門禹王廟及西端反斜面陣地尚為我軍所固守，渡口仍在我軍控制之中。待敵喘息之間，我軍反攻獲捷，三十一日我軍已確保禹王廟，控制渡口。

十一月上旬，日軍不斷增援西犯，守軍預備第一師第二團團長夏姚村，未遵指示，擅自變更陣地，致影響戰局，十一日東禹門全部陷落。

先生顧慮日軍將由韓城西渡，乃令預備第三師接替河防，九十軍集中集義鎮附近。十二日，派陶峙岳為河防總指揮，令其在一個月內完成一切戰備；十三日，先生召集河防總指揮陶峙岳，河防總指揮部參謀長曾克穀，總部參謀長盛文，參謀處長李汝和等人，指示東龍門失守後，應盡一切力量，鞏固河防工事，確保戰略據點：韓城、郃陽、集義鎮等處，由陶總指揮負責，限一個月內完成工事及一切戰備，並令將夏姚村由軍法審判，經判處死刑，即行槍決，以為喪師失地者戒。從此晉、陝二地，隔河對峙，寇雖累欲西渡，均經我河防部隊擊退，寇悉陝地河防肅然有備，終不敢西進。

十一月十三日，先生督導僚屬，積極進行南山屯糧、屯彈及臨潼、滻橋、南山等接合部陣地編成，與西安巷戰工事，並令在南山屯糧，於六月間曾電請中央撥款八千萬元，一次屯糧二百萬包，因中央財政支絀未成事實，先生仍設法逐次存貯，以應戰備需要。

抗戰已進入第五年，在戰略、政略上亦已進入第二階段時期，在第一階段時期，保存實力，延長戰線，以消耗日軍國力；在第二階段時期，必須守必固，攻必克，並以游擊於敵後，由點線發展至面的戰爭。先生之戰術觀念，是守必須死守陣地，殲滅來犯之寇賊；攻必衝入敵陣，擊潰敵寇之頑抗。自參加戰役以來，雖已身為軍長、師長，總必躬臨第一線上，親冒矢石。先生此次對咸陽、西安工事之重視，雖未明言乃係謹慎戒備於萬一，而已抱有城存與存，城陷與亡之決心矣！

九　將校訓練班

先生自二十七年統率第一軍入關中，旋增編第十九軍、第十六軍、第七十六軍，共轄四個軍；至三十年，各部隊調入關中隸歸先生督訓、整補之軍，連同原四軍外，共達十二個軍，儼然為一方重鎮；先生以國事為己任，以各軍群集關中，久缺訓練，對戰術經驗各懷成見，思想見解，尤須統一，乃於王曲成立第三十四集團軍將校訓練班，調訓各部隊營長以上軍官，每期十五天，並請朱長官蒞陝主持，定名為第八戰區將校訓練班，第一期十月二十五日開始，十一月七日結業；第二期十一月十七日開學，十二月一日結業。每日清晨參加升旗講話，下午參加各項戰鬥演習。先生在將校班講話其要旨有五：

㈠每日訓練口號：

1. 抬起頭來。

2. 挺起胸膛，豎起脊梁。

3. 立定腳跟。

4. 人格第一。

5. 紀律至上。

6. 戰績為先。

㈡精神教育與軍人人格：

1. 勝利心、榮譽心。

2. 孤注一擲與冒險。

3. 確實性。

4. 強韌的意志與澈底的行動。

5. 犧牲精神。

6. 信仰心。

7.責任心。

㈢幹部與風氣：

1.當年曾國藩湘軍的風氣。

2.委座在歷次戰役檢討訓示。

3.對委座檢討之感想。

4.轉移部隊風氣：

⑴寧使自己凍死、餓死，寧使自己妻子窮死、苦死，絕不吃空、走私、貪汙，做不到的自殺。

⑵愛民第一，絕不拉夫、拉騾、拉車，絕不強佔民房，騷擾地方，欺凌百姓，做不到的自殺。

⑶死字頂在頭上，受命不辱，輕傷不退，被俘不屈，做不到的自殺。

⑷以赴湯蹈火的精神，發揮對長官、對同志、對友軍的道義，絕不坐視上官被俘而不救，坐視友軍失敗而不援，坐視同志戰死而不掩埋，坐視主官陣亡而不能搶回屍體，做不到的自殺。

㈣執行本班術科訓練之注意：

1.術科科目各部隊實施時欠確實者八項。

2.不易演練必須變通方法演練者七項。

㈤第八戰區將校訓練畢業學員信條：共十二項。

十二月二日，將校班訓練結束，朱長官回蘭州，是日五時三十分，先生送至咸陽，朱長官指示七點：

1.黨國前途決定本集團軍建軍能否成功為準，在建軍未完成前，應避免一切摩擦，現事功未成前而各方皆已畏懼，甚為不當。
2.在軍事上應有肺腑肝膽之人，而在政治上尤為需要，應竭力物色。現在所有之人，大都招搖之人，絕不能共患難。
3.經濟人才，一無所有，辦大事而無經濟之人，如何能成？
4.本地人極力存貯而寶貴之。
5.應有師友方能有成。
6.山西情況如何，不宜派兵過河，一過河而敗，敵人隨之過河，關中坐敗矣！且過河不能消滅敵人，亦不能拔一據點也。
7.異黨南下之時間，在河防失敗之後。河防不失敗不致南下，現時收復囊形地帶，亦殊不當（三十年十二月二日先生日記）。

是年第七分校及三十四集團軍總司令部舉辦之短期訓練，尚有第一、第二期砲兵訓練班，戰術研究班，集訓總隊，第五、六期通訊訓練班，重武器訓練班，第三期參謀補習班等。主在精神訓練，以統一思想觀念。另為求蒙藏地區之經營，成立邊區語文班。先生對短期訓練極為重視，不時到各班隊點名訓話，主持開學及結業典禮。

一〇　長官舊友訪晤

三十年元月十五日，先生曾往西峽口，會晤湯總司令恩伯，午後同謁南陽抗敵自衛團司令別廷芳墓。二十五日在大興善寺晤朱慶瀾將軍，大興善寺距西安永寧門二里，距小雁塔總部半里，為密宗名剎，亦為唐玄奘譯經處。

三月八日何應欽總長偕孫連仲、蔣緯國來陝，先生迎於車站，十六日陪何總長至華縣，檢閱第一師，臨時變更檢閱科目為伏兵戰及士兵問答等小動作。十七日送何總長東行。十八日迎朱紹良長官在常寧宮，檢閱河西大操場學生總隊，訓話後，並偕王宗山、蔣緯國陪同朱長官遊大台；十九日至咸陽送別。

六月二日為調回二十七軍軍長范漢傑事，親赴洛陽見第一戰區衛長官立煌，三日相晤金谷園。衛長官介見共黨代表郭人軒。

九月二十六日參加張季鸞之追悼會，先生與張訂交二十五年，張引為知己，每對人言，胡師長為中國最有希望之新軍人。

十一月二十四日于右任回陝，先生親往迎送。

此外公私友誼，相晤宴集者甚眾，計有賈景德、朱家驊、虞洽卿、辛樹幟、江一平、谷正倫、劉廷芳、衛立煌、魯蕩平、滕書同、秦啟榮、高一涵、李嗣聰、楊思誠、陳牧農、馬毅、劉真、葛覃恩、白濡青、黃臚初、凌鴻勳、孫連仲、李人士、徐世等。同學常往西安，經常相見者，則有潘佑強、俞墉等。

一一　三十年國內外大事

民國三十年，抗日戰爭已進入第五年，全國軍民在委員長蔣公領導下，一心一德，共赴國難，雖然物質生活已感到極度困苦，但皆明瞭若抗戰不能獲得勝利，爾後亡國滅族的奴隸生活更難想像，因此在國難期間，同時進行建設，使抗戰建國同時並行。

日軍對我各大城市濫施轟炸，人民死傷，財物損失難以估計，而日軍所需廢鐵，皆由美國供應，美國在華神父，心感難對上帝，乃返美要求勿再供應廢鐵給日軍，而殘害中國人民，而美國鋼鐵大王告以「只要賺錢，與魔鬼做生意亦是應該的。」如此國際道義不存，對侵略者並無積極制裁行動，僅有輿論之同情，而有些國家竟然承認南京偽組織。至二十九年九月二十六日，美國羅斯福總統始下令自十月六日起，對日禁運一切廢鐵。我政府外臨日軍侵略，內有共軍心腹之患，艱苦自勵，以期自助人助，多難興邦。而日軍在華，南北戰線長達數千里，前有國軍拚死抗拒，後有游擊隊活躍，只能在點線上盤踞，廣大鄉土幅員，仍在各地方政府控制之中。全國軍民對最後勝利屬於我，深信不疑，而日軍之戰力，已形困疲之勢，大不如初期之銳利。

•二月：

二月十日台灣革命同盟會在重慶成立，號召台灣人民抗日並策劃光復台灣之任務。三月一日日軍以畑俊六任中國派遣軍總司令。四月十九日敵第五師團主力，由甬江奇襲鎮海，是日鎮海陷落，二十日續陷寧波，二十二日敵入慈谿，二十三日一部竄入溪口，為我守軍擊退，同日日軍陷餘姚，二十六日日軍進佔奉化溪口，被我軍阻於奉化西郊及康嶺一帶，以後浙東寧波，奉化餘姚、慈谿一帶之敵，成為對峙之勢。六月五日，日機夜襲重慶，市內發生大隧道窒息慘案。英、美政府對我國軍堅苦卓絕之抗戰，已表示同情，除同意信用貸款外，並聲明撤銷在華治外法權，根據平等互惠原則改訂新約，此為國父遺囑中廢除不平等條約之心願，已由蔣公在堅苦抗戰中外交上努力實踐，當時我駐美大使胡適之，曾數度訪問美國總統羅斯福，面告日軍侵略之瘋狂，及我國寧為玉碎，毋為瓦全抗戰到底之決心，十五日羅斯福宣稱美國人自願赴華服務之行動，不違背中立法。

・六月：

六月二十二日德國對蘇俄宣戰，七月一日，德、義承認南京偽政府。

・七月：

七月十八日，羅斯福推薦拉鐵摩爾（Owen Latti more）抵重慶為委員長蔣公政治顧問。二十三日法國被迫允許日軍進佔越南，緬甸戰場於焉展開。二十六日，美國政府任命麥克阿瑟（Douglas MacArthur）為遠東軍總司令。

・八月：

八月一日美空軍志願隊（飛虎隊）成立，陳納德任總指揮。十三日航空委員會公布四年來擊落日機一千五百架，斃日空軍一千二百人，俘虜六十九人。十四日羅斯福、邱吉爾會談後發表《大西洋憲章》八款。二十六日美派軍事代表團來華，馬格魯德少將任團長。

・九月：

九月三日國軍攻克福州。十六日外交部派代表團駐緬甸，以曾養甫為首席代表。歐戰爆發後，德、日、義三侵略國締結同盟，對自由民主反侵略世界壁壘漸趨分明，美國在太平洋政略上判斷對日已無法避免作戰，對我堅苦獨立抗戰之態度已略有改變。同時與日本進行談判，南轅北轍毫無結果。

圖 17：日本空襲美國珍珠港引發二次世界大戰爆發——1941 年 12 月 7 日，日本艦隊飛機三百多架，偷襲珍珠港，停泊在港內之 94 艘及飛機多受損傷或沉沒，死傷人員數千，圖為空襲之慘狀情形。

・十月：

十月九日美國軍事代表團抵重慶。十四日中、美、英代表在香港舉行經濟財政會議。

・十一月：

十一月五日，日本政府政略上之運用，派來栖三郎赴美，協助駐美大使野村進行美、日談判，以鬆懈美國之警覺性。

・十二月：

十二月一日，日軍按預定作戰計畫出動戰鬥艇三艘、航空母艦六艘、巡洋艦八艘、驅逐艦二十艘，各式飛機三百餘架於八日（星期日，時差關係美國時間為七日）凌晨一時，開始對美國檀香山珍珠港發動偷襲，珍珠港的美國驅逐艦和陸軍設置之雷達網，曾發出敵機來襲警報，惜心理上皆未作充分注意與戒備，一〇五架日機經兩小時輪番轟炸結果，使美國停泊在該港九十四艘艦艇中，被炸沉或損壞的戰鬥艦八艘、巡洋艦三艘、驅逐艦三艘、其他艦艇四艘、機場飛機被毀一五五架、炸斃官兵三、三三五人。美國在太平洋僅有二艘航空母艦，是時適值出巡在外，得以倖免，日本方面僅損失大型潛艇一艘、小型潛艇五艘，來襲飛機三六〇架，僅損失二十九架。日本同時對美、英宣戰。同日，日機狂炸香港、菲律賓、新加坡等地，並進兵曼谷，泰國投降，越南法軍被迫與日軍成立軍事同盟。英國、加拿大、澳洲、荷蘭、自由法國、希臘等國同時對日宣戰。太平洋戰爭爆發，委員長蔣公邀美、英、蘇三國大使談話，並提交書面建議，表示中國決不惜任何犧牲，竭全力與英、美、蘇及其他友邦對侵略者共同作戰。九日國民政府正式宣告對日本宣戰，並聲明對德、義立於戰爭地位。

一二　第三次長沙大捷

三十年十二月十二日，日軍佔領九龍。十六日蔣公接受美國總統羅斯福建議，定期在渝召集聯合軍事會議，商討至統一指揮實現軍事同盟。是日日軍佔領澳門。十八日，日軍佔領檳榔嶼登陸香港，該地英國衛戍軍一萬二千人，死傷三分之一以上。二十五日，港督楊格遂向日軍投降，日軍並積極地席捲東南亞各地，西南太平洋之珊瑚島，印度、澳洲、紐西蘭，皆遭受瘋狂威脅。二十日，美國空軍志願飛虎隊在昆明首次與日機空戰獲捷。二十二日，中國國民黨五屆九中全會通過「授予總裁全權，以期迅速完成抗戰勝利，建國成功案」。

二十四日，日軍為防我增援港、九，策應盟軍之作戰，乃以第三、第六、第四十師團集中七萬餘眾兵力，發動第三次長沙會戰。分八路渡新牆河南犯。時在新牆河南岸守備之我軍為二十七集團軍總司令楊森。除留一部與敵保持接觸外，主力轉向周圍地區。二十七日敵強渡汨羅江至三十一日竄至撈刀河。至三十一年元月一日敵以兩師團兵力開始向長沙猛撲。我守軍士氣旺盛，沉著迎擊，鏖戰四日，我陣地屹立不搖。並依原定計畫四周伏兵對敵反包圍，敵以傷亡慘重，且後路斷絕，乃於四日晚開始向東北突圍，分經春華山、臺仙橋、石子舖北竄，因在我重重包圍下，撤退困難。敵為挽回危局，乃派獨立第九旅團南下接應，於五日到達花門橋、春華山及福臨舖以北地區時，遭我在金井、福臨舖、栗橋一帶之部隊迎擊，激戰至八日，敵第九旅團全部被圍殲，尚不克與主力會合已為我軍各個擊破。

北潰之敵，渡過金井河、撈刀河後，大部經楓林港、麻林市等地，另一部經興安舖、青山市北竄，經我軍緊緊圍擊，敵始與我九旅團殘部會合，分向汨羅江逃竄，我軍除以萬倚吾、歐震、陳沛各軍正面追擊外，並以各軍由左右行超越追擊；至十五日夜，新牆河以南殘敵全部肅清，恢復會戰前之態勢。是役傷斃日軍五萬六千九百餘人，俘敵一三九名，馬二七〇匹，步騎槍一、一三八枝，機槍一五一挺，砲十一門，手槍二十餘枝，無線電九架。

當歐戰發生後，法國未及百日，戰敗投降，其維琪政府於二十九年六月二十日停止我國在越南之交通運輸，英國繼之，三個月內停止軍械、彈藥、汽油等戰略物資，取道緬甸輸入中國，我國唯一國際交通線，因之斷絕。日軍以為民主國家畏懼，益肆無顧忌，由於其國內物資不足，尤以汽油、廢鐵、糧食、橡膠為甚，乃決心進兵南洋，掠取戰略物資。以拯救其在中國戰場之長久耗損。

太平洋戰爭爆發，亞洲、歐洲之戰爭，遂一變而成為第二次世界大戰。自由同盟與帝國軸心兩大集團，壁壘分明，至此九國公約，《大西洋憲章》已為各國輿論所引用，一致譴責日軍暴行侵略。我國之抗戰「德不孤、必有鄰」，已邁入於一新階段，最後勝利在望，民心士氣，益為振奮。

日軍利用越南、泰國為基地，侵犯緬甸，三十年十二月三十一日我派遠征軍入緬，協助英軍作戰。

一三 東渡訪晉閻

民國三十一年一月一日，中、美、英、蘇等二十六國，在華盛頓發表反侵略共同宣言，聲明接受《大西洋憲章》，決心對軸心國作戰，絕不對敵單獨媾和，而中國被明認為世界四強之一，國際地位驟形提高。二日軍事委員會公布，中國軍隊已開入緬甸協防。日軍進犯菲律賓，攻佔馬尼拉。三日同盟國宣布，推委員長蔣公出任中國戰區（包括越南、泰國及將來可能為盟軍控制區域）最高統帥。十一日日軍佔領吉隆坡。二月八日日軍登陸新加坡，十五日星洲陷落，英國守軍投降，被俘六萬人，內英軍一萬三千人，澳洲軍一萬三千人，印度軍三萬二千人。日軍進入新加坡慘殺華僑十五萬人。

戰爭局勢，急切轉變，由我國孤軍奮戰而進入盟軍共同參與之世界大戰，西北形勢之確保穩定，益形重要。一月十五日先生自西安經部陽至韓城，視察西禹門工事。

一月十七日奉委員長蔣公電話：「閻長官（錫山）要你過河，你可去也，如日軍壓迫二戰區，我可多派部隊過河。」十九日下午四時，先生到達宜川，決定偕陶峙岳、許用修、馮龍、李汝和、賈貴英等同行。二十日啟程赴二戰區堅守要地之克難坡司令部，經十里坪、秋林至桑柏。閻長官派騾馬下山來接，過鐵索橋，經龍王廟、壺口、馬糞堆而抵克難坡。克難坡係閻長官錫山經營二年來之獨立據點，依山為窰，多不可計，約可容數千人。

到達山口，門顏曰「鐵崗」，沿途陡峭，懸崖險要，騎馬上山，馬不勝力，乃徒步登行，可見數千人在克難坡上遙望迎賓，王靖國、郭載揚、孫萃崖、趙承綬及軍樂隊，皆在寨門迎候，同至招待所；下午六時閻長官招宴，宴畢談話一小時半，據先生日記所記：「閻長官態度從容，言辭謙下，精神旺盛而動作適當。」

二十一日見梁化之、王之傑。十時閻長官再約談一小時半，十二時見趙戴文，下午三時談話至五時，六時應趙戴文之宴，座有各總司令及梁化之，八時洪爐演劇，以娛嘉賓。

二十二日六時離克難坡，王國靖、孫楚、趙承綬、郭仰汾、楚溪春、梁化之等先來寓送行，至砦外，中途趙戴文以七十六高齡有病之身，亦來送別。先生日記云：「其熱烈忠誠與對中央熱望之忱，現於顏色，見於行動，真有桃花潭水深千尺之感。」

行至砦外時，軍樂悠揚，乃與送者握別，馬燈前導，緩步下山，天明乃就道，騎馬至壺口，見黃河激滔，飛沫為霧，先生日記云：「**如萬馬奔騰，真偉觀也，黃河雖屬冬眠亦在怒吼，吾輩軍人，能不興起**。」十時至桑柏午餐，乘汽車回宜川，二十三日回韓城電呈蔣公，報告河東情形，由於晉西物資不足，並自撰電文，請令閻長官渡河移駐陝境。

一四　晉升副長官

抗戰軍事部署，於二十八年一度調整，除原設戰區外，另在各地設有軍事委員會委員長行營，為統一南北兩戰場各戰區起見，除設立桂林、天水兩行營外，其餘廣州、西安、重慶各行營一律撤銷。至於天水行營，原定設在天水，故名天水行營；後因其地偏遠，乃至設於西安市，統轄第一、第八及冀、察、蘇、魯等戰區，至二十九年六月設在西安之天水行營裁撤，改設軍令部辦公廳，主任初為熊斌，後調陝西省主席，第十戰區司令長官蔣鼎文兼任辦公廳主任。三十一年三月十五日，第一戰區司令長官衛立煌調緬甸遠征軍總司令，中央調蔣鼎文為第一戰區司令長官，任命西安辦公廳主任由第八戰區司令長官朱紹良兼任。朱長官遠在蘭州，先生兼代主任，三月二十三日，谷正鼎等迎先生至五岳廟門街西安辦公廳，代行廳事。

此時關中軍隊，多至十二個軍，已非三十四集團軍指揮能力所及，於非正式建制下之指揮，難生良好之功效，且忌之者，頗多閒言，先生繼續研擬關中之部隊，分編三個集團軍方案，於元月八日再行呈報軍委會；至三月間，始奉核定，分編為三個集團軍，任命先生為第八戰區副司令長官，時年四十七歲，副長官仍兼任三十四集團總司令。

第三十四集團軍轄第一軍、第十六軍、第九十等三個軍，駐關中，任陝東河防及陝北，隴東封鎖任務及關中之警備，至九月先生解除集團軍總司令職，由副總司令李延年繼任總司令。

第三十七集團總司令陶峙岳、駐三原，轄第三十六軍、第四十七軍，第八十軍等三個軍。范漢傑於三月間由晉東調回後，任三十四集團軍副總司令，至是，三十八集團成立任總司令，駐平涼，轄第三軍、第十七軍、第四十二等三個軍。

至九月李延年升任總司令後，因之三十四集團軍各軍師長亦略有調動。第一軍軍長韓錫侯調河西，由張卓繼任；七十六軍軍長李鐵軍調甘肅第三集團總司令，警備河西走廊，準備入新，軍長由廖昂繼任；新七軍軍長彭杰如調渝，由曹大中繼任；王文彥升任八十軍軍長，劉英（原為十七期十二總隊長）調新編二十五師師長。李夢筆調升第十六軍副軍長，王應尊調二十八師師長。於西安會議後，馮龍調預一師師長，嚴映臬為一〇九師師長，韓增棟為新編三十四師師長。

圖18：蔣委員長主持西北軍事會議

七分校副主任由邱清泉繼任，甚為依重，政治部主任由王大中繼任，教育處長由彭克定繼任。

一五　是夏緬、浙戰況

三十一年二月九日，委員長蔣公偕夫人及隨行人員訪問印度抵達新德里。十七日在加爾各答訪問甘地（Mahatma K. Gandhi），印度總督林里資哥（The Marquess of Linlithgow）聲明，為感戴委員長及對中國軍民英雄抗戰表示敬佩，特定三月六日為中國日。二月二十一日，蔣公結束訪印發表「告印度國民書」，返回昆明。

三月一日日軍登陸爪哇。四日史迪威至重慶，就任中國戰區同盟參謀長，蔣公派其為入緬遠征軍總指揮。七日日軍佔領仰光。十八日麥克阿瑟在澳洲成立太平洋總司令部。

四月一日財政部發行關金券。十日在菲律賓美軍由巴丹半島撤退。十八日美國空軍由杜立特率領轟炸日本東京。十九日我入緬遠征軍克仁安羌，救出英軍及其司令亞歷山大將軍。

五月五日日軍竄怒江西岸惠通橋，與我軍隔江對峙，八日敵陷密支那，十一日陷騰衝，英軍自仰光陷落後，潰不成隊。二十五日總指揮史迪威（Joseph W. Stilwell），擅自離開遠征軍自緬飛印度新德里，二十六日我遠征軍師長戴安瀾在細摩公路陣亡，我遠征軍輾轉經密支那之深山密林向印度東境之列多轉進；當時雨季，山險路滑，補給中斷，人馬通行至為困難，越荒渡險不為敵屈，沿途傷亡者達兩師之眾，英國首相邱吉爾（Winston Churchill）竟絲毫不吝惜，其心可誅。

五月十五日東戰場方面，日軍分由奉化、上虞、紹興、蕭山、富陽等地同時進犯，十六日陷嵊縣楓橋鎮，十七日陷諸暨，並以一部據天台。二十二日陷永康，二十九日以毒氣攻陷金華、蘭溪，六月七日陷衢州。敵在浙贛線上以五師團兵力，配合飛機、毒氣，犯我浙贛各地，我軍均與之激烈抵抗後轉入山區，為期一月，敵死傷亦重，其師團長井田在蘭溪戰役中為我軍擊斃。六月我軍開始反攻，二日克浦江，九日一度克義烏，七月四日克宜黃，九日克南城，十三日一度克青田，十八日克瑞安，二十八日克平陽之方良、八月三日攻臨川，十九日克上饒，二十日克廣豐，二十一日克玉山，二十三日克江山，二十八日克衢州，二十九日克龍游，三十一日克湯溪。

另一路八月二十八日再克遂昌，二十九日克松陽、宣平及縉雲，九月一日克永康。

浙東溫州之寇，見主力失利，於八月十五日撤退，我軍當日克溫州，二十一日再克青田，二十八日克麗水。四月來戰事，除蘭溪、金華及義烏尚在敵佔領外，其他各地已恢復五月中旬

圖 19：民國 31 年 3 月美國威爾基（Wendell Willkie）副總統參觀七分校前，在重慶拜晤蔣委員長伉儷。

戰前之態勢。此次戰役日軍使用兵力十餘萬，企圖佔我東部沿海各地，以減少其本土之空中威脅，賴我守軍激烈戰鬥，卒於將敵之企圖粉碎，且其戰力已呈疲弊矣！

一六　西安軍事會議前後

三十一年八月十三日，先生接到侍從室通知蔣公與夫人來西安候機飛蘭州。十五日在寶雞候機，十六日九時晉謁委座，十七日陪侍委座至西北訓練團訓話。十八日至興隆嶺初見夫人宋美齡女士，十九日陪侍遊棲雲山，宿興隆山廟中受寒患病，至二十五日方能起行，二十七日先生隨朱長官飛酒泉，宿嘉峪關招待所，二十八日在酒泉迎候委座及夫人，晚奉指示，鞏固邊疆及推進新疆工作之要點，並訓示：「蘭州為吾國政治中心，張掖為地理中心，汝等不可視為邊疆而言辛苦。」

二十九日侍委座視察嘉峪關新編十六旅徐汝誠部、邊疆青年訓練班、行政單位、甘肅油礦。三十日侍委座飛張掖，校閱譚輔烈騎兵第十師、騎兵分校。復由張掖飛武威視察葉成之五十八師，召集韓錫侯、葉成、范誦堯等開會，指示建設嘉峪關、猩猩峽、肅州、酒泉等地。九月一日自武威飛蘭州，隨飛寶雞，專車回西安，籌備西安會議。

西安會議在九月六日開幕，十日上午閉幕。委座每日親臨主持，聽取各戰區各軍師長報告，會餐訓話，作重要之指示，要求各戰區首長自立自強，亦要應付戰場需要而發展經濟。

會議期間，覓機巡視七分校，在河西大操場檢閱十七期學生總隊及訓話，並召集大隊長以上人員會餐，餐後指示：「七分校各項設施，完全合於當年新生活運動之要求，各軍事教育機關，應派員來王曲觀摩，希望七分校各項設施為全國軍事教育建立典範。」

九月十三日，先生隨侍委座遊翠華山，祭張季鸞墓。十四日委座傳見，在常寧宮望遠亭門口攝影，下午恭送委座飛渝。

十五日先生奉命招待參加西安會議人員，參觀七分校及陸家墳團攻防實彈戰鬥演習。十八日陪李宗仁、張治中、劉士毅、何國柱、劉茂恩至赤水七十八師閱兵，參觀幕營及各種演習，甚獲各方嘉許。

十月七日美國羅斯福總統之特使，前共和黨總統候選人威爾基（Wendell Willkie）來訪，先生陪往常寧宮，訪問七分校後稱：「美國對貴國抗戰，何以能繼續不衰之原因，始終不解，今日始恍然大悟，原來貴國有如此規模之軍官搖籃，在培養各戰場之幹部。」意態上極為敬佩。下午七時陝西省政府公宴威爾基，夜晚十時乘火車東行。八日坐搖車赴潼關五虎嶂，參觀前線工事。十二時回赤水至七十八師閱兵講話。對緊接前線，尚能有如此安全之火車交通，認為不可思議，對於屏障西北安全，衛護重慶之北疆，至為重要。午後參觀幕營，於抗戰五年後，尚有如此之軍容及紀律，留下深刻印象，下午二時半西行，十七日飛成都。

一七　淬礪奮發

十一月二日，七分校軍官總隊集訓開始，六時先生由興隆嶺騎馬至河西大操場，主持升旗點名，中途馬驚跳躍，墮地傷足，先生未之在意，強忍傷痛，升旗、點名後訓話，所講要點如下：

圖 20：民國 31 年 9 月蔣公在王曲常寧宮與胡主任合影

何謂「幹部」：

選調各位來此受訓，目的是要使各位成為更堅強之幹部，什麼是幹部？幹部是建築之支柱，是國家政令實行者，歷史告訴我們，凡有優良之幹部者，就能成功，否則就會失敗，俗語：「三軍易得，一將難求。」我以為：「良將固然難求，三軍亦不易得。」大小事業的成功，端賴大眾一心，群策群力，絕非一個人或少數人之力量所能勝任，所以我們崇拜的是默默耕耘的團體英雄，不是個人的成名英雄。

平實篤行：

幹部訓練，生活與精神並重，日常生活要下流，精神生活要上流，行動生活要急流。國難期間，人人應自奉儉薄，軍人更應如此。所謂下流，並非無恥下流，而是要把物質享受，儘可能往下看，同時要注意，生活享受雖然壓低，但精神生活，仍要往上看。至於奉行命令，執行任務，要勤勞、要迅速、要確實，要不怕艱難，這就是行動生活要急流。

軍人人格：

我們是軍人，而且是革命軍人，我們要時時刻刻作一個模範軍人。模範軍人要從人格培養開始。一個人如果有專門技術，而沒有堅定信仰，結果必定身敗名裂。歷史上的文天祥就是文人的模範，岳武穆就是武人的模範。文天祥之所以能名垂千古，因為他居官清正，臨難不屈。岳武穆之所以能流芳萬世，是因為他奮勇殺敵、精忠報國。文官不愛錢，武將不惜死，他們可當之無愧。但是我們在國難期間，我們是革命軍人，應當要做到文官不但不愛錢，而且亦要不惜死；武官不但不惜死而且亦要不愛錢，這才是模範軍人之信條。

智仁勇：

智仁勇是童子軍的銘言。智者不惑，仁者不憂，勇者不懼。唯智者才能明辨是非，故不惑；唯仁者乃能親民愛物，故不憂；唯勇者始能不避艱險，故不懼。

平等精義：

很多人誤解「平等」二字，國父說過，國家所賦予的權利義務都是平等的，但是天生的才智，和做事大小及所負的責任都不會平等，這就是立足點的平等。下級要求上級平等，士兵要求軍官平等，學生要求老師平等，工人要求與雇主平等，這是對平等的誤解；身為軍人以服從為天職，各守各的崗位，各負各的責任，誤解平等是一種錯誤，今天特別提醒你們。

忠仁無畏：

「忠」是一個中心思想，一個中心信仰。我們革命軍人，一個中心思想是「三民主義」；一個中心信仰是「領袖」。殺身成仁，捨生取義，是軍人對忠字的最終目的。凡是軍校畢業生，都有校長所贈的一柄佩劍，劍柄鐫有「成功成仁」，隨身佩帶。這個佩劍固可作自衛之用，但主要功用是用以自殺，所以亦稱之為「成仁劍」。我們軍人在戰場上不能達成任務殺敵致果時，就要自殺。陷敵被俘要自殺，有辱軍譽要自殺，延誤軍機要自殺，條例甚多，不勝枚舉，自殺的方式亦甚多，不一定專用成仁劍，不過成仁劍乃是軍人魂與軍人榮譽之代表。

訓話完畢，測驗學員受訓績效，至八時始畢。十時又至政工訓練班訓話。久站數小時，左足之傷大劇，中午又召宴丁樹中談話至三時，方延醫治療，遲誤已久，遂不能行動。次日，第一戰區蔣鼎文長官聞之，介紹洛陽傷科名醫郭燦若來治半月，室中勉可步行而腫未消，後改西醫電療，至十二月中始癒。

十一月十日英國國會議員訪問團來華，抵重慶後決定訪問七分校，先生足疾未癒，未能接待，由朱長官蒞陝主持；彼等對七分校培養幹部支應全國各戰場之需要，驚悟過去英國政府對中國抗戰之古舊方式的認識是一大錯誤，見到七分校能號召全國青年來為抗戰復國而犧牲奮鬥，尤其使陷區青年學子，皆能間關萬里，冒險跋涉，凝聚於一位領袖命令之下，嘆息英國輿論及政府都一無所知。

三十一年五月，中央在西安召開軍需會議，九月又有軍事會議及經理會議。復有程天放率領慰勞團來西安，故中央及戰區來陝人士特多。其餘一般賓客中有王季喬、彭俊彥、郗恩綏、曹世英、張撫萬、胡公冕、翁文灝、劉廷芳、劉光漢、熊彙荃、王德崇、成谷泉、樂景濤、錢公來、席新民、哈達生、哈德成、建甫生、高樹勳、蕭孝嶸、郃爽秋、吳豐農、吳景超、趙丕廉等，先生皆以禮款待，嘗謂崇長敬友之不可怠也。

一八　蔣夫人訪美記要

六月二十二日，外交部宋子文與美國總統羅斯福（Franklin Delano Roosevelt）、英國首相邱吉爾（Winston Churchill）商談中國戰區問題。二十五日外交部長宋子文出席太平洋作戰會議所舉行之特別會議，討論空軍援華作戰步驟。其時我國前後方最大之損害為日機之狂炸。英、美至此已重視我國之抗戰，國際性會議均開始邀請我國參與，而抗戰最為急迫之問題在於制空權之獲得。

七月四日美軍空軍志願飛虎隊，改組為美國第十四航空隊之第二十三驅逐機隊。陳納德將軍改任美國駐華空軍總司令。自此以後，日軍在我國制空權逐次消失，日機之速度、火力，皆不堪美機之一擊也。我全國軍民在日機五年來空襲之黑幕，得以解除。

八月二十二日美國總統羅斯福，邀請蔣夫人訪美。

九月八日行政院院會決議，准駐美大使胡適辭職，以魏道明繼任。

十月九日汪兆銘與日軍特使平沼、有田、永井三等，簽訂日本長期租借海南島及確認華北、蒙、疆偽組織之賣國條約。十日美國在費城獨立廳鳴自由鐘三十一響，慶祝我國建國三十一年國慶。委員長蔣公向全國宣布美、英自動廢除在華之不平等條約。十三日美國總統發表爐邊談話，盟國決對日、德發動新攻勢，開闢第二戰場，以分散中、俄境內敵人之力量。二十六日盟機猛襲香港及廣州之日軍軍營。二十七日加拿大、挪威、荷蘭、阿根廷相繼聲明放棄特權，與我商訂平等新約。

十一月一日，中、印公路自印度之列多開始興築。八日美軍在北非法屬之阿爾及爾與摩洛哥兩地登陸。十七日蔣公在紐約前鋒論壇報發表論文，基於三民主義理論，主張建立平等互賴的世界，以消弭任何帝國主義。十八日蔣宋美齡夫人以蔣公私人代表身分由重慶起程飛美。取道伊索比亞、迦納、巴西於二十七日抵紐約，入長老會醫療中心健康檢查；由於多年辛苦，健康欠佳，需作長時間之療養。至三十一年二月十二日出院。

三十一年二月十八日，由羅斯福夫人陪同訪問美國國會，在參眾二院發表演說，寫下了中國女性在美國國會演說第一人之紀錄。

美國眾議員在蔣夫人演說後提議取消對華移民法案，公認蔣夫人為世界最偉大人物之一，聯名上書蔣夫人認定中國人民勇敢、勤奮、耐勞、誠實、光明、正大之美德，至足為敬。並將此一上蔣夫人書納入國會紀錄。

蔣夫人在國會演說，美國四家主要電台，同時向全美作現場廣播，各大報章亦刊出全文講詞，紐約時報評論：「不斷掌聲、歡呼和讚美，證明中國第一夫人已感化了無數人士傾心於中國。」

二月十九日，蔣夫人出席白宮記者會，除說明中國雖孤立無援，但仍持正義抗拒侵略之經過外，並請美國人民認清中國戰場之重要性。羅斯福總統亦即席發言：「如果美國人民了解中國情形，能像蔣夫人了解美國情形之一半程度，則實在可喜之事。美國將以更多飛機供給中國，同時將要以中國為作戰根據地，以打擊日本本土。」

由於蔣夫人之演說，在英國轉播，博得英人感動，英國駐美大使哈里法克斯（The Viscount Halifax）乃卿英皇喬治六世（King George VI）及皇后之命於二十三日拜訪蔣夫人，洽請可否赴英訪問。

蔣夫人於二十八日離開白宮前往紐約，以後接連在麥迪遜廣場、卡內基大會堂、魏斯里學院、波士頓、芝加哥、洛杉磯、舊金山等地，分別發表演說，呼籲重視歐洲戰線的美國人，把目光投向亞洲太平洋——特別是中國大陸。並主張在紐約成立中、美、英、蘇四國戰後世界委員會。

六月四日赴加拿大訪問四天，在加國國會發表演說，並與加拿大總理金氏會談，交換時局意見。

蔣夫人之訪問演說，在美國掀起狂熱高潮，無數美國人民向國會投書，要求援助中國，無數慰問蔣夫人信函，向蔣夫人致慰問之忱。在美國這種熱烈狀況，並不多見。

蔣夫人訪美期中，與羅斯福總統及其閣員，舉行多次會談，除促請加強中國空軍和緬甸戰區之支援，以及增加中國與印度之空運量外，對於戰後事項並獲致如左之協議：

㈠香港之主權應屬中國，但可劃為自由港。

㈡琉球群島、東北、台灣將來均應歸還中國。

㈢朝鮮之獨立，由中、美兩國共同保證。

㈣美國派兵兩師赴緬作戰，於九月前準備完畢。

㈤關於大連、旅順、台灣，由中、美海軍共同使用，至戰爭結束後美國即可退出。

㈥前國際聯盟交由日本管理之太平洋各島嶼，戰後交聯合國接收，組織暫時共管機構。

蔣夫人以有病之身，風塵僕僕之外交活動，引發起開羅會議之先導，功照史冊。

一九　長夜曙光

三十二年抗戰已進入第六年。自三十年起法幣逐漸貶值，物價上漲，政府改發關金券，每元值法幣二十元。由於戰事之延續，作戰地區擴大，物資不足，而大量人民不甘為奴役，追隨政府到達後方。軍需支出浩繁，財政上仍不能遏止法幣貶值，官兵薪餉無力調整，影響日常生活至鉅，部隊中經費不足，虧累日大，困難亦多，每次會議反映中央，中央亦無力解決。三十一年西安會議時，蔣公指示：「前方問題，前方解決，部隊問題部隊解決，不能全賴中央。」各部隊長及地方人士，認為關中問題，應由關中解決，以關中平原可資生產開發之事尚多，如能利用經營，不無助益。先生乃於下馬陵開會集商，師長以上人員及師管區司令皆參加，遂成立生產事業委員會，制訂章程，呈報軍委會核准，派馬志超、田毅安（皆為陝西人軍校一期）為拼山、渭河兩農場管理處副處長，負實際生產責任，又派汪伏生為戰幹第四團總教官兼任軍毯廠廠長。

第七分校於元月十六日亦成立生產事業機構，資金一五〇萬元，副主任兼董事長，魏予珍為總經理，各部隊在駐地附近利用荒地亦展開養豬、養雞及種植蔬菜，自力更生以補不足。

去秋軍令部派楊言昌少將，率考試官至七分校舉行甄別考試，參加考試者為十七期尚未畢業之第十、第十二、第十四、第十五四個總隊學生。至三十二年元月放榜，不及格者一律淘汰，於是重行編組，十四、十二兩總隊合併為十二總隊；第十五、第十兩總隊合併為第十總隊。第十四、十五兩總隊番號撤銷。編餘人員以志願分配至十八期十五總隊、游幹班、譯電班、中正中學等單位。三月二日，第十、第十二兩總隊學生在湘子河畔之河西大操場集訓，升旗後舉行軍官宣誓，先生親臨監誓後訓示：「在血腥的今天，我們兩千六百五十八位戰士，英雄地站在祖國發祥地之關中，位於終南山下舉行宣誓，這是歷史上一幅悲壯的圖畫，亦是黨國十分重要的大事，從今天起，大家就是主義的信徒，領袖的幹部，中國國民黨的戰士，中華民國的正式軍官……。」在十天集訓期間，風雪不止，先生親自上課，每日二小時，講解「今日的戰士」[1]。

三月十二日，十七期第十、十二兩總隊舉行畢業典禮，教育長萬耀煌將軍代表校長自成都來王曲主持。訓示四點：

㈠認識黃埔軍校的目標——實行三民主義。

㈡該怎樣發揚黃埔精神——成功成仁，親愛精誠。

㈢要繼續不斷研究學術——思想學術，觀念技能要與時代並進，要與年齡並進。

㈣完成國民革命的使命——引述自前一（三十一）年軍校建校十八週年紀念大會校長訓示：「第一期國民革命於民國十六年完成，第二期國民革命於三年內完成。」抗戰形勢已變，強調日軍國力，軍事上已不足再支持三年。

聖者校長，偉者校長，他已有二年後日軍必敗之把握，在苦難的戰時生活中，這句話帶給了七分校師生們的曙光。

三十一年夏，蔣公預知三年後可完成抗戰任務，當時並不知美國原子彈之事，但有資料研判作證據。珍珠港事件發生後，美國對日宣戰，然而對日本國力之研判一再要求我國提供情報，我國留日專攻兵役動員的鄭冰如中將，依據日本全國人口及其兵役法則，刪除婦女再去老除幼，將其二十歲役齡降低為十八歲服役，四十五歲除役年齡延長至五十五歲退伍，則日本全國可服兵役之男子，最大限度為六百萬人；除了國內文官及警察人員，及工農商人員，再統計東北、朝鮮、台灣駐軍外，中國戰場、太平洋各地軍隊總人數，其國內再也無人力資源可供補充。這一個研判資料送達美國後，羅斯福總統來電致謝，稱之為無上珍貴之情報，並言勝利在望（民國四十一年鄭冰如中將在動員訓練班上課時口述）。

圖 21：民國 31 年 9 月，胡將軍陪同蔣委員長、白崇禧將軍視察中央陸軍軍官學校第七分校校區，於河西大操場檢閱第十七期第十、十二總隊畢業生。

圖 22：萬耀煌將軍在七分校校閱後與胡主任及洪副主任士奇合影留念

圖 23：蔣委員長校閱十七期十、十二總隊

圖 24：民國 31 年 9 月 7 日，胡將軍陪同蔣委員長視察中央陸軍軍官學校第七分校校區。

畢業典禮結束，先生召集第十總隊長徐達，第十二總隊長于厚之云：「在畢業典禮中，未發現一位學生動搖，這二個總隊學生很優秀，已能立定腳跟，精神奮發。屹立不動，將來在戰場上一定能達成任務，轉告他們，我對他們期望很深。」

三月下旬，全國各軍事教育機關觀摩人員，奉軍事委員長之命，紛紛抵達王曲黃埔村，參觀七分校教育設施，由軍官教育總隊總隊長楊厚綵（留德）主其事，演習科目有制式及野外教練與陸家墳團攻防實彈演習，參觀團來賓，留下了深刻印象，對七分校克難精神，甚為驚奇而欽佩，一致認為七分校已貫徹了黃埔傳統，故有「黃埔精神在王曲」之評語。

七分校畢業學生分發，由各戰場部隊派員來接領，到達部隊後，每一學生在整個的軍官教育歷程中，回溯感想，沒有求生的記憶，只是告訴應如何去死，不成功便成仁，做了有損人格、名譽的事，就應該自刎。

二〇 三定甘肅

三十一年春，甘肅失意軍人劉羽，僭稱西北各民族抗日救國聯軍總司令，土豪張英傑僭稱西北農民義勇抗日救國軍總司令，聯合河西回匪馬福善，番匪勒巴佛，川北悍匪唐倫，聚眾五萬餘人，倡亂隴南，蹂躪二十餘縣，其口號「甘人治甘，反對徵兵、徵糧，殺盡南蠻子。」初由地方團隊剿辦，皆為所敗，而地方仕紳，多為匪張目，甚至聯絡勾結，故匪所至，無不得逞，因之其勢益張。

三十二年四月，先生曾調李煥南團至岷剿匪，旋又派暫編十五師康莊部入甘，朱長官紹良亦令駐甘之第三軍及青海騎兵旅等派隊圍剿，匪公然抗拒。因於部隊指揮系統不一，各部隊遲延觀望，難能密切協調，反為所損，如是匪焰猖獗。

四月中旬，匪主力竄至榆中，企圖劫奪厝在榆中之成吉思汗靈柩，西蘭公路中斷，蘭州告警，城門晝閉，南門外已有「甘人治甘，殺盡南蠻子」等標語。朱長官乃命先生另派勁旅入甘，重行部署進剿。

先生奉命後抽調河防，暫編五十九師盛文部星夜西開，並派第三十七集團軍范漢傑為隴南剿匪總司令，盛文為前敵總指揮，在隴之第三軍，暫編十五師，青海騎兵旅等部隊，商請朱紹良長官核准，悉歸節制。

盛文率部抵邠州時，建議必須求匪之主力攻擊，窮追猛打，犁庭掃穴，務期一鼓而殲滅之，以奠定西北大後方之安全，否則養癰貽患；倘日軍、汪逆或中共從而勾結利用，則我西北大後方如發生動亂，影響抗戰前途甚鉅；當蒙朱長官及先生嘉可，盛文遂率部西進，先生亦命范漢傑總部移駐天水，就近指揮。此時共軍見我軍有事於甘肅，有蠢動南下之企圖，先生即調第一軍之許良玉七十八師，由華縣、赤水進駐邠州，共軍見我有所備，未敢南下。

叛敵聞中央軍入甘，歛兵於西和、禮縣間之祁山，以待國軍。盛總指揮率部至天水，乃命原剿共第三軍之第七師、十二師及暫編十五師、交警總隊、甘青保安團，分別置於天水、成縣、武都、西固、岷縣、臨洮、榆中、靜寧各線，專任堵擊，防敵逃竄，而將自己統率之暫編五十九師區分為三縱隊，以林馥團為右縱隊，由天水、甘谷至武山向南搜索；溫宗良團為左縱隊，由天水經成縣、武都向北搜索；自率盛鐘岳團為中央縱隊，由天水向禮縣、西和之祁山地區搜索前進。

六月五日，中央縱隊遇回匪主力於西和、禮縣間之馬烏、洮坪、閭井地區而發生激戰，左右縱隊亦先後馳至，遂三面圍擊之。至九日將匪擊潰，斃傷敵兵六千餘人，生俘一萬三千餘人，其殘部北竄者，仍有二萬餘人，然已喪氣。盛總指揮緊追潰敵於岷縣、隴縣之間，又斃傷匪千餘人，餘敵在柏林口、得岷河西岸回匪之策應，遂竄回洮西老巢。盛部追至洮河東岸喇嘛里。其時洮北悍匪唐倫四千餘眾，圖踞良恭附近之蔣家山頑抗，乃示以軍威，曉以大義，誘使其降，並令其隨軍效力，於是匪勢漸解。喇嘛里瀕洮河東岸，水深流急，不能徒涉，又乏渡河器材，盛總指揮乃命臨洮專員何世瑛在臨洮架設兩舟之浮橋以為交通。

六月二十五日，盛總指揮以第三軍之第七師為右縱隊，暫編五十九師為左縱隊，拂曉過洮河西進，至潘家集，陸家集之線集結，時匪已集中在康樂以南之朱家山、白玉山、蓮花山之線構築工事，企圖頑抗。二十六日大雨，右縱隊第七師行十五里而止，未就攻擊位置。匪偵知暫五十九師獨進，右翼無依托，遂向暫編五十九師之正面及右側包圍攻擊，在喇嘛山、鬼笑坡等地展開激戰，回番匪眾，鑽隙而入，攻近盛總指揮陣地，盛總指揮即以重機槍十六挺集中火力薙射之，匪死傷枕藉。

激戰至下午五時許，林馥之團由左翼攻擊，匪不意腹背受敵，遂不支潰退，盛師乘機追擊，先擒偽總司令張英傑，偽總指揮張英魁，擊斃回匪首領馬福善、馬佔倉、楊華如、番匪首領勒巴佛。喇叭山、鬼笑坡之間，匪死傷遍地，我暫編五十九師盛鐘岳團之王錫禮營，亦傷亡殆盡。

盛總指揮率部搜索殘敵，至卓尼土司楊復興境地，西至拉卜楞寺，該兩地土司，對先生素甚敬仰，聞先生所屬部隊前來剿匪，熱忱合作，盛總指揮乃設計誘擒漏網之匪偽總司令劉羽，至此全部逆首擒斃殆盡，甘肅匪患澈底肅清。

甘肅剿匪之役，自六月五日始至七月十五日，僅四十日，大小十一戰，斃匪首馬福善、勒巴佛以下一萬四千餘人，俘降匪首張英傑、劉羽、常喇嘛、唐倫等以下官兵一萬八千餘人，解散脅從二萬餘人，得騾馬三千餘匹。軍事委員長聞悉，獎盛師二十萬元，盛文以十萬元分賞賑濟災黎。朱長官謂：「自有剿匪以來，無有如此之澈底者。」洮河各縣紳士，改康樂縣之線家灘為蕩寇崖，勒石紀勳。

甘肅回、番及各族雜處，素不相合，民間有五年一小亂十年一大亂之謠傳。二十二年魏象賢無故搗毀省府逼走邵力子，幸先生率第一師迅速入甘，震懾反側，危而復安。二十五年雙十二事變，王以哲勾聯共軍，其勢叵測，人心惶惑，先生以所部包圍監視，使之不敢行動，亦不能東行，甘局得安，至是先生命盛師入甘，迅即剿滅叛匪，民稱先生三定甘肅矣！

二一　中國之命運出版

三十二年二月六日，中央頒行一人專任一職之規定，先生於是辭去一切兼職，專任第八戰區副司令長官；但教育訓練方面職務，中央仍命先生兼任，先生解除三十四集團軍總司令之職，由李延年繼任；副總司令李文、韓錫侯、董釗等皆免除兼職，八十軍軍長王文彥調副總司令，袁樸升任八十軍軍長，周士冕任二十七軍軍長，李正先任十六軍軍長，王晉九任十一軍軍長，韓錫侯任第九軍軍長，杲春湧任第一師師長，吳俊任第八師師長，繆徵流為西北游擊幹部訓練班教育長，文朝籍為西安警備司令。先生並命第十六、第三十六、第四十二、第五十七、第九十等六個軍，仿前第一師編例，增設准尉副排長，以使戰場上排長傷亡，立即有人接替指揮，平時亦可分擔排長職務。

自汪兆銘在南京成立偽組織後，在日軍控制下，各地區紛紛成立偽軍，國人皆視之為漢奸，而共軍卻與之勾結，在山東建立基地，大肆發展，裹脅精壯，參加共軍。先生重視經營陷區，在陷區招募青年為國效力，於是深入陷區成立抗日、抗匪組織，前曾與山東軍校同學朱榮寶、黃庸夫等有所規劃，曾招來青壯數百人，素質甚佳。是年春，先生派西北游擊幹部訓練班政治部主任周保黎赴山東，募兵目標五萬人，兼行調查冀、魯各地共軍發展狀況。

自三十一年雙十節英美宣布廢除不平等條約之時，蔣公立意手著《中國之命運》一書，期以喚醒民眾共謀自立自強之道，於三十二年一月完成，敘述我中華民族光榮之歷史，高尚之德性，優秀之文化，以及今後革命建國之方向，尤望我全國同胞深切體認，中國之命運在於國民之本身，而決於戰局之發展，絕沒有瞻顧徘徊之餘地，更不容有盲從依賴之心理。全書共分八章：

㈠中華民族的成長與發展。

㈡國恥之由來與革命的起源。

㈢不平等條約影響之深刻化。

㈣北伐到抗戰。

㈤平等互惠新約的內容與今後建國工作之重心。
㈥革命建國之根本問題。
㈦中國革命建國之動脈及其命運決定的關頭。
㈧中國的命運與世界的前途。

全書十萬餘言，蔣公在重慶上清寺官邸在郊外黃山官邸，潛心撰述；自三十一年十月至三十二年一月，全部手擬完成，時陳布雷養疴成都，未能隨時協商，蔣公引以為憾，由陶希聖、蔣緯國參與校對，於三十二年三月十日由正中書局印行，出版三日，重慶一地已銷售五萬餘冊，三個月內銷行二十三萬冊，備受國民歡迎，亦為全國軍民在艱苦時期中注入了一支強心劑。

民國三十二年十二月一日，中、美、英三國元首，在開羅舉行會議，發表宣言，聲明制止及懲罰日本侵略暴行及歸還竊佔我國之土地，東三省、台灣、澎湖群島等。

二二　開羅會議

是年春蔣夫人在美加各地演講，數度與美國總統羅斯福懇談，羅斯福即向蔣夫人表示，希望年底能與蔣委員長晤面。七月九日羅氏建議會晤地點在阿拉斯加，蔣公覆電在九月以後如有二星期時間之準備，當可赴會。蔣公以阿拉斯加將取道蘇俄，不先晤史太林，國際禮貌不周，而先晤史太林又非所宜，乃電宋子文轉達羅氏，羅斯福遣赫爾利（Patrick Jay Hurley）來渝接洽，改地點為開羅，時間擬為十一月二十二日至二十六日，旋聞邱吉爾亦同意參加。

三十二年十一月十八日上午十時，蔣公偕夫人自重慶起飛出發，王寵惠、商震、林蔚、周

圖 25：中美英三國元首開羅會議：民國 32 年 12 月 1 日，中、美、英三國元首，在開羅舉行會議，發表宣言，聲明制止及懲罰日本侵略暴行及歸還佔領我國之土地東三省、台灣、澎湖群島等，中國以寬大為懷，主張不對日本採取報復手段。圖為三國元首羅斯福（Franklin Delano Roosevelt）、邱吉爾（Winston Churchill）、蔣委員長及夫人於會前合影。

至柔、楊宣誠、俞濟時、朱世明、陳納德（Claire Lee Chennault）等十餘人隨行，史迪威亦赴會，惟作為美方人員，經阿格拉、喀拉蚩，於二十一日晨七時半抵達開羅，未幾，邱吉爾繼至，羅斯福於二十二日上午抵達。

十一月二十三日上午十一時舉行會議，由羅斯福總統為主席，下午一時散會。下午蔣公接見馬歇爾，七時半應羅斯福總統之宴，談至深夜十二時始告辭。談話要點十二項：

(一)日本未來之國土問題，羅氏以廢除日本天皇制度，徵求蔣公意見，蔣公以為此次戰爭禍首為日本軍閥，至於戰後日本國體問題，應由日本人民自己解決。

(二)共產主義與帝國主義問題。

(三)領土問題，東北四省與台灣澎湖群島必須歸還中國，惟琉球可由國際機構委託中美共管。

(四)日本對華賠償問題。

(五)旅大問題，戰後旅順軍港，我願與美共同使用。

(六)新疆問題。

(七)俄國對日參戰問題。

(八)外蒙唐努烏梁海問題，羅斯福特別詢問唐努烏梁海之現狀及歷史關係，蔣公告以屬我外蒙古之一部，今則為蘇俄所強佔。

(九)朝鮮獨立問題，蔣公提出我方之要求，使之獨立。

(十)中美聯合參謀會議之組成。

(十一)越南、泰國問題，蔣公主張戰後越南由中、美扶助其獨立，泰國應恢復其獨立。

(十一)日本投降後其三島駐軍監視問題，羅斯福堅決主張日本駐軍須以中國為主體，蔣公主張應由美國為主體，如有需要，中國可以派兵協助。

以後會議討論緬甸反攻問題，蔣公自始即主張海軍及陸軍同時發動，邱吉爾始終不同意，並云海軍之登陸亦須在明年五月間。二十五日在羅斯福總統寓邸照相，羅氏堅要蔣公坐中位者，蔣公謙坐其右側，邱吉爾坐左側，最後邀蔣夫人同坐。

十一月二十七日上午九時，北非美英聯軍總司令艾森豪（Dwight David Eisenhower）來謁蔣公，談約三分鐘辭去。是夜十一時三十分，蔣公偕夫人及隨員自開羅起飛回國，途經印度藍加，對我駐印軍校閱訓話，十二月一日上午八時返渝。

開羅會議於十一月二十六日閉幕，會議宣言於十二月一日在重慶、華盛頓、倫敦同時公布。羅斯福總統、蔣介石委員長、邱吉爾首相，各軍事外交幕僚，相會於北非，並發表宣言，全文如左：

(一)三國軍事人員，關於今後進攻日本計畫，已獲一致意見：三盟國決以無保留之海、陸、空軍武力，以打擊其殘暴之敵人，此種壓力之增加，業已在望。

(二)三大盟國因遏阻懲罰日本之侵略，乃出於戰爭。三大盟國之目的，不在謀取自己利益，亦從未計及其國土之展拓，他們目的乃在奪回日本在一九一四年以後所佔得之太平洋各島嶼。所有日本篡奪中國一切土地，如滿洲、台灣、澎湖均應由中華民國恢復之。日本因貪欲或武力所佔取之土地，亦應予以剔除。

(三)三盟國念及朝鮮人民久受奴隸待遇，應使朝鮮在相當時期內，享受自由與獨立。

㈣根據以上所認定之目的，及聯合國其他一致之精神，三大盟國將堅忍進行重大而長期之戰爭，必達到日本無條件投降而後已。

開羅會議為我國歷史上重要之里程碑，自甲午戰爭以來，受盡列強各國之欺凌，國際上遭受各國侮衊，至此全部失土之收回，已受國際之承認，地位上已列為強國之林；蔣公之苦心經營，為國民革命以來，外交上最偉大之成就也。

二三 領袖馬前一卒

三十二年七分校除第十、第十二兩總隊學生畢業外，尚有西北游擊幹部訓練班學員第七、第八兩期於是春開學；另有戰術研究班、政工班、通訊訓練班，各辦兩期。先生對訓練至為重視，開學結訓必親臨訓示，測驗學員受訓心得，當其抽閱學生筆記時，發現有隊職官介紹先生之行誼事蹟，曾大聲斥責教育思想之謬誤。憤慨訓示：「這是三民主義時代，不是軍閥時期，如何尚可有此種錯誤觀念，那些軍閥都只表揚他們自己，建立其個人獨尊的形象，危害國家太大。我們是革命部隊，要有革命的作風，革命的部隊儘管有幾百萬人幾千萬人，卻只有一個領袖，我胡宗南不過是領袖馬前一卒而已，各位要牢牢記住，我們只有領袖，沒有胡宗南。」

七分校大門內有一屏壁，上有一幅畫，蔣公騎在雄壯白馬上，馬頭有先生持繮步行，馬後有很多王曲軍校的學生，先生看了這幅畫，頗為嘉許。

由於人事異動，為統一戰術思想，三十二年十二月二十日，七分校續辦將校班第三期，請朱長官來陝主持；二十一日開學，周雨寰指導演習之戰車肉搏班戰鬥演習，公認為今後對日戰車攻擊最新穎之攻擊方式。先生每日主持升旗，精神講話，勗勉受訓學員，要服從領袖命令，要貫徹領袖主張，要為主張而成功成仁，要為保衛國土而一心一德。術科有工兵阻絕戰，輕重兵器射擊教育，故障排除，據點攻擊，砲兵對戰車之射擊，步砲協同，村落戰、伏兵戰等。

是年社會知名人士來西安相訪者，有張元夫（新疆盛世才代表）、章行嚴、杜月笙、李潔、劉治州、魯蕩平、李明灝、劉震清、薛篤弼、陸士基、張含英、焦易堂、朱元綬、王東原、沈鴻烈、張蔭梧、白海風、高桂滋、馬鴻賓等人，或因公來鎬，或慕名來訪，先生皆以禮款待，熱忱接送。

先生素聞教授學者淵博學識，樂於交往，慕其言論豐采，辯釋古今哲理，以為自己省修之助，是年與先生往還者有羅家倫、沈兼士、錢昌照、陶孟和、萬家寶、林語堂、李伯恂等。沈兼士、林語堂留陝較久，先生陪請其在副長官部、七分校、游幹班等單位專題演講，以增幹部與學員生之學識見聞。

二四　三十二年國內外大事記

・元月：

一月十一日，中美平等新約在華盛頓簽字，中英平等新約在重慶簽字。這是國父領導國民革命目標之一——廢除不平等條約。蔣公晤示全國國民，吾人更應奮發圖強。十四日美國羅斯福總統，英國邱吉爾首相會於北非卡薩布蘭加，於二十四日會議結束，決定軸心國必須無條件投降政策。

・二月：

二月五日，羅斯福的代表美空軍總司令安諾德（Henry H. Arnold），及邱吉爾的代表狄爾元帥（John M. Dill）抵重慶，向蔣公報告卡薩布蘭加會議詳情，並商討有關中國戰區軍事。二十六日蔣公以中國戰區盟軍最高統帥名義，播告泰國軍民，並奮起抗日，自救救世。

・三月：

三月十日，美國駐華十四航空隊正式成立，仍由陳納德將軍指揮。十五日重慶至寶雞公路正式通車。

・六月：

六月三十日，麥克阿瑟就任西南太平洋盟軍統帥。

・七月：

七月十日，歐洲戰場盟軍登陸西西里。

・八月：

八月一日，國民政府主席林森逝世，中常會臨時會議決議，由蔣公代理國民政府主席。二十二日外交部長宋子文抵魁北克，參加羅、邱會議。二十四日羅斯福、邱吉爾聯合發表《魁北克宣言》，加強對日作戰，對華作有效援助。二十六日東南亞盟軍總司令部成立，英國聯合作戰大臣蒙巴頓出任總司令。

・九月：

九月三日，歐洲盟軍登陸義大利半島，進攻歐陸，義大利投降。十三日，中國國民黨五屆十一中全會一致選舉蔣公為國民政府主席兼行政院長。孫科、居正、戴傳賢、于右任分任立法、司法、考試、監察各院院長。關於共軍破壞抗戰，危害國家案，決議容忍仍冀其切遵其前宣布之四項諾言。

‧十月：

十月十日，蔣公宣誓就任國民政府主席。

‧十一月：

十一月二日，軍事委員會撤銷西安、桂林兩辦公廳。日軍以其第三十九師團、第三師團、第一一六師團及第五十八師團一部，總兵力十餘萬眾，自鄂南下，連陷我南縣、公安、石門、澧練、津市等縣，常德會戰展開。二十一日，敵使用降落傘部隊襲佔桃源，二十四日竄至常德近郊，與我守軍五十七師發生激戰，反覆衝殺三十餘次，此時我主力部隊為王敬久與王纘緒二集團軍外，我各路大軍，曾先後克復慈利、桃源等地，已對敵完成包圍態勢。三十日我第十軍曾克德山及常德南站，並掃蕩常德南岸之敵，惟敵對常德城內五十七師之壓力仍不稍減，並施放毒氣，致常德於十二月三日一度陷入敵手。此時我常德外圍各部隊，即以雷霆萬鈞之力，向敵圍擊，八日克復常德；日軍北竄，遂開始追擊，至二十二日先後收復南縣、安鄉、津市、澧縣、枝江、公安等地，是役戰鬥激烈，我軍忠勇奮戰，驚寒敵膽，我陣亡師長**許國璋**、**彭士量**、**孫明瑾**等三人，敵傷亡官兵四萬餘人。

常德之役我空軍以恩施、芷江、衡陽、白市驛、梁山為基地，集中轟炸機及驅逐機二百餘架，此種美軍飛機，其性能火力及速度，均較敵機優越，先後出動二六一次，使敵遭受慘重之損失，並在空戰中擊落敵機二十五架，擊傷十九架，是謂常德會戰大捷。

・十二月：

十二月二十三日，美國艾森豪將軍，出任盟軍歐洲遠征軍總司令。

---

1 三十二年三月十六日七分校《王曲校刊》第九卷第六期。

誓掃倭寇

一　黨政軍聯席會議之成立

三十二年冬辦理將校班第三期，受訓之將領，深為感動，一致認為幹部之精神武裝、戰術思想溝通之重要，不亞於軍事訓練，應繼續辦理，故依原定計畫繼續辦理。第四期於三十三年元月六日開學，十二日結業。第五期元月十五日開學，二十一日結業。先生依然每日早晨親自參加升旗，點名訓話，下午主持各項戰鬥演習，對高級司令部參謀作業程序及各項戰鬥指揮之措施，尤為注意講求。每一演習之講評，對情況判斷，指揮官決心下達，及各部隊行動之檢討得失，特為重視；山地作戰之要領，伏兵戰、村落戰之手段，研討尤精；對受訓學員訓話引述何總長對常德會戰之講評，作為今後作戰之殷鑒；並在河西大操場對集訓之二十二總隊，講述「今日的戰士」。

三十三年元月二十九日，陝西省政府改組，熊主席斌，調軍令部，省主席由祝紹周繼任，林樹恩任秘書長，蔣堅忍任民政廳長。陝西省黨部委員，亦奉中央改派為高文源、張光祖、王德崇、楊大乾。其中高文源兼組訓，張光祖兼宣傳。

三月三日祝主席到職視事。時奉中央命令，組織黨政軍聯席會議，由先生負責主持。十五日下午七時，在東倉門首次集會，參加者有祝紹周、林樹恩、谷正鼎、章兆直、楊爾瑛、羅澤闓等六人。先生恭讀委員長訓詞後，並致勗詞，提出聯席會議之任務：

㈠組訓民眾，加強保甲，造成戰鬥的社會，以應付抗戰、剿共兩大任務，在本（三十三）年底前完成。

㈡清除奸盜，限十二月底完成，達到夜不閉戶、野無盜匪之社會。

㈢平定物價，應從平常生活中之煤、糧、布等著手，全力以赴之，限四月底前達成西北第一，六月底前達成全國第一。

㈣肅清貪汙，樹立中央威信，利用民意機關檢舉，運用政治力量制裁，做一、二件事，即可弊絕風清。

吾輩奉委員長命令切實奉行，預定十二月底前發動政治攻勢，不用一兵一卒，使集中在陝北之二十七萬共軍投降，這是我們的任務，尚望大家共同努力。至此，陝西之黨、政、軍始告融合一致。

二二訪閻長官

抗戰進入第七年，全國軍民生活上雖然物資極為缺乏，但在委員長領導下，民心士氣仍極為激奮，在家破人亡之間，只有對日軍之仇恨，無訴苦自哀，無牢騷怨尤。全國一致，同仇敵愾。先生關注二戰區閻長官苦守山西吉縣之克難坡情況，慮其物資奇缺，生活艱苦，曾數度請其移駐河西未果。

三月十五日下午一時，先生偕李崑崗、王化興乘火車至華陰。十六日乘汽車經朝邑至郃陽，下午抵韓城，車壞步行十餘里。十七日由韓城經大嶺至孫家溝午餐，下午四時抵宜川。十八日經秋林、桑柏至克難坡。見楊愛源、郭宗汾，同祭趙戴文墓。三十一年先生第一次來晉時，趙戴文扶病走送，先生極為感動，此次復來已作古矣！

午餐後東行，中途車壞，於下午八時至吉縣，九時見閻錫山長官，晚餐後晤談；十九日又晤談二小時，攝影而別。經克難坡、壺口，西渡黃河，經桑柏、秋林。下午六時半抵宜川。八時即召集專員余致中、總司令陶峙岳、師長鄧鍾梅、劉英等開會。二十日經韓城，與九十軍軍長李文同行至郃陽，召集民政廳長蔣堅忍、總司令李延年、軍長李正先、師長王應尊等開會，當夜至華陰，二十二日晨返西安。

二戰區閻長官錫山，苦守晉西，先生曾數度請其入陝，然尚未至最後關頭，閻長官不願離晉；先生二度往訪，對二戰區士氣民心激起對中央高昂之向心力，有極大鼓舞作用，而先生對二戰區長官部及其軍隊之移駐入陝事，亦存有腹案，以應付萬一戰局劇變之準備。

三　嚴陣待敵

頻年以來，冀、魯、豫、晉作戰部隊轉進關中後，悉命由先生整補督訓，兵額每多不足，舊八十軍、新七軍、新十二軍等，名雖為一軍，兵力僅及六成。其時徵兵制度，尤缺健全，即在當地所徵集者，亦都出錢購買頂替，早補夕逃；先生念及陷區青年，宜先爭取，庶不為敵偽共軍所利用；二十七年曾成立長淮招募處，頗有成效，然自共軍新四軍盤踞後，遂難以為繼，是年春委派山東籍軍校同學黃庸夫往魯西招募六千人，念及去年已派周保黎赴魯爭取陷區壯丁，仍緩不濟急，若有大規模組織，分地招募，始有成效，乃於三月中旬成立蘇、魯、皖、豫邊區招募處，其下設四分處，計劃招募壯丁二十個團，每團三千人，共六萬人為目標，其第一期三個團，於三個月內募足，派李漢章為處長，李顏華、呂延璧、張子正、賴輝為團長。總處、分處人員先在七分校集訓一週，嚴禁舞弊滋擾，先生向軍需局借款五百萬，在糧秣處撥糧一萬五千人份，各招募人員遂於三月下旬，絡繹出發，與日偽及共軍爭取敵後青年。

戰事緊迫，兵員與給養實為主題，先生除積極向淪陷區爭取招募兵員外，尤重視關中各戰略要地之屯糧及工事，三十三年二月十三日幕僚會議中曾指示：「岷縣、天水一帶，應留一個軍，並開闢川甘公路。寶雞、虢鎮構築據點碉堡工事及秦嶺屯糧等要旨。三月六日擴大會報中又規定，洛川電話應於月底架設，平寶公路加緊完成，並令當地憲警，取締軍人賭博。」

四月七日，先生至隴西檢視騎兵第三軍，點名訓話，並在騎三軍召開幹部幕僚會議，查詢倉庫存糧及軍糧補給情形。八日至寶雞，查閱本部軍械倉庫，下午過渭河至姬家店視察七十八師許良玉部之新建營區；並在寶雞令專員溫崇信逮捕通匪有據之麟遊、趙伯經，令韓軍長逮捕東河橋行動不軌之李九斯。九日至華陰，十五日由大華公路至郃陽之馬家莊，視察預備第三師，對官兵訓話勗勉。十六日至韓城錦村，對一〇九師、二十五師訓話，視察禹門守備情形後回韓城開會。十七日約見總司令李延年、九十軍軍長李文，指示在西涑山速築水泥鋼筋掩體數座，宜川掩體工事應加強，屹針灘應加強兵力一營，亦加築水泥掩體，秒密屯糧、屯鹽。會後又自韓城出發，經大嶺、佟子梁，至石堡。十八日至白水縣，訪地方耆紳，留二小時再至蒲城，地方仕紳聞先生至，齊來迎聚，留一小時，轉赴大荔回華陰。而此時黃河北岸之日軍，已開始南侵至第一戰區之隴海線矣！

四 中原戰役

日軍侵華七年，經我全國軍民浴血抵抗，國力大損，太平洋戰爭發生後，其海空軍與美軍接戰失利，已轉入劣勢，本土除遭受美軍空襲外，海洋亦遭封斷，因之在南洋各地之百萬大軍，已與其本國斷絕補給，形勢危殆。在戰略上乃欲從速結束我國之抗戰，連年來華中各戰役，湘、鄂地區諸會戰，均為我擊退，損失慘重，乃將攻擊箭頭轉向西安，企圖拊重慶之背，威脅我領導中心之大後方。當時日軍大本營曾研議二案，一為西渡黃河，直入關中，但難有把握，蓋陝西已由胡宗南治軍六年有餘，不斷訓練整理，軍民融洽為一，而其個人資料「攻不惜命，守必至死」之性格為當年在滬造成血肉磨坊之役者，且今復統有重兵警備，萬一美空軍參戰，則渡河西進之戰，勝利不大。而第二案打通平漢路後西入陝西，行動較為自由，勝算亦大，遂決定採取第二案。

三十三年四月，黃河北岸之敵開始蠢動，將新鄉及邙山頭間之鐵道及黃河鐵橋，先後修復，並抽調原駐黃河以北各地駐寇十萬餘眾，集結開封、新鄉地區。四月十八日由中牟越黃泛區到達鄭州北三十里之北店村，約四千餘人，另自新鄉南下者三萬餘眾，二十日敵機分批襲陝，隴海線附近，整日陷於空襲警報之中。日軍另從溫孟來者約二萬餘人，首傳漢王城失守。鄭州保衛戰展開，二十二日鄭州在敵機、坦克聯合攻擊中陷落，而在信陽附近之敵萬餘人，亦向明港推進。當時在豫之偽軍張嵐峰，感於民族大義，以密電向先生報告：「日軍將以十個師團兵力南侵，企圖先攻洛陽，轉向南下，打通平漢線，再由南陽攻荊紫；另一路由同蒲線攻潼關，其目的在入關中，佔西安，以動搖大後方而威脅重慶。」

五月一日日軍陷許昌。二日，先生命在潼關設立難民傷兵收容所，並收編散兵游勇，而禁止前方部隊未奉命擅自入關。三日日軍西犯，其先頭部隊到達臨汝，九日，澠孟之敵在白浪渡河，十日，第一戰區所轄之第四集團軍孫蔚如，擅棄黑石關，日軍坦克三連，騎兵二百餘人遂在黑石關渡過伊水，主力由偃師進犯龍門，另以一部繞攻宜陽。十日湯恩伯總司令電告先生稱：「日軍此次專以中央部隊為攻擊目標，不打孫蔚如部隊。」

一戰區在豫西部隊不多，對自白浪渡河之寇，其第四集團軍孫蔚如又不加抵抗，擅自撤離，已無其他兵力可抗。先生衡量戰局，乃命所屬之預八師林偉宏率部東進，與敵激戰於澠池車站，覃團損失甚重。十一日先生決定在靈寶、虢略鎮之線布防，以陝州為前進據點，令第八師、一六七師佔領靈寶、虢略鎮之線。十二日第八師以一個團推進張茅鎮為警戒部隊，掩護部隊集結，十三日隴海線觀音堂之寇八百餘人西犯峽石，十五日與我在張茅鎮之團激戰，南面由偃師西竄之寇，亦經洛寧西犯，十八日抵達長水鎮。隴海線西進之寇在空軍掩護下以坦克猛衝，遂陷陝州。

五月二十一日先生至靈寶視察陣地，對兵力布置及陣地配置，多所指示。二十四日令三十四集團軍總司令李延年率部出潼關，赴前線佈署作戰，並以一〇九師調靈寶，四十六師移三要司。七十八師在姬家店整訓不久，即東進潼關，所有部隊未經長官部命令者，一律不准入關。

此時洛陽已為四面受敵之孤城，第十五軍軍長武庭麟，率部展開保衛戰，日夜浴血奮戰，雙方死傷均重，日軍主力集中攻西城門，失而復得者四次，敵屍填滿城壕，二十三日後進入逐屋巷戰，敵之飛機戰軍皆失其效，守軍糧彈俱盡，仍以大刀長矛為武器，寸土必爭，敵屍遍街滿巷。二十四日夜，我因後援不繼乃自東門突圍，五月二十五日洛陽陷敵。此一保衛戰自五月三日邙山頭陣地爭奪戰開始，繼之莊王山，我六十四師及九十四師，始終在敵機及炮火猛烈轟擊中奮戰，傷亡慘重，唯一能阻止日軍前進者為肉搏戰，六十四師參謀長**王守震**上校，以手槍與手榴彈與敵近搏，壯烈成仁。此役我高級指揮官陣亡者，計有集團軍總司令**李家鈺**，新二十九師師長**呂公良**，少將副師長**黃永淮**、**盧廣偉**，上校團長**楊尚武**、**李培芹**、**劉國昌**、**曹和**等。後據馬宇澄同學稱，我七分校十七期十二總隊、十總隊及十八期十五總隊同學，分發在十五軍者，共計一〇五人，而突圍生還者僅十二人，可知洛陽保衛戰之慘烈也。

五月十八日，第六戰區司令長官陳誠偕前陝西省主席熊斌，來西安遊華山，於二十二日回渝，此時日軍西進已至豫西，先生正部署於三十四集團軍出潼關，策劃靈寶、號略鎮戰線之配置，未能親自禮遇接待，引以為憾。

圖 26：洛陽保衛戰時，戰前我德式戰車防禦砲在天津橋畔作戰演習。

五 陝州之役

六月一日中午，先生在盧氏之宜莊與一戰區之蔣鼎文長官相晤，蔣精神甚佳，獨對第四集團軍孫蔚如在虎牢關之戰，自動撤離後再報，及幾次令其回防，而惡聲相向，非常憤慨，是日奉軍委會辦公廳主任林蔚轉達指示，以第八師攻陝州，二日第八師攻佔五原窰後仍被迫撤至董家莊。繼之四十軍之一〇六師攻陰山廟，二十六集團軍攻韓家凹，連戰二日，皆未能得手，而第八師孤軍深入，遭敵迫戰，遂於三日放棄原陣地，撤至韓家凹露井之線，陝州之掃蕩戰在敵戰車、砲兵密集射擊下，皆未奏功。

朱長官以電話與先生討論戰局，指示：「潼關重於閿鄉，閿鄉重於靈寶，日軍在大營構作工事，並非消極的，大營有小路可通號略鎮以南之高原，此高原有路可通閿鄉。向來守潼關者吃虧皆在此路也，敵為攻靈寶吸取我兵力於正面，而抄襲閿鄉。如攻潼關，則吸兵力於正面而由右翼渡黃河攻朝邑、平民，此戰史之實例，不可不

圖 27：洛陽保衛戰時第一戰司令長官蔣鼎文

知者；至於我軍作戰，只許勝，不許敗，如何在此時運用一切力量，來使人民之觀感，能不如河南一樣。又如進攻，必須用空軍，將敵陣地炸毀之後前進，方可保全，若果硬攻，則兵力消耗過大，第二步無良法矣」！

潼關與靈寶地區，已成戰場，人民紛紛逃離湧入關內，而小麥正為成熟之時，留居之老弱民眾卻無力收割，先生召集政工總隊長邱是膺、車子林、汪勇剛及軍事首長李延年、劉勘等，指示發動駐軍助民收割，部隊在前進中嚴禁拉夫、拉畜，違反者就地槍決外，團營長均須負其違紀之責。

潼關嚴陣以待，由於豫西難民大量湧入關中，而隴海線自潼關至寶雞又整日在敵機空襲之中，西安人民亦不免引起關切，各工商代表向副長官部請示機宜，應否將物資機械西移甘肅，先生親自接見，告知安心作息，副長官部決不撤離西安，敵若來犯，必將敵消滅於潼關外，若有所失，則在戰區指揮下之軍隊及民兵，將全部戰死於西安城外，以謝陝西父老，無愧我軍人人格，戰區指揮部只有前進，沒有後撤。短短數語，民心遂安。先生一向以立大業下層為大，成大名無我為大，立大功無名為大。訓諭所屬，從不發布新聞，亦不招待記者，忌之者多有散布流言，或有請澄清辨別，先生總以大丈夫立身處世，俯仰無愧，何必自我表白為言，故平時甚少發表談話，斯次以死為決心言論發表後，民皆知其存成功成仁之人格，民心士氣皆極為激奮，各機關民眾團體，代表陝西人民紛紛發表聲明，一致支持軍隊誓死決戰，全部人力物力，一草一木，均可奉獻於軍隊之需要，大有捨先生與誰歸之慨，真是軍民一心，眾志成城，而在豫西作戰之部隊，人人自覺，只有前進與陣亡，退後一步則無死所。

六月七日敵以戰車九十餘輛向我攻擊，先生令第八師迂迴攻擊敵後，八日全線展開激戰，九日牛莊、墻里、案里各據點經激戰至午後，為其戰車突破，而秦嶺之夫婦峪地區亦發現敵兵數千人，預三師陳鞠旅率部阻擊，周士瀛團星夜疾進於一、五〇〇高地，黎明見敵迂迴偷襲，乃決殲敵於山谷隘道，該部居高臨下佔地利優勢，第八團周士瀛團長，勇毅沉著，指揮若定，令所部隱伏於陣地中，待敵全部進入谷地，一聲令下，予以猛烈射擊，日軍雖猝感驚惶，但仍頑強仰攻，並以山砲猛轟我陣地，周團長親臨前線，指揮迫擊砲集中火力還擊，敵目標清晰可見，一群砲彈擊中敵指揮部電台，激戰整日，斃敵少將支隊長及其所部千餘人，騾馬二百餘匹，殘敵以為中伏，倉皇逃竄，部眾大亂，擄獲軍品甚多，其後續部隊見狀退回陝州，經此敗跡，日軍不敢再作山地之穿隙。陝州戰役中，夫婦峪一擊，對全局之影響殊大，周團長之功不可沒。

六月十日敵向我靈寶、虢略鎮主陣地發動全面攻擊，我軍浴血苦戰，寸土必爭，戰況至為慘烈，當時戰防砲甚少，對敵橫衝直撞之戰車，除以血肉之軀用汽油瓶及集束手榴彈與之搏鬥外，無力抵抗，戰爭極為艱困，第一線陣地一度為敵突破。十一日，我四十軍進駐南故縣之盤頭鎮，預三師在平陽鎮、閿鄉縣阻擊敵寇，敵連日攻擊，經我軍死力抗阻，損失頗重，而我一六五師已進入於蘆靈關，五十三師袁杰三部於十二日亦到達巡檢司，七十八師為機動打擊部隊，部署嚴密，使敵無隙可乘。十三日，先生命三十九師司元愷部向靈寶，預三師陳鞠旅向虢略鎮攻擊，敵因連日作戰，雖得突破我陣地，亦僅限於戰車，而其步兵犧牲甚大，無力佔領陣地，乃向陝州退卻。十五日我軍收復靈寶及虢略鎮二地，先生乃重行部署，以靈寶、虢略鎮之線，為決戰地區，第七十八師由潼關進駐閿鄉，除支援決戰地區兵力外，並在南北故縣之線構築陣地，以加強決戰地區之縱深。

此時美軍顧問團奉軍委會之命進駐西安，第十四航空隊參加作戰，一夕之間，制空權轉換，陝州之敵，遂與我靈寶之軍形成對峙。

前方作戰部隊，始終處於敵機及坦克之威脅之下；自制空權易手，士氣民心至為振奮，在陝州戰役中，最艱苦作戰者為敵之戰車及裝甲車輛，戰區在制空權轉換後，先後獲得戰防槍、火箭筒之裝備，以空運投送第一線部隊，士氣大振；即在戰場上積極訓練下，摩拳擦掌，希敵來犯，以期一試身手，自此戰場局勢，發生了極大變化。

六　陝州戰役之檢討

陝州戰役，日軍集中戰車九十輛，連同裝甲車共約二百五十餘輛為其戰場先驅，我軍戰防力量不足，僅擊毀其三十餘輛；第八師攻擊陝州，敵戰車衝出，無以抗禦，然又求功心切，始終未離戰場，故死傷甚重，上校副師長王劍岳陣亡，勤務兵負屍而退，亦中彈以殉。

王劍岳，原名師，軍政部為其改名劍岳，湖南桃源人。軍校五期，誠篤寡言，兩次負傷不退，遂以身殉國。

九十七師師長傅維藩失牛莊，自動移至常家灣，致使中央陣地為敵突破。一〇九師三二五團團長劉明，未能阻敵入夫婦峪，使預三師陷入激戰，無法調至前方，影響戰局，一六七師四九九團團長賀一持，在楊家砦、擅自撤退。於是劉明、賀一持皆按連坐法槍決，一〇九師師長戴慕真革職查辦，九十七師師長傅維藩，自行後撤，先生曾以己酉電呈軍委會，曾有：「作戰不力，自行後退，罪有應得，然係初任師長，到差不久，情有可原，押解鈞會訊辦。」等語。同日又電呈：「九十七師初期戰鬥頗為精彩，其後失陷陣地，在牛莊、老虎頭等地，亦曾多次反擊，函谷關自始至終，兀然存在，則其戰鬥精神並不低劣，其責任問題應自上負之。」其時軍法較嚴，軍委會仍判決其死刑。九十七師傷亡亦大，其殘餘官兵，遂被撥補第八、第一〇九、第一六七各師，九十七師番號撤銷。戰場紀律森嚴，信賞必罰，官兵聞之肅然。

一〇六師、三十九師，皆隸屬四十軍，原為一戰區部隊，豫戰起後，逐次西移，歸入八戰區序列。此次戰役，一〇六師師長李振清掩護戰防砲不受損失，三十九師師長司元愷收復靈寶，預三師師長陳鞠旅擊退夫婦峪之敵，穩定戰局，第八團團長周士瀛在一、五〇〇高地殲敵千餘，皆發給武功狀。

七　戰區調整

三十三年六月，中原戰役後，洛陽棄守，戰事已至豫西；中樞鑒於一戰區地區大部都已淪陷，宜有變更，乃將原屬第八戰區之關中，劃入為第一戰區，由陳誠任司令長官，長官部設漢中（今南鄭縣），先生與郭寄嶠副之。原第八戰區在西安所設之副長官部，於八月三十一日前裁撤，改為第一戰區西安指揮所，由羅澤闓任西安指揮所主任。

七月四日，先生奉召赴渝，五日晉謁委員長蔣公，對未能殲滅來犯日軍，頗受呵責，先生面稟蔣公曰：「此次靈寶作戰，檢討錯誤，僅預備隊使用不當，如能加上兩師，必獲大勝，九十七師擅自退卻，乃出意外。至於用人，實為最公平而又考核最正確者，全國優秀份子，甚多在西北，故軍隊自團長以上皆極優秀，此在人事考績上可證明者也。第九軍五十四師並未換動一人，戰績尚不如二十四師，二十四師團長年齡有至五十歲以上者，出發令下，自己不願帶隊而請長假。此等團長若不撤換，將何以戰？此二點實不敢自承錯誤。」自先生面稟蔣公之辭中，可知當時先生對外來撥入指揮之部隊，並無人事權。蔣公復詢問關中併入第一戰區之意見，先生稟曰：「關中本來僅河防、陝北兩正面，併入第一戰區後，加上盧氏、西坪、漢中三正面，以現有兵力，欲參加五個不同正面之作戰，殊非易事。」五日告別時，蔣公命先生去見何應欽總長及陳誠長官。六日謁何總長，態度親和，不異昔疇。見陳長官，陳認為整體有辦法，局部才有辦法。

七月十四日，先生陪陳長官至漢中就職，十五日回西安，十七日陳長官來西安，先生陪陳長官出席副長官部紀念週，繼陪陳主持會報。十八、十九兩日陪陳談話，而陳關中之形勢。二十日送陳赴西坪，二十九日陳回西安，先生至杜公祠迎陳住王曲興隆嶺。

八月六日，先生陪陳長官在王曲七分校閱兵訓話。繼陪陳往杜公祠開經理統籌事宜討論會。九月十七日陳長官至邠州閱兵來西安，先生又迎於咸陽。九月十九日陳長官、湯恩伯總司令與先生在東倉門開小組會議，分配工作及軍隊部署。先生主張湯赴大別山，而自己往山東，無結果。二十一日先生參加在杜公祠陳長官之小組會談，是日陳長官決定任牟中珩為山東省主席，黨部何思源（勝利後投於中共），挺進軍李延年，蘇北挺進軍王仲廉、李明揚，蘇魯豫邊區指揮官何柱國，冀察戰區總司令高樹勳，除山東外皆無變動，十月五日先生赴下營候陳長官

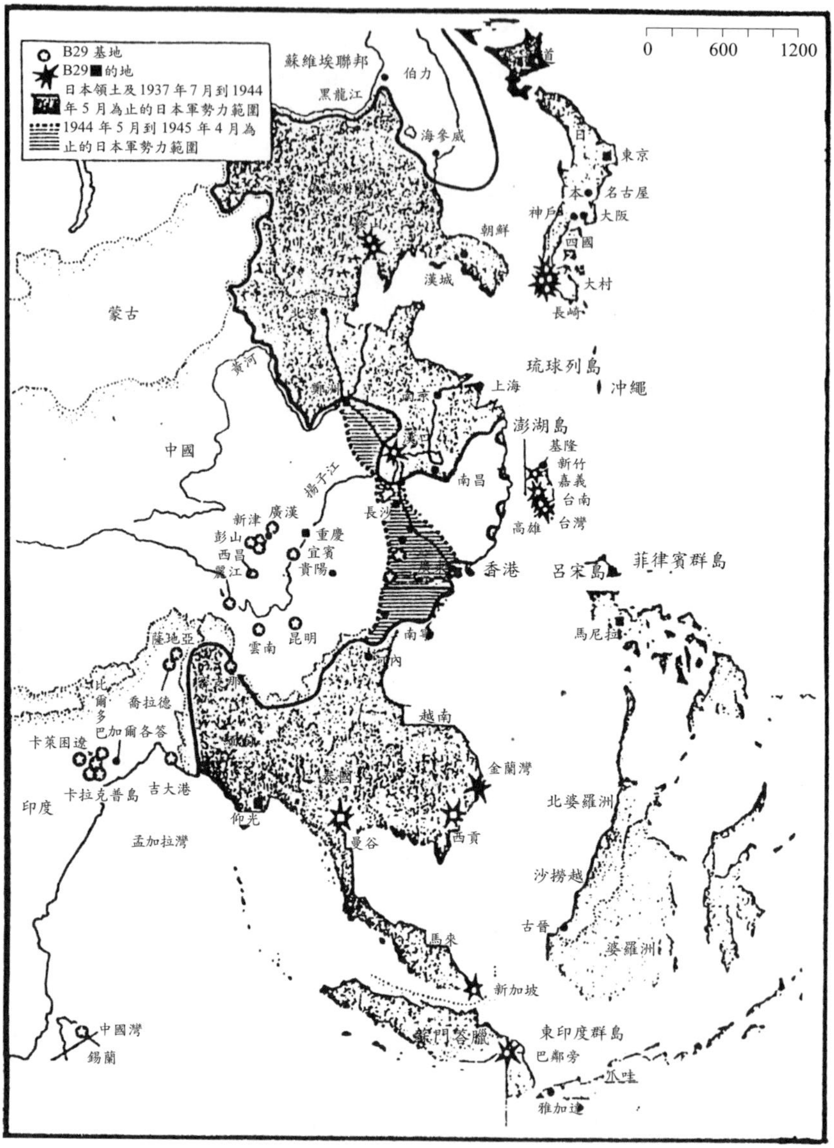

圖 28：十四航空隊在中國基地示意圖：陳納德將軍之美軍第十四航空隊（飛虎隊）與我國空軍併肩作戰，從 30 年 12 月 18 日到 31 年 7 月 4 日，共擊落日機 280 架，傷亡 1,500 人，為中美合作留下戰績。

閱兵，十六日送陳回漢中。

八　堅百忍而為國

自戰區變更後，先生於八月二十五日，電呈軍委員會辭副長官職，旋奉委員會長蔣公申東侍參電：「未有機電悉，當此整軍雪恥之時，正應積極負責，力圖自強，報效黨國，豈可有此消極養病之表示乎？所請不准。」

九月四日先生第二次電呈，續申前請，仍未獲准，先生雖時懷去志，然二月以來，除追陪陳長官外，對七分校教育與部隊訓練，仍積極領導。八月十日籌劃送少工隊入新，二十四日親赴谷正鼎宅，敦請其主持勞動營，九月十八日在七分校講靈寶會戰之缺點。二十七日至潼關檢閱第一師。十月四日至赤水，檢閱一六七師，對官長訓話，二十二日討論利用餘糧補充騾馬問題等，僕僕風塵，仍未一日安也。

九月上旬，兩廣與湖南之日軍，以二十二師團、一〇四師團及第十九、第二十三獨立旅團為一路，由江西南下。以第三十一、第十三師團為一路，沿湘桂公路南下。以第五十八、第四十、第一一六、第三十七師團為一路，沿湘桂鐵路以西地區南下。三路南下兵力約十九萬人，向我桂林、柳州進犯；我當時此一地區可用之兵力僅八個軍，其中三個軍係生力軍，餘均由湘鄂贛轉戰而來，總兵力不足十二萬人，復限於交通困難，增援不易，仍先後在大溶江及桂、柳、永福一帶，迭與敵重創。總以眾寡懸殊，未克挫敵機械化部隊之凶燄，至十月十日、十一日桂林、柳州先後陷落，二十二日南寧失守，敵主力復沿黔、桂路西進，十一月二十七日南丹

圖 29：蔣總統在重慶與陳納德將軍（Gen. Claire L. Chennault）合影

失守，十二月二日獨山陷落，貴陽震動。軍委會電令調關中部隊南下，先生即命三十六軍軍長鍾松率部赴渝，旋又命五十七軍軍長劉安祺率全軍空運貴陽增援。

其時中樞對關中軍事，仍逕電先生承辦，而漢中長官部，凡涉及關中之事，皆由西安指揮所，未嘗關白先生，此時長官部駐漢中，西安副長官部已裁撤，而先生仍在西安督訓，事關重大者，西安指揮所主任羅澤闓亦必就近請示先生。抗戰已是極度艱困堅持最後五分鐘之時，而高級指揮系統，似極不正常，令人遺憾。然而蔣公苦心孤詣之培育，非外人所可知也。

其時部分人員妒嫉先生兵權較重，多有流言，唯蔣公深知共軍在西北之禍害，不下於日軍，必忠誠可靠智勇之將難得，故任何有不利於先生之言，終不為動。亦有人進言先生，對無稽之謠言應加澄清，先生總是：

「大丈夫俯仰無愧，何必自己辯白。」

西安為西北重鎮，而第一戰區長官部不設在西安，而設漢中，可能在戰略上信心有關，雖然抗戰大後方在陝西，而漢中係為四川之北關。而在先生心目中有余在，西安、潼關豈有動亂淪落之可能；國之干城，信心不惑，有進而無退，勇者之言也。而當時中央決策，萬一西安有事，尚有秦嶺漢中之北屏於重慶也。

九　晉任第一戰區司令長官

十一月二十二日，陳長官由漢中至西安，約同先生赴渝，二十七日先生晉謁蔣公，先蒙垂詢敵情及徵兵情形，並告知陳長官調任軍政部長，繼問：

「陳長官調任軍政部長，司令長官一職，由你代理，或派人代理，如何？」

「如由你代理時，比較順利行使職權，是否？」

「以現實環境，若由職代理，不僅不能達成任務，且必累及鈞座，仍請另行派人。」

「有人提及劉經扶如何？」

「鈞座無論派定何人，職等絕對服從。」

十一月二十八日，先生牙疾發作，赴蓉治牙。十二月十二日再晉謁蔣公，並陪侍午餐。蔣公垂詢：

「一戰區事由你代理如何？」

「若此，適足以為鈞長之累，以另派人為妥。」

蔣公訓諭曰：「一戰區事由你代理，藉此可以造就資望，並可培植新起人物。將來政治、黨務皆各有中心，各負責任，有為份子團結在一起，則將來政權不致被異黨篡竊。獨當一面之人，器局膽量必須相合，聽說你的軍師長安分守己有餘，開創有為不足；並非安分守己不是，而是在此局面，必須有敢作敢為之人才，才能打開局面，而況將來你所負責任，恐不僅如今日之二、三倍，如無此種幹部培養，將來如何打開局面乎？」

十二月十九日再晉謁蔣公，復蒙垂詢：

「士兵生活情形，經此次改革，是否能得解決？」

「不能，必須發給實物，才能解決，此後若能在燃料、鞋襪方面注意而解決之，即能解決士兵生活之大半；假如民間每家製多少鞋襪，而發多少錢以補助之，則軍需局對各軍即可發實物矣！」

蔣公訓示：「現時國軍精華集中在一戰區，若一戰區失敗，國本動搖，真不可為人矣！目前中心工作為補充兵員問題，大家應集中全力為之。在陝加徵五萬人，速令祝紹周辦理，新兵十萬人，要明年三月運到重慶，方能應急濟難」。

二十一日晉謁蔣公辭行，奉諭：「一戰區長官部在漢中，應即往接收，此後要負起責任，努力去做，此外要盡各種手段招募補充士兵，在三個月內，盡力在陝西由祝紹周加徵五萬人，在豫募十萬人。」是日下午三時半，偕范漢傑、羅列、楊彬、趙雲飛等乘機由重慶飛返西安。奉委員長蔣公令繼陳誠代理第一戰區司令長官，時年四十九歲。

一〇　新疆伊寧之役

三十三年春，中央有意經營西陲，將命朱紹良入主新政，乃先調先生所部第三集團軍兼河西警備總司令李鐵軍，為第二十九集團軍總司令，令率所部新二軍謝義鋒之新四十五師，徐汝誠之新四十六師，葉成之暫編五十八師及四十二軍李禹祥之預備第七師，先行入新。

惟俄帝覬覦新疆已久，乃於是年十一月誘脅伊寧親俄份子哈薩克人之阿哈馬提江、頗里諾夫（白俄時代曾任中將），發動叛亂，與我駐伊寧預七師杜德孚部發生激戰；連續苦戰三月，我新二軍軍長謝義鋒率部馳援，沿途經達板城、果子溝、精河、烏蘇等地，遭叛軍阻擊，不斷戰鬥，時入寒冬，官兵禦寒之具未備，糧彈兩缺，步騎異勢，在冰雪中與敵搏戰，前後苦戰一年又一月之久，軍民死傷三萬人以上。

俄帝侵略新疆，已有百年歷史，盛世才主新其間，曾與赤俄協定，由俄取得哈密駐兵權及烏蘇油礦開採權。抗戰軍興，我中樞為維護國家主權及領土之完整，積極與之交涉，當二十九集團軍入新之後，俄駐哈密之紅八團裝甲部隊，名雖撤離，實則轉入地下，利用盛、朱交接之間，策動伊寧之哈民叛亂，而紅八團實為叛亂之基幹，故叛軍戰力頗強，我中央支援不足，遂使二十九集團軍諸部陷入苦戰。此役之艱困與死傷之慘烈，為上海戰役後所罕見，而官兵皆能遵先生其「**平日臨難不避，作戰被俘不屈**」之訓示，攻守有序，奮進死拒，是以此役高級指揮官成仁者有：

杜德孚，浙江東陽人。軍校三期，預備第七師少將副師長，志慮忠純，勇敢善戰，伊寧事變時，臨危受命，空降危城中，擔任伊寧守備指揮官，統籌戰守，與俄軍苦戰九十餘日，終因糧盡彈絕，與軍民萬餘人，全部壯烈犧牲。

陣亡殉國。

曹日靈，湖南永興人。軍校六期，預七師參謀長，兼伊寧守備部參謀長，伊寧戰役殉國。

姜宜詮，貴州錦屏人。軍校八期，預七師十九團上校團長，在伊寧近郊艾林巴克機場作戰

彭俊業，湖南敘浦人。軍校八期，預七師二十一團上校團長，在伊寧城歸王廟陣亡而殉國。

方聽彝，湖北孝感人。軍校七期，預七師二十團上校團長，在烏蘇作戰陣亡殉國。

丘健民，江西雲都人。陸大畢業，軍校七期，新四十五師少將參謀長，精河之役殉國。

滕伯雄，浙江衢州人。新四十五師三團代團長，精河作戰陣亡而殉國。

趙沐如，籍貫不詳，四十二軍一九一師五七一團上校團長，精河戰役陣亡而殉國。

李樹堂，陝西扶風人。軍校八期，四十二軍一九一師五七一團上校代團長，精河戰役殉國。

韓方琚，湖北宜昌人。軍校七期，補充團上校團長，在塔城作戰陣亡而殉國。

是年三月二日哈克薩叛亂，進攻阿山區之清河、烏河、伊寧等地。蘇俄飛機、坦克及外蒙軍隊，越境助其作戰；外交部向蘇俄大使潘友新抗議，潘友新向外交部聲明，新疆軍隊為追緝哈克薩人侵入外蒙；蘇俄根據與蒙所訂互助條約，不得不予支援，簡直是強詞奪理，無中生有；蘇俄侵華之野心，撒謊藉口，已暴露無遺。

八月二十九日，新疆督辦兼新疆省政府主席盛世才，調任農林部長，吳忠信繼任新疆省主席，邊防督辦公署撤銷，而新疆戰事仍在打打停停之中。

一一　重要人士及賓客

三十七集團軍總司令由丁德隆升任，第一軍軍長董釗他調，遺缺由羅列繼任；劉安祺升五十七軍軍長，陳金城升第九軍軍長，第三軍軍長周體仁調三十四集團軍副總司令；李世龍升第三軍軍長，呂繼周升副軍長，陳子幹升十二師師長，李用章調第七師師長，第三十四集團軍總司令李延年調山東挺進軍總司令，遺缺由副總司令李文升任，楊彬接任天水師管區司令。

中外賓友至關中者，皆來訪先生，先生皆以禮接待。三十三年元月二十八日，韓國光復軍李承晚來陝，先生設宴歡迎。四月蘇俄顧問團回國，設宴送別。五月接待英、美記者訪問團。十二月五日邀宴美國軍事考察團及陳納德將軍、空運指揮官司各特百里，及美大使館芮祕書，同日公宴英、美陸軍、空軍人員二五〇人於中正堂，先生致詞歡迎。

國內賓友至西安訪問者，有黨國元老張繼先生，部長有徐源泉、沈鴻烈，前輩有葛敬思，友人有韓德勤、李家鈺、何思源、張延齡、莊智煥、趙尺子、周燕蓀、蕭孝嶸、臧啟芳、陸京士、陸翰芹、張寶樹、周心萬、郭紫峻、李鳴鐘、劉健群、皮宗敢等。

是年五月二日，我政府代表王世杰、張治中、雷震，與共軍代表林祖涵等，在西安商談各項問題，先生以地主身分招待於王曲附近，達一週之久，共軍代表堅決要求擴編四軍十二個師。

一二　三十三年大事記

・二月：

二月十六日，黔桂鐵路獨山、都勻段通車。

・四月：

四月二十三日，盟軍登陸新幾內亞，並佔領荷蘭蒂亞。

・五月：

五月十二日，中央設計局增設台灣、東北兩委員會，由陳儀、沈鴻烈分任主任。

・六月：

六月五日，美空軍空中堡壘由成都基地起飛，空襲日本九州。十八日，日軍陷長沙。二十九日日軍施放芥子氣，猛攻衡陽。六日，歐洲盟軍統帥艾森豪，指揮諾曼地登陸成功，開闢第二戰場。是日美副總統華萊士（Henry A. Wallace）訪華，偕隨員范宣德（John C. Vincent）、拉鐵摩爾（Owen Lattimore）、哈查德（Hazard）等，經西伯利亞、新疆飛抵重慶；二十四日離華，行前與蔣公聯合聲明，中美互助對日作戰，中、美、蘇友善諒解。

・七月：

七月二日，華萊士由重慶經昆明、桂林、成都、西安、蘭州離華返美。二十日美軍登陸關島。

・八月：

八月八日，衡陽陷敵，我第十軍軍長方先覺率部堅守該城，血戰四十七日，力盡陷敵。

二十五日棄守長沙之第四軍軍長張德能，被判處死刑。方軍長後經偽軍之助，脫險，於十二月十一日返抵重慶。十二日，美軍超級空中堡壘轟炸機，連日轟炸日本本土。二十五日歐洲戰場盟軍佔領巴黎。

• 九月：

九月六日，美總統羅斯福代表赫爾利（Patrick Jay Hurley）、納爾遜（Donald M. Nelson）抵重慶，協商軍事、經濟及中美合作問題，十五日蔣公以備忘錄交美總統代表赫爾利將軍，要求美政府撤換史迪威（Joseph Warren Stilwell），羅斯福總統同意召回史迪威，並派魏德邁（Albert C. Wedemeyer）將軍繼任。

史迪威於民國二十七年擔任美駐華大使館武官時，其接近友人中，有美國共產黨徒史末特來、卡遜爾等人，同情共軍，史氏受毒甚深；至三十一年二月重來中國，充滿親共立場，自稱雖係中國戰區參謀長，須接受蔣委員長之命令，而兼職則係美國租借物資之分配人，擁有獨立職權，監視中國戰區統帥，接受美國軍事政策，故主張美國軍事物資同時裝備共軍，其所見甚短，一意孤行，對中華民國之歷史背景及民族文化，並不了解，並在大庭廣眾之中，詆毀蔣公，與我政府間造成極不融洽之氣氛，蔣公乃痛下決心，請羅斯福總統將其召回。

• 十月：

十月九日，中、美、英、蘇同時公布聯合國組織草案，二十四日我國承認法國向德投降後由戴高樂成立之臨時政府。二十六日承認墨索里尼死後，義大利之新政府。十四日，蔣主席號召知識青年從軍，決定編十萬青年遠征軍，當時之信條為：「**一寸河山一寸**

血，十萬青年十萬軍。」二十九日蔣主席以中國戰區盟軍最高統率名義發布命令，任魏德邁將軍為中國戰區統帥部參謀長，索爾登將軍為中華民國駐印軍總指揮，三十一日魏德邁將軍抵重慶。

• 十一月：

十一月一日，空運大隊成立。十日汪兆銘病死日本名古屋帝國醫院，一代巨奸，遺臭萬年，十一日屍體由日機海鵜號運回南京，埋葬於南京桃花山。陳公博、周佛海，連同其妻陳璧君，都想當這偽組織主席；先是群魔爭舞，醜態百出，最後還是陳公博代理，周佛海兼上海市市長。十一月八日，羅斯福第四次當選，連任美國總統。二十九日美國駐華大使高恩辭職，赫爾利繼任為駐華大使。十九日，日軍岡村寧次繼任畑俊六為中國派遣軍總司令。二十四日美國巨型轟炸機再猛襲日本東京。

• 十二月：

十二月二日，日軍陷獨山，八日各路援軍到達，開始反攻，克獨山，十二日克南丹。二十二日知識青年從軍入營，二十五日陸軍總司令部在昆明成立，何應欽任總司令。三十日國民政府任命何思源為山東省政府主席。

在緬北戰場，國軍攻入胡康河谷，中美聯軍肅清日軍，向泰洛東北進展。孟拱河谷遠征軍佔領瓦康，五月十五日，攻克塔倫陽，與蠻賓盟軍會師，六月二十五日遠征軍攻克孟拱，八月四日攻克密支那，九月十四日滇西國軍克騰衝，與緬北遠征軍會師，十二月五日，緬北國軍攻克八莫。

勝利光輝

一　晉任第一戰區司令長官

三十四年元月十二日，先生由西安飛漢中長官部，就任第一戰區司令長官。十三日召見長官部各首長，西北大學教授二十餘人來訪致賀，先生欣然接待，賓主歡洽。十四日出席紀念週致詞，並出席漢中各界歡迎茶會。十六日飛返西安。二十日出席西安仕紳歡迎會。二十七日飛老河口，第五戰區李長官宗仁親至機場迎候，河南省主席劉茂恩自丹水及郭副長官寄嶠自龍駒寨來會。二十八日至南陽，劉總司令汝明郊迎設宴。二十九日至鎮平縣冀察總部，會見鎮平各界仕紳。三十日在丹水開會，討論兵員補充，地方團隊整補，招致陷區青年，黨政配合，以及防止奸偽發展等問題，河南省黨政團首長，皆被邀參加。三十一日經西峽口至西平。二月一日在九十八軍賴汝雄軍部開會，討論士兵伙食與各級部隊公費不足問題，會後赴青油鎮三十一集團軍王仲廉總司令部午餐，下午視察新編第一師，二日回西安。

二月九日飛榆林，十日十時祭高立卿軍長，高軍長名雙成字立卿，任二十二軍軍長，戍守榆林最久，本年元月因病逝世。是日上午因天候不佳，繞寧夏飛西安。

漢中長官部於元月中旬遷西安，與西安指揮所合併編成，副長官曾萬鐘，總參議龔浩，參謀長范漢傑，副參謀長李昆岡，第一處處長曾祥廷，第二處處長金樹雲，第三處處長賈貴英，第四處處長王企光，軍務處處長林為周，黨政處處長李毓九，經理處處長趙掄元，特種會報處處長沈貴德，外事處處長張大同，機要室主任王微。其時第一戰區共統率六個集團軍，轄十八個軍，四十三個師，七個特種兵團，其戰鬥序列如下：

第一戰區司令長官：胡宗南

㈠第二十八集團軍總司令：李仙洲。

1. 第八十九軍軍長：顧錫九。

⑴第二十師師長：譚乃大。

⑵第一師師長：黃永瓚。

⑶暫二十六師師長：鮑汝澧。

㈡第三十一集團軍總司令：王仲廉。

1. 第八十五軍軍長：吳紹周。

⑴第二十三師師長：黃子華。

⑵第一一〇師師長：廖運周。

⑶暫五十五師師長：李守正。

2. 第九十八軍軍長：賴汝雄。

⑴新四十二師師長：譚煜麟。

⑵新四十三師師長：黃國書。

⑶新四十四師師長：姚秉勳。

㈢第四集團軍總司令：孫蔚如。

1. 第三十八軍軍長：張耀明。

⑴第十七師師長：申及智。

⑵新三十五師師長：孔從周。
2.第九十六軍軍長：李興中。
⑴第一七七師師長：李振西。
⑵新十四師師長：陳子堅。
㈣第三十四集團軍總司令：李文。
1.第一軍軍長：羅列。
⑴第一師師長：杲春湧。
⑵第七十八師師長：許良玉。
⑶第一六七師師長：王隆璣。
2.第十六軍軍長：李正先。
⑴第一〇九師師長：朱光墀。
⑵預備第一師師長：馮龍。
⑶預備第三師師長：陳鞠旅。
3.第九十軍軍長：嚴明。
⑴第二十八師師長：王應尊。
⑵第五十三師師長：袁杰三。
⑶第六十一師師長：鄧鍾梅。
㈤第三十七集團軍總司令：丁德隆。

1. 第三十六軍軍長：李世龍。
(1) 暫編十五師師長：李家英。
(2) 暫五十二師師長：何奇。
(3) 暫五十九師師長：盛文。
2. 第八十軍軍長：袁樸。
(1) 第六十五師師長：何蕃。
(2) 第二十三師師長：嚴皋。
(3) 新三十七師師長：徐保。
3. 新七軍軍長：吉章簡（代）
(1) 暫二十四師師長：宋子英。
(2) 暫二十五師師長：劉英。
(3) 暫二十六師師長：李樹榛。
(六) 第三十八集團軍總司令：董釗。
1. 第三軍軍長：羅歷戎。
(1) 第七師師長：李用章。
(2) 第十二師師長：陳子幹。
(3) 新編第三師師長：邱開基。
2. 騎兵第三軍軍長：賀光謙。

(1)騎兵第九師師長：施建康。
(2)騎兵新七師師長：白海鳳。
(七)商南指揮所主任：郭寄嶠。
1.第二十七軍軍長：謝輔三。
(1)第四十七師師長：李奇亨。
(2)暫六十四師師長：劉光漢。
(3)新編第四師師長：譚毓麟。
(八)豫省警備總司令：劉茂恩。
1.第十五軍軍長：武庭麟。
(1)第六十四師師長：劉獻捷。
(2)第六十五師師長：李紀雲。
(九)戰區直屬部隊
1.第十七軍軍長：高桂滋。
2.第四十軍軍長：馬法五。
3.暫編第五軍軍長：李漢章。
4.新三十四師師長：韓增棟。
5.騎兵暫二師師長：馬祿。
6.砲兵第十一團團長：羅直雲。

7. 重迫擊砲第三團團長：凃健。
8. 戰防砲第五十二團團長：周雨寰。
9. 工兵第三團團長：許開章。
10. 工兵第七團團長：宋耀華。
11. 工兵第十三團團長：方松齡。
12. 憲兵第十四團團長：趙瓚。

二　克難堅忍

抗日戰爭已進入第八年，軍費支出龐大，通貨膨脹，是時最困難的是法幣貶值，物價昂貴，官兵薪餉，部隊公費與物價不能平衡。二月一日先生在九十八軍及九日在四十軍開會，據報告二等兵月餉五十元，一等兵六十元，上士一百元，草鞋費五十元，陝豫士兵不習於穿草鞋，而布鞋每雙最低三百五十元，士兵須積七月之餉，方能購布鞋一雙，副食費每月三百五十元，每日平均不足十二元，而白菜一斤三十元，豆腐每斤二十元，士兵伙食經常無菜，官長自營長以下，亦皆與士兵同伙，眷糧未發，有眷官長無以為生。

各部隊辦公費，尤感不足，連月需五千元，僅發一千五百元，營需六千元，僅發二千元，團需二萬五千元，僅發八千八百元，九十八軍賴汝雄軍長稱，該軍每團公費八千元，未悉何故要較其他各團少八百元，就師部公費言賴軍長提出需五萬元，而四十軍提出需十萬元，實際上僅發二萬元，軍部需二十萬元，僅發八萬元，因此全軍必虧公費一百三十萬元以上。第一師官長亦言：「二等兵月餉五十元，買針線補衣，猶嫌不足，士兵社會地位，同於乞丐，兵源何自充裕？」先生治軍，重視官兵生活，去年在渝時對士兵生活一再稟陳軍委會，中央因全國部隊一致，始終未能解決，就任第一戰區司令長官後，復曾反映於中央，而軍政部亦無力以解窮困也。

當時官兵皆自打草鞋，主食每日兩餐，每餐十三兩麵粉，饅頭一條，燃料上則由自己入山砍柴，疾病醫藥奇缺，破舊之物皆能修補使用，即一塊破布，亦不廢棄，而作大用，雖日常衣食生活不足，然官兵人人自知，此次抗戰若不能擊敗日軍，則未來之奴役生活，將更不堪設想，了解到誰能堅持最後五分鐘，誰就能獲得勝利，於此一革命精神支撐下，士氣仍甚旺盛，蓋分析敵情，勝利即將在不遠之將來也。

是年一月九日美軍登陸呂宋，緬北國軍攻克芒友。行政院先後任命王懋功為江蘇省主席，楊森為貴州省主席。二十三日滇西國軍攻克畹町後，中印公路全線貫通。二十八日蔣主席命名中印公路為史迪威公路，宋子文在畹町主持該路通車典禮。

二月四日羅斯福、邱吉爾、史達林在克里米半島舉行雅爾達會議。九月龍雲在昆明就任中國陸軍副總司令。十二日雅爾達會議結束，羅斯福、邱吉爾為要求蘇聯對日參戰，竟與蘇聯訂立雅爾達密約，其內容如左：

㈠外蒙古人民共和國獨立現狀應予保持。

㈡俄國自一九〇四年後被日本侵害之權利應予恢復：

1. 庫頁島南部及其附屬各島歸還蘇俄。

2.大連港應予國際化，蘇俄在該港優越利益應予妥保，並將旅順租予蘇俄為海軍根據地。

3.中東鐵路、南滿鐵路，應由中蘇合設公司共同管理，蘇俄之優越權利應予保障。

㈢千島群島應割予蘇俄。

這一密約，美、英為了近視的利益出賣了我國主權，造成戰後無窮盡的禍害。

三 西峽口戰役

二月十五日美機千餘架次轟炸東京，二十五日復以一千八百架次猛炸東京。太平洋戰事方面，美軍克復馬尼拉，登陸硫磺島。我入緬軍攻克臘戍，我通印度之一七六〇公里大油管工程竣工。日軍在整個戰爭形勢上已漸趨失敗形態，海空軍已受制於美軍，乃急於希望陸軍在中國戰場上獲得勝利，自鄂西與桂黔二路之戰失敗後，乃決定攻陝西以脅重慶，由晉西渡關中而敗多勝少，由洛陽入潼關，又為我軍阻於陝州，靈寶之間，無法寸進，乃於三月間在平漢路集結三十九師團，一一〇師團，六十九師團，一一四師團，戰車第三師團，及騎兵第四旅等共七萬餘眾，由十二軍軍長內山英太郎統率，分向南陽、老河口、襄陽、樊城、西峽口等地進犯，企圖分兵入荊紫關，沿西商公路北攻西安，及沿秦嶺南麓威脅四川北關之漢中。在抗戰後期中，此一戰役之勝負，實為成敗之關鍵。

三月二十四日，五戰區長官部移均縣，二十五日駐老河口美軍撤退。

當時軍令部次長劉斐簽擬方案奉准後，除令第五戰區嚴整戰備外，另飭第一戰區派十五軍或七十八軍控制於內鄉及淅川一帶機動使用，並準備適時策應第五戰區之作戰。

先生奉指示後，判斷日軍可能分兵沿西荊公路西進，乃電申覆，十五軍已進入警備區，七十八軍正在西坪進入陣地構築工事中，任務極為重要，難以抽調，建議以八十九軍歸五戰區指揮，劉斐卻不同意。

先生乃研議兩全之策，飭三十一集團軍總司令王仲廉將軍轉令在嵩縣之八十五軍軍長吳紹周，率二十三師向南推進至西峽口與西坪之間之丁河店鎮，並以一團挺進於內鄉以西，以支援五戰區作戰，既遵軍委會之令，又兼顧豫西之防，屯兵丁河店，東可策應西峽口之戰，西可至西坪已設之陣地，為最佳方案。

日軍由東、北兩路夾擊南陽，守南陽第五戰區劉汝明集團軍，僅以一師守南陽，主力在外圍山地，日軍乃轉西直驅鎮平、內鄉，企圖以豫陝公路進犯西峽口，其行動果為先生所判斷。

敵犯淅川，西峽口西進甚銳，主力為十二軍中最強悍之一一〇師團及戰車第三師團。四月二日我八十五軍吳軍長，以西峽口地形寬平，利於日軍戰車之運動，乃退出西峽口，在魁門關沿豫陝公路兩側以外八字形兩側高地布防，於西峽口僅配置少數兵力誘敵西進。日軍一一〇師團果以主力進攻西峽口，而一部攻佔西南高地，並與我八十五軍之二十三師主力接觸，日軍數次增援猛攻，並以飛機戰車配合，激戰三晝夜，吳軍長即調暫編五十五師增援第一線，陣勢益形堅強。

三十一集團軍總司令王仲廉將軍，鑒於如此死守陣地，在敵強大火力下必將犧牲殆盡，實非上策，不如引敵深入而殲之，乃於四月四日，由丁河店撤至重陽店以西之馬鞍橋，誘敵深入山區我既設之陣地。

三十一集團軍後撤之訊傳至長官部，當時主管作戰之副參謀長李崑崗將軍，係陸大高材生，戰術素養深湛，以為此種轉進，脫離敵人行動，未超過一日行程，易為敵人追上，陷入混戰，後果不堪設想，不能同意，報告先生後，即電告王總司令，王仲廉將軍電告：「我命令下達，部隊已按計畫行動了。」先生接報告後，親電王總司令：「你部隊轉進有把握嗎？」王總司令又答稱：「部隊正在行動中，不能收回成命……。」先生當時氣憤地告知：「一切責任由你自己負起來好了，我不願看到你轉進到陝境來。」王總司令答稱：「已有計畫，除非消滅敵寇，否則你只能再見到我墳墓。」這兩位同為軍校一期第四隊同學，對西峽口戰役都抱著必勝之信心，先生對這位黃埔一期的同學總司令絕對信賴，而這位同學總司令神機在握抱有以死報國之決心。

日軍逐山攻擊前進，直逼重陽店，這一地區地形狹窄，公路迴轉於山脊上，王總司令以逸待勞，僅以九十八軍四十三師黃國書之一師守公路正面，此師雖裝備不足，但士氣旺盛，戰力不弱，日軍猛攻兩天，雖佔領重陽店兩側若干高地，但進展困難，傷亡亦重。

日軍第十二軍軍長內山英太郎判斷發生錯誤，先是以一一〇師團攻西峽口時，以為我必以強大兵力扼守這伏牛山之出口重鎮，故十分審慎，竟用兩個大隊兵力攻西峽口，另以一個大隊攻西南高地，而為我一個團之守軍擊退，故費時二日始攻入西峽口，結果發現我在西峽口守軍僅為一個步兵連及重機槍一排，再攻西南高地時，我軍卻悄然於暗夜西撤，乃以為我軍力薄弱，僅在利用優勢地形作遲滯作戰而已，遂以其優勢兵力，大膽向黃國書師猛烈攻擊。

敵軍深入山區，正在進退維谷之間，三十一集團軍總司令王仲廉即令在西南山區之二十三師挺進包圍重陽店南側之敵，而命重陽店北側山內之暫五十五師迅即南向包圍該鎮北面，並令正面黃國書之四十三師發動攻勢；另請求空軍協同派遣機群配合砲兵，密接支援步兵反攻。當時空軍航空委員會副主委員王叔銘，亦是黃埔一期第四隊同學，在西安常稱為陸空一家，極力支援，此時日軍二千餘人，戰車十五輛已直入在重陽店附近陣地中，經我三面圍攻，戰車三輛，首被我戰防武器擊毀，其餘戰車即不敢任意橫衝，其飛機之支援如同偷襲，迅即逸去，不敢如以往之盤旋而持續，復經兩晝夜之激戰，日軍傷亡慘重，見勢不妙，乃沿公路東竄，出西峽口時適遇我八十五軍之一一〇師，與之迎頭痛擊，敵方在戰車掩護下東竄，遺屍八百餘具，王總司令仲廉立命各部隊恢復重陽店以東陣地。此時因制空權易手，日機僅作幽靈式之猝然空襲，而我步兵亦已獲得戰防武器，其戰車亦不敢如以往在戰場上猖狂，而我軍第一線作戰，每苦於敵機及戰車之威脅，現在戰爭形態變化，士氣大振。此次戰役，稱之西峽口第一次殲滅戰，敵之一一〇師團第一三九聯隊，自聯隊長以下，死傷極為慘重，已潰不成軍。

此役後，日軍第十二軍軍長內山英太郎撤換，改派鷹森孝接任，據日本防衛廳戰史室所編此役戰史檢討稱：「攻到重陽店主力就未再西進，若再西進到西坪，不僅一三九聯隊，恐怕一一〇師團亦將全部玉碎。」斯為內山英太郎之報告，亦證實當時我三十一集團軍王仲廉總司令戰術陷阱之嚴陣。

今春入緬之遠征軍，需要兵員殷急，第一戰區奉命在各部隊挑選精壯官兵二一一、五八六人，為第一期，空運雲南，第一期挑選空運甫告結束，而第二期命令又至，需空運學生九、三〇五人，士兵二四、九四九人，皆由美軍醫務人員逐一體檢，要求標準，極為嚴格。陝西河南士兵，身體高大，然由於平時營養不足，而不合美軍要求者甚多，均被淘汰，西北軍中之精壯，一時失其大半，猶不足軍委會要求之人數，先生乃命七十八師挑選一千人補充，至四月四日，因西峽口戰況激烈，方停止空運。挑選精壯，空運雲南，對一戰區之戰力影響甚大。

四 再殲窮寇

正當三十一集團軍總司令王仲廉將軍在第一線上以誓死決心誘敵圍殲之時，先生為防日軍西竄，即命第一軍之一六七師推進至西坪與荊紫關之線，第二十七軍之暫編第四師至武關附近集結，九十軍之六十一師進駐雒南，以加強戰場之縱深，使王總司令無後顧之憂，另撥輕戰車五輛，歸王總司令指揮，以增強機動。

四月七日敵我仍在重陽寺、范家溝、丁河店、槐樹營各地激戰中，殲寇甚眾，敵勢頓挫，先生遂命貫徹主張，殲滅西陝口之敵。唯此時踞洛陽之敵，為策應西陝口戰役，西向洛寧移動，故於十九日西峽口之敵，復向我反撲，先生嚴令各部隊固守已佔領之陣地，並電令新四師師長譚毓麟，如退至中蒲以西，必受槍決，如失霸王砦地區，亦必軍法嚴究，於是各師奮力血戰，繼續擊潰來犯日軍。四月二十七日我軍發動反攻，敵退至西峽口砦外，遂成對峙之局。

五月七日先生決定作戰指導，調整部署，以為要鞏固丁河店現陣地，必須攻克南側之豆腐店及一一八〇高地，位於北翼之新一旅，則集中使用，歸謝輔三軍長指揮，第六十五師歸王總司令指揮用以攻擊，使南取龐家店、霸王砦，北翼則包圍土地嶺之敵，並請在南陽之第二集團軍劉汝明部不得後撤或南移，以牽制日軍，並即下令攻擊。

五月八日午後，我一一〇師及新編四十二師在王仲廉總司令領導下攻克豆腐店及一一八〇、一一四〇等高地。日軍侵華以來，已成對峙之局，從未遭我軍主動攻擊，此次我軍發起反攻，出敵意表，以往賴飛機掩護，坦克前導之戰術已失憑藉，乃倉皇應戰，亦未構築堅強工事，在丁河店地帶，一戰即潰，遺屍一、三四七具，擄獲日軍二名，騾馬六二九匹，山砲一門，迫擊砲二門，觀察鏡一具，步槍二四一枝，輕機槍二十三挺，重機槍十挺，此即為西峽口第二次殲滅戰。日軍號稱精旅之一一〇師團，本欲為其一三九聯團向我報復，經此一戰，幾將全軍覆沒。

五月十日先生在作戰會報中判斷丁河店之寇，自四月二十七日接戰迄今已十三日，所攜糧彈必盡，以撤退之公算為大，有殲滅之機會，乃令二十七軍軍長謝輔三攻取二六五一高地，完成包圍圈，協同空軍殲滅之，日軍已無鬥志，紛紛向東潰竄。

其時洛寧之敵，步騎八千餘人，砲二十門，已西進至長水鎮，攻我官道口及盧氏，以策應西陝口之敵，先生令第四集團軍李興中（原總司令孫蔚如已調職）率部阻擊，先包圍龍頭砦，澈底炸毀而奪取之，阻其西進，並部署武關之防守陣地，五月十九日由官道口進犯之敵，已為我四十軍馬法五部拒止於雲台山、大南嶺、馬家山之線，甕關村以北高地。先生命九十軍附第七師由官道口前進，二十四日即行攻擊官道口之敵，迅即攻佔火山關、石大山、馬家山、四莊、老虎頭、興隆砦及印家山等地，二十五日繼續攻擊前進，攻克孟家河、牛心店，寺後街等地，敵勢遂挫，形成對峙之勢。

自陝州、西峽口、官道口三役，日軍西進挫敗，傷亡重大，知一戰區部隊戰力之強勁，於群山峻嶺之中，不但能誓死固守，並能機動轉移攻勢，乃不敢再行西犯，豫西戰場，遂成對峙之勢。

抗戰期間，中共潛伏各山區，每逢國軍與日軍接戰之時，必在後方擾亂，乘火打劫，搶掠輜重，其目的在藉日軍之力以消滅國軍之武力；故每一戰役之始，國軍往往有後顧之憂。此次西峽口圍殲日軍之時，潛伏在伏牛山中之共軍韓鈞部五千餘眾，為策應日軍之攻擊，由嵩縣竄向伏牛山之豆腐店、太山廟、兩河口、車村，續向黑峪、苗子前進，攻擊我暫編之六十六師；至六月上旬，西峽口、官道口、長水之寇，仍與我軍處於對戰中，我軍因受共軍韓鈞股之牽制，亦未能有所進展；對伏牛山之共軍，先生顧及交通運輸困難，乃派九十軍之五十三師袁杰三部，配一地方團隊，編組為勝利兵團，向敵搜索堵擊，共敵則化整為零，東竄西伏，避免與我軍作戰，伏牛山區嶺巒迴亙，峻嶺重疊，多為原始森林，搜捕不易，山徑羊腸，人跡罕至，交通運輸至為艱困，遂決定勝利兵團停止深入，盡量利用地方團隊擔任警備，搜索、迂迴、側擊及包抄、破壞之任務，主力隱蔽集結，有機可乘時，即以十倍之眾，殲滅其一部或佔領一地，使共軍深藏而不敢蠢動；至官道口、長水之敵，被我擊退東竄雒甯，西峽口仍在對峙之時，故對伏牛山之共軍，僅有零星戰鬥，無激烈之攻擊行動。

五　中美幹部訓練班

三十四年四月，軍政部長陳誠蒞陝時稱，第一戰區可提供美式裝備九個師。先生決定為第一軍羅列部三個師，第十六軍李正先部，八十五軍吳紹周部及九十軍嚴明部各二個師。

美軍顧問團派官兵五十人來陝協助訓練，四月二十一日，先生在王曲主持幹部訓練班籌備會議，決定召訓各軍優秀幹部，結業後至各軍為教官；再訓練全軍之幹部，以使美式裝備到達後，能順利使用。嗣後先生與美軍將領接觸頻繁，二十四日接見藍道爾少將，梯索思冒上將、米爾斯少校、克勞克中尉，二十八日茶會招待美軍軍官包瑞德（David Dean Barrett）上校等三十餘人。

五月十三日，第一戰區中美幹部訓練班在王曲留村開訓，先生親自主持開學典禮，參加者美軍軍官四十人，譯員十餘人。第一期於六月二十五日結業，上午魏德邁將軍來陝，十二時先生午宴招待，下午二時陪赴留村中美幹部訓練班，參觀營之攻擊演習。二十六日上午七時，二人偕赴王曲河西大操場閱兵，魏見軍容壯盛，稱七分校之訓練績效，足與海外任何軍校相媲美，語中對校長蔣公推崇備至。十時參加幹訓班結業典禮，並致勉詞；十一時參加七分校軍官團會餐，先生致歡迎詞；下午四時，魏德邁將軍正式訪晤先生，先生以茶會招待，並舉行軍事會報。二十七日八時，魏至潼關參觀河防工事，適中條山游擊隊擄解到日俘三人，魏曾親作審問；十時至五虎嶂參觀第一師據點攻擊演習，十二時參觀窰洞兵舍，下午四時至赤水，檢閱第一師，時大風揚塵，咫尺外不見人馬，繼降大雨，閱兵分列，在暴風雨中進行，魏致詞時稱耳聞第一軍有光榮歷史傳統，今日表現，足證不虛，甚驕傲而令人滿意，夜十時長官部再舉行軍事會報，二十八日十二時半送別。

此一時期中世界局勢已有甚大變化。四月一日美軍在大琉球登陸，經四十餘天血戰，於五月十六日佔領大琉球首府那霸。四月二日美國駐華大使赫爾利在華盛頓宣布，美國願與中國統一團結，不能以武器供給中共，以澄清史迪威回美後之各種議論。四月二十日美總統羅斯福（Franklin Delano Roosevelt）逝世，副總統杜魯門（Harry S. Truman）繼任總統。二十五日聯合國會議在舊金山開幕，宣布以中、美、英、蘇四國外長為聯合國會議主席，我國出席人員，以宋子文為首席代表，顧維鈞、魏道明、胡適、王寵惠、吳貽芳等為代表。

四月廿五日歐洲戰場美蘇兩軍在德國中部會師。太平洋戰場盟軍在仰光登陸。七日德國向蘇、英、美無條件投降。十一日國軍在湘西會戰大捷，來攻之敵七萬餘眾，企圖進出安江、洪江而佔領芷江，我第四方面軍王耀武阻敵於雲峯山，第十集團軍王敬久阻敵於寧鄉、益陽之線，第三方面軍湯恩伯於武崗攻敵側背，以空軍之協同，將敵包圍，敵大部被殲，是役先後經過五十五日，計傷敵二萬八千餘人，俘敵軍官十七人，士兵二三〇人，騾馬三四七匹，大小火砲二十四門，輕重機槍一百挺，步槍一三三枝，其他輜重補給品二十餘噸。此一戰役清理戰場至二十七日始告結束。

五月二十三日美機五百五十架次猛炸東京。二十七日南戰場國軍反攻，克復南寧。六月一日美國總統杜魯門咨文國會，聲明日本必須無條件投降，八月並聲明依照開羅會議宣言，准許韓國獨立。十五日美國將雅爾達會議有關中國之密約，通知我政府，在極度艱苦下奮戰中之我國，遭受無知之盟友以密約出賣我國主權與領土，深覺痛心。二十六日中、美、英、蘇、法等五十國代表在舊金山簽訂聯合國憲章後，會議閉幕。同日我國民政府任命吳奇偉為湖南省主席，孫連仲為河北省主席。二十九日南戰場國軍反攻，克復柳州。

六　所謂陝北封鎖線

自中共竄入陝北後，原不過少數陝西省保安部隊，在有限之交通隘口，清查來往行人，照料食宿，共方亦復如此，至二十九年中共誘惑我山西新軍，及三十年其新四軍在蘇皖叛變後，在此山口，時釁事端，繼入陝西侵佔囊形地帶，集結相當兵力，有逐次南下之企圖，於是先生亦酌派正規部隊，協同地方團隊戍守，以防其侵軼；而該一囊形地帶日久成為懸案，始終為其所盤踞，頻年以來，作為其武裝走私鴉片之根據地。三十二年三月，先生派胡公冕前往阻止，然無結果。

七月一日二十時，委員長蔣公蒞西安，先生以中共居心叵測，敵我交界處必須加強，否則關中一有動搖，勢必影響整個戰局，於是奉准將三十六軍編為特種軍，轄盛文之一二三師、王應尊之二十八師，何奇之四十八師，李日基之一六五師，康莊之暫十五師，每師各轄四團，守備線西起甘肅之固原，經慶陽、平涼、榆林、洛川，至宜川之線，全長一千三百餘里，三十六軍擴編後，遂長期擔任該線之戍守任務，民稱之封鎖線，此即封鎖線名稱之由來。

七月二日八時五十分，蔣公主持七分校十九期畢業典禮，招待美國記者團於興隆嶺，十四時東行至赤水，檢閱第一師，對軍容不盛頗表不滿，先生亦深自檢討（其後並將師長換為黃正成）。二十時四十分回西安，二十一時赴曹村新營房，與學生會餐訓話，勉以仁愛助人，與人合作，並介紹美軍藍道爾將軍對學生講話。三日夜赴七分校禮堂觀賞皮以書主持之兒童保育舞蹈。四日八時蒞長官部召見各處主管與省黨部委員，九時四十分至省政府，接見地方紳士，十時十分起飛回渝。

三十四年夏，豫西韓鈞共軍，竟公然攻擊我暫編六十六師抗日部隊，至七月十三日，囊形地帶之共軍，又突破原守界線，攻佔方里鎮；十五日續佔通潤鎮，守軍保安第二、第三兩團潰散；至十六日自通潤鎮至方里鎮七十八公里之碉堡線，全部為共軍攻佔，先生於十九日嚴電朱德，責令其撤回南犯之匪，並令第一二三師盛文所部，迅速恢復囊形地帶；二十一日盛師收復方里鎮，進攻淳化城外高地；二十七日收復爺台山，擊破共軍陣地，中共遂北竄，恢復原態勢。

盛師攻佔爺台山，中共乃由延安增調兩旅反撲，先生亦適時調預三師陳鞠旅增援，激戰三日，共軍仍為我軍擊破北竄。爺台山為囊形地帶之戰略要點，可以瞰制關中，盛師乘勝收復該山，既可瞰制整個囊形地帶，復可節約封鎖兵力，毛共則大肆叫囂，謂盛文破壞停戰協定，應予撤懲，先生未予置理。

八月五日，先生關切西峽口之戰況，乃偕龔參議浩、李副參謀長崑崗等赴西坪之西管莊，六日偕王仲廉、李崑崗、沈策等赴丁河店西側，視察龐家砦、光華砦形勢，領導各將領高呼「我們打了一個大勝仗！」回西坪後，召集軍師長吳紹周、謝輔三、賴汝雄、張文正、黃子華、廖運周、李逵、李守正與馬雄飛等，開檢討會議，勉勵守軍忠貞為國，固守陣地，告知日軍敗象及各戰場反攻已在節節勝利之中。七日約見李奇亨、李紀雲、曾文思、黃國書、王應遵、沈文明、袁杰三、鄧鍾梅、陳舜德、蘇炳靈、楊保甲等，在娘娘廟講評各戰役中應改進之缺點，十二時離敷水關西行，赴十八盤，午夜宿於廟濟口民家，八日至華陰回西安。

七　日軍投降

三十四年春，我各戰場之反攻已在節節勝利中，美軍已登陸琉球及琉璜島，空軍連日猛炸東京、神戶、名古屋等地；三月底日外相重光葵曾密託瑞典駐日公使，設法向盟國試探和平，旋因四月七日小磯內閣崩潰，鈴木太郎繼起組閣，和平試探乃停止。五月一日希特勒自殺，七日德國向盟國無條件投降；日本已完全孤立於世界，乃請蘇俄從中斡旋，而蘇俄則匿不轉告中、美、英三國。

七月二十六日，中、美、英三國電商決定，共商發表波茨坦宣言，向日本提出最後通牒，促使日本無條件投降，否則吾人將以巨大之陸海空軍力，使日本武力及其本土，完全毀滅。其第八條特別指出開羅宣言之內容必須實現，此時美國之第三及第五空軍大隊，已不斷在日本本土空襲，六星期中，出動六四三五架次，作地毯式之猛烈轟炸；於三十四年八月六日在日本軍事基地「廣島」，投下戰史上最具破壞力之革命性武器第一顆原子彈，當時有七萬餘人死亡。

蘇俄初則袖手觀美日之戰，至此乃覺日本必將崩潰於原子彈之威力，於八月八日乘火打劫，正式對日宣戰，出兵我東北。

八月九日美軍在「長崎」投下第二顆原子彈，死亡十餘萬人；至此日軍實無力再繼續戰爭，乃於八月十日向瑞士要求轉達降書願接受無條件投降，僅要求保留天皇最高統治權仍為日本元首。十一日美國經協商後，代表同盟國通知日本，表示接受投降。八月十四日日本天皇頒布無條件投降敕令，日本正式宣告無條件投降。並對日本軍民廣播。

圖 30：密蘇里軍艦（USS Missouri BB-63）上，麥帥主持日本受降儀典。

圖 31（p301）：民國 34 年日本正式投降在東京灣「米蘇里」軍艦（USS Missouri BB-63）上舉行，由日本首相重光葵率領，正式簽署投降證書。

Dans
le Pacifique les
Américains n'ont pas
partagé

圖 32：第二次世界大戰最後的打擊——原子彈轟炸廣島、長崎。1945 年 8 月 6 日，在日本廣島投下第一顆原子彈炸，傷者難以計算，四、五平方英里地化為瓦礫。

圖 33：長崎上空的蕈形雲——8 月 9 日美國又向長崎投下第二顆原子彈，炸死十萬餘人，此一「菌狀雲」給日本帶來悲慘之命運，終於 8 月 15 日，日本天皇正式接受無條件投降。

三十四年八月十五日（因時差關係，美國為八月十四日），同盟國正式宣布日本投降，我國民政府主席蔣公，向全國軍民廣播，抗戰勝利，並發告全國軍民及世界人士書，勉全國軍民勿驕勿怠，努力從事建設，對日本寬大為懷，以德報怨，因我們是仁義之師，只認日本的黷武的軍閥為敵，不以日本人民為敵。命陸軍總司令一級上將何應欽辦理受降事宜。即電日軍在華派遣軍總司令岡村寧次，指示投降六項，聽候中國陸軍總司令何應欽上將命令。國民政府通令全國，今年停止徵兵，而美援裝備西北九個陸軍師之協議，亦遂以停止。

美國總統杜魯門宣布太平洋戰爭結束，美國太平洋盟軍統帥麥克阿瑟（Douglas Mac Arthur），令日本派代表赴菲律賓馬尼拉洽降，同時聲明中國戰區除東北由蘇俄受降外，其餘台灣澎湖以及越南北緯十六度以北地區，應向中華民國政府投降；日方投降代表為其駐華總司令岡村寧次大將。日本代表到達馬尼拉後，麥帥指示日本橫濱為盟軍臨時總部，密蘇里號艦為舉行受降儀式場所，應即安排厚木機場及交通工具。

八月二十一日上午十一時十五分，日本乞降使節今井武夫一行八人，飛抵湖南芷江，即由陸軍總部參謀長蕭毅肅召晤，並代表何總司令授予第一號備忘錄。

八月三十日美國麥克阿瑟統帥乘C—54.巴丹號飛機，由馬尼拉飛到橫濱，立即命令在集中營之俘虜釋放，最先獲釋放的有曾在菲律賓被俘之威萊特將軍及在新加坡投降的英國守將佩西華，他們被囚禁在瀋陽東北，並請其至密蘇里艦上參加受降典禮。

三十四年九月三日（美國時間為九月二日星期日），盟國代表在密蘇里艦上舉行受降儀式，我國派遣代表為軍事委員會之軍令部長徐永昌上將及楊宣誠海軍中將。國府參軍朱世明少將，九時零八分麥克阿瑟在受降文件上簽字，盟國代表隨後簽字，麥帥曾致詞說：「讓我們祈禱，世界重新恢復和平，願上帝永遠維護和平，現在程序完成。」歷時僅數分鐘而第二次世界大戰始告結束，恢復和平。

九月八日，我陸軍總司令何應欽上將由芷江飛南京受降，九日上午九時在陸軍軍官學校大禮堂，代表我政府主持中國戰區日軍投降簽字典禮。日本派遣總司令岡村寧次代表日本政府簽訂降書。

八　受降接收

日軍投降儀式完成後，我陸軍總部為迅速辦理受降事宜，劃分全國為十五個受降區，指派就近之最高軍事長官分別接受日軍之投降：

㈠第一方面軍：受降長官為盧漢。日軍投降部隊長為三十八軍軍長土橋勇逸，其所轄部隊為第三十八軍及其所屬之第二十一師團、第二十二師團及三十四旅團等，指定集中地點為越南北部，辦理受降地點在越南之河內。

㈡第二方面軍：受降長官為張發奎。日軍投降部隊長為二十三軍軍長田中久一，其所轄部隊為第二十三軍及其所屬之一二九師團、一三〇師團、二十三旅團、第八步兵旅團、第十三步兵旅團等，指定集中地點為廣州附近，另其二十二旅團一大隊、二十三旅團一大隊集中於雷州半島、海南半島。海南警備隊集中於海南島，辦理受降地點在廣州。

㈢第七戰區：受降長官為余漢謀。日軍投降部隊長為二十三軍軍長田中久一，投降部隊為

圖 34：中國代表徐永昌上將簽字

二十三軍及其所屬之一〇四師團，潮山支隊，第一三〇師團之砲兵一大隊與步兵兩大隊又一中隊，集中地點為汕頭附近，辦理受降地點在汕頭。

㈣第四方面軍：受降長官為王耀武。日軍投降部隊為第二十軍軍長坂西一良，投降部隊為第二十軍及其所屬之第六十四師團、八十一旅團、八十二旅團，第二警備聯隊，集中於長沙，其六十八師團集中衡陽，一一六師團、十七旅團集中於岳陽附近，辦理受降地點在長沙。

㈤第九戰區：受降長官為薛岳。日軍投降部隊長為十一軍軍長笠原幸雄，投降部隊為十一軍及其所屬之第十三師團、五十八師團、二十二旅團、八十四旅團、八十七旅團集中於九江附近，另七十一旅團集中南昌，辦理受降地點在南昌。

㈥第三戰區：受降長官為顧祝同。日軍投降部隊長為十三軍軍長松井久太郎，投降部隊為一三三師團、九十一旅團，集中地點為杭州附近，其所屬之海軍陸戰隊則集中於廈門，辦理受降地點在杭州。

㈦第三方面軍：受降長官為湯恩伯。日軍投降部隊長為第六軍軍長十川次郎及第十三軍軍長松井久太郎，投降部隊為第六軍及其所屬之第三師團、第三十四師團、第四十師團、第一六一師團、第十三航空師團，集中於南京附近。另第十三軍及其所屬部隊二十七師團、六十師團、六十一師團、六十九師團、八十九旅團、九十旅團，集中於上海，辦理受降地點分別在南京、上海兩地。

㈧第六戰區：受降長官為孫蔚如。日軍投降部隊為第六方面軍司令岡部直三郎，投降部隊為第六方面軍所屬之一三二師團、八十三步兵旅團、十一步兵旅團、第五步兵旅團，集中於漢

圖 35：民國 41 年 9 月 3 日，日本投降儀式在東京灣「密蘇里」軍艦（USS Missouri BB-63）上舉行，日本正式簽署投降書。

圖 36：最初接洽投降的日軍代表，在湖南芷江晉見國軍將領。

口附近；另十二步兵旅團、八十六旅團、八十八旅團，集中於武昌附近，辦理受降地點在漢口。

㈨第十戰區：受降長官為李品仙。日軍投降部隊長為第六軍軍長十川次郎，投降部隊為第六軍及其所屬部隊集中徐州附近。第七十師團，第一警備聯隊集中蚌埠附近，另第一三一師團、第六步兵旅團，集中安慶，辦理受降地區在徐州。

㈩第十一戰區：受降地區分平津及山東兩地。

1. 平津地區受降長官為孫連仲。日軍投降部隊長為華北方面軍司令根本博，投降部隊為一一八師團，第九旅團及華北特別警備隊，集中天津附近；華北及蒙疆方面軍及第三坦克師團，第二旅團、第八旅團、第三警備聯隊集中於北平附近地區；第七警備聯隊，集中於保定地區；第一旅團第二十一旅團，集中於石家莊附近，辦理受降地點在北平。

2. 山東地區受降長官為李延年。日軍投降部隊長為四十三軍軍長細川忠康，投降部隊為第五旅團、第十一旅團第十二警備聯隊，及海軍陸戰隊，集中青島附近；第四十三軍及其所屬之四十七師團，第九警備聯隊，第十一警備聯隊，集中濟南，辦理受降地點在濟南。

㈩㈠第一戰區：受降長官為胡宗南。日軍投降部隊長為十二軍軍長鷹森孝，投降部隊為十二軍軍部直屬部隊及其所屬之第十警備聯隊，集中於鄭州；另一一〇師團集中洛陽，第六警備聯隊及二十二師團集中新鄉，辦理投降地點在鄭州。

㈩㈡第五戰區：受降長官為劉峙。日軍投降部隊長為十二軍軍長鷹森孝，投降部隊為一一五師團，十四警備聯隊集中郾城，第九十二旅團，第十三旅團，第十三警備聯隊集中許昌，第四警備聯隊集中商邱，辦理受降地點在郾城。

(十三)第二戰區：受降長官為閻錫山。日軍投降部隊為第一軍軍長澄田徠四郎，投降部隊長為第一軍及其所屬之一一四師團，第三旅團，第十步兵旅團，第十四步兵旅團，第五警備聯隊，集中地點，由第二戰區受降長官閻錫山決定，辦理受降地點在太原。

(十四)第十二戰區：受降長官為傅作義。日軍投降部隊長為兼蒙疆軍司令根本博，投降部隊為二十一警備聯隊，二十四警備聯隊及熱河省內部隊，集中地點由受降長官傅作義決定，辦理投降地點在歸綏。

(十五)台灣澎湖方面：受降長官為陳儀。日軍投降代表為第十方面軍司令安藤利吉，投降部隊為第十方面軍及其所屬之第八航空師團、第九師團、第十二師團、第五十師團、第六十六師團、第七十一旅團、七十六旅團、一〇〇旅團、一〇三旅團、一〇二旅團、一一二旅團及澎湖守備隊，集中地點由受降長官陳儀決定，辦理投降地點在台北（以上所稱之旅團均為直屬獨立旅團）。

自民國三十四年九月十一日起至十月中旬止，日軍大部繳械集中完畢，惟蘇北、山東、華北因中共阻撓遲至三十五年二月，始接收竣事，計繳得物資為左：

(一)步兵輕武器：步騎槍六八五、八九七枝、手槍六〇、三七七枝、輕重機槍二九、八二二挺。

(二)各種主要火砲：一二、四四六門。

(三)各種彈藥：步槍一八〇、九九四、〇〇〇餘顆、手榴彈二、〇三五、〇〇〇餘顆，各種砲彈共二〇七萬餘顆。

㈣主要車輛三八三輛，裝甲車一五一輛，卡車一五、七八五輛（含特種車輛），馬匹七四、一五九匹。

㈤主要航空器材：各種飛機一、〇六八架，炸彈六、〇〇〇噸，飛機用汽油一萬噸又三、一〇一、九二七加侖。

㈥海軍主要船艦：共一、四〇〇艘，計五萬四千六百餘噸。

當時日軍各地區總兵力人數為一、二八三、二〇〇餘人，與日僑合計二、〇三九、〇〇〇餘人，分別集中於重要城市，自三十四年十月起由美國海軍協助，遣送回日，至三十五年六月全部遣送完畢。

八年抗戰，我國人民生命財產之損失，無法統計，僅就軍人而言，自二十六年七月七日始，至三十四年八月十五日止，陣亡官兵一、三二四、二七九人，負傷者一、七六一、六八二人，失蹤者一三〇、一二六人，總計傷亡人數為三、二一六、〇八七人。軍馬損耗一九三、二七一匹。

為歷史文化之衛護，為民族生命之延續，三百二十餘萬中華兒女及千餘萬人民，以鮮血寫下了驚鬼神動天地之可歌可泣的抗戰史。

九 鄭州受降

第一戰區奉命在鄭州受降，接受豫北、豫西日軍，並以有力之一部，向河北挺進，歸十一戰區指揮，擔任華北地區之接收任務。其時第一戰區之防務，第四及第三十一集團軍位於豫西，第三十四集團擔任韓城迄潼關之河防，第三十七、三十八集團軍位於關中及隴東、陝北封鎖線上。

先生奉命後，即命第三十八軍軍長張耀明，率第十七、第一七七兩師，由豫西向開封附近挺進，以第一七七師擔任蘭封與開封地區，及第十七師擔任開封與鄭州地區之接收與警備。第二十七軍軍長王應尊，率四十七師、四十九師向鄭州附近挺進，四十七師擔任鄭州附近之接收與警備。第四十九師到達鄭州後，繼向武涉挺進，擔任武涉方面之接收及清剿共軍的任務。

第九十軍軍長嚴明，率五十三師、六十一師由豫西向洛陽挺進，到達後以五十三師擔任鞏縣至洛陽地區，六十一師擔任附近地區之接收與防務。

第三十一集團軍總司令王仲廉，率所部八十五軍由豫西而黃河北岸之新鄉、汲縣地區挺進，擔任豫北地區接收與防務。

另令本戰區之精粹第三十四集團總司令李文，率十六軍軍長李正先之三個師，及第三軍軍長羅歷戎所轄第七、第三十二兩個師，由朝邑至大慶關渡河至運城集結，然後沿同浦鐵路線向北挺進；至太原後，再乘正太鐵路火車至石家莊，轉入平津，撥歸孫連仲指揮。其後十六軍在張家口、懷來各地戰績甚著，成為華北之主力部隊。迨十一戰區改為華北剿共總部後，復歸傅作義指揮，仍不時轉戰華北，為中共所忌憚。

八月二十五日，我九十軍進入洛陽，其餘各部隊開始分別東進，九月中旬，各軍皆已到達指定位置。

九月十八日，先生偕參謀長范漢傑等乘小飛機至鄭州，為使各將領參加受降典禮，受降時間改為二十二日舉行。

九月二十二日第一戰區受降典禮於上午九時在鄭州指揮部大禮堂，先生自臨時官邸乘車至禮堂。

先生進入會場，全體肅立致敬，就座後紛紛攝影。九時正引導官黃正成引導日軍代表十二軍軍長鷹森孝中將、參謀長中山源夫少將、高參折田、參謀中澤少校、神木少校、翻譯官小山田等六人，魚貫入場，在一定線上排列整齊，向先生鞠躬敬禮，先生起立點頭答禮後命之坐。

當時參謀長范漢傑宣告攝影，約三分鐘。日軍代表鷹森孝中將起立報告：「余是接受命令而來的。」先生問其有無證明文件？答：「有。」當即呈出證明文件，先生略加審視，即交范參謀長，范參謀長隨出命令兩紙，先生簽字蓋章後，即以一紙交范參謀長轉遞日軍中山參謀長，轉交日軍代表。先生告知曰：「此為本長官交付貴官第一號命令。」日軍代表鷹森孝檢閱後，簽字於受令證並蓋章，交其參謀長轉遞范參謀長轉呈先生。先生審視無誤，隨交范參謀長收存。日軍代表起立報告：「命令已確實奉到。」先生告之曰：「請貴官此後執行本長官命令！」日軍代表答曰：「是！」先生即宣告：「日本代表退席。」鷹森孝中將起立，退後三步，向先生一鞠躬，先生起立答謝，鷹森孝一行六人，即按操典動作退出，典禮完成，為時約八分鐘。

日軍代表退出後，先生即向參加典禮長官及來賓記者發表談話：「鄭州、洛陽、開封、新鄉日軍，到今天才正式接受命令，開始繳械，本戰區當面任務，得以順利完成，甚為愉快，回想八年以前，賴我們最高領袖蔣委員英明的領導，卓越的指揮，堅定的意志，喚起全國軍民共

圖 37：抗戰勝利，胡將軍任鄭州受降長官，於民國34年9月22日，在鄭州指揮部大禮堂主持日軍投降典禮及簽字接受日軍投降令，接收豫北豫西日軍。胡將軍兩旁分別為參謀長范漢傑與三十一集團軍總司令王仲廉。日軍投降代表為第十二軍軍長鷹森孝中將，其參謀長中山源夫少將等五人同來。

圖 38：民國 34 年 9 月 22 日，日本投降代表鷹森孝向受降官鞠躬退席。

同奮鬥，出兵出糧，出力出錢，流血流汗，支持抗戰，維護國策，和我們同志同胞八年的血戰，乃能獲得友邦的同情與援助，尤其美國朋友密切合作，極大的援助之下，乃能得到最後勝利，這一勝利，一洗我國歷史上的恥辱，一洗中國地理上的汙點，一洗我中國人民憤恨與不平的心理，我們臨此勝利與光輝的一天，我們對於我們的領袖以及抗戰的軍民，以及我們的友邦，尤其是美國朋友，應致其崇高的敬意，今天我們祝領袖萬歲，並祝各位勝利！」講畢悉譯成英文，前後約六分鐘，並在院內攝影。

十時四十分，率全體官兵來賓赴廣場升旗，是日參加觀禮者有王仲廉、李興中、裴昌會、劉茂恩、馬法五、張耀明、高樹勳、吳士恩等軍長以上高級將領，隴海鐵路局及河南黨政人員等來賓百餘人。十二時，先生赴河南黨政人員聯合歡宴，下午四時在指揮所大禮堂舉行茶會，招待來賓。

二十三日九時，先生派李副參謀長崑崗訪問鷹森孝中將，下午四時在臨時官邸接見鷹森孝等五人，鷹森孝表示感謝我國領袖蔣公不咎以往，以德報怨之大恩大德，五時三十分辭去，談話中曾提及數月前西峽口戰役，國軍某年輕營長以卓越的反斜面戰術使日軍蒙受重大損失，請向可否請其相晤？先生查悉該營長即七分校十五期之孔令晟（來台後曾任總統侍衛長、陸戰隊司令、警政署長），惜當時孔營長已赴國防大學受訓，不在附近。惟此事立即傳為佳話，先生自感欣慰。是夜八時，招待黎友民、王文德、鄭學玄、童震、宋凱河、梁鳳、孫島夫等記者。

二十四日日軍中山源夫參謀長來見，代表鷹森孝中將致謝昨日之敘，並贈藝術女像畫一幅。

二十五日下午四時，先生在大雨中飛抵開封。因先生於民國十九年任第一師師長時駐節開封，二十年駐節鄭州，二十七年又率十七軍團苦戰於開封、蘭封間，紀律嚴明，剿滅積匪，助民收割，勇擊日軍，故該地區人民，對先生極為崇敬，當先生驅車入城之時，人民皆放爆竹，設香案以迎先生。先生當日日記中感嘆稱：「何敢當此，何敢當此！」

二十六日在開封訪龐炳勳、劉茂恩，是夜延見豫籍同學溫其亮、吳長怡、劉藝丹等。二十七日接見張嵐峯、孫良誠代表；十一時到新鄉，訪晤馬法五、高樹勳、孫連仲及日軍飯田少將。三十日派沈克赴石家莊，陳子堅赴彰德，蒐集情報以了解當地狀況。

十月一日，先生在鄭州為美軍盛特上校、勞祿中校、威爾遜中校餞行，五日包瑞德少將辭行，同進午餐，送至機場。七日鷹森孝派其參謀長中山源夫來見，奉獻軍刀，孫殿英自新鄉來謁，先生於下午三時離鄭州返西安。

一〇　台澎回歸祖國

台灣原屬我國版圖，清初屬福建省，由福建巡撫管轄，清末改設行省，甲午戰敗，割讓日本，迄抗戰勝利，已垂五十年。開羅會議時蔣公主張戰後台灣應歸還中國，開羅會議宣言，由羅斯福特別助理霍浦斯金草擬，經羅斯福修改，再由邱吉爾作最後修正，宣言內澎湖兩字遺漏，由我與會隨員楊宣誠核出，再由邱吉爾親筆加入。日軍投降後，我陸軍總部列入第十五受降區，指定受降長官為陳儀上將。

陳儀受命後，乃命國軍第七十軍分乘美國運輸艦四十餘艘，駛向基隆。至於先遣人員台灣省行政長官公署，暨台灣省警備總部一行二百十二人，已於十月九日乘八架美機由渝飛滬，乘輪來台者，警總參謀長柯遠芬擔任總領隊，公署秘書處長夏濤聲，財政處長張延哲為副總領隊，先行到達台灣。

十月十五日，台灣同胞萬人空巷，齊集基隆碼頭，翹首企望，熱烈歡迎，不意國軍因故延期抵達，民眾大感失望，此時台灣全省已紛紛組織三民主義青年團，台灣出生之張士德上校，更應邀赴各地青年團演講，歷述台灣與祖國之政治地理和血緣關係，並正告台灣同胞，從此將擺脫所有的政治桎梏和經濟壓榨，可得到政府公平妥切之照顧，人人生活將邁進富強康樂之坦途，引起人民極度之冀望。鹽水港籍之黃朝琴，則以外交特派員兼市政專員身分，於十五日進入台北市政公署正式辦公。

中樞各部特派員亦先後抵台，開設特派員辦事處。李冀中為台灣省黨部主任委員，教育部派國語推行委員何容、魏建功來台，交通部派上海郵政局長李進祿，福建氣象局長石延漢分別來台接收郵電與氣象。游飛率領鐵路工作人員六十餘人，接管鐵路運轉，財政部派中央銀行經濟研究處處長林崇庸籌設金融機構，司法部門派甘肅高等法院院長楊鵬為台灣高等法院院長，建立司法體制。

軍事方面：中國憲兵先遣部隊第四團第二連，自廈門分乘機帆船二艘，於十月六日來台，為國軍來台之第一支部隊。空軍司令張廷孟率台灣地區司令林文奎，於十四日由南京起飛，下午一時三十分降落松山機場，部署接收日本空軍。海軍第二艦隊司令李世甲偕海軍總部顧問李澤一，於十月十五日由廈門來台，部署接收日本海軍事宜。台灣警備總部就福建保安團隊中抽調優秀官兵，編為直屬特務團，由團長李端祥上校率領來台，為警備總部一支直屬武力，維持秩序。英美艦隊，亦派隊登陸，首先先釋放盟俘集中營，計釋美俘一千三百人，英俘九十四人，荷俘二人，即送上醫院船運送返國。

三十四年十月十七日，駐防台灣第七十軍及台灣警備司令部，台灣省行政長官公署，全體人員抵達基隆。歡迎群眾，雲集碼頭，揮手歡呼，響徹雲霄。十八日上午十一時國軍第七十軍進入台北市，群眾夾道歡呼，舉市若狂，真是「遺民淚盡胡塵裡，西望王師到今年」。

前進指揮所主任葛敬恩，布告台灣省台胞及日軍官兵，應遵守國家法令，毋得干違紀綱，二十四日，台灣省行政長官兼台灣警備總司令陳儀，率行政長官公署交通處處長嚴家淦及重要幕僚人員，由上海飛抵台北。

三十四年十月二十五日，中國戰區台灣省之受降典禮，於台北市公會堂（其後改為中山堂）舉行，九時起參加人員陸續入場，禮堂布置，莊嚴肅穆；九時五十五分，我受降代表入席；九時五十七分，日軍投降代表，台灣總督兼日本第十方面軍司令安藤利吉大將，率同駐台日軍參謀長諫山春樹中將，總務長官兼代表商務局長須田一二三，高雄海軍警備府參謀長中澤佑少將入場，先向陳儀將軍行禮，即行坐投降代表席。十時正，場外禮砲齊鳴，受降典禮正式開始。

受降典禮首由陳長官兼警備總司令宣布其身分及所負責任，旋即將受降命令及命令受領證由台灣警備總部參謀長柯遠芬中將授予安藤利吉大將，安藤在受領證上簽字蓋章後，即由諫山春樹中將將降書呈交陳長官，陳長官審閱後，即今日方投降代表退席，簡單隆重之受降儀式，於是完成，淪陷五十年又一百五十六天之台灣，重歸祖國，政府明令十月二十五日為台灣光復節。

陳長官於受降典禮後，即發表廣播演說：「本席層奉中國陸軍總部何總司令轉奉中國戰區最高統帥蔣公之命令，為台灣受降主官，此次受降典禮，經於中華民國三十四年十月二十五日上午十時，在台北市中山堂舉行，均已順利完成。從今天起台灣及澎湖列島，已正式重入中國版圖，所有台灣一切土地、人民、政事，皆已置於中華民國政府主權之下，此種具有歷史意義之事實，本席特為告知我中華民國全體同胞及全世界所周知，現在台灣業已光復，我們應該感謝歷來為光復台灣而犧牲的革命先烈，及此次抗戰的將士，並感謝協助我們光復台灣的同盟國家，而尤其教我衷心銘感不忘的，是創導中國國民革命運動的國父孫中山先生，以及繼承國父遺志完成革命大業的蔣主席。」

是日，全台民眾如慶新年，穿新衣，懸彩燈，相互走賀，同慶光復。當時中央社記者葉明動在台北報導：

「記者巡視台北一周，見市內房屋十分之二被炸毀，堂皇之台灣總督府與台北醫院，亦大都被炸，惟總督府官邸尚完整，記者在官邸參觀半小時，邸內除看守之日人外，總督已遷出，準備留給陳長官住用，內部設備與布置，猶如皇宮，記者在渝數載，尚未見此華麗官邸，惟邸外之園牆，全部漆黑，為防空襲轟炸也。市區住屋，大部尚完整，自日本投降後，市民已逐漸回家，商場亦紛紛復業，漸趨繁榮。市區人口約三十餘萬，內日人約佔三分之一，台胞佔三分之二，交通工具，僅有少數公共汽車與人力車，街上所見日人與台胞所穿之衣著，多皆破舊，足穿木屐，每飯必有香蕉與飲茶，多雜糖味，大部學校仍繼續上課，影院亦有幾家開業，中國影片普受歡迎，胡蝶主演之『再生花』正在上映，記者在此喪失五十年之海島上，衣食住行，待人接談，處處感到濃厚之日本風味。」

從這一篇報導中，可見光復時台北市之概略狀況。至十一月二十日行政院會議通過，將台北帝國大學改制更名為國立台灣大學。

時代變遷

一　由抗日而戡亂

勝利光輝普照，而赤燄烽火漫天，抗戰終於結束，而戡亂緊接而起，全國軍民由抗日時代進入戡亂時代，卸下戰袍，復披征衣，中華兒女又肩負起保衛歷史文化之新使命。

三十四年八月十五日，日本宣布投降後，在延安之中共毛澤東、朱德，連下七次命令，指示各地區共軍，搶先接收日軍武器，阻擾國軍前進，當時第一戰區內在陝州、洛陽地區之共軍韓鈞部及伏牛山中土共王樹聲部，嵩嶽地區之皮定軍部，共約三萬餘眾，分踞陝州、洛陽、登封、嵩縣、禹縣、宜陽、伊川各地。是年四月，韓鈞一股，在澠、洛、新安一帶，經常偷襲我軍。王樹聲一股，亦曾於五月間乘日軍西進之時，偷襲我宜陽縣屬之東西趙堡、九間房等地，皆為我守軍擊退，而皮定軍一股萬餘人，曾同時襲破我登封、密縣城鎮，亦經我軍擊潰南竄。

日本投降後，王樹聲、皮定軍、韓鈞等，即分向洛陽南北地區挺進，企圖先我佔領洛陽，搶先接收，並到處破壞交通，極力阻止我軍前進，以使陳毅、劉伯誠兩部得以佔領華中，遂其擴展地盤之目的。先生洞燭機先，乃命原在豫西之第四、第三十一集團軍確保現勢，而令九十軍軍長嚴明率五十三師袁杰三、六十一師鄧鍾梅、二十七軍王應尊等部，迅速東進，遂於八月二十五日入駐洛陽，並於九月八日劃定各部隊清剿地區。

二十八師指揮原地方部隊之第十六縱隊清剿第一區陝州、澠池、新安之共軍，並維護隴海鐵路修復任務。宜、洛、盧之抗日自衛軍王希仲部，清剿第二區洛寧之共軍。第九挺進隊清剿第三區宜陽之共軍。第六十六師清剿第四區伊川、伊陽、嵩縣之共軍。第九十師指揮王遂慶團清剿第五區洛陽、偃師、孟津各地散敵，並掩護隴海鐵路修復任務。第四十八師清剿鞏縣附近之敵。第十五軍清剿登封、密縣、臨汝一帶之敵。

先生為澈底肅清豫西登封、密縣大股土匪，乃令駐隴海鐵路附近部隊，以一部封鎖黃河渡口，阻敵南犯，另以有力部隊迅速東進與南下。分別佔領嵩山、北蕚、領口、賈峪、崖廟、朱河、鎮山、小關、夾津等各隘口，阻止登密縣間之共軍向各地逃竄，而令十五軍指揮地方團隊迅由南向北對登封、密縣之共軍包圍攻擊，以期與隴海路東進南下部隊之協力，圍剿共敵於嵩山南麓。

十月五日，我六十一師一八三團與王遂慶團分別收復沿村、聖水、駕店，向南攻擊前進，我十五軍六十五師擊滅唐莊、焦店之敵後，於十月七日收復登封，殲滅甚眾，殘共利用夜暗化整為零，鑽隙南竄長埠、大營、南召等地。二十日奉軍委會甬皓令一充電：「匪軍主力已竄南召附近，清剿任務，改由五戰區劉長官負責，第十五軍即暫歸第五戰區指揮，該戰區應飭第九十軍派必要兵力於豫西嵩縣一帶防堵。」

二　遍地狼煙

豫北方面共軍劉伯承股約五萬人，二十九日襲擊我湯陰縣城，會合魯西楊勇及冀南聶榮臻共軍，自十月起圍我安陽據點，企圖截斷平漢路。先生命新編第四路軍孫殿英督率所部反攻湯陰，十月四日攻佔大青山、宜陽鎮、五老屯、白家營、韓家莊等據點，十五日收復湯陰城，其主力即沿平漢鐵路，繼續攻擊前進。

十月八日，共軍攻安陽之時，先生呈請派機運兵解圍，並命三十八軍副軍長陳子堅，以豫北交通指揮官名義，統一指揮游擊部隊與地方團隊，並電勉在安陽之團長趙質宸，十日空運七十八師之二三三團至安陽增援，共軍自十三日至十六日，晝夜猛烈圍攻，我守軍陣地屹然未動，而我北上之孫殿英部於十六日攻佔寶蓮寺、連江村等據點，迫近安陽，共軍遂乘夜北竄，安陽解圍，是役傷斃共八千餘人。

是年五月二十日，中國國民黨六全大會在重慶舉行，先生因西峽口戰役請假未往參加，大會選舉于右任等二二二人，為中央執行委員，吳敬恆等一〇四人為監察委員，先生當選為監察委員名列十九，在朱家驊之下，馮玉祥之上。至十月三日，先生奉國民政府命令，晉加上將銜，十月十日奉頒抗日勝利勳章，是年五十歲。亦為黃埔一期同學中第一位晉加上將銜者。

是時先生為策應湯陰、安陽之作戰，及擴大黃河北岸橋頭陣地，曾令北進之第三十一集團軍之八十五軍，迅速向黃河北岸擴張，我八十五軍之一一〇師於十五日收復原武，十三日收復獲嘉，十七日收復輝縣，自此鄭州與安陽段平漢路，已完全打通。

十月中旬，奉何總長酉元午工電令：「一戰區派兵掩護平漢鐵路，黃河以北至漳河段搶修任務。」至十月十七日，平漢鐵路鄭州至安陽段附近之共軍已肅清，而其楊勇部仍踞淇縣、湯陰以東地區，劉伯誠主力集結於山西潞城、長治一帶，隨時可能竄擾，先生乃決定分區清剿計畫：

㈠第三十一集團軍總司令王仲廉，指揮八十五軍及二十七軍之四十七師，剿辦第一區輝縣、薄壁、焦作地區之共軍。

㈡新編第一路軍總司令龐炳勳一部，配屬杜淑部，剿辦第二區滑縣、道口之共軍。

㈢新編第四路軍孫殿英部，剿辦第三區湯陰東側故縣之共軍。

㈣豫北交通警備指揮官陳子堅，指揮十四縱隊與七十八師之一團，剿辦第四區臨漳、觀台之共軍。

上述部署，皆於十月二十日開始行動，其戰況如左：

第一區：第一區之一一〇師及四十七師之一部，向輝縣、薄壁清剿，至十一月五日，先後攻克修武、武涉，並二度攻克輝縣。十一月六日，第二十三師由汲縣向淇縣附近清剿，一一〇師及四十九師，分沿道清鐵路向焦作地區清剿。

第二區：第二區龐炳勳部擊破延津東區之共軍，適奉令整編而止，故至十二月初，始以第二師主力經王樓向牛市屯、聶花砦進剿。

第三區：第三區孫殿英部於十月二十一日，擊破向湯陰反撲之共軍後，二十七日以第八師之二十三團擊潰盤踞鶴壁千餘之股匪，佔領鶴壁。其時第十戰區北進兵團四十軍、三十軍、新八軍在邯鄲馬頭鎮地區，遭共軍圍擊，先生即電令第四路軍孫殿英主力，迅即出漳河增援，十一月又令其主力掩護第三十二軍進出漳河。

第四區：第四區七十八師之一團及李英部，分向臨漳、觀台之共軍清剿，十二月八日，已先後攻佔，是役雖曾收復修武、武涉、輝縣、鶴壁、臨漳和觀台等地，然因增援馬頭鎮之役，未能如原定於十一月十日之期完成計畫，而各地之共軍，一遇我軍即逃竄避戰，飄忽無定，故甚少有聚殲機會，此一時期，我軍在綏靖清剿，而共軍則始終在四散流竄之中。先生視察豫北後，另擬作戰計畫，詎於三十五年元月停戰令下達，國軍遂令停止攻剿，而星星赤燄遂以燎原。

三 稟陳憂心

三十四年十一月八日，先生奉命赴渝，十一日參加復員整軍會議，十五日在山洞官邸開會，蔣公訓話，至夜八點，蔣公召見，先生因父喪未奔，請假一月，奉准二十天。先生面稟：「連日恭聆訓示，對現時剿共頗有憂疑，如以管見，官兵副食苟仍維持三千六百元，而不減至一千八百元，則逃兵減少，士氣旺盛。其次為請鈞座親臨西安或太原，則軍心士氣必振。補給、交通、通訊、衛生、陸空聯絡、軍民合作等問題解決，一年半工作，半年就可完成，時間縮短，蘇俄雖欲援助共軍，亦不易也。閻長官今日報告，山西控制鐵路七條，鄰近五省，而匪之力量，晉北二十五萬、晉南十五萬，形勢如此，若能先解決此一問題，則其餘皆可迎刃而解。」

日軍投降以後，中央深知二戰區兵力不足，命派部隊入晉，八月十五日閻錫山長官以糧食困難，拒絕一戰區部隊入晉，而中央仍催一戰區派兵入晉不已。九月十六日，先生乃以一六七師入晉南，此時十六軍赴太谷附近，派曹日暉先赴太原聯繫，仍無結果。

閻錫山受降以後，已自行組織亞洲民族革命同志會，積極組織日軍，給予太原日軍司令官澄田徠四郎等人顧問名義，並派梁上椿等拉攏日高級人員。九月十八日，我經晉赴石家莊之三十四集團軍李文總司令報告稱：

㈠山西新編之省防軍及各縣保安隊，除護路外，無實力以對共軍。

㈡兵農合一政策，人民畏服兵役，厭惡各種攤派，流民尚未返鄉，各縣鄉村大半已為共軍佔據，頗有演成過去江西情勢。

㈢官吏、人民麕集城市，存糧有限，鄉村之糧又為共軍搜括統制，倘不打開局面，三個月後糧食將成問題，倘中央無五個軍以上兵力援晉，不但長治難保，太原亦岌岌可危。

山西由於閻錫山地區觀念作祟，中共在山西得以予取予求，不斷擴展坐大，殊為遺憾。

三十四年十月二十日，共酋林彪，自蘇聯受訓回國，自莫斯科經新疆、甘肅抵西安。先生聞悉，即電話與西安城內七賢莊五號之第十八集團軍辦事處詢問聯絡，證實確已到達，兩人雖無來往，亦寒暄一陣，先生決定前往訪晤，以黃埔倫理，一期老大哥訪晤四期老弟，即駕車前往，晤談二小時，始辭歸，立即致電重慶軍統局戴笠將軍，請其於二十一日下午八時前來西安商談要公，並命西安市警察局長蕭炤文，立即派員秘密保護林彪安全，並特加指示：「此人高矮與本人同，若有離開十八集團軍辦事處，應立即通知本人。」

二十一日下午七時，戴笠抵西安，先生以電話聯絡後，即送戴笠至十八集團軍辦事處與林彪會晤，自己回辦公室等候。直到十時許，未獲信息，先生焦急難耐，電問狀況，悉二人晤談融洽，始安心靜候，至深夜十二時許，晤談始告結束，戴笠回至西安東區玄風橋十三處下榻處，先生見其表情愉悅，亦不便多問即行辭歸。至於所談內情，唯其二人自知，他人不得而知也。

四 盟友無知禍蒼生

抗戰勝利後，中共到處蠢動，人民不但未能養息，反而遭受較日軍更殘酷之浩劫，美國政府不了解共產瘟疫蔓延之嚴重後果，一味以英美之政治形態視中國，而美國國務院中有很多親共份子，如戴維斯（John P. Davies）、謝偉志（John S. Service）之流，除了不斷污衊我政府外，並以不實的情報及虛幻的意見，欺騙蠱惑美國政府，脫離了外交和政治的常軌，一再以外交、經濟、政治手段，要求我政府對中共讓步，而使共產黨為國家之反對黨，希望以和談解決問題。

當時政府所控制之武力，以勝利之師戡定中共之亂，確有此一能力，然而政府為了國家統一建設，為了全國人民的休養生息，希望以極度容忍，激發中共應有中國人之人性，因此於八月十四日、二十日、二十三日，三度電邀毛澤東，來重慶作誠摯懇談，最後毛澤東在美國駐華大使赫爾利之安全保證下，於八月二十八日下午五時，由赫爾利陪同下乘美軍專機，降落於重慶珊瑚壩機場，同行來渝有周恩來與王若飛。

國共雙方開始和談，我方代表為四川省主席張羣，外交部長王世杰、軍事委員會政治部長張治中、國民參政會議秘書長邵力子四人，中共代表為共產黨政治局委員周恩來與王若飛。

在八月二十九日至十月十日會談期間，蔣公與毛澤東亦曾九度會晤，我政府談判原則為：維持法統，堅持現政府組織，並以軍令、政令統一為依歸。

政府計劃在勝利復員中，將戰時編制三百五十四個師，統一縮編為八十至一百個師，以節約軍費，加強基本建設，將共黨軍隊數編為十二個師，而毛澤東要求為二十八個師，待政府研究允予考慮後，而毛澤東推翻前言，堅持要求保留四十八個師之編制及經費。

在地方政府方面，毛澤東主張在已解放區內，所有省主席、縣市長，都須由中共薦派。

在這一會談期間，毛澤東一再對新聞界揚言：「今日中國只有一條路，和為貴，其他任何打算，都是錯誤。」「我們要在蔣主席領導下，澈底實行三民主義。」又在不少會議場合中，高呼「三民主義萬歲，蔣委員長萬歲。」大肆宣傳其堂皇和談意願，而其軍隊亦在這一時期，大肆蠢動，攻城掠地，在華北一帶，共攻佔了兩百多個大城鎮，使和談難有進展。中共的鬼蜮伎倆是脅迫、糾纏，根本沒有和談誠意，而以大肆宣傳要和談解決問題來矇騙世人。

三十四年十月十日，中共堅持其意見，要求與政府平衡抗日勝利戰果，各地烽火燎原，和談已無法進行，雙方簽字「雙十會談紀錄」一份。十二月毛澤東返回延安，會談亦就此告一段落，周恩來仍留重慶，繼續協商。

美國駐華大使赫爾利，於國共會談後返美述職，繞道莫斯科，與史達林會晤；史達林表示，蘇聯亦希望國共兩黨能早日聯合統一，他聲明蘇俄與中共並無特殊牽連，他認為中共不是真正共產黨，並表示蔣主席不妨在政治上多作讓步，以爭取軍令統一。此類「希望」、「無關」、「不妨」、「讓步」為共產世界一貫使用之遁詞，然我友邦，卻深信不疑，還視中共為一土地改革者，而我政府出於肺腑之忠告，揭發中共之狼心，卻不受重視，這是後來發生韓戰、越戰、美國子弟的鮮血，流到亞洲土地上來的遠因。

十一月二十七日，赫爾利受不了國務院中親共份子之攻訐，內心恚憤已極，乃向杜魯門總

圖 39：美國調停─政治協商三人小組：張群（左）、周恩來（右）及馬歇爾（中）主張「和平談判、遏止內戰」，促成民國35年政治協商政治會議，造成中共擴大軍事實力，美方無功而退。

統提出辭職，當時發表國務院對華政策之嚴厲批評：

「本人曾竭盡全力，試圖促進國共兩黨之團結協商，乃為對中國共產黨偏袒的美國駐重慶大使館若干官員所妨害。這批盲目的職業外交官，甚至和武裝的共產黨採取同一立場，還向中共建議，如果他們可取得某一程度之管轄權，不僅將供給共軍以相當之美援軍用物資和武器，而且亦將同意將共軍拒絕編入國民政府之軍事體制之下，這種抹煞美國國家的國格，和公然助長中國內亂的荒謬行為，實為我美國外交官員乃至全美公民之恥！」

由於赫爾利在美國公開批評國務院言論，可了解到中共在之會談蠻橫、堅決，是有所持而發的。如此和談，無異是紳士之與綁匪溝通，不但無益，且是禍患無窮。

美國總統批准赫爾利辭職，任命馬歇爾（George C. Marshall）為駐華特使，命令馬氏利用美國的地位，調停國共合作，杜魯門本人對中共本質不甚了解，馬歇爾對中國政情更無所知。

十二月十六日，馬歇爾抵北平，翌日與蔣公首次面晤，於是提出組織一個小組委員會，由國共雙方各派代表一人，以馬歇爾為主席，商討停止衝突及其他有關事項，政府代表為張羣，中共代表為周恩來，稱為三人小組。

五　停戰與裁軍

三十五年一月七日，三人小組舉行首次會議，十日小組會議決定，一切戰鬥行動立即停止，並正式發布停戰令，於元月十三日夜十二時生效。除國軍為接收國家主權開入東北外，所有雙方一律停止戰鬥行動，是為第一次停戰令之下達。各地國軍無不遵照命令停止行動，而中共藉以喘息坐大，重整部署，視停戰令為廢紙，根本不加理會，並在各地肆意發動攻擊，除進入赤峯，攻佔集寧、營口，慘殺經濟部撫順煤礦接收委員張莘夫等八人，積極擴大佔領區，如是攻守易勢，對民心士氣之影響，既深且巨。

一月十四日起，三人小組開始執行職務，並派出四個停戰小組，分赴各地區監察，每小組都是美方一人、政府一人、中共一人。十七日，北平調處執行部成立，由委員三人組成，政府代表為鄭介民，中共代表為葉劍英，美方代表為羅柏森，發表公告，命令國共兩軍各退六十里，國軍一退，各地村落及城鎮，皆落入中共控制之中。

停戰命令下達後，復成立一軍事小組，以計劃軍隊改編事宜，政府代表為張治中，中共代表周恩來，美方代表馬歇爾，於二月二十四日首次會議決定：

㈠國軍於十二個月內，縮編軍隊為九十師，中共縮編為十八個師。

㈡第一期縮編完成後，再於六個月內，國軍減至五十師，共軍減為十個師，每師不得超過一萬四千人。共組成二十個軍六十個師。

馬歇爾企圖使中國仿效西方國軍軍事傳統，創立軍隊國家化，而該一縮編，亦係中共代表周恩來所同意；然而政府方面，都依此原則縮編，而中共不但不縮編，反而不斷擴張，總之，與中共之任何協議，其無視於信守，在共產黨之字典裡，沒有信義兩字。

馬歇爾受國務院親共人員之蠱毒，來華時已戴有赤色玻璃之眼鏡，為周恩來迷惑，對中共種種破壞行動，抱著一種天真容忍心態；而對國軍自衛保全，即提出非常嚴厲之指責，動輒以對共黨愈忍讓，愈發使美國人民所同情，以停止軍經援助為脅迫。由於這一調停，使得中共起死回生，在這一談談打打調停期間，共軍同時在晉、魯、豫、冀各省，大肆竄襲，尤以平漢路及豫、皖邊境受禍最烈；又乘機加緊收編偽軍，在俄軍掩護下，派兵進入東北，藉口東北地區不在停戰範圍之內，先後在俄軍支援下襲佔營口、四平街、長春、哈爾濱、安東、吉林、齊齊哈爾等要地，接收俄軍劫掠日本關東軍之裝備及物資，成立中共偽政權，阻擾國軍接收。後四平街、長春等要地，先後為國軍收復，而中共在東北之勢已成，毛澤東在延安幹部會議中曾說：「所謂協議，原不過是紙上的東西，並不代表現實的事實，如果對我們有利的地方，應盡量加以利用，凡是對我不利的所在，儘可能把它視為具文，如此用和談爭取時間，在會談中表示合作，以渙散他們的戒備而疏於防護。」

周恩來亦有一篇納入秘密文件的演說，題目為「無產階級革命可由和談而達到勝利」，其內容要點如左：

「今日要告訴大家，不是同志就是敵人，只要敵人就要消滅他，今天要革命，就要剷除國民政府迂腐的道統和法統。」

「今日我們黨的力量還不夠，就要和他們和談，他們若不和談，人民就認定他們好戰，國際輿論亦會紛起抨責，因此他們不能不和我們和談；他們只要與我們和談，他們就得承認與我們是平等地位，亦得承認我們已控制之地區及軍隊。和談協議了，他們去做他們的信義、誠實、仁愛、道德。我們要不斷去發展武力，擴大控制區，有什麼了不起的事，那麼再來會談，只要這樣打打談談，退一步可以進三步，和談掌握在我們手中，何慮革命之不成。」

此種和談伎倆，一再加以運用，美國官員，始終墮其彀中，而我之新聞媒體，亦未盡導嚮民眾警覺之責任，令人不勝慨嘆！

六　部隊整編

民國三十五年，國軍於軍事調處小組協議下，開始縮編；先生在西安戰時所領導之各軍事訓練機構，如游幹班、戰幹團等，於勝利後皆奉令結束，第七分校於民國二十七年創立，自十五期起至二十二期，共訓練七期，畢業軍校正規學生二二五、〇一四人，百分之九十五，分發充任部隊基層軍事幹部。歷年以來，兼辦各種班隊，計有三十三個單位，共結業學員一二、三〇三人，兩者共計為三七、三一七人。其中二十二期尚未畢業，奉令併入成都本校，另在七分校尚有十九期、二十一期步兵補訓大隊六個，以及代訓之騎、砲、工、輜各一大隊，共約四千人，大部由淪陷區搶救而來，投效分校者。先生呈請在西安訓練完成，俾就近分發，於是奉准在七分校原址成立陸軍軍官學校西安督訓處，由袁樸、吳允周先後任處長；督訓處之組織，有秘書張青光、教育組長陳延生、政治組長江雄風、總務組長張炳炎、經理科長韓岳天、軍醫科長劉輔仁。

此時先生在鄭州處理接收事宜，七分校政治部主任王大中，本應陝西省主席祝紹周之邀，出任陝西省第八區行政專員（蔣堅忍已調民政廳廳長），往鄭州請示，先生告之曰：「現在勝利已經到來，我們有很多部隊調往其他地區，你亦可能另有任務，行政專業不必往就，同時七分校，幹四團許多政治教官，相從多年，現在勝利光復，如有要回籍省親的、返鄉重整田園的，或是想要變動一下工作地區及工作性質的，你趕快與他們接觸，無論需要川旅費或需要向各界介紹推薦，都要盡量幫助他們。」並條諭軍需處撥發需用款項。當七分校奉命結束之時，先生責成政治部主任負責主持結束事務，並指示：「分校規模至大，辦理有年，糧秣被服物品，當多有積餘，在結束時，應嚴格監督，清理報繳，萬不可使公家財物，有絲毫損失。」由此一事，可知，先生是如何周至仁厚與貫徹始終。

關於部隊方面，先生所統率部隊，於勝利時轄五個集團軍下隸十三個軍、三十五個步兵師、一個騎兵師、三個砲兵團、一個裝甲團、一個獨立工兵渡河團、一個野戰工兵團、一個通信兵團及長官部直屬一個特務團。勝利以後，三十四集團軍暨所屬之十六軍（轄二十二、九十四、一〇九）三個師，及第三軍（轄第七、三十二）兩個師奉命入冀，撥歸十一戰區序列。去年九月又奉令裁撤八十九軍軍部，並將所轄之暫編六十二師、六十五師、六十六師撥歸十五軍編制，隸屬第五戰區序列，故於整編時，第一戰區僅有第四、第三十一、第三十七、第三十八，四個集團軍，轄十個軍、二十五個步兵師，一個騎兵師、七個特種兵團。

三十五年三月十六日，軍委會寅銑電令，第一戰區十個軍列入第一期整編。四月一日，先生召開整編會議，決定十日整編完畢。第一軍撥出三個團，撥補第一四四、三十一、四十八、三個師各一團，以期戰力之平衡。每一步兵師裁撤一個團，以補足其原來之缺額。計共裁撤二十六個步兵團，編餘軍官，成立西安、鄭州兩個軍官總隊收容之，編餘文官佐與士兵共二萬七千五百餘人，大部分資遣回籍。

整編以後，原來之軍，改稱為整編師；原來的師，改稱為整編旅；三十一集團軍時在豫北，三十軍時在晉南，皆在戰鬥中整編，對士氣之影響極大。

四月底第一期整編完成，第一戰區計有四個集團軍，統率十個整編師，每一整編師轄二個旅；其中有七個甲種師，每旅轄二個步兵團；三個乙種加強師，每旅轄三個步兵團；合計為十個整編師，二十個整編旅，五十五個步兵團，連同各種特種部隊，總兵力為二十五萬六千餘人。

其中三十八軍於整編時，其所屬二十五師師長孔從周（楊虎城之甥），調升為整編三十八師副師長，遲不離部，突於五月十五日率部叛變，由鞏縣竄入南方山地，自稱民主同盟軍，反對內戰，反對部隊整編。先生即派一七七旅李振西部追捕，封鎖登封、密縣山口，至十九日俘擄其投降者三千餘人。生擒附逆旅長孫子坤，僅孔從周脫逃投共，毛共授以五十五軍軍長，為伏牛山區司令員。

部隊整編後，鄭州成立綏靖公署，第三十一集團軍王仲廉部所屬整編之二十六軍三個師六個旅，於十月初撥歸鄭州綏署直接指揮，第四集團之整編四十師暨二個旅亦經撥出，故第一戰區先生所統率兵力，已減少百分之四十，不足十六萬人矣！

七　第二次停戰令

三十五年三月二十九日，行政院改組新疆省政府，任命張治中為省主席，軍事調處三人小組政府代表，改由陳誠擔任。四月十二日漢奸陳公博被判處死刑。二十四日國民政府公布國民大會代表名單，原定五月五日召開國民大會，由於中共拒不參加，乃公告延期，日期另定。五月一日，台灣省參議會成立，舉行首次會議，選舉黃朝琴、李萬居為正副議長。五月五日國民政府由渝還都南京。十六日中共三路圍攻濟南、蘇北、熱河、河北、山西等地，共軍向我守軍發動總攻。二十日國軍攻克東北四平街，是日，台灣銀行在台灣開始發行台幣。

五月二十三日，先生飛南京，委座蔣公召見，報告戰區狀況，對於兵員問題，先生認為若現時徵兵，對政府威信有關，不如以民眾組訓方式，預期陝境可訓練壯丁三十萬人，需軍官五千人，河南可組訓壯丁五十萬人，需軍官九千人，則兵源補充問題即可解決。奉諭：「擬一辦法來。」辦法送呈軍委會後，不知如何，未見下文。此計若行，對以後剿共兵源，自可解決，後竟未能實施，殊堪惋惜。

去冬，豫北之共軍，進犯彰德、新鄉、淇縣各地，阻我接收，嗣後在沙河、馬頭鎮襲擊我北上之五十軍；經我各清剿部隊擊退，並遵令掩護修復平漢鐵路北段鐵道。先生曾於年底親往視察，擬定作戰計畫，先收復焦作、博愛、滑縣等地，已定於今年一月十日行動，先將劉子奇之一六六師於一月五日開赴新鄉，鄭州指揮所亦將於一月十五日推進至新鄉，情報所則推進至彰德。不意，美國杜魯門總統於去年十二月底發表對華政策聲明，馬歇爾特使來華調處，元月十日發布第一次停戰令，停止一切軍事行動，先生對焦作地區之剿共部署，雖已先期完成，不得不停止攻剿，僅能固守陣地，改取對共軍之監視。所謂停戰命令，僅限制國軍之行動，而中共並不遵守，反而擴大鄉村之佔領，並攻擊各地之守軍，無異是限制國軍攻剿，放任中共發展，使戰場之攻守易勢，和談停戰，禍患無窮。

先生深知中共俄帝之豢養，其陰謀奪取政權之野心，絕非美國所能調處，更不能相安於共存，將為我國之大患，而剿共之道，首宜直搗延安巢穴，於是密擬進攻陝北計畫；五月八日，聽取參謀人員報告立案內容，批准甲、乙兩案，並指示十五日前準備完畢。其時陝北之共軍，已大部抽調東渡，向晉、綏、冀、東北地區挺進，軍力處於劣勢，然藉停戰之機，復在延安大肆擴軍。

先生期於第一次停戰令於五月底屆期之時，呈請中央突襲延安，以傾其巢穴；而於六月七日，我政府又應馬歇爾之請，頒布第二次停戰令，攻擊計畫遂無以進行；然中共則乘停戰之時，於六月上旬，派晉南太岳軍區陳賡部九旅之眾，向晉南發動全面攻擊，六月二十九日，中共之中原軍區李先念率部隊向鄂、豫、陝邊區進犯；八月間劉伯承部十五萬之眾，更肆擾於魯西、豫北，共軍勢因和談調處而益形囂張。此種和談調處，一如抱薪救火，薪不絕而火不滅也。

中共之羽翼漸豐，不但不遵守停戰命令，反而在各地成立軍區，公開向國軍進攻，同時對美國之態度漸露不滿，開始發動反美宣傳，六月五日，延安解放日報發表社論，美國應即停止助長中國之內亂；十九日中共代表拒絕政府所提東北整軍方案，二十二日林彪拒絕軍事調處三人小組進入中共佔領區，七月七日中共在延安發表七七文告，側重反美宣傳，主張美國撤退在華軍隊，請英、美、蘇重申不干涉中國內政；八日，中共代表向政府提出抗議，反對召開國民大會，二十二日莫斯科電台廣播，指責美國培養中國內戰，蘇俄不能熟視無睹。二十九日，中共在平津公路上之安平鎮，公開襲擊駐華美軍。八月十七日，延安發布總動員令，擴大全國叛亂；九月二十二日，中共發言人王炳南，向馬歇爾提出備忘錄，堅持再開軍事小組會議，以停止內戰，否則共軍將採自由行動，中共如此挾蘇俄叛亂之氣勢，仍不能使馬歇爾有所省覺，令人遺憾。後人言馬歇爾之政治哲學，只知道政府要人民選舉，每一個政府要有一個反對黨，除此之外，對共產黨的本質，暨東方民族之傳統精神，一無所知。

八　陝南堵擊之役

三十五年六月二十六日，中共中原軍區李先念，率部向湖北宣化店附近秘密集中，二十九日突破國軍防線，由廣水花園竄抵隨縣、棗陽，其一部由王樹聲部率領，經南漳、房溪竄擾於漢水南岸竹溪附近，其主力約一萬六千餘人，由李先念親自率領，經鄖縣西竄豫陝邊境；七月十二日竄抵淅川附近，企圖經荊紫關入陝，建立秦嶺根據地，以與陝北之共軍圖關中。

當時晉南之共軍陳賡，以九旅之眾，向晉南各地發動攻勢，連陷絳縣、聞喜各據點，同蒲鐵路為之截斷，第一戰區奉命以有力部隊入晉，協力第二戰區行南北夾擊。於是可用於堵擊李先念之部隊，在關中者僅為整編第一旅、二十四旅、一四四旅，以及在洛陽附近整九十師之六十一旅及位於豫西六十七師及七十六師。先生衡量晉南與陝東情況，無法分兩面作戰，但以確保秦嶺，鞏固關中，遠較收復晉南為重要。乃抽調有力部隊，以高度機動迅速圍殲西犯之共軍於豫西邊境為原則。七月八日將九十師之六十一旅，車運西坪，二十四旅車運安康，一四四旅汽車輸送至漫川關。

七月七日李部竄白牛鎮太白廟，十日共軍主力竄厚坡、獅岡，十一日竄馬磴。先生即命在赤水之整一旅運送至龍駒寨，十二日共軍竄大石橋，十五日渡丹江竄太華山附近，時我之六十一旅已在南化塘、本彎、狐狸、鮑魚嶺布防，第一旅之第二團，亦開到荊紫關西南。十六日共軍挾其優勢兵力，分向我六十六旅及第一旅之第二團猛撲，企圖突破包圍圈西竄。十七日仍被我阻擊於南北塘、鮑魚嶺、狐狸之線，十八、十九日激戰兩日，斃傷共軍三千五百餘人，俘獲五百餘人，逃散者亦達千餘人。

七月二十日，共軍利用夜暗，鑽隙西竄東川、娘娘廟地區。其時王震率三五九旅，亦由豫西竄至，併力西犯，先生乃命主力六十一旅及第一旅之第二團車運商縣，而以六十一旅之一個團行超越追擊。二十一日共軍竄口頭坪，西趙川與我軍激戰，而我一四四旅已於高壩店與漫川關之間建立陣地。二十三日對方之主力竄至漫川關，兩岔口、黃柏樓、竹林關、妖魔洞、罩川街等地，被我第二次包圍聚殲。是役俘共軍八百餘人，傷斃四千餘人，逃散者約千餘人。

七月二十五日拂曉，共軍竄長溝口、土地嶺，而突破黃柏樓、馬家店之線，經一夜激戰堵截，王部之三五九旅回竄南北塘未逞，其二千餘眾突圍至山陽以北地區，李先念之主力則竄龍駒寨南四十里之寺坪。

二十八日先生命整二十八旅敖明權團，布防於蔡玉窯、鳳凰嘴等地，李部果由黑山鎮竄抵鳳凰嘴之東地區，連日加以截擊，殲敵甚眾。八月二日，共軍經鎮安西竄雲蓋寺，先生乃命八十四旅於五日到拂坪，二十四旅之一部向寧陝前進，二十八旅徐保到蔡家莊，以一團到洵陽壩，十七師何文鼎到盩厔。時河南共軍黃開誠股竄抵江家河，黃林股竄抵長安嶺附近，各有二千餘人；竹林關東北龍洞溝，有中共兩個幹部團，共千餘人，另王大珍股八百餘人，亦竄至茅河鎮，企圖策應李部作戰，皆為我阻擊，徘徊於原地山區。

八月七日，李先念主力被圍於雲蓋寺、賈家營、洵陽壩、火池塘等地，王震三九五旅被我阻截於洵陽鎮附近，主力竄三官廟，李部則向北竄，兩部遂被隔絕。

十三日李部一部竄南山山口至馬召鎮，王部主力則竄華陽鎮；自八月十四日至二十日間，經我何文鼎十七師，廖昂七十六師逐地包圍、堵擊、尾追，每股僅存數百人，李部匪率二百餘人越川陝公路竄入甘境，王震股二十五日竄過寶平公路以南地區時，復經我軍圍剿，殘共亦僅二百餘人向北逃竄。

李先念、王震，竄犯陝南，經五十三日七百餘公里群山峻嶺中之追剿，俘共軍二千餘人，傷斃萬餘人，擊散者四千餘人，俘虜中有偽省主席楊經元及偽營長科員等二十餘人，擄獲輕機關槍五十餘挺，步槍千餘枝，騾馬一三〇匹，我亦傷亡官兵九六一人。先生以中共領導人未獲，又未能迅速擊滅於豫陝邊境，於八月二十九日日記云：「王匪震率二百餘人，竄過公路，渡過涇河北竄，此次堵剿完全失敗。」故於此役事後檢討時，功不敘獎，過必深究，然李部初入陝境一萬六千餘人，王部三五九旅三千餘人，迭經圍剿堵擊，竄入陝北共窟者已不足五百人，亦幾於全殲矣！

九 晉南剿共

山西中共太岳軍區陳賡部，於三十五年六月上旬發布停戰令之後，親率九旅之眾，於七月下旬向晉各地發動攻擊，連陷絳縣、聞喜各地，截斷同蒲南段，並沿鐵路南北分犯。八月二日陳賡自踞侯馬，在聞喜、夏邑地區有共軍第十、第十一、第十二、第三、第四五個旅，及第五十五、五十六、五十七、五十八等四個團，有席捲晉南威脅黃河南岸隴海路之勢。

八月三日，中共又在長治一帶，強徵壯丁六萬餘人，至翼城絳縣補充。先生奉命派有力部隊入晉，協助第二戰區剿共，初意命整編第一軍軍長董釗，率整一師羅列部，整二十七師王應尊部渡河北進，為第一線兵團，向北攻擊前進。整九十師嚴明部及豫北西調之整三十師魯崇義部為第二線兵團，以為後繼。嗣因李先念竄犯秦嶺，不得不抽調部分兵力進剿。

八月四日，我整一師第一六七旅，在安邑、運城間集結，七十八旅在朝邑渡河。整二十七師之四十七旅在茅津渡附近集結，整三十師由豫北轉至隴海路向西急進中。先生感以晉南政治情況特殊，民心向背可慮，迭與顧希平、趙龍文、王大中、陳建中等研討，及待晉閻之同意，遂組織第一戰區晉南政工督導組，由顧希平負總責，王大中率高承麟、孫適石等十餘員赴晉，隨同前線最高指揮部整編第一軍行動，負責地方黨政聯絡，強化部隊政工，爭取地方優秀份子

圖 40：民國 35 年底 ，對參加晉南剿共官兵（整一師師長羅列，整九十師師長嚴明，整三十師師長魯崇義）之授勛。

及情報調查等工作。

八月七日，我第四十七旅擊破張店鎮之共軍，打通張茅大道。八月拂曉我在夏邑附近之三十一旅，安邑、運城附近之第一六七旅並列北進，一六七旅當日攻佔水頭鎮。十一日三十一旅亦佔領堰掌鎮，一六七旅遂攻克聞喜。其時原潛伏於中條山、稷山山區之共軍三萬餘眾，分向我三十一旅及一六七旅包圍反撲，三十一旅傷亡慘重，旅長劉釗銘失蹤。

十二日，整一師師長羅列，乃以東渡入晉之七十八旅及甫經裝備之人力輸送團，由猗氏沿同蒲路兩側向圍攻聞喜之共軍行反包圍攻擊，張店夏邑附近之四十七旅，亦向同蒲路東側攻擊聞喜共軍之側背，一六七旅則由聞喜派部南向夾擊，激戰至十五日，共軍乃向東北潰竄。

十七日，先生飛臨運城，至聞喜整二十七師師部，與羅列、王應尊、魯崇義、許良玉（原七十八旅旅長，部隊整編後調第一師副師長）、沈策（部隊整編後調七十八旅旅長）、李崑崗等將領研討當面共軍情勢，及攻略侯馬、曲沃、絳縣之作戰計畫；並命砲兵指揮官王觀州以戰車、重砲、工兵各一連，步兵一營編成突擊隊，必要時使用之。先生曾於八月九日派宋質堅飛臨汾，約晉王靖國同攻侯馬，迄未得復，而潰退之共軍第十、第十一、第十二各旅，已回竄侯馬整補，先生乃決定不待晉軍之回復，獨立攻略侯馬。

八月十八日拂曉，我整一師之七十八旅、一六七旅，與三十師之三十旅，並列北進，整一師羅列部，佔領東鎮及其以北之蘭德鎮。整三十師魯崇義部亦攻略柳泉附近地區。十九日乘勝前進，三十師佔領橫水鎮，七十八旅遂力戰攻克侯馬。

二十日先生至斐村，檢閱突擊隊，遂至橫水鎮之三十師巡視，前線士兵聞先生親臨，雀躍振奮，勇往前進，遂克絳縣，二十二日先生由晉南返西安。

一〇　打通同蒲路

八月二十七日，我整三十師之二十七旅，整九十師之五十三旅，會克垣曲。是日得二戰區閻長官未宥參電：「陳總長來電，擬將韓侯嶺以南，劃歸貴戰區，以便此間集結兵力。」國軍入晉協助剿共，山西地方軍隊，自稱晉軍，稱國軍為藍軍，其意態上總是第一戰區軍隊進入了二戰區境界，晉地政治最高組織為「革命同志會」，實施兵農合一，口號為實行革命競賽，農民不知山西之外尚有國民政府及蔣公，萬事皆稱閻會長，家家戶戶所懸掛者，亦皆閻會長相片，晉軍無炊事編裝，部隊所駐地區，有派飯制度，每戶民家負擔數名官兵膳食，按時送達營舍；故凡晉軍所至，不論城市鄉村，胥增民負擔，民不歡迎，唯望其速去，是以晉軍不足以與中共爭廣大之鄉村。自此一電訊到達後一戰區，國軍始有正式駐紮晉南之依據。

自抗戰以來，先生派部援晉，此已為第四次矣！凡晉一有事，即須拮据兵力以從之，而先生視之為應力善其事者；然晉閻之地域觀念甚重，故國軍在晉南，雖受民眾熱烈歡迎，然在晉軍心目中，仍有敵意，因之國軍在晉陝東西奔命，先生皆能容忍之，蓋國事之重於私見也。

九月一日，先生策定進接臨汾之防。三日我整一師、整三十師繼續北攻；整二十七師之四十七旅，亦沿同蒲路北進。四日，整三十師之二十七旅攻佔大交鎮，整一師之七十八旅攻克翼城，整二十七師之四十七旅，攻佔趙曲鎮，殘餘共軍一經接觸，均向太岳山區逃竄，七十八旅於六日進抵臨汾。先生奉命打通同蒲鐵路南段與收復晉南各縣之任務，至此已告完成。

九月十日，先生決定以軍官總隊開入晉南，擔任各縣城防及組織民眾，辦理善後事宜；而晉方之要求無已，遂不果行。當我軍向同蒲路南段各地北進之時，北竄之共軍，即向洪洞、趙城、霍縣、靈石進犯，晉軍之三十四軍撤至靈石以北，仍留暫編之三十九師退守臨汾，僅佔重要城堡，無力收復各縣。

九月二十二日先生復奉令限本月底打通同蒲路，收復各縣後，將曲沃以北地區，交由二戰區守備，於是先生又揮軍北進。二十三日在攻佔浮山途中，我整一旅第二團在官雀村中伏，第一旅旅部亦在陳偃村赴援途中被圍，損失甚重。第一旅甫自陝南戰役結束後，即來臨汾歸建，對晉南戰場狀況尚未充分了解，是日，整一師之一六七旅及二十七師之四十七旅，攻佔浮山、翼城。

二十九日先生在邠州，奉軍委電令，飭赴太原晤閻長官，商洽夾擊同蒲路之共軍。先生研判在目前晉南戰況下，請閻出兵南下為不可能之事，若對洪、趙、霍、靈四縣之策應，亦屬不易，而願以四師兵力，親赴臨汾指揮作戰，必可完成任務。

先生於十月三日飛抵臨汾，五日以整九十師為主攻，沿同蒲路北進，整一師之一六七旅，二十四師之四十七旅在鐵路左側分向蘇堡、洪洞攻擊，並列前進，整三十師則任右側掩護；是日，一六七旅攻佔喬李莊，六日復佔曲亭鎮，七日三十師之二十七旅之攻佔韓略鎮，二十七師之四十七旅攻佔蘇堡，九十師之五十三旅遂克洪洞。

十月九日，我九十師之六十一旅收復趙城，十五日繼續攻佔霍縣，沿途攻勢甚銳。二十一日預期與晉軍南下之三十四軍會師於南關鎮，待我軍到達時，始悉晉軍已自靈石北撤介休。整一師之一六七旅，遂迅速北進，收復靈石直驅介休，與晉軍之三十四軍會師，當時因進展過速，軍糧不繼，七十八旅即以三卡車麵粉，自臨汾急送介休[1]。

殘共經我軍奮厲之攻擊，紛紛在南關鎮附近西渡汾水向晉西逃竄，至此同蒲路已全部打通，沿途所失縣城亦均收復。先生為確保同蒲路之安全，乃於二十九日計畫攻佔安澤及古縣鎮；是日即奉國防部電令，停止安澤、古縣鎮之行動，晉南戰役至此遂告一段落。

晉南戰役，自二十五年八月中旬至十月二十一日與晉軍會師止，歷時二個月又十六日，計斃中共旅團長以下二萬六千餘人，俘擄千餘人，輕重武器一千餘具，收復地區五萬二千二百餘方公里，計八個縣城，並策動共軍雷文清（俗稱雷亭亭）團長反正。然我三十一旅及第一旅傷亡甚重。

同蒲路戰事告一段落，我整一師及整二十七師，對逃竄晉西呂梁山區之共軍，於十二月十七日開始清剿，十九日整一師之七十八旅及第一旅收復蒲縣，二十一日整一六七旅收復午城鎮，二十四日整一旅收復大寧，二十七日四十七旅收復馬蘭關，收復地區皆交由晉軍地方團隊駐守。

此時共軍圍攻大同者六萬一千餘人，在太原附近者三萬九千餘眾，正太鐵路沿線者一萬九千餘眾，同蒲鐵路沿線約四萬餘眾，我軍一撤，不須三月，晉南、晉西各地又復靡爛矣！晉閻明知其地方團隊非共軍之敵，而著重於山西乃二戰區之地域不願中央嫡系軍隊進入也。

一一　肅清秦嶺殘共

自美國馬歇爾來華調處國共問題，政府通令停戰後，晉豫各地之共軍四出進犯，分別在各山區建立根據地，在廣大鄉村地區，夜夜竄擾，以疲我軍，自三十五年七月間，陳賡在晉南為我擊退後，八月中旬劉伯承部為策應蘇北共軍作戰，連陷碭山、虞城、蘭封。時王仲廉之三十一集團軍，已整編為二十六軍，力戰遏止。

八月二十二日，豫北之共軍約十六團之眾，二萬餘人，分三路犯我輝縣，我守軍整一七七旅李振西部二度固守苦戰，方將其擊退。七月中旬，李先念侵入陝南時，河南共軍王樹聲竄湖北竹山，南召之中共迫近盧氏，其餘豫西共有黃林、王士珍、毛凱、鞏得芳等，踞桃坪、蠻莊一帶，裹脅民眾，擴充共軍組織。先生顧慮各共軍盤踞於伏牛山、熊耳山之中，日益壯大，必將危害陝豫邊境，擾亂戰區之後方；乃令商縣指揮所主任文朝籍，指揮八十四旅、十七旅、一三五旅、二十四旅，分路清剿。自九月上旬至十一月中旬，經數十次攻戰，斃敵五千餘人，然中共裹脅民眾，至十一月下旬又擴展至萬餘人，輕裝流竄，出沒無常。

先生預定先肅清秦嶺中部及西荊公路以北之共軍，逐次縮小包圍圈，最後集中精銳，再肅清西荊公路以南之敵。十一月下旬，先生接奉軍委會戍戰詳電令：「一戰區即向漢水北岸清剿。」於是區分兵力如左：

㈠西荊公路以北清剿區，由整十七師師長何文鼎負責，指揮十七師之十七旅王作棟部及李群峨部、徐吉生部，指揮所設雒南。

㈡西荊公路以南清剿區，由整十五師師長武庭麟負責，指揮整十五師之各旅及陝西保安第七團、豫西民團陳舜德、劉顧三、王金聲、丁叔恒各部，指揮所設龍駒寨。

㈢秦嶺中部清剿區，由整二十四旅旅長張新負責，指揮二十四旅及一三五旅之四〇四團、四〇五團各一個營，指揮所設柞水。

㈣直轄追剿部隊為整一三五、一四四旅。均受命於戰區商縣指揮所主任文朝籍之指揮，於十二月二十五日開始行動，至翌年二月上旬，乃將漢水北岸在豫陝邊境之共軍肅清，殘共化整為零，進入伏牛山區，剿歸鄭州指揮所負責清剿。

中共一攻佔城鎮或村寨，即組織農會及民兵隊，集中所有糧食，故共軍所至，即無糧食兵員補充之慮，民兵編入共軍，由其家人作保，若發生逃亡，則其家人必遭鬥爭殺戮，遇我軍追剿，東西逃竄，飄忽無定，任意各自成立旅、團，打家劫舍，搶掠物資，故其無後勤補給及兵員補充問題，而此二項對國軍而言，卻是最大問題，後方停止徵兵，戰場兵力始終有不足之感，且受三人調處小組之阻礙甚大，中共之擴張坐大，處處攻城掠地，我方提出，彼等總認為應調查，而中共每至一村一寨，即以極大之字體書寫為三人小組指定紅軍地區，國軍去收復城鎮，反以為國軍攻佔其地，我軍固守自衛，彼等即向中樞提出嚴厲之指責，稱之為違反停戰。我軍之行動，似猛虎自捆四足，甚任豺狼欺凌，真是艱困倍之。

一二　救榆林籌攻共巢

自秦嶺之共軍為我痛擊後，十月上旬我軍復在晉南恢復洪、趙、霍、靈之際，陝北之共軍，秘密集中兵力，十月十二日夜間始向我榆林外圍據點進犯，企圖解決延安北側之威脅。榆林孤懸陝北，守軍為二十二軍所轄之整八十六師及新編十一旅，突遭共軍襲擊，外圍據點逐次淪失，同蒲路遭我擊敗之共軍，亦由隰縣渡河西竄，連同民兵二萬餘人，向我榆林猛撲，我魚河堡守軍已退守距榆林二十公里之歸德堡。十一月四日先生奉命救榆林，乃於七日空運整三十七師二十八旅之八十三團至榆林，並令旅長徐保親臨指揮。寧夏馬鴻逵部八十師及騎兵第十旅，亦於十五日由靈武東進，中共見我增援部隊到達，紛向延安及晉西流竄。

三十五年五月間，先生已擬就攻略延安作戰計畫，即向中央建議，時美國馬歇爾正沉迷於和談調處國共糾紛，且各地派有三人小組，中央拘於國際形勢，未能決定實施。至十月上旬，共軍犯榆林，先生以為時不可失，時空軍王副總司令叔銘在陝，託其再向中央建議。十三日王回京後電復：「暫緩，將來如何？不一定。」

十月二十一日，先生奉召赴京，力言當時為進攻延安之適當時機，逾此，天候、地形、補給皆受限制，不可為矣！時國防部主張鞏固同蒲路，而攻取長治夾擊劉伯承，消滅其主力為目的，旋與陳總長談延安問題，並云現攻延安，僅二十日時間，過此二十日，則陝北地區天寒地凍不宜用兵，即共軍攻榆林，亦不可能攻其延安。其時中樞不攻延安，已為定策，先生之建議，因以不果。

三十五年重要人事異動有：高桂滋，於達為戰區副司令長官，盛文調長官部副參謀長。三月參謀長范漢傑調國防部次長，盛文升參謀長。八月十二日布達李崑崗調一六七旅旅長，劉子奇調一二三旅旅長，許良玉由整一師副師長兼代第一旅旅長。中央軍校西北督訓處人事亦有異動，教育處處長吳允周，騎兵科科長陳延生、輜重科科長張子衡、步兵科科長李潛修、少將大隊長吳方正、郭釋愚、張祖正、上校楊維錦皆調職。

三十五年元月八日梁幹喬逝世，九日公祭，先生親自送葬翠華山，九月十八日趙秘書長龍文撰《火焰人生》一書完成，敘述梁幼年奮鬥求學之事，先生讀而善之，乃命付印流傳。

十月三十一日，蔣公六十華誕，先生發起臨潼建立正氣亭。正氣亭建於二十五年張楊叛變領袖蒙難之處，「摩崖書」是年十二月二十五日蔣公回京時對張楊訓話全文，由考試院戴院長書丹，奠基之日，又復設蔣公六十誕辰獎學金委員會，嘉惠學子。

十月十一日，國民政府頒布於十一月十二日召開國民大會召集令。十月三十一日中共拒絕提出國民大會代表名單，十一月二日國民大會代表開始報到，中共聲明不參加國民大會，十一月八日蔣主席頒發第三次停戰命令，自十一日正午十二時起，全國軍隊一律停止戰鬥，以示政府和平容忍之至意。並應社會賢達之請求，將國民大會延至十五日開會，以待中共代表省悟參加，真所謂是仁至義盡，而中共仍不派代表參加。

三十五年十一月十五日，第一屆國民大會在南京開幕，出席代表一三五五人，二十二日立法院通過「中華民國憲法草案」，並報告草案制定經過及立法精神，期望大會完成制憲任務。

此時馬歇爾仍邀國共和談，十二月三日，周恩來致電馬歇爾特使稱：除非解散國民大會，始可重行和談，其大逆不道之凶態漸萌，馬歇爾自知調處和談之事已不可為，蓋中共之作為，無法要求政府再讓步也。

十二月二十四日，國民大會通過憲法實施程序，二十五日通過「中華民國憲法」，舉行閉幕典禮，決定明（三十六）年十二月二十五日實施憲政，蔣主席代表國民政府接受憲法。

十二月三十日，中共煽動北平學生遊行反美，藉口美兵姦汙女生沈崇事件，各地學生受中共及其外圍組織之民主同盟之鼓動，由於左傾教師之領導，亦劇烈響應，造成全國學生激烈之反美運動。後經查明，北大女生沈崇，係中共之職業學生，故意引誘美兵入彀，係中共有計謀之引起反美風暴，煽動青年燃起社會混亂之火焰，製造動亂增加政府外交之困難。

一三　培育優秀青年

三十五年二月二十七日，先生以抗戰已結束半年，對抗戰先烈之調查，遺族之撫卹教養，文化印刷事業之籌備，急須進行。乃將先烈死事，遺族撫卹教養及上海、浦口、開封、信陽、靈寶、西陝口、官道口之役等戰史，交由參謀處長賈貴英負責。

五月一日在小雁塔召開第一次遺族救濟會。文化印刷之籌備，則指定王大中、王超凡負責，並由趙龍文監督指導，同時對七分校、戰幹團、游幹班、勞動營之政治教官，在勝利復員之際，應如何就其專長及志願，作妥當之調整安排，面告王大中多方協調聯繫，並負辦理七分校結束事宜。

先生對於當抗戰艱困之時，萬里跋涉來陝共赴國難之優秀青年知識份子，由於戰亂，未能出國深造者，應宜及時培育；於是先後派副參謀長盛文，黨政處長張研田，赴京與教育部協商，同意由戰區結餘經費中，派員出國留學，遂由張處長研田經營其事，分批派朱文長、張奇、陳忠經、申振民、涂心園、張紹良、閻子桂、何繼高、馬大恢、呂家鴻、馬蒙、張維公、

圖 41：中央陸軍軍官學校第七分校政治教官群均一時之選，其中包括余紀忠（中國時報創辦人），李潤沂（曾任大法官），涂心園（曾任職於美國聯邦政府）及名政論家朱介凡等。

王克亮、宋籌昌、曹克籌、黃榮翰、熊彙荃等十七人，其中除馬蒙留英外，餘十六人皆留美。張維公、王克亮、宋籌昌、曹克籌、黃榮翰等五員為特選之陝西籍優秀青年。此外尚有李人士、余宗玲、熊彙芝三位女士，亦各補助三千元，助其出國深造。

先生所培育優秀青年之十七人，其中張紹良、曹克籌、宋籌昌、黃榮翰等四人，於三十八年先後回國，其餘大部仍留美國，經常保持聯繫者，朱文長任教於畢茨堡大學，何繼高任教於西東大學，涂心園任職聯邦農業部，三人皆獲博士學位。張維公任職美國海軍造船廠，張奇任職聯邦內政部，馬大恢任會計師，王克亮經商，馬蒙任教香港大學，其返台者閻子桂任教於政治大學，余宗玲任嘉義女中校長，教育部駐美文化專員，皆有良好業績與成就。

二十七年先生入陝，沿途招收流亡青年，顧念年齡較小之青少年學業未成，以及幹部子弟尤待教育，乃在翠華山麓，創辦中正中學，入校學生一律免費，且另供給衣食。初由三十四集團軍總部參謀長盛文任董事長，聘高化臣為校長，所需費用由總部支應，游擊幹部訓練班及第七分校，分擔部分經費及糧食。先生每至太乙宮游幹班，輒至該校慰問。至是七分校、游幹班皆奉令裁撤，經費糧食無處支給。先生念該中學成績至佳，為陝西省第一流之中學，不宜中輟，乃於三十五年四月二十一日召開董事會，商定由西安市王友直擔任購置基地，戰區政治部主任顧希平擔任籌募基金。後皆因對中共作戰情勢日熾，事不果行，其後部分學生皆隨軍西行。

一四　歸鄉祭父墓

三十五年中外賓客來西安者有墨西哥大使格來特中將，美國顧問團團長魯斯克中將，蘇聯代表伊圖里，三人調處執行小組美方組長白魯斯中校等，先生皆禮接宴談，賓主歡洽。國內人士有長官何總長、白部長、于院長等。朋友有樊崧甫、唐俊德、胡公冕、闕麟徵。先生在三十五年四月二十五日日記記載云：「闊來約為兄弟，謝之。」其他尚有劉安祺、蔣經國、鄧寶珊、王覺生、虞前（字冀野）八月二十六日與王、虞暢談至二十四時。另有辛樹幟來談，先生記云：「舊友重逢，暢談一切。」尚有李定、邱秉文、陸煥美、勒力三等人。

抗戰勝利後，中央停止徵兵，剿共之兵源無法解決。先生曾有組訓陝豫民眾之議，而時晉閻極力提倡兵農合一之說。先生為求了解兵農合一之意旨，乃請閻錫山於三十五年八月三十一日派梁化之、薄石丞先後在小雁塔長官部大禮堂演講，梁化之講「黨國組織」與「對共鬥爭」及「軍隊政工與共黨人事」等。薄石丞講「兵農政策」，達五日之久。先生每日親臨聽講，以了解晉地狀況及兵農合一之政策與實施情形。

先生之尊翁際清公，於民國二十六年十二月在孝豐逝世，曾數度請假奔喪，皆以軍事緊急，交通阻梗，未能奉准，乃委請鄉里同學章雲，覓地營葬，並由時在東南之戴笠將軍，親往協助經營其事。三十五年元月得請准回籍掃墓省親，乃於十五日由西安逕飛上海，十六日到杭州，十七日抵鶴落溪家中，二十一日墓工整修完成，叩祭於墓前，念念童年艱困，哀思不已，肅立注目，凝視良久，以獻身軍旅，久疏侍俸，不禁淚下，環視墓穴，遲遲不忍離去。

二十二日、二十三日，為紓哀戚，一遊靈峰寺。三十一日即陰曆年除夕，先生自民國十三年冬投筆入黃埔，離鄉迄今，二十二年中第一次在故居度歲也。

二月二日辭墓告別，三日往東山謁叔父鏡清先生，並往城中拜謁王繪青、洪幼齋等諸前輩。五日回杭州。十五日出席南京整編會議。三月六日回西安。

四月五日先生之弟姪兆琴、琴笙自故鄉來，先生留敘一日，七日送歸。十一月十三日接弟琴樓來電，叔父鏡清先生於十一月逝世，先生於十四日匯款託章雲經營其喪。

章雲，字旭初，孝豐東鄉五女村人，為先生中小學同班同學，曾一度來軍任鄭州留守主任，二十六年八一三上海戰起，滬杭湖屬逃難至孝豐者千百人，章傾困相濟，時有小孟嘗之稱，民三十八年孝豐淪陷，為中共殺害。

1　見徐枕著《阿毛從軍記》二一一頁，晉南沙場所見。

2　見徐枕著《阿毛從軍記》二〇八頁，介休送糧。

直擣共巢

一 素帳悲歌悼至友

先生之諸友中，能聲氣相應，生死相依，精誠相見，肝膽相照，所謂情勝骨肉者為戴笠將軍。兩人雖任務不同，性格殊異，但其基本之人生哲學，頗為類似，故先生之年譜中，稱之為性命道義之交，爰就二人相同之處而述之。

忠貞不貳

二人皆一切為黨國，無私、無我，對領袖之服從，忠貞不貳，已超過父子師生之情感。

不計生死

先生對外，膺寄疆重任，抗日剿共，不計生死；戴笠對內，鋤奸戡亂，團結內部。二人對智信仁勇嚴之武德均能以身作則，躬親力行。

輔佐領袖

先生自稱為領袖馬前一卒，戴笠則自稱為領袖身旁一犬。

為國舉才

二人同一信念，青年為國家幹部，幹部由訓練養成。先生不斷成立短期訓練班外，後有七分校，戰幹團、將校班、西北幹部訓練團、青年勞動營等訓練單位，培養國家戰鬥幹部；戴笠則有特警班、忠義救國別動軍、會計、譯電、司機、勤務兵、理髮師、娘姨等八十多個各行各業訓練班，培育工作幹部。兩人對訓練工作，皆躬親其事。

愛護部屬

收留流亡幼童，加以教育。視部屬似子弟，先生辦傷兵年會，建築公墓，撫慰傷患官兵，濟助其子弟就學。戴笠有四一大會，悼念死傷同志，撫慰家屬，對因案死刑同志之家屬，亦發給特別卹金。

箴言持世

先生以「生於理智，長於戰鬥，成於堅苦，終於道義」為革命軍人人生觀；以「無名為大，無我為大，基層為大」為修養功夫。而戴笠以「道義相勉，精誠相見，肝膽相照，生死相依」為箴規。在浙江警校時代曾發給工作人員手冊，其小序中印有主義之信仰，理智之運用，情感之結納，紀律之維繫為銘言。並作座右銘於辦公桌上，銘曰：「胡宗南說寧作基石，不作棟樑，無名為大，無我為大，下層為大」。

律己嚴，待人寬

二人皆自奉甚薄，待人則厚，律己嚴，待人寬。點滴歸公，不治生業。而其所屬，亦未聞敢有買田地置產苑者。

謗隨譽生

名之來也，謗亦隨之；兩人生前譽滿天下，中共及附共黨派，極盡詆毀之事，內部同仁忌之者多進讒言於中樞；直至後來，疾風懷勁草，歲寒知松柏，上自廟堂，下至販夫，對兩人皆有褒無貶。

至於生活上，先生之事，唯戴笠可代為作主，戴笠之任何安排及需要，先生聽之。於力行社特務處時代，戴笠寓南京雞鵝巷五十三弄。此屋用第一師名義租賃，先生每次至京或渝，皆居戴笠寓所，親友往來，接見賓客，亦均在此。軍事教育家吳允周之由國防部去西北效命先生，係戴笠所推薦。先生與戴笠兩人一見，天南地北，談論不盡，有時哈哈大笑，聲震屋宇。

先生在軍中，只穿軍服，破舊補綻，亦不在意，至京或渝，所有內外衣服，皆由戴笠選擇質料顏色，找裁縫尺量定製，先生之總務處長暨駐京渝之辦事處長，均不得妄作置喙，一切由戴笠安排。

戴笠接任浙江警校政治特派員，重要幹部為趙龍文、史銘、馬志超、魏大銘等，均來自第一師，以後建立部隊，重要幹部，亦多自先生處調來。戴笠在南京所設電訊總台，電機甚大，天線高聳入雲，門口掛陸軍第一師駐京辦事處無線電台，以為掩護。

戴笠在上海辦理三極無線電學校，畢業生挑選到杭州電訓班接受特警訓練，為顧慮保密，不便與學生明言，用陸軍第一師招考報務員名義而開往杭州。

八一三淞滬戰役，第一軍守大場蘊藻濱之線，戴笠組織蘇浙皖行動委員會別動隊，需要大量手槍，香港武器商缺貨，戴笠偕其參謀主任周偉龍去第一軍軍部，將第一軍軍部所有手槍，收集備用，連先生衛士之駁殼槍一併要走，當時周偉龍就說戴先生真有辦法。

重慶時期，戴笠成立特務總隊，在第一軍警衛部隊中挑選五官端正，體格魁梧而又需健壯活潑者，第一軍挑選完成整連撥來。就上數事而言，先生與戴笠之友誼，係何等深切。

三十五年三月十七日，軍統局局長戴笠在南京墜機殉職，先生聞後猶如青天霹靂，悲痛不已，急欲赴京弔唁，由於中共倡亂，時局變化，請假未准，乃在西安設案遙祭，長官部官佐，地方人士與祭者千餘人，先生親書輓聯：

夜帳茲雞鳴，浩浩黃流，更誰奮擊渡江楫。
春風生野草，滔滔天下，如君足懼亂臣心。

後人認為先生以晉代祖士稚、劉越石之志同道合相互激勵來比喻，頗切雙方身分，戴笠譜名春風，非對二人有深切關係者，不能率爾操觚。

先生主祭戴笠時，不禁哀痛淚下，祭後驅車興隆嶺，深居三日，繞室徬徨，唏噓不已，嘆國失棟材，今又有何人去為領袖分憂也。

二　戴將軍壯志未酬

戴笠，字雨農，浙江江山縣人。生於民元前十五年，六歲入私塾，即能存見賢思齊之義，才思敏捷異常，為啟蒙老師毛逢乙所激賞。四歲喪父，家境欠裕，由於毛逢乙之敦促入仙霞小學時年已十一歲。

民前二年升入文溪高小，當時為江山縣師資設備最佳之學校。民國元年以第一名畢業於文溪高小，翌年赴杭州投考第一中學。

民國五年投考衢屬五縣聯合師範，以第二名錄取，應入校而未入學，徬徨歧途，無所適從，生活很不正常，翌年已二十一歲，決定從戎，考入浙軍第一師學兵團，後因浙江軍閥內訌，學兵團解散而流落在外，幸經藍太夫人愛子心切，親自查訪，始隨母返回故鄉。居家二年，性情磊落，喜交遊，意氣自豪。

民國十五年，戴笠間關萬里到達廣州，當時黃埔為分批考試，而按錄取時間，再分期別，戴笠考取後編入第六期入伍生團第十七連，至此始達成投身革命目的。

民國十六年，國民政府清黨，廣東於四月十四日開始，戴之深藏不露才能開始展現，根據其個人平時調查資料，十七連內之潛伏共黨份子，迅即肅清。

當北伐進展神速之時，為適應平原地區作戰需要，總司令蔣公特命組織騎兵營，挑選黃埔軍校在校學生志願參加，戴笠名列其中，隨即開往江南駐守，其時戴笠仍為中士學生，惟騎兵營開抵蘇州不久，蔣公宣布下野，北伐受挫，人心惶惶，黃埔學生推派代表往溪口陳情，請求校長以國家為重，俯順輿情，早日復職。騎兵營代表三人，戴笠與矣！斯為戴笠入軍校後首次晉見校長，據傳所陳意見，很有條理，留下良好印象。

不久騎兵營補給不繼，學生多自動離營，戴笠請假未歸，因而留在上海，後來軍校遷校南京，亦未參加畢業典禮，軍校仍以其為第六期騎兵科畢業。這一期間據同學們所知，白天很少在家，往返於蘇州上海之間，似甚忙碌，深夜伏案寫作，行動神秘，知其已在做情報工作。

民國十七年一月，蔣公復職，戴笠即在總司令部任聯絡工作；是年六月，自徐州回江山省親，一人一騎，顛沛於豐沛蕭碭之間，作軍事調查工作，木製馬鞍，磨破臀部，血透褲外，道經杭州，與先生相遇，時先生已任第二十二師師長並已知第二十二師即將縮編為第一師第二旅旅長，身分懸殊，一經晤談，志同道合，遂訂生死之交。此時戴笠極須身分掩護，其回家後出示名片，為第一師第二旅中校副官。英雄豪傑，斯天緣之巧合乎！

民國二十一年特務處成立，即開始與日本之特務機關展開無形戰爭。

二十六年抗戰軍興，上海陷落，戴笠奔馳前線後方，組織別動隊，在危急中從容布置應變，披星戴月，指導工作人員潛伏行動，繞道至杭州，部署妥當，轉往武漢。武漢轉進，日軍先頭部隊已到武漢，戴笠親率部眾完成破壞任務。

二十七年軍統局各外勤單位，組織誅鋤漢奸與叛徒，積極開始行動，在敵區內前仆後繼，壯烈奮進，令群魔喪膽，使很多偽組織之頭目及將領，皆暗中投效，使局勢大有改變。

三十二年抗戰最艱困之時，戴笠極力促成中美合作計畫，將二十六年之別動軍，及二十七年之忠義救國軍，重新訓練，更新設備。又復成立若干教導營，重整原有之爆破總隊，行動總隊，海上行動總隊，越南工作隊，約有十萬之眾，執行對日軍另一戰場之戰鬥任務。

抗戰勝利前後，陷區偽軍，數逾百萬，皆桀驁不馴之徒，而十之七八，皆在戴笠策控之下，莫不俯首謹奉約束，受命肅奸，以迅雷手段，偵騎四出，在市廛不驚下悉數就逮，無所逃罪。

三十五年春，他為實現理想，建立全面新制警察，藉以根絕武裝割據，配合憲政實施，極為中樞倚重。三月十七日自北方巡視回京途中，忽遇空難，噩耗傳播，朝野驚悼，公祭之日，蔣公曾頒輓聯：

雄才冠群英，山河澄清仗汝績；
奇禍從天降，風雲變幻痛余心。

情詞真摯，意出肺腑，悼念悲痛，尤甚他人。並云：「戴局長之死，是國家無可補償的損失」，可見蔣公對戴笠之倚重也。

三　和談終於失敗

三十六年元旦，先生策定上半年工作目標，其在山西省境者為攻佔隰縣，汾、長治，切實掌握同蒲路南段，穩定晉南。在陝北方面，收復囊形地帶，攻佔延安。在戰區部隊方面，訓練五個常勝師，二十六個鐵團，從提攜、培養、鍛鍊中造成方面將才十七人，優秀幕僚十人，培養優秀青年二十人出國深造，培育西北優秀高中畢業青年七十人入大學，培育能自律之三民主義戰士一百人深造進修。

元月六日，先生在長官部紀念週致詞云：「**在此半年內完成中國統一任務，先須建立二十六個打不散，打不破，打不垮之鐵團，建立五個最堅強、最光榮，無攻不克，無堅不摧，無守不固之常勝師。竭力充實，而在訓練方面，應著眼於不需個人知識，而需要部隊知識；人人能各自為戰，被圍不驚等。不需要個人英雄，而需要部隊英雄，一個人英雄成就有限，貢獻亦有限；不需要個人信徒，而需要部隊信徒，部隊信徒不致有受傷而退，被俘而屈，臨陣脫逃等事。望在一星期內，提出方案，於最短時期內，完成此方案。**」據當時先生日記，原定訓練第一師六團，十七師四團，二十七師六團，三十六師六團，九十師四團，共五個師二十六個團。然其時第一師、第九十師四十七旅，皆在晉南作戰，第三十六師在陝北封鎖線上，第十七師在陝甘地區防守，又在長期作戰中，無長時期整訓可能，兵員補充又不順利，該方案終於無法達成。

去年陳賡部南下，孝義陷落，汾陽被圍。第一戰區之整一師、整三十師、整九十等各師，奉命入晉南馳援，激戰未解，而李先念竄擾豫西盧氏，陝北共軍頗有南下之勢。調處和談，只約束國軍行動，而對中共之瘋狂擴展，到處攻掠，並不約束，一味要求政府寬大容忍，要有反對黨之成立，以為民主表象，如是和談無異是以油滅火，油不絕而火不滅。

元月八日，馬歇爾之調處和談，已煽發起中共燎原火焰，奉召返美，繼任國務卿，其人個性剛愎，崖岸自高，對軍事或有專精，對共產黨徒之本質及東方民族之傳統，卻無認識素養。一年多來，始終認為中共是一個土地改革者，對中共種種作為，總委過於政府不能忍讓寬容，自始至終為周恩來所迷惑，不能自覺，其回國任國務卿之後，不僅對我政府製造種種不幸情勢，亦在製造美國子弟之鮮血洒到亞洲的土地上來，為人類歷史上最大之不幸紀錄，大陸之淪陷，引致韓戰、越戰爆發，自食到惡果。

元月十五日蔣主席邀約參加政治協商會之政府代表，洽商恢復和談，十六日美國駐華大使司徒雷登，向中共發言人王炳南轉達國民政府恢復和談方案。十七日中共以羽翼已豐，拒絕和談。二十日中央宣傳部發表政府恢復和平商談之願望，二十四日中共即發表聲明，拒絕和談。三十日政府宣布解散軍事三人小組北平軍事調處執行部。

四 謀定而動

三十六年元月十五日，先生率參謀長盛文，副參謀長薛敏泉，飛鄭州謁陳總長誠，顧主任祝同，研究作戰方案。陳總長主張在政治方面重新做起，縣長、專員另行委派，保安團隊亦應積極改造。元月下旬，先生派薛副參謀長飛太原聯絡，二十八日回報時，共軍已入汾陽、介休之間，迫近平遙。太原至平遙間共軍出沒，鐵路破壞，閻長官在平遙仍要求一戰區部隊沿同蒲路北進，藉收夾擊之效。晉西方面，我軍收復南關鎮，仁義村及汾西縣，而晉軍又棄靈石，而共軍更窺伺南下。時奉委座蔣公電諭：「急抽調六團制之一師，控制鄭州。」

元月三十一日，陝北之共軍突然向囊形地帶進犯，原守封鎖線之陝西保安團四個中隊被擊散，我守軍二六八團二營被圍，損失頗大。共軍在通關鎮駐有四個團兵力，馬欄鎮復有三個師番號出現，乃係有計畫之行動。

二月一日，先生研判關中及晉南形勢，主張在晉南部隊停止北上，而將九十師撤回侯馬，整三十六師之二十八旅調駐宜川，而以關中有力部隊向共軍攻擊前進，先收復囊形地帶。二日奉軍委會核可，七日研究攻略囊形地帶之方案，決以七十六師師長廖昂，指揮第二十四、第四十七、第一六五各旅，負東正面之責。而以原駐陝甘邊境之整四十八旅、一四四旅、十二旅策應作戰。而令在晉西之整一師集中侯馬附近，次移轉於河津、韓城地區。

二月十五日，先生至三原整二十九軍軍部，指導攻略囊形地帶方案，十八日拂曉攻擊前進，進展甚速，整一六五旅攻抵關門鎮，二十四旅抵鳳凰山，四十七旅到達陽店鎮，四十八旅抵龍咀子，一四四旅抵楊頭堡，十二旅到達爺台山以南地區。

二十日，整二十四旅攻佔馬欄鎮，二十三日我整二十四旅、四十八旅，開始向織田鎮、甘肅寧縣以南地區追剿，先生判斷我整一師正在西渡黃河之時，共軍尚不致集中優勢兵力於慶陽、合水之間，乃決定於二十八日以整七十六師附整四十八旅，一舉收復慶陽。二十八日先生率僚屬至邠州，整七十六師師長廖昂，新一旅旅長黃詠讚自織田來會，聆取攻略慶陽方略，是日先生忽奉召赴京，各部隊遂在原地待命。

中共於二十四年冬竄陝北，與當地土共劉子丹合股，即踞延安為巢穴，至三十六年，已盤踞十三年之久。二十五年，西北剿共總部張學良，雖曾二度進剿，皆遭敗衂。抗戰軍興，毛共雖宣布服從國民政府，取消蘇維埃組織，然仍發出指示，一分抗日九分擴軍，蓄謀叛亂。勝利之後，逆跡大著，脅眾組軍，公然掠地。先生守陝十年，洞悉若不搗其巢穴，將兵不已時，數以此事為請，前一年十月共軍犯榆林，先生已集兵待發，旋又奉令中止，至是先生又密議進兵，先生當時對敵我兵力之研判如左：

㈠中共在陝北兵力：正規者有第八、第十、第三十九旅，警備第一、第二、第三、第四、第十一各旅；此外尚有獨立第一旅，騎兵第六師等共約六萬餘人。戰事一起，晉西可調回王震所部第三五八、第三五九兩旅約七千餘人，陳賡所部第十、第十二、第二十四各旅約一萬五千餘人，賀龍所部三個旅約一萬人，已訓練民兵約七萬人，合計總兵力為十六萬人。

㈡我軍第一線可用於攻擊部隊，為整編第一、第二十九兩個軍，十二個旅，共計約八萬四千人，中共之民兵可用於作戰者，可能為三分之一，而我軍裝備優於共軍，故戰力相當。

由於中樞在政略與戰略上之考慮，始終謀定而未發。至時，共軍集結，聲言南下關中，且已在囊形地帶蠢動，而一戰區已起而反擊，乃蒙電令晉見。

圖 42：戡亂期間胡主任主持授勛典禮

五 行動部署

三十六年二月二十八日，先生與參謀長盛文飛京，下午四時晉謁蔣公：

「陝北作戰有把握否？」

「有把握。」先生列舉敵我兵力並以絕對信心回答。

晚上八時賜宴，蔣公仍詢有把握否？先生稟答如前，並請空軍支援。

三月一日十時，在國防部研究攻略延安之方案，國防部作戰次長劉為章（斐）對所提之方案，認為妥善。是晚，九時同謁委座，即蒙同意，決定三月十四日開始行動，先停止慶陽、合水之攻擊。

三月三日，先生由京回西安。四日，共軍進犯我四十八旅西華池防地，旅長**何奇**陣亡。整九十師師長嚴明，在晉西西進途中，於河津翻車，折斷右腿，乃派陳武代理整九十師師長，以康莊為整四十八旅旅長。

三月八日，先生令魯崇義之整三十師，以一旅守洪洞、臨汾之線，主力移吉縣，以牽制陳賡在晉西之共軍西調。另成立戰地政務委員會，以王友直、楊爾瑛、張研田、王超凡、李猶龍、陳建中為委員，蔣堅忍為主任委員，隨軍行動，以為收復延安後戰地政務之推展。是夜先生即偕副參謀長薛敏泉，處長汪承釗、科長趙寧國、政治部副主任王超凡、砲兵指揮官王觀州等，乘火車出發，留參謀長盛文於西安。

十日十一時到達洛川中心小學，晚上十時，召集整編第一、第二十九兩軍軍師旅長等會議，指示攻佔延安方略，決定戰鬥序列：

㈠右兵團指揮第一軍軍長董釗，率整一師師長羅列之三個旅；整二十七師師長王應尊之二個旅；整九十師代師長陳武二個旅；重迫擊砲第十團之第三營。於宜川北之平路堡、龍泉鎮附近地區，就攻擊準備位置，經金盆灣、孫家砭、張家橋至延安大道及附近地區，向延安攻擊前進，依奇襲突破共軍陣地，並以左兵團之協助，以閃擊行動，迅速奪取延安，並包圍共軍主力於延安附近殲滅之。

㈡左兵團指揮官整二十九軍軍長劉戡，率三十六師鍾松二個旅（欠二十八旅），整十七師何文鼎之十二旅，砲兵第五十一團之一連，工兵第二團之第三營，於段仙子、黨家原、街子河附近地區，向延安攻擊前進，依奇襲突破共軍陣地，協力右兵團圍共軍主力於延安附近殲滅之。

㈢隴東兵團指揮官為整三十六師副師長顧錫九，率新一旅、獨立第一、第二、第三團，陝西保安第三、第六團，甘肅保安第一團。以新一旅編為若干敏活之戰鬥群，於左右兵團攻擊前二日，開始分向保安方向佯攻，碉堡線守備之各保安部隊，亦同時採取積極行動，於此廣正面上眩惑欺騙敵人及拘束當面共軍之行動。

㈣總預備隊為整七十六師，配合隴東兵團行動，先期於隴東發動攻勢，於攻佔慶陽、合水後，留一部於該地守備，主力即星夜趕回洛川附近，為戰區總預備隊。

㈤後方警備部隊，整十師到達關中後，控制於咸陽附近，保持機動，整編騎兵第一旅，主力控制於平涼附近，以一部在涇川附近待命，戰車第二營，控制於洛川附近待命。

以上共計步兵十四個旅，保安部隊六個團，砲兵兩營，工兵三營，騎兵二團，戰車一營。然各特種部隊雖按營為單位計算，實際上並非全營都參加。

十一日晨先生在洛川中學復召集廿九軍團長一上軍官訓話，提倡戰鬥英雄，勝利英雄，絕不許虛偽欺騙，謊報軍情的道義精誠相勉，光明相見。十二日午先生抵宜川，亦召集第一軍團長一上講話。另特別召集整一師師長羅列，勉以該師向延安突擊所取之路徑係崇山峻嶺，無人煙、無道路之路徑，故必須有三國時鄧艾伐蜀下陰平之忍耐與決心，克服萬難，才能出敵意表。

上列部署計畫，原擬提先行動，嗣因美國駐華大使赫爾利及美方調處人員尚在延安，乃按原計畫至十四日拂曉開始攻擊行動，而於十三日調集上海、徐州、西安飛機九十四架，分批轟炸延安附近共軍陣地，破壞其交通通訊，並以一部監視黃河各渡口，防止晉地共軍西渡增援。

六　攻克延安之役

三十六年三月十四日，開始拂曉攻擊，右兵團整一師進至臨真鎮外圍，整五十三旅俘共軍五十餘名，整二十七師王應尊部於午後到達西瓜要險，左兵團二十九軍攻佔茶坊、交道鎮、牛武鎮、郝家原等指定地區。

十五日整一師攻佔臨真鎮西北中共陣地，整二十九師攻佔臨真鎮，整十七師攻佔北山寺、榆家橋。

十六日共軍警備第三旅主力，已由西華池向延安集中，三五九旅向延安增援，共軍指揮部已移往延安北纍園，晉南陳賡軍為策應陝北共軍之作戰，於翼城附近集結三個旅兵力，有南犯曲沃之勢。我攻佔延安各師繼續攻擊前進，午前，我右兵團整一師之七十八旅攻擊共軍金盆灣據點，二三三團尖兵連第一連連長宋忠裕，經四次衝鋒，始行攻克其山頂前哨陣地之鎖鑰部。中共金盆灣陣地，縱深長達三公里，據險頑強抵抗，我軍迂迴鑽隙，奮勇力攻，苦戰六小時，始肅清殘共，佔領金盆灣。整一六五旅亦同時攻佔板橋屯、磨子街之線。

十七日我整九十師攻佔松樹嶺，整一二三旅攻佔甘泉縣。

十八日左兵團攻擊大小勞山，遭共軍頑拒，進展緩慢；而右兵團整一師已擊破當面共軍三旅之眾到達程家溝、楊家畔之線。

十九日拂曉，我右兵團整一師，續向延安突進，一六七旅於七時攻佔寶塔山，整七十八旅同時攻佔延水南岸之燉兒山；整一旅鑽隙突擊，其第二團尖兵連，在密集火力支援下，於上午

圖 43：總統在延安賓館，接見攻入延安之二十七師副師長李奇亨，並與之合影。

了這可喜的消息了吧？勤，你該怎樣地來對我道賀和慰勞啊！

我一切都很好，請勿為念！現在正準備着向另一勝利的目標前進，將來再把好消息奉告！

你和孩子們都很好吧？再見！保重！

梅季[illegible]

三月廿一日於收復後的延安。

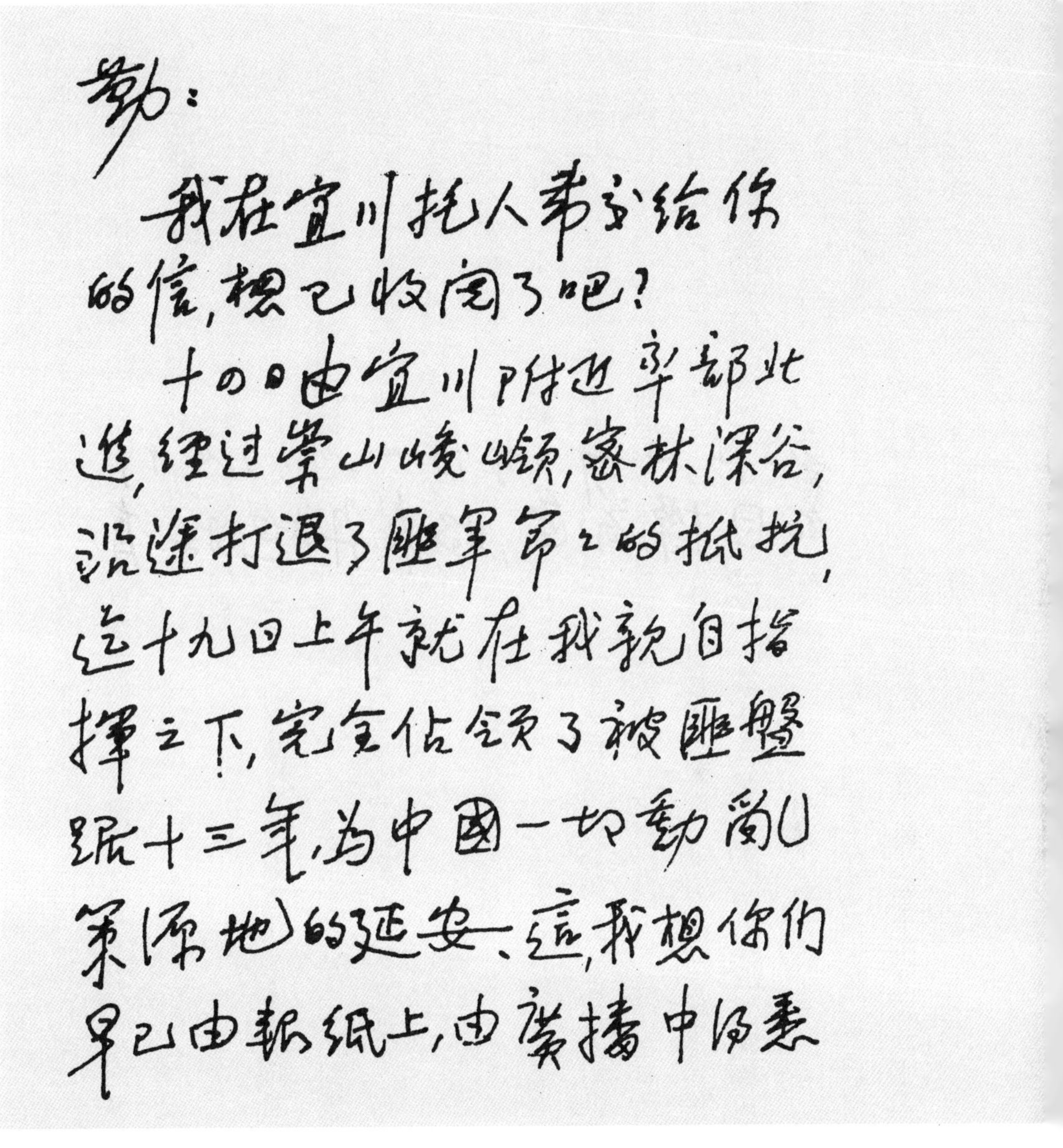
勤：

我在宜川托人帶去給你的信，想已收閱了吧？

十四日由宜川附近率部北進，經過崇山峻嶺，密林深谷，沿途打退了匪軍節節的抵抗，迄十九日上午就在我親自指揮之下，完全佔領了被匪盤踞十三年，為中國一切動亂（策源地）的延安。這，我想你們早已由報紙上，由廣播中得悉

圖 44：率部首先放入延安之整一師師長羅列（字冷梅）於佔領延安後，致其妻葉紹勤女士函（取自《羅列上將紀念集》，民國 66 年）

八時四十分，併同一六七旅先頭部隊，徒涉延水，擊破守城共軍，衝入市區。後續部隊蜂擁繼進，並即向北郊掃蕩。整九十師亦於同時攻克延安東北之清涼山及機場。我左兵團整三十六師於上午八時許，攻佔大小勞山，十時攻克三十里舖而與右兵團會師。殘共主力向瓦窰堡潰竄，一部竄向安塞。

二十日整九十師掃蕩王家溝門、核桃寺塔殘共。

二十一日整十二旅向照八寺、羊泉鎮，整三十六師向傅村鎮搜索殘共。是日中共邯鄲廣播台承認延安失守，並未云先期撤出，未作抵抗。我整一師攻入延安毛共所住之谷口村窰洞時，所吸茄立克香烟及所閱圈點之書籍，皆未收去，想見其倉皇逃竄之窘況。延安克復，西安、京滬各地報紙皆發號外，各界慰勞賀電紛至沓來。

委座手啟寅馬府機電開：「延安如期收復，為黨國雪二十一年之恥辱，得以略慰矣！吾弟苦心努力，赤忱忠勇，天自有以報之也，時聞捷報，無任欣慰！各官方之有功及死傷者，應速詳報，至對延安秩序，特別注重其原有殘餘及來歸民眾與俘虜之組訓慰藉，能使之對共軍壓迫欺騙之禽獸行為，盡情暴露與澈底覺悟；十日後，中外記者必來延參觀，屆時使之有所表現，總使共軍往日在延安之虛偽宣傳完全暴露也，最好對其所有制度，地方組織，暫維其舊，而使就地民眾，能自動革除；故於民眾之救護與領導，必須盡其全力，俾其領略中央實為其解放之救星也」。

二十三日，我整一三五旅克復拐茆鎮。二十四日整二十四旅進佔延長，整一師收復安塞。先生於是日上午五時三十分，率洛川指揮所人員，經茶坊、磨子街、四十里舖，於十二時進駐延安，住邊區銀行窰洞。

攻克延安之後，計傷斃共軍教導旅旅長、參謀長、團長大隊長等官兵一六、六〇六人。俘獲偽官五五九員，兵九六二五名。擄獲輕機槍三十挺，步槍二二四三枝，手槍五枝，擲彈筒二十九具，騾馬三十五匹。我軍傷官六十五員，陣亡十四員，士兵負傷七二三名，陣亡二二八名，與共軍傷亡比例為十六比一，有功官兵，蒙政府頒獎。

先生獲頒二等大綬雲麾勳章，參謀長盛文三等雲麾勳章，副參謀長薛敏泉、軍長董釗、劉戡、師長羅列、王應尊、鍾松、廖昂、何文鼎等及有功旅團長，分別頒授四等雲麾勛章及一、二、三等干城獎章。

陝北人民，久罹赤禍，先生呈准免徵田賦一年。

七　掃蕩殘共

三十六年三月二十五日，整一旅攻佔安寨，整三十一旅及其九十二團向青化砭突進時，遭共軍伏擊，旅長李紀雲[1]、團長謝養民被俘。二十六日，整一三五旅佔領青化砭，殘共北竄，二十七日整一師攻佔干谷驛，二十九日整九十師收復延川，三十一日整九十師克復清澗。

四月三日，整一師、整九十師會克瓦窰堡，瓦窰堡即清之安定縣。

四月四日，中外記者到達延安者五十五人，外籍記者七人，女記者二人，代表報館通信社三十九家。中央派沈昌煥、皮宗敢陪同兼任翻譯，先生特延見《中央社》記者沈昌煥，《大公報》記者周榆瑞。七日到延安者，有武漢記者團十二人，西安記者團五人，另有陝北視察胡自

圖 45：蔣委員長視察收復後之延安——民國 36 年國軍攻入陝北，收復延安，中共敗退，8 月，蔣委員長親飛延安視察，胡主任侍從引導。

立、彭利人、謝植綱，蒙古代表奇全禧、雄諾、賈文華、董然正等，先生命參謀長盛文接待。初至延安機場舉行閱兵典禮，中外記者團陪同校閱，繼在邊區政府大禮堂講述作戰經過，各記者對我軍於五日攻克延安之奇蹟，咸表敬佩。

國防部研究室主任魏大銘，亦於四月五日到達延安，並派一工作隊前來助戰，隊部設延安，部分人員配屬整二十九軍。當時中共竄延安以北，飄忽靡定，情報搜集困難，每苦於不知共軍主力所在。先生問魏主任，彭德懷部所在？魏言：「昨晚在甘泉測得，似在榆樹茆子，然係單線偵察，未敢必也。」先生即令二十九軍派兵搜索，獲其騾馬行李，詢之居民，彭部果昨夜宿此，他竄未及二小時也。

此時北上各軍糧盡，一三五旅留守瓦窰堡，餘向永平鎮南下。四月五日，整一四四旅攻佔延水關。六日，整三十六師於永平鎮遭共軍三五九旅、教一旅、獨一旅等伏擊，激戰一晝夜，旅長周由之負傷不退，至七日拂曉，終將共軍擊潰。

四月八日，整一軍向青化砭，整二十九軍向蟠龍鎮東南集結補充。十二日，整一軍向牡丹川攻擊前進。十四日，整一、整二十九兩軍自晨至夜九時，仍在激戰中。一三五旅在瓦窰堡及馮家咀東南高地，被共軍四旅之眾圍攻。旅長麥宗禹及其成、陳兩團長皆失蹤。

四月十五日，整一軍及整二十九軍擊潰共軍後，整二十九軍向瓦窰堡、整一軍向李家岔。東北高地追擊前進，十六日再克瓦窰堡、李家岔。十八日兩軍南下補給。十九日整二十九軍向永平前進，在新岔河、崔樹頭、淡水村等地區，遇共軍激戰，整一軍亦及時參加戰鬥，共酋彭德懷率其第一縱隊張宗遜，轄三五八旅、獨一旅、警三旅，第二縱隊王震、轄三五九旅、新四旅、獨四旅、教二旅，自十九日上午八時起，至二十日下午七時，向我全線猛攻七次，均被我擊退，共軍遺屍一、九八四具，向北潰竄，我俘獲共軍官兵五十八員。

八　追奔逐北

晉南共軍為策應陝北之作戰，於四月五日陷侯馬，六日陷新絳。而我在石家莊第三軍羅歷戎師部，亦被圍求援，中共有迫我東西兩面作戰之勢。先生考慮如放棄延安，影響國際視聽，且使中共有喘息機會，將養癰貽患；乃決定東守北攻之方針，以有限兵力，固守晉西及晉中，以及晉南之吉縣、大寧、臨汾、洪洞、夏縣、安邑、運城各戰略要點，並防守洛陽潼關、韓城至宜川之河防，集中主力自延安揮師北進，澈底消滅陝北殘共。於是決定整一、整二十九兩軍為南方攻擊兵團，由延安附近沿延榆公路向綏德並列前進。

原駐榆林之部隊為兩個縱隊，徐保之整二十八旅及于厚之之整十一旅，為右縱隊，沿榆綏公路向鎮川堡踞共軍攻擊前進；徐之佳之八十六師為左縱隊，率二個團由高家堡、方家塔向舊寨攻擊前進，掩護右縱隊之側背，並牽制秦寨、葭縣之共軍。南北兩部肅清公路兩側殘共後，會師綏德，然後向西清剿，戰區其餘部隊扼守碉堡線，並搜索囊形地帶散敵，縮小圍剿區。

四月二十六日，整一軍以一六七旅守備蟠龍堡外，主力向內家塔、琉璃坡間，二十九軍向岔瓦坪、胡草溝同時攻擊前進。二十七日整一軍到達瓦窰堡，整二十九軍到達黑山寺。二十八日整一軍向官道口、谷家河，整二十九軍向侯家老莊攻擊前進。二十九日整一軍到達王家屹塔、高家新莊以南高地，二十九軍到達任家市、賈家渠西南高地，共軍始終保持接觸，僅有小戰鬥。

其時我榆林右縱隊徐保之二十八旅，已殲滅響水堡之共軍三百餘人，繼續南下。三十日整一軍到達姜家崖附近，整二十九軍到達張家渠附近，至此已再度收復延長、延川、清澗各縣。

五月二日，我整一軍由槐樹灣附近向綏德攻擊前進，沿途擊破共軍三五九旅、新四旅等主力之逐次抵抗。九時佔領綏德西南五里舖高地，共軍憑堅固工事頑抗，我整十九師主力繞其右翼，而整一師在我兩軍之間地區鑽隙突入綏德，經三小時之巷戰，於午刻佔領全部綏德縣城。整二十九軍午刻亦攻佔七里舖，綏德殘共紛向西北逃竄。五月四日我徐保右縱隊於米脂舊城，與南方攻擊部隊會師。

當我軍攻擊綏德時，共軍王震率三五九旅、教二旅、獨二旅、獨四旅、警三旅，附近山砲八門，民兵三千餘人，向我主力軍後方迂迴，以一部向青化砭整八十四旅進犯。五月二日晚，以主力進犯我蟠龍堡整一六七旅，均經守軍擊退。三日下午二時，共軍復以全力猛犯，並集中砲火轟擊，繼以人海行波浪式猛衝，整一六七旅守蟠龍原只一個加強團，官兵浴血苦戰，斃共數千人，入夜又增援再犯，勢更兇猛，時我軍主力正在綏德以北，不及回救，由甘泉北上之援軍，又在青化砭遭共軍阻擊。

五月四日午夜，我一六七旅已彈盡糧絕，旅長李崑崗率殘部突圍後不幸被俘。七日延洛公路為共方截斷。而整二十九軍到林家畔、高家河，整一軍到劉子坊坪附近，皆已糧盡，空投乾糧補給，北方主力乃撤回延水以南，肅清臨真、金盆灣地區之共軍，以固延洛公路。

五月八日整一軍由劉子坊坪回向瓦窰堡，仍空投接濟。九日整二十九軍到永平，整一軍到中則、官路坡，延洛公路仍未通。

五月十日整一軍抵蟠龍，一部到青化砭。十一日彭德懷部流竄安定、安塞、保安之間，偽邊區主席李鼎銘，竄安寨真武洞。我因大軍深入，補給困難，乃將主力向南轉進，整理補充。

此時晉南之陳賡部三萬人，圍攻運城。先生乃以整十師及駐洛陽二〇六師之一旅，增援運城，而以騎一旅守河防。激戰五日，將陳賡共軍擊潰，運城危而復安。

五月十三日共酋朱德、彭德懷、王震、張宗遜、王世泰在真武洞開會，策劃近期內全力進犯，二十一日由晉西調來共軍一部，竄清澗以東地區。

九　戰區改編綏靖公署

五月二十五日，先生奉召抵京，下午三時蔣公召見，問：「陝北軍事何時可結束？」答：「毛澤東現在綏德以西周家釜附近，朱德、周恩來、彭德懷、王震、賀龍，亦皆在陝，企圖與我決戰，故今日對陝北作戰，必須更積極行動。」

奉諭毛、朱尚在陝北，陝北兵力暫不南調，並命與劉次長研究（劉次長斐為中共潛伏份子，極力主張將陝北兵力東調之人）。

二十六日陳總長約晚餐，討論陝北作戰方案，所獲結論：以主力向共軍之主力攻擊，而以一部配合騎兵、裝甲兵，向綏德以西毛共駐地突襲。晉西方面三十師主力退守河西，確保小船窩橋頭堡，而以集中陝州之整十師，用汽車運送宜川渡河，配合三十師在晉部隊向共軍攻擊，使陝北作戰不受晉西之牽制。如以第十師主力投入晉南，則此後推進節節遭共軍阻截，不易進入侯馬，如能由宜川入吉縣，則效用極大。

圖 46：民國 36 年夏，陝北國軍戰鬥英雄大會及授勛典禮

五月二十七日，先生再謁蔣公，論及陝北軍事，擬於六月二日開始攻擊，九日完成，並於一個半月至二個月肅清之，十一時離京飛陝。

六月五日，中央以抗日戰爭久已結束，明令裁撤各戰區，於戡亂地區酌設綏靖公署，第一戰區亦奉令改制為西安綏靖公署，先生調任為西安綏靖公署主任，副主任裴昌會，總參議龔浩、參謀長盛文、副參謀長薛敏泉，政治部主任顧希平，第一處處長張汝弼，第二處處長金樹雲，第三處處長汪承釗，第四處處長王企光，軍法處處長李潤沂，總務處處長李中毅，特種會報處處長沈貴德，經理處處長趙掄元，衛生處處長李之琳，皆沿第一戰區司令部舊職未改，機要室主任改任曾震五，原主任王微改為副主任，外事處暨黨政處裁撤。

一〇 分區清剿

先生於五月二十七日回陝後，重新部署，以主力向龍安鎮及保安方向攻擊前進，將中共之主力包圍而消滅之。共軍之主力如向隴東竄逃，則我主力向左旋迴，若共軍主力向北竄則我主力向右旋迴。

左縱隊整二十九軍指揮整三十六師、整五十五旅，由蟠龍、青化砭向保安攻擊前進。右縱隊整一軍指揮整一師、整九十師，由延安附近向左旋迴，求共軍主力攻擊，晉南現有兵力，暫取守勢，整八十九旅守備宜川，以有力一部確保小船窩橋頭堡。

六月四日各部隊開始行動，整一軍攻佔安塞縣城，整二十九軍到達磚門溝。五日整一軍攻佔安寨西之高橋，整二十九軍佔領龍安鎮。七日整一軍到達聖人要險南北之線，整二十九軍挺進閻家台附近。八日整一軍攻擊保安附近之共軍，整二十九軍攻擊清陽岔之共軍。九日整一軍攻佔保安，整二十九軍攻克臥牛城。二日急進一七〇里，是役我兩方協力擊破共軍陝北最後根據地保安，傷斃共五千餘名，獲山砲九門，各種糧彈四百餘箱，步槍子二十餘萬發，修械所全部機械，棉花四十餘大綑，共軍主力向青陽岔東南、東北、西南分途潰逃。

六月十一日，先生為迅速殲滅東南潰竄之共軍主力，準備在洛河兩岸作戰，即命整一師於十二日向保安東南二十公里之聖人要險集結。整九十師由保安向東南三十公里之兩河口集結，各於十三日前補充完畢。整二十九軍由青陽岔向保安南之雙兒河集結，限十四日拂曉前補充完畢。整四十八旅於十二日挺進至安塞西南二十五公里之高橋鎮，任顏家莊至兩河口防堵，整編騎兵第一旅，十四日前在鄜縣附近集結待命。自十四日起，我整一、整二十九軍，續對洛河兩岸之共軍主力圍剿，而共軍飄忽無定，極力避免與我軍決戰。陝北地形特殊，丘陵深溝，除溝底沿小溪略有小徑外，多無道路，一陣大雨山洪爆發，泥水急流一如小型之黃河，既無平曠村野，亦無高原可尋，丘嶺不相連，深溝數百丈，除各縣城、大集鎮有山底道路可通外，交通極為困難，共軍皆晝伏各嶺谷之間，夜暗逢集攻我據點，天明即四向逃竄，極難追捕其主力。

先生念陝北之共軍，作磨旋避戰，而我之兵力本已感不足，為此消耗又無法補充，補給困難，疲耗日增，而東方一有警耗，又欲向關中調兵，而我兵日黜，而共軍勢力日增，共軍除盡脅陝北之壯丁外，東調晉匪，西來隴兵，如此作戰，結束難期。乃電呈委座，有云：「**竊思兩年以來，國內形勢日益惡劣，國軍於整編之餘，力量銳減，而共軍到處裹脅丁壯，又逢俄方支援，兵力日增，致當前戰場，我軍幾均處劣勢，危機之深，甚於抗戰，裁軍固在休養國力，但匪患不除，無以建設，民生疾苦，終無已時，且將陷於絕境。為安定國本，消除匪患，擬請在萬分困難中，另編新軍，以應艱巨任務，而免匪勢再次蔓延**」。

此時洛河兩岸之共軍，經我整一、整二十九軍於十四、十五兩日圍剿之後，除其一部就殲外，主力復化整為零利用夜暗複雜地形向西北逃竄。其於九日在保安、青陽岔被我擊潰之共軍為其向西南流竄者，於十四日起又圍攻甘肅之環縣，十五日增至萬餘人，蘭州西北行轅，疊電告急，先生於十九日命整三十一旅旅長周由之，率部迅速開平涼，十八日電令新一旅之一團向耀縣集結，用汽車轉運固原，皆歸平涼楊指揮官德亮指揮，以策應環縣作戰。

六月十九日，奉軍委會三十六巳皓防創邵電指示：

甲：匪如向東南逃竄行動時採用甲案，應以左列指示指導作戰。

㈠西安綏署，以一部守延安，主力兵團速向右旋迴，與北進之關中縱隊協力夾擊之。

㈡宜川至清澗，各守備部隊，應固守原陣地，以堵擊匪軍。

㈢西安綏署各兵團及榆林縱隊，應分別由西向東，由北向南，乘隙推進。

㈣空軍以一部對黃河沿岸各渡口偵炸，主力支援西安綏署主力兵團之作戰。

乙：匪主力向西逃竄採取乙案，應以左列指示，指導作戰。

㈠西安綏署以一部專守延安，主力兵團應即擊破當面匪之抵抗，向西追擊，以寧夏東進及關中北進兵團之協力，包圍匪軍主力於隴東方面，將其澈底殲滅，並先於天寶鐵路以北地區，預築防禦工事，防匪向南逃竄。

㈡海固隴東兵團，改為守勢作戰，竭力阻止共軍，並相繼轉移攻勢，與西安綏署西進各兵團，協力夾擊共軍。

㈢榆林兵團應迅速向南掃蕩，使我主力方面作戰有利。

㈣空軍全力支援主力兵團之作戰，並轟炸西竄共軍。

此時西安綏署如依右述共方取乙案行動時之作戰指導，先生稔知如我軍主力向西尾追時，共軍必化整為零竄向東北，與我迴旋打磨，疲敝我軍兵力，待有利時間地點，與我決戰。且保安逸出西竄之共軍，號稱萬餘人實則人數不多，有吸引我軍西進之企圖，乃於六月二十四日策定作戰計畫，以靜制動，主力分區清剿，先行澈底肅清清澗、保安以南地區殘共，並以一部向太白鎮、合水附近推進，以策應隴東友軍之作戰方針。

整一軍以安塞為核心，清剿蟠龍鎮、龍安鎮、龍眠寺、高橋鎮、延安間之殘共。整二十九軍以甘泉為核心，以一個旅清剿高橋鎮、永寗寨、定邊集、陳家紙坊間殘共，另以一個旅清剿定邊集、張家灣、鄜縣、甘泉間殘共；整九十師清剿黑水寺、太白鎮附近之共軍，務與慶環方面友軍聯繫，並作西進準備；整七十六師之整二十四旅清剿瓦窰堡、蟠龍鎮、延川、清澗之殘共；而以整十師向黑水寺進出，控制於該地，為機動打擊部隊。

以上各部隊，皆於六月二十六日晨開始行動。

這一分區清剿之戰略，極為有效，各部隊有了自己責任區，亦有自己獨立作戰之部署，一經駐守，敵情地形較為明瞭，搜索警戒亦較容易，一旦發現敵蹤，各地友軍可馳援痛擊，包抄其背，斷其飄竄，不但部隊運用靈活，且可處處採取主動，不必每晨等待命令，甚而明日之任務，今晚均可妥當準備。由於地形了解，任務清楚，雖戰況變化，各戰術單位亦皆能因應戰況獨立作戰，然中共之偷雞摸狗戰術，依然如故，極力避免與我軍決戰，一經接觸即行逃竄，戰況漸形好轉，村落居民亦漸趨安定。

七月中旬，在清澗、安定、保安以南之殘共，除一部化整為零外，餘皆北竄綏德、米脂地區。戰地政務委員會所派各縣地方行政人員，開始重組保甲，安撫流亡，並清查戶口，協助耕作，蟠龍、青化砭附近百里內已無共軍蹤跡，開始進行併村築寨，移民、移糧、移牲畜鍋爐，助民重整農務。此以分區剿共經驗，實以靜制動最佳之方針，追奔逐北及孤軍遠戍，實非良策。

當時共軍戰術以奇，避免決戰，有利時蜂擁猛撲，失利時飄忽無定。且決不固守一地，我軍之戰略上時時需請示中樞之決定，而戰略決策單位之指導有正無奇，南京與陝北萬里間隔，戰場狀況，瞬息萬變。且戰略指導上總是以攻取城池為目標，且往往有限期肅清之指令。當時中共之林彪在東北，陳毅在山東，聶榮臻在華北，而先生僅有整一、整二十九軍主力，獨對毛澤東、周恩來、彭德懷、賀龍、王震、陳賡等共梟於陝北晉南兩地，艱困之狀，實非在廟廷決策者在地圖所能了解。更何況國防部決策作戰次長劉斐，乃係潛伏共諜，其絕對性之指示，又必須執行，每次電令到達，戰況已變，然軍令森嚴，誰敢負抗命之責。綏署幕僚必須遵命作業，旅團幹部總覺得甚多非所適宜。

後來與整一師副師長許良玉談及陝北作戰狀，其稱三十六年四月下旬當部隊進入安定之時，在前方警戒搜索中，已確知共軍有七旅之眾，在群山密林之中，部隊不宜前進，師長羅列經研究後，一面申復，一面緩進，復奉指示急進綏德、米脂。後有蟠龍之失，延洛公路不通，待兩軍急急轉進延安，損失極為慘重。又云：「其時也，誰會想到國防部作戰次長劉斐竟然為潛伏共諜呢！」

二　榆林之役

三十六年七月四日，先生奉命由延安直飛南京，委座召見，研究陝北戰場能否抽調部隊東行，五日在官邸作戰會報，陳誠總長、劉斐次長等研究陝北作戰狀況，決定在囊形地帶逐段推進，先收復太白鎮，定邊集、保安各地，然後佔領綏德、米脂，封鎖河口，應於八月底肅清陝北殘共，告一段落，而後主力東調。先生於六日飛返西安。

七月十一日奉委座徐州電諭：「此間情況不佳，速抽調九到十團，於五日內用汽車或飛機輸送。」先生研究後，決抽調整十師四個團，騎一旅二個團東援。十二日委座電詢：「據報你抽調部隊為何僅有六個團？」答以：「現各部隊皆在前進中，抽調不及，如必須抽調，須在十七日以後，整十師之八十五旅今到東泉店，晚即可輸送，騎一旅明日可輸送，約十七日可輸送完畢。」旋遵諭與徐州顧總司令聯絡，東調部隊由王仲廉指揮。七月十六日先生偕薛副參謀長由西安飛延安。

十九日先生赴甘泉視察，地方秩序甚佳，逃亡人民已都歸來，共產黨員紛紛自首投誠來重振家業，戰地政務人員已組織起縣府與保甲，尚在清理戶口安撫傷亡中。甘泉以南功效甚鉅，先生當日在日記中記云：「**此皆整十七師師長何文鼎指導有功，以後青化砭、蟠龍一帶百里以內，速行築寨、移民、移糧、移牲畜鍋爐，使不能裹脅民眾，則剿共有事半功倍之效矣**」。

先生自京飛返西安後，綏署擬定作戰計畫，以龍安為軸，向右旋迴，迫敵決戰，然後壓迫共軍於黃河西岸而殲滅之。第一期自八月三日至八月八日，推進至龍安、兩道灣、靖邊之線。第二期八月九日至十二日推進至安定、冷窰堡、龍州堡之線。第三期八月十二日以後，依情況許可，向瓦窰堡、麒麟鎮、橫山之線或無定河之線前進，而以有力一部控制於軸右蟠龍鎮附近，若共軍主力自安定地區向東南逃竄，則以該部拒止之，並以右翼兵團圍攻之。左翼兵團前進時，應竭力搜索匪之藏糧，以減少我補給之困難。並適時沿公路延伸，向前推進，以期迅速圍殲共軍，左兵團仍與隴東兵團密切聯繫。

上述計畫於八月三日開始行動，而八月五日彭德懷已糾合第一、第三、第四、第六各旅及興臨、岢嵐、黃龍、天水各支隊民兵，共四萬餘人，偷襲榆林，攻擊響水堡，以一部於橫山附近，阻我北上增援，集中主力攻我榆林守軍。

我守榆林部隊為二十二軍之八十六師、新十一旅及三十六師之二十八旅，共約六個團，時我二十八旅主力已回榆林，一部在三岔附近，共軍攻勢猛烈，城外飛機場迅即陷落，與我軍在高家堡一帶對戰中，先生即命三十六師師長鍾松率所部二個旅，向龍州堡、橫山急進增援。

八月七日上午委座飛抵西安機場，命參謀長盛文隨侍飛延安，在機中面諭盛參謀長曰：「全國剿共軍事，完全按計畫奏功者，僅有此役。」言時狀至愉快，抵延安後坐吉甫車過延水橋，到清涼花園休息，一路向延安城、嘉陵山頻頻點頭，笑容滿面，喜形於色。到清涼花園後接見裴副主任昌會，薛副參謀長敏泉，空軍劉司令國運等，即外出訪問民眾，問市情狀況，進專員公署及縣政府巡視，與參議會議長、議員談話。下午五時開作戰會報，研議增援榆林方案，面諭三十六師前進時，由空軍投送糧秣，傍晚驅車上山，俯視延安形勢，並與戰鬥英雄照相，甚為怡悅。

是晚召見先生，研究榆林軍事，令擬致鄧寶珊，左軍長徐旅長電文，親自改正，安閒細密，一字不苟。八日九時召見鄧寶珊親筆函交閱，函長八頁，措詞慎密，而誠摯懇切之情，躍然紙上，命由飛機空投。十時對營長以上人員訓話。先生介紹周由之旅長英雄作戰，受傷不退，及整二十七師副師長李奇亭在晉立功情形。皆蒙召見，在招待所各攝影一影，旋慰問傷病官兵，並巡視楊家陵、萬佛洞。下午二時在市民萬餘人歡送中，飛回西安，臨行指示：「文化宣傳不夠，須大事造林，救濟民眾醫藥，恢復延水橋。」先生是日日記載委座對二十七師官長訓話：

「瀋陽、北平官兵紀律太壞，管束無人，戰鬥力因之削弱，而陝北軍官能耐勞苦，維持革命軍人榮譽，在胡主任指揮下，可為全國軍人模範，不可和旁人一樣，經商圖利，營私舞弊，為人痛惜！以後責任重大，如果山東、陝北奸匪消滅，則以後革命就會成功，陝北為主要戰場，為匪之首腦所在，如不肅清，後患無窮，本令七月底肅清，現延長一個月，八月底定須肅清，陝北奸匪武器不如山東，而組織精密，為最頑強之匪，陝北肅清，匪之根基剷除，全力忍飢耐餓，追擊殘匪使其無休息機會。此後剿共建軍，要綏署作一模範，方能達成政府及人民期望，不可和別的部隊官長營私舞弊，以毀滅自己！如此事業無疆，前途無量，建國前途，全在你們！」

八月八日共軍猛攻榆林，我陣地屹立未動，城東二百尺之無量殿，失去奪回，凌霄塔仍在固守中。北郊共軍迫近城垣，而天氣晴朗，我空軍整日協同助戰。我整三十六師已到達龍州堡，受空軍補給，其突擊隊已到青陽岔，而響水堡情況不明，高家堡失守。

十日空軍活躍助戰。榆林昨夜大戰，共軍在今晨四時左右，由二十二軍陣地突入小西門數百人，徐旅長派隊殲滅，但官兵在街市行進時，為潛伏城內共軍擊傷者甚多。十一日天氣晴朗，空軍繼續在榆林周圍投彈助戰。整三十六師已由龍州堡、橫山之線前進。是夜共軍突破榆林北門，仍被我二十八旅擊滅。十二日整三十六師主力於亥時到達保寧堡，先遣一部於半夜後到達榆林附近，敵聞風逃竄，榆林解圍。

是日先生日記云：

「匪自八月四日主力集中後，研判我二十八旅遠在魚司、波羅、響水堡各地。以為榆林八十七師只有二個團，且有內應，故從間道直驅榆林城郊，雖機場不保，無量殿陷落，而凌霄塔終在我手中，此實生死成敗關鍵之所在，鄧總司令於榆林城被圍之後，要彈、要糧、要援兵，守備毫無準備，工事亦未構築，民眾亦無組訓，而內奸重重潛伏城內；自五至十二日，我徐旅苦戰八晝夜，兩次殲滅突入城之匪，兩次恢復城東無量殿，使榆林屹立無恙，此為奇功之一。

我整三十六師，以五日時間，由兩道灣、龍州堡、吳家濟、馬家修、保寧堡，出長城依伊克昭盟邊地直驅榆林，五日之間，行百餘公里，沿途擊潰阻截之匪，卒於十二日中午解榆林之圍，此為奇功之二。空軍於九至十二日間排除天候困難，連續助戰，並按時送彈藥於榆林，使守軍得以固守，此為奇功之三。而三十六師轉移於匪之側背，則綏德、米脂、榆林之匪，將受腹背之攻擊，而難以立足矣！」

一二　戰況劇變

圍攻榆林之共軍於八月十三日分竄雙林堡、鎮川堡、米脂以北地區，約三旅之眾設伏以待我軍。先生命三十六師向歸德堡前進，協同我北進之主力，攻擊共軍。二十日在龍川堡、沙店、柳坡、沙坪、烏龍及其以東高地。我整三十六師一六五、五十五、一二三各旅，皆為大部之伏敵各個截斷牽制，戰況激烈。三十六師師部一二三旅、一六五旅向東攻擊，一部向南潰退。先生即命整二十九軍整九十師，積極攻擊當面之共軍，向西北鎮川堡挺進，並命整一師向米脂急進。當時判斷共軍雖擊破我三十六師，然其傷亡之重，彈藥消耗之大，必得不償失，且以為我被擊破，不考慮我再事攻擊，故決心增加整一師追擊前進，以期殲滅共軍也。

二十九日夜九時，整二十九軍到達沙店附近，匪已他竄。二十二日鍾師電台聯絡，稱：「渠與八十四團在鎮川堡、米脂之間，無定河西岸堵匪西竄。」先生二十日記云：「**本夜作戰會報判斷，匪以全力攻三十六師師部，其對五十五、一二三、一六五各旅，皆為牽制隔絕，使炫惑於眼前形勢，不敢奮進，使三十六師師部陷於孤立而被消滅，夜不能眠。**」二十三日日記：「**三十六師電台出來，知鍾松尚在，欣喜無限，即披衣起床，不知精神百倍也**」。

此時整一師已攻克鎮川堡，共軍悉我主力集結在米脂、鎮川堡之間，其主力續攻榆林外以一部南下在永平，蟠龍一帶牽制我軍，彭德懷率二旅之眾在臨鎮東二十華里，據共方之逃兵稱，彭部已編成六個縱隊到達清澗附近。而我整一軍、整二十九軍久戰兵疲，傷亡既大，又無補充，乃回延安補給。而兩軍於九月十二日始輾轉到達延安附近。

十八日彭德懷率七旅之眾陷宜川，有南下之勢，即令整一師由延安東進，收復宜川。當時河南之共軍劉伯承竄許昌，有西犯模樣，國防部乃命綏署抽調兩旅部署靈寶、荊紫關之間，並抽三師兵力，集中西安，準備待用。先生乃命整一軍南下。

整一軍南下後，陝北僅有整二十九軍一個軍兵力。而共軍時則晉西增援，伺機襲擊，時而渡河而南，威脅潼關，綏署須北杜奸謀，東顧豫晉，東西馳援，疲於奔命。先生乃決定放棄綏德、清澗、瓦窰堡各據點，而守北窰坪、甘谷驛，延長之線。

十月上旬晉南之共軍南渡黃河，陝州、閿鄉、靈寶陷入苦戰中。整一師兼程南下，十月十二日抵潼關，立即東進，復閿鄉解靈寶之圍，整七十八旅收復陝州。十四日共軍陷盧氏，整一旅南下收復盧氏，在熊耳山峻嶺險峰中追敵至欒川。然因晉南運城告急，即命整一師北渡黃河，解運城之圍。共軍聞我軍至即北竄，整一師解圍運城後南歸途中，整一旅在杜村被圍，自十一月七日激戰十晝夜，共軍不支北潰。整一旅東返靈寶整補。

十一月二十日，原調赴河北之第三軍及預七師在南清風店覆沒，東西戰場，情勢皆在緊張之中。委座蒞臨西安，先生由延安回西安迎候，同至六谷莊研究鞏固關中及攻豫西之共軍，並書勉魯崇義，空運西安，而命團長賈春芳固守運城。

十二月下旬共軍復圍攻運城，守運城團長賈春芳彈盡突圍而出，城遂陷，整一師有北渡解圍計畫，致整一旅有祖師廟之役，至整一旅北渡後，聞運城已陷而中止。

一三　三十六年大事記

•元月：

元月一日，國民政府公布「中華民國憲法」及「憲法實施程序」。

•二月：

二月十日，金價暴漲，中央銀行停止配售黃金。十六日國民政府宣布經濟緊急措施方案，禁止黃金買賣及外幣在國內流通。二十日國防最高委員會決議，國民大會組織法，國民大會選舉罷免法，監察委員選舉罷免法立法原則。二十八日，台灣發生二二八事件。

•三月：

三月一日，行政院院長宋子文辭職照准。蔣主席兼任行政院院長。九日國民政府派國防部長白崇禧宣慰台灣，三十一日國民政府頒布「國民大會組織法」及有關行憲法規。

• 四月：

四月一日，軍事參議院改組為戰略顧問委員會。八日美國駐北平美軍總部宣告結束。十日蘇俄拒絕我派軍接收旅順大連。十三日蔣主席在上海接見韓國革命領袖李承晚來訪。十八日國民政府正式公布修正國民政府組織法，國府委員二十八人名單（內十一人為民、青兩黨及社會賢達），並以張羣、孫科、居正、戴傳賢、于右任為立法、司法、考試、監察各院院長。二十二日行政院會議決議，撤銷台灣省行政長官公署，改組為台灣省政府，以魏道明為省主席，各廳增設副廳長。

• 五月：

五月七日，各地米價暴漲，杭州、無錫、成都等地，連日發生搶米風潮。十一日國民政府任命何應欽為戰略顧問委員會主任委員。十六日國軍師長**張靈甫**率部在山東省沂蒙山區與共軍激戰，由於國防部共諜劉斐之調度，使其精銳七十四師於孟良崮一役，覆沒，張師長壯烈殉職（張師長於淞滬抗戰時起即棣先生麾下，為先生老部屬）。十九日行政院任命麥斯武德為新疆省主席。二十日南京、上海各地學生發動所謂反飢餓、反內戰風潮舉行示威遊行。二十二日在蘇俄指導下外蒙軍侵犯新疆北塔山。二十七日民盟份子章伯鈞、黃炎培連日在上海各大學演講，煽動學潮，詆毀政府。三十日南京學生發起愛國護校運動，反對罷課遊行。

• 六月：

六月二日，外蒙當局派通訊員二名，向駐新軍提出抗議，謂有外蒙兵數人越界，被國軍拘捕，限我方四十八小時答覆。態度傲慢，企圖引起糾紛，蘇俄即以協助外蒙為由，入侵北塔山。四日，國民政府對日賠款委員會發表抗日損失統計，其中直接損失者為三百十一億美元。六日行政院會議決議，瀋陽、西安、漢口、廣州，改為院轄市。七日東北共軍再攻四平街。三十日中央常務委員會決議，撤銷三民主義青年團，歸併於黨，以集中力量。是日國軍會師四平街，共軍慘敗逃竄。

・七月：

七月二日，中央政治委員會決議，再向蘇俄抗議北塔山事件。九日中央常務委員會通過，關於黨團統一組織案，設立黨團統一組織委員會，由吳鐵城、陳誠、陳立夫召集之，並決議本黨黨員加入其他黨派者，決開除黨籍，以肅黨紀。十八日國民政府公布「動員戡亂綱要」及「憲政實施綱要」。二十一日美國政府任命魏德邁為杜魯門總統特別代表，訪問中國，抵達南京。三十日山東共軍圍攻臨朐之後，為國軍擊潰。

・八月：

八月十六日，東北實施軍政統一，保安司令長官部併入東北主席行轅。二十日中央常務委員會通過「戡亂建國總動員方案」。二十四日美國總統特別代表魏德邁離華，發表訪華聲明，認為軍事力量本身，不能消滅共產主義。二十七日我對日和約代表團成立，朱世明任首席代表。二十九日國民政府特派參謀總長陳誠兼任東北行轅主任。蘇聯塔斯社聲明大連港置於旅順行政機構管理工作之下，此種情形，將至對日和約成立為止。

・九月：

九月二十六日，國務會議通過，國大代表選舉日期，展緩一月，決定十一月二十一日至二十三日舉行選舉。

·十月：

十月五日，蘇俄在莫斯科成立共產國際情報局。十六日魏德邁在美國發表援華意見，請美國政府支持蔣主席領導之國民政府。二十日美國國務院聲明，魏德邁訪華報告書暫不發表。二十七日政府宣布一直為中共作倀之民主同盟為非法團體，決定取締。

·十一月：

十一月五日，民盟首腦張瀾決定解散民盟總部。八日上海破獲中共之大規模套購黃金之秘密組織數處。十日蔣總裁訓示黨員，戡亂工作重於競選，選舉名額多留予黨外人士。二十一日，全國各地開始投票選舉國民大會代表，二十三日完成普選工作。全國四十七省市、蒙古十八盟旗、西藏特別地方，國內各職業團體，全國選民二億五千萬人，徇為我國有史以來規模最大之選擇，亦為中華民國立國以來第一次劃時代的全民政治活動。共應選出代表三、〇四五人，惜因中共叛亂地區無法進行選舉，結果實際選出代表三分之二強。二十六日國民政府明令發表，特派孫科為國民大會籌備委員會主任委員，洪瀾友為秘書長，積極籌劃國民大會召開事宜。

·十二月：

十二月二日，國民政府特任傅作義為華北剿共總司令，統一指揮晉、冀、察、熱、綏等五省軍事。二十日蔣主席在西安召見張治中、胡宗南、馬鴻逵等指示邊疆軍政措施。二十五日中華民國憲法開始實施，國民政府宣布於三十七年三月二十九日召開國民大會。二十六日各省市開始選舉第一屆監察委員。

1　按，李紀雲於三十八年六月逃回漢中。

大局逆轉

一　精師東調關中虛

三十七年元月，先生鑒於前一年有九個團由王仲廉將軍率領東調，關中空虛，今整一軍又東入豫，陝北僅賴二十九軍一個軍兵力，難以阻止共軍流竄，乃重行調整部署，命整十七師何文鼎部守延安，整九十師嚴明部守中部，整七十六師至二十四旅張漢初守宜川，而以整二十七師王應尊部控制於金盆灣，作機動使用，整二十九軍劉戡部則由延安移駐洛川，仍負指揮之責。東戰場則以整五十五旅姚國俊部駐陝州，整一三五旅文于一部控制於潼關，先生親往各部隊巡視點名訓話，舉行座談會，積極整補訓練。

元月六日八時五十分，先生偕盛參謀長、薛參謀長、汪處長等人飛延安，召開作戰會報，對各官長講話，闡明三十七年奮鬥口號，為：「勝利第一，光榮名利屬於勝利者；榮譽第一，軍官要有思想、有頭腦、有氣節、能打仗；士兵第一，充實名額，愛護士兵，教育士兵。」並與團長以上人員講官兵必守紀律及為何剿共、守點、增援各種辦法。

十七日黃昏到宜川，先生召開作戰會報，除軍事幹部外，到會者有專員傅雲、縣長高世昌、書記張季玉、參議長曹伯箴，決定發宜川人民救濟金一億元，公教人員救濟金一億元，陣亡團長撫卹救濟金二千萬元。

十八日清晨上七郎山，視察城防工事，知七郎山乃宜川全城骨幹所在，十時對二十四旅官長訓話，十七時到洛川，晚上舉行作戰會報，提示宜川工事太差，命軍部派人督策，速辦民眾自衛訓練班，肅清內奸。十九日七時，視察洛川城防工事；九時，對一七六旅官長訓話；十一時到中部，對九十師官兵訓話；十八時到洞川，對暫二旅官長點名訓話。二十二日六時到潼關，七時乘車東行，十時半抵函谷關，十一時到靈寶，開作戰會報。二十三日大雪，中止盧氏之行，十六時到陝州，對五十五旅一六四團連長以上官長講話。二十四日回到潼關，對一三五旅連長以上人員講話。

元月二十五日，國防部命綏署主力向東推進至河南嵩山地區，並令指揮部進至洛陽指揮，限於二月五日前行動。先生顧瞻全局，殊難驟離關中，迭與僚屬研究，決以整一師率七十八、一六七兩旅，二十六師率一二三、一六五兩旅，編成五兵團，以副主任裴昌會為第五兵團司令官，進駐陝州指揮。其整一師之整一旅，整三十六師之整二十八旅，則控制於靈寶、陝州間整補。至靈寶、陝州、澠池一帶，由豫省編三個保安團守河防，上項部署皆奉國防部核可，於是綏署得仍在關中指揮，免開洛陽。

國軍自三十五年整編以後，在關中隸先生所轄者僅有整一、整十七、整二十七、整三十六、整七十六、整九十等師，及新一旅、八十四旅等共計兵力六個整編師，十四個旅。至整三十師調守晉南後，無法抽調，而各部隊自攻克延安後長期作戰，人員缺乏，補充已極困疲，於今年先生正勉調部分部隊整補，不久即有推進嵩山剿共之命，至月杪又奉命抽調三師有力部隊迅開豫東歸德附近，圍剿陳毅共軍。而此時共酋毛澤東、朱德、彭德懷等皆在陝北，賀龍在晉西，陳賡在豫西，三方環伺，戰場遼闊，極感兵力不足。綏署當時以陝北仍為中共神經中樞，往者犁庭掃穴，只差一簣之功，再加追剿，當不難一鼓蕩滅，為再將主力抽調，則共軍死灰復燃，關中空虛，敵優我劣，勢所不敵，且陝北、豫東、相距二千餘里，隴海鐵路既已被共軍破壞，縱用強急行軍，亦非二十日不達，而共軍情勢迅變，恐我軍未到，共軍已遠颺，將對陳部既不能達圍殲之計，而陝北之共軍，又勢必乘虛南下，關中之危將何以解之意，電呈國防部去後；元月二十九日，盛文參謀長奉召赴京，向國防部力請免將部隊東調，仍未能邀准，因國防部作戰次長共諜劉斐堅持要將綏署主力整一軍東調，並反責盛文「係匪諜」，先生乃不得不遵令，命整一軍軍長董釗，率整一、整三十六、整七十六等三個師，兼程集中，東進入豫。

二　瓦子街之役

二月二十日，我軍各地部署完畢，東調各師已抵陝州，而中共彭德懷則已糾集第一、第二、第三、第四、第六、第八各縱隊及警一旅、警二旅、騎六師，約五萬餘眾，大舉南下，以一部監視延安，主力於二十三日直驅宜川。先生慮整二十四旅新造之眾（原二十四旅於去年清澗之役敗沒，此二十四旅乃新編而成），恐怕難守，而宜洛為關中屏障，失宜川則陝東、關中皆將門戶洞開，若欲增兵，實已無兵可援，乃囑盛參謀長請示國防部意見，奉國防令示宜川仍應固守。

二月二十六日，先生乃以殲滅南犯之共軍，確保宜川之目的，命二十四旅旅長張漢初固守待援；並一面乃令駐洛川之整二十九軍軍長劉戡，率整二十七、整九十兩個師四個旅，增援宜川，依城內守軍之協力，擊滅共軍，並準備在延水南岸，擴張戰果。

整二十九軍奉命後，以二十七師之一旅，沿延洛公路前進，九十師以一個旅沿宜洛公路南側山脊搜索前進，另一個旅為軍之後衛。

二十七日，整二十七師先頭部隊遇有小股之共軍，節節阻抗，至黃昏擊退丹陽之敵，軍主力遂至丹陽附近，據當地居民報告，臨真、金盆灣以南的地區，於前二日、三日發現共軍有二、三個縱隊之眾，又據二十七師沿北側山脊所派金盆灣搜索之營逃回士兵報告：「二十六日搜索金盆灣以南，遭優勢之共伏擊，全營覆沒。」劉軍長初擬排除軍左側背之威脅，於二十七日晨先擊破臨真、金盆灣附近優勢之敵，再進而解宜川之圍，已下達預備命令，忽念臨真、金盆灣為複雜山區地形，道路困難，車輛砲兵無法通過，乃令仍按原計畫沿洛宜公路及其兩側攻擊前進，於是乃遭遇逐步加強之阻擊，至黃昏時，軍主力已到達瓦子街以西八公里處，派隊夜襲共軍未成。

二十八日晨，我軍擊退瓦子街及其附近高山之共軍，加強部署，乃以整二十七師之四十七旅並附三十一旅之一團，沿北側山脊攻擊前進，三十一旅沿公路附近地區攻擊前進，整九十師之六十一旅沿公路南側山脊攻擊前進，而宜洛公路在瓦子街以東進入谷地；我軍前進部隊成仰攻之勢，進展不易，下午二時軍部到達王家灣附近，四十七旅已傷亡慘重，被迫撤至南側山腰，三十一旅苦戰難以進展，敵軍憑險要野戰工事頑抗。僅九十師之六十一旅先頭，已超過三十一旅，攻佔高家灣西側高地，距宜川約十七公里，而共軍主力正向四十七旅猛撲，並以有力一部向該旅右後方迂迴。劉軍長見共軍四集，則在王家灣集結兵力，令四十七旅對北，三十一旅對東，六十旅由高家灣撤回王家灣對南，五十三旅對西，各佔陣地防禦。入夜共軍以有力一部迂迴佔領瓦子街，四十七旅奮戰一夜，未能奪回北側山脊，六十一旅逐步仰攻，奪回王家灣南側山脊，但王家灣西南分水嶺之最高峰能瞰制戰場者，仍在敵人手中。旋即共軍至益眾，層層包圍，無法突出，而天候連日晦冥，朔風怒號，天降大雪，既無部隊增援，空軍亦無法出動助戰。

是日，四十七旅少將旅長李達在攻擊前進中陣亡，六十一旅續向分水嶺高峰攻擊，未獲成功。夜暗中共軍發動總攻，以人海戰術更番進撲，公路北側之共軍已近公路，公路兩側之共軍，沿公路附近向王家灣行南北進擊，三十一旅少將旅長周由之亦於是此役陣亡，整九十師激戰終夜，大部分要點盡失。

三月一日，共軍持續猛撲，由晉西竄來之共軍，亦參加南面攻擊，激戰至中午，我軍傷亡殆盡，至下午一時，共軍兩旅已撲向二十九軍軍部，劉戡將軍率衛士與共軍拚戰，最後仍以手榴彈自殺殉職。三時許，整九十師嚴明師長，親率特務營與共軍拚戰，並電先生云：

「局勢甚急，自團長以上，決心成仁以報鈞座，報總裁，敬祝、職嚴明、……、鄧宏義、楊……」。

此電報發至楊字，即失聯絡，嚴師長亦以手榴彈自殺殉職。二十九軍軍部參謀長劉振世，五十三旅旅長鄧宏義負傷，副旅長韓指鋮陣亡；脫險歸來者，僅二十七師師長王應尊，整五十三旅旅長鄧宏義，整九十三旅副旅長楊德修而已。

犯宜川之共軍，經二十四旅堅守奮擊，據張漢初旅長二月二十八日電報，敵方攻宜川已傷亡六千餘人，我亦千餘人，並云至今日攻勢稍緩。三月二日，王家灣之共軍乃向宜川守軍全面圍攻，在眾寡懸殊下，至三月二日，宜川亦告陷落。

圖 47：民國 37 年 3 月 1 日劉戡將軍成仁之後，胡將軍特別照料其家人，與其三個女兒合影。

瓦子街之役，共軍彭德懷所轄一、二、四、六、八，各縱隊，警一、警二、新一、新二、四個旅，騎兵第六師，後又增賀龍晉西調來之三五八、三五九兩旅，總兵力約八萬人。我軍整二十九軍所轄二十七師之三十一旅（欠一團守洛陽）、四十七旅計三個團，整九十師之五十三旅，六十一旅，及七十六師守宜川之二十四旅，總兵力約三萬人，且各部隊經陝北長期輾戰後，兵力損耗，並無補充，敵我懸殊，而關中自整一師、整三十六師、整七十六三個師東調後，已無部隊可供馳援，復以連日大雪，空軍無法活動，遂造成前所未有之損失。

敗訊至京，委座甚為震怒，先生聯電請求撤職查辦，赴京請罪，乃獲撤職留任，參謀長盛文撤職查辦，來京審處。先生三月十四日日記云：「**蔣公寅元府機手啟電：宜川喪師，不僅為國軍剿共最大之挫折，而其為無益之犧牲，良將陣亡，全軍覆沒，悼慟悲哀，情何以堪……**」。

劉戡，字麟書。湖南桃源人。軍校一期，陸大特六期，參加東征棉湖之役。二十一年任第十師二十八旅旅長，黃安剿共攻佔馮秀驛高地，挽回戰局，其年九月，由險道攻破徐向前共窠金家寨，抗戰時任九十三軍軍長。三十四年東調一戰區三十八集團軍總司令，三十五年裁軍編為整二十九軍軍長，生平戰績顯赫，竟於瓦子街之役殉職，人皆惜之！

嚴明，原名啟迪，字果行，湖南祁陽人。軍校四期，歷經北伐、剿共、抗日各役，以擅長術科見稱，性孤傲，訥於言詞，慷慨忠貞，見之於天性，是役果以身殉，可謂求仁得仁，不負所志矣！

李達，湖南長沙人。軍校七期，自第一師見習起，積功升至旅長，為人圓融精密，敦品勵行，任旅長未久，竟於戰殉，惜哉！

周由之，湖南人。軍校七期，以驍勇善戰著稱，治軍用恩，官兵愛戴，進攻延安之役，受傷不退，卒以摧毀強敵，蔣公至延安時，特為召見嘉勉，並同攝影留念，至是陣亡，聞者莫不痛惜！

韓指鋮，於「瓦子街戰役」中，以五十三旅副旅長指揮作戰而捨生成仁。

三月二十一日，先生發劉軍長遺族，特卹四億元，嚴明遺族二億元，李達、周由之遺族各一億元；並於六月九日在西安師範學校開追悼會，由陝西省參議會王議長宗山主席，是日下午六時，葬劉軍長、嚴師長、李旅長、周旅長及徐師長（徐於三月二十七日於涇渭河谷之役在寶雞陣亡）於西安城南七十里之翠華山麓，是日先生夜宿興隆嶺，感慨萬千，徹夜不寐。

三　涇渭河谷之役

人言先生策謀攻擊延安之役，一舉而傾毛共盤踞經營十三年之巢穴，然其後於陝北作戰，頗有損耗，漸形膠著，終於棄守，頗為驚異，何前之順而後之逆也？殊不知中樞時並無攻略延安計畫，而係由先生一再建議，至於該一戰略上之決定，先生乃親於其事，研究至晰，判斷深詳，呈國防部研討，國防部悉照原案施行，一無更改，實施時皆依計畫而行，克敵至果，無所缺憾。其後陝北作戰，先生欲師江西圍剿要旨，誘敵作戰，乃先將甘寧青三馬兵力推進之三邊，於隴東戰略要地構成圍堵地帶。先生以主力控制於延安附近，隨共軍所至，急馳猛擊，時東障黃河，南臨我軍，北有榆林據點與西北圍堵地帶；因其一隅，迫其來戰，此清代剿捻李鴻章築長牆於東南，左宗棠率劉松山、張曜馳逐攻擊之戰法，終於剿滅流竄之捻。

而其時國防部位在南京，不明陝北實況。必令尋覓其主力而殲滅之，戰略決策為限期肅清，部隊東調，不知共軍之時聚時散，丘陵溝壑，叢林綿密，而敵流竄飄忽，並無固定目標可資攻擊。而所頒作戰命令，每多拘束，甚至所使用之部隊兵力以及進兵時日，亦常作細節限定，致使戰場指揮官缺乏臨機運用之彈性。例如陝北軍事最緊急之時，令調九團兵力東行，復令抽調三個軍圍剿豫東陳毅，東西相距千餘里，何能適應戰機，雖有盛參謀長晉京與國防部研究，終難改善錯誤之決策，力請免調三師入豫，終不能邀准，此皆為作戰次長劉斐共諜之作祟，有以致之，而國家人民逐蒙無窮之災禍。走筆至此，可勝嘆哉！

自瓦子街戰役劉軍覆沒後，共軍遂乘勝南下。三月七日其第一、第四兩縱隊已竄入蒲城、白水附近，關中空虛，乃調東進已過陝州之三師，速回潼關，入渭河北岸迎擊共軍。

駐延安之十七師孤懸陝北，處境頗危，為保全軍力，亦令十七師於三月中旬破壞延安工事，焚毀物資後，兼程南下，追躡共軍之後，以牽制其南下行動。

三月十八日，共軍進犯白水，被我整一軍之七十八旅擊退，俘其十一團偽團長一人並繳獲其教導旅作戰日誌。二十二日，彭德懷部之第六縱隊及原踞洛川附近之共軍，分竄銅川、白水、澄城以北地區，二十四日以一部進犯洛川。在豫西之中共八十四縱隊、九十三縱隊分向澠池、洛寧進犯，東西互為策應。三十日，我軍收復澄城，而洛川戰況激烈，中央由山東抽調整六十五師兩個旅空運西安。先生乃決心於西安以北迎戰南犯之共軍，彭部見無機可乘乃避實擊虛，由黃陵附近，折向西竄。

四月十五日，共軍竄栒邑以南地區，有南渡涇河之勢，先生命青年軍二〇三師守涇河。十六日發起攻擊囊形地帶，然十七日共軍主力已渡涇水，青年軍迎擊於監軍鎮，因缺乏對共作戰經驗，雷團失誤，共軍敵勢益熾。

四月二十日，先生策定作戰計畫，誘敵西進，利用所有交通工具，發揮高度機動，將主力整一師，以鐵道輸送至武功附近集中，並防護虢鎮兵工廠。整三十八師以汽車運醴泉、乾縣以北地區集中。整三十師車運醴泉、乾縣公路附近集中。整三十六師向三原、涇陽之間地區集中，阻其回渡涇水東竄。並請蘭州綏署飭知西峯鎮友軍第八十二軍馬繼援部，向南積極行動，堵敵向北回竄。另派新一旅等部隊移至陝甘邊境，堵其西竄。請空軍偵炸南犯之共軍，掩護我軍集結，延安守軍整十七師已於二十一日起經洛川南撤。

四月二十二日，西竄之共軍陷鳳翔，一部向汧陽、一部趨寶雞。我整一師、整六十五師、整三十師追至岐山，殲滅其一部。二十四日，三十八師至監軍鎮。二十五日，我整一、整三十、整六十五各師，攻殲盤踞扶風之共軍。

二十七日，共軍一部犯寶雞，我守寶雞整七十六師師長徐保陣亡。二十八日，整六十五師收復鳳翔，而以整一師之七十八旅車運天水，防敵西竄。二十九日，整一師（欠七十八旅）、整三十師、整六十五師，緊追潰敵，以整三十六師由三原、涇陽沿西南公路向長武行超越追擊，時在麟游山區之共軍第六縱隊開始北竄。

五月一日，我三十八師已由永壽附近沿西蘭公路及其兩側地區，對北竄之共軍第六縱隊行超越追擊。友軍八十二軍之一部亦已到達長武及其以東地區堵剿。而共軍之第一、第二、第四各縱隊，被迫由天堂鎮折向靈台方向逃竄，我追擊各師均有所斬獲。

五月二日，共軍之第六縱隊續行北竄，其之第一、第二、第四各縱隊越過西蘭公路時，遭我軍緊追，遺棄其兵物資甚眾，其時，我整一師已由靈台附近向東協力三十八師圍殲敵之第六縱隊，僅彭德懷等少數突圍逃逸，俘敵三千餘人；整六十五師，整三十師續向北尾追，得友軍八十二軍之協力，聚殲敵之第一、第二、第四各縱隊。是午，我三十六師、六十五師已追至西蘭公路附近，三十六師亦到達長武以東地區，而友軍以蘭州綏署之命令作戰地境關係，阻止三十六師西進，共軍遂得乘隙向隴東涇川北屯子鎮南下之兩騎兵旅猛撲，雙方損失皆重，幸我三十師、六十五師馳至，將其包圍痛擊，共軍乃於夜間利用深溝地形東竄蕭金鎮，又經我三十六師堵擊，及南下八十二軍之側擊，敵遂潰不成軍，傷亡七千餘人，俘獲三百餘人，殘敵向隴東正寧、寧縣附近老巢逃竄。

涇渭河谷之戰，先後十七日，綏署整一師師長羅列厥功至偉，計傷斃共軍二萬七千餘人，俘獲約三千八百人，敵俘獲我二十九軍之重武器在寶雞搶掠之物資，悉在逃竄中遺棄；我另俘獲步槍一千八百餘枝，輕重機槍二十七挺，山砲三門，我亦陣亡師長一人，官兵傷亡五千餘人，友軍兩旅騎兵損失亦重。

徐保：字養安，察哈爾省張安縣人。軍校四期，豪爽中頗工心計，迭著戰功，三十六年榆林之役，以二個團之眾，統禦共軍數萬，尤著戰績，寶雞之役，以鐵皮車廂為指揮所，被敵砲轟擊陣亡，時論惜之。

此一戰役結束，盛文參謀長飛京待訊，時國防部已組成審查小組，審查西安綏署對瓦子街作戰計畫及各項作戰命令原稿呈繳審核。當時三個整編師奉國防部令東調，曾親往請收回成命而不准，接著宜川必須固守增援等等，皆係奉國防部命令遵行，所以均經證明西安綏署之作戰並無罪責，於是蔣公手令即將前二項處分撤銷，蔣公對盛參謀長慰勉有加，並令在京稍事休息，出處當再研究，後擬定其國防部第三廳廳長一職，盛參謀長懇辭回陝，先生亦加慰勉，乃命其往漢中指揮所主其事。

四　腥風赤雨行憲政

三十七年元月十日，主席蔣公飛瀋陽視察；十四日河北淶水一役，敵我傷亡慘重，傅作義部**魯英麐**軍長自戕殉職。十七日，國民政府設置東北剿共總司令部，特派衛立煌為東北行轅副主任，兼東北剿共總司令。二十一日，全國舉行「第一屆立法委員選舉」。二十六日行政院決定各省設保安部司令部。

二月七日遼陽陷於共軍，東北局勢轉緊。十日國民政府明令公告，各地國民大會代表於三月十九日起開始報到，二十五日民主同盟羅隆基等人赴香港，公開聲明參加中共叛亂。

三月四日，麥克阿瑟（Douglas MacArthur）元帥發表援華意見，美國不應低估中國之重要性，應加強援華，並主張先解決軍事問題。十三日林彪陷四平街。二十二日，在我軍撤退後，中共陝北主力進入延安。二十五日立法院通過總統府組織法，二十八日抗戰時期國民參政會宣告結束。

三十七年三月二十九日，「第一屆國民大會」在南京揭幕。

四月四日，中國國民黨第六屆五中臨時全體會議開會，討論總統及副總統候選人提名問題。蔣總裁力辭出任總統候選人，經大會一致推舉，蔣公仍堅持，最後決定交中央常務委員會討論。是日共軍攻陷洛陽。六日，五中全會根據總裁指示，決議「本屆總統、副總統候選人，本黨不提名，本黨同志在國民大會中，得依法連署提名參加競選」。

四月十六日經國民大會出席代表連署提名後，正式公告，蔣中正、居正為第一屆總統候選人；四月十九日國民大會第十三次大會經出席代表二、七三四人投票選舉，蔣公以二四二〇票當選中華民國行憲第一任總統，同日國民大會依法連署公告，孫科、于右任、李宗仁、程潛、莫德惠、徐傅霖等六人為第一屆副總統候選人。

四月二十三日國民大會選舉副總統，李宗仁、孫科、程潛三人得票較多，但並未獲法定票數，于右任、莫德惠、徐傅霖三人，對於是否當選，並不過於熱中，為使副總統選舉能集中票數，順利選出副總統，乃宣布退出競選。而李宗仁、孫科、程潛熱中競選，勢在必得，競選之激烈，前所未聞，宴客送禮，耗費靡爛，聞之令人乍舌。二十四日舉行第二次投票，結果仍未獲達法定票數。大會依照規定將得票多數之李宗仁、孫科二人由大會投票選舉，二十九日舉行第四次投票結果，國民大會公告李宗仁以一四三八票超過出席代表二分之一之多數，當選副總統，孫科得一二九五票落選。

五月一日國民大會閉幕，自三月二十九日青年節開幕，歷時三十四日，選舉總統、副總統任務完成，會議結束。會後推選代表周鐘岳及大會秘書長洪蘭友，向當選總統、副總統致送當選證書。

五月二十日，中華民國行憲後之首任總統、副總統在國民大會堂宣誓就職大典，由吳敬恒先生監誓。

總統就職後，即按憲法規定組織政府，行憲後首任立法院正副院長為孫科、陳立夫；行政院正副院長為翁文灝、顧孟餘；司法院正副院長為王寵惠、石志泉；考試院正副院長為張伯苓、賈景德；監察院正副院長為于右任、劉哲。

在此一時期中，中共在各戰場發動大規模攻勢，已是星火遍野，勢如燎原。赤禍橫流，由北而南，華中地區已遭受軍事事逼迫，五月二十八日，白崇禧就任華中剿共總司令。

六月二十一日總統蔣公蒞臨西安。二十五日九時，在原七分校黃埔村軍官講堂，召開隴東作戰檢討會。先生素以功則歸人，過則歸己之氣度而居，故是役雖在陝西境內之作戰，仍推功於八十二軍馬繼援之協力。此時蘭州綏署主任張治中，聞之頗有得色，對西安綏署之作戰及部隊反多批評，並指責三十六師何以在西蘭公路側停止追擊，致使隴東騎兵遭受損失。又謂隴東有婦女三人，被三十六師士兵強姦後羞憤投井。三十六師師長鍾松忍無可忍，乃起而發言：「我軍追擊至西蘭公路，友軍以蘭州綏署規定作戰地境為言，阻止我軍西進，我軍未奉越境許可命令，自不宜與友軍引起誤會。至於婦女之事，不在我軍防區，我軍尚不能越境追敵，我師士兵更何能越過友軍防線，強姦民女乎？」在蔣公雙目注視下，張治中無言以對。

涇渭河谷之役，係在全國戰場全面失敗狀況下，難得之一次勝利，當時京滬各報及中央廣播電台，都為友軍大事宣傳，李振、魯崇義等皆憤怨不平，而欲辯正，先生處之泰然，不為一言而辯之，亦勸告部屬，不必自伐其功，斯先生之至德也。張治中後來投共，始識其當時之誣蔑西安綏署，阻止追軍越境，任憑彭德懷部北竄，蓋其已別存用心也。

五　大荔之役

晉南據點於前一年年底，僅守運城、臨汾、吉縣三地，元月上旬共軍陳賡所部攻陷吉縣、運城，至下旬陳賡一部渡河南竄；三月上旬宜川及瓦子街之役失利，整三十師西移以後，僅留不足二團兵力，協助太原綏署第三十四軍之六十六師據守臨汾。四月上旬，陳賡及徐向前各一部，為響應彭德懷犯西安之作戰，遂圍攻臨汾，至十六日臨汾東關為共軍突破，進行巷戰；十二日東關已毀，我軍仍艱苦作戰，空軍亦日夜助戰，激戰至五月二十三日，乃突圍轉進至靈石，我守軍三十旅之范團，久戰之餘，據報尚率有一千五百餘人，隨之轉進。

自臨汾陷落之後，共軍於九月間遂集中全力，進犯太原，先生又奉令抽調部隊增援太原，九月上旬乃以整編第十師之八十三旅，分由西安、榆林空運太原；十月二十四日又以整三十師之四個團由西安空運太原，協力太原保衛戰；至三十八年太原陷共，整編八十三旅之四個團官兵，遂全部犧牲太原城下，未聞有生還者，可謂忠烈矣！

陝北之共軍，自涇渭河谷戰後，積極整補，至十月間，已恢復戰力。我軍雖亦有數月之整訓，無如兵源物資已遠非昔比，其時又逢陝西省政府改組，徵兵購糧尤難如願，所幸自十月一日起，整編師已恢復番號為軍，旅亦恢復為師，略以振奮士氣。其時我十七軍位於寺前鎮附近，三十八軍位韋家莊附近，三十六軍主力在大荔附近，第一軍、第六十五軍及三十六軍之一部均位於洛水以西及西安附近。

十月六日共軍以一部渡過洛河，竄擾渭北平原，企圖圍擊我主力於洛河與黃河之三角地帶，然後與豫西陳賡之策應而席捲西北。首先沿洛水東側地區犯我寺前鎮、韋家莊，與我兩地守軍第十七軍、第三十八軍發生激戰，經二日夜之戰鬥，雙方傷亡皆重，而共軍源源增援。先生乃決定實施後退集中，誘敵深入，將以大荔洛水西側地區，引其之主力進入大荔附近地區，以優勢兵力包圍而殲滅之。然後再向北發動攻勢，故命十七軍、三十八軍於八日夜間開始向南轉進，而以第一軍之一六七師船舍渡附近佔領橋頭堡，掩護兩軍向洛河西岸轉進，至夜十時，敵追擊部隊至船舍渡向我一六七師猛撲，反覆十餘次，均被擊退。共軍因不得逞，乃即退至李村、東西漢村，至段家寨之線，憑高地構築工事，防我反擊。

十日夜，我左右兵團就攻擊位置。十一日起雙方在仁義村、西曲頭、李家坡、大好營之線作爭奪戰，戰況至為激烈。先生以此次大荔附近之戰，關係西北大局，乃嚴令全線將領務抱必死之決心，爭取最後之勝利，於是各軍奮勇攻擊，血戰十二小時，將敵陣地摧毀，共軍死傷枕藉，殘部於昏夜分向東北、西北潰竄。十五日我軍收復澄城、郃陽，向黃龍山區掃蕩。是役敵傷亡三萬餘人，其第二縱隊大部就殲，第一縱隊亦殘存無幾，我亦傷亡近萬人，七十八師副師長景純鑒陣亡。

景純鑒，陝西人。軍校八期，自排長至副師長，皆在第一軍，為人純正，不慕榮利。此役殉職，亦可謂求仁得仁矣！

十一月中旬，共軍於整補後，又續南下，犯韋莊、圍永豐，企圖誘我決戰，韋莊守軍十七師師長王棟，於大荔之役陣亡。先生為避免逐次消耗戰力，乃命撤離韋莊、永豐據點，永豐守軍七十六軍軍長李日基，不遵令撤離，二十八日永豐陷落。先生日記云：「李日基並不堅強，且有中匪宣傳之疑」。

王棟，陝西人。軍校十二期，原屬十七軍何文鼎部。

六　綏署人事狀況

三十七年四月，西安綏署奉命成立第十八、第十九兩個綏靖區。第十八綏靖區轄秦嶺以北關中各縣市，區司令部駐咸陽；第十九綏靖區轄商洛陝南各縣，區司令部駐漢中。先生薦整一軍軍長董釗為第十八綏靖區司令，軍長職務由整一師師長羅列升任。前第一戰區副長官高桂滋為十九綏靖區司令，並為加強地方剿共力量，組訓民眾。

十一月十七日，派劉希程（河南人。抗戰時任九十八軍軍長，曾入關中受先生督訓，後九十八軍他調）為十九綏靖區豫西司令官；陳舜德（國民大會代表，在台逝世）；薛炳靈為宛西指揮所正副主任；李紀雲（為前一二三旅旅長，青化砭之役一度被俘，脫險逃回。）為陝州指揮所主任，發給糧食、經費，限在十二月底前組訓民眾，組織地方團隊九個團。

宜川戰役後，於三月六日派魯崇義代理整二十九軍軍長，劉超寰代理二十七師師長，陳武兼九十師師長，樂典為四十七旅旅長，劉孟廉為三十一旅旅長。

三月二十二日，任原以副旅長代理旅長之周寰為整一旅旅長，陳堅為七十八旅旅長，沈策代七十六師副師長。

六月二日，陳鞠旅調整編第一師師長，徐汝誠調二〇三師師長，九月二十七日，於達就任綏靖公署副主任，整一軍軍長羅列於十一月二十日調為綏署參謀長，第二處處長金樹雲調青年訓練總隊長，第二處處長由劉慶曾代理。

十一月十一日，派楊德良為十七軍軍長，楊陰寰調四十七師師長，樂典調青年學生大隊大隊長，陳華調六十一師師長。

十二月十日，派綏署副參謀長薛敏泉為七十六軍軍長，綏署第一處處長張汝弼為二十四師師長。十二日派十七軍軍長何文鼎為秦嶺守備司令，李夢筆為汧山守備司令，徐經濟為寶雞警備司令。二十五日調三十六軍軍長鍾松為西安警備司令，劉超寰調三十六軍軍長，曹日暉調十八綏靖區副司令。

自抗日勝利後裁軍，將軍編為師，師編為旅。至三十七年十月始奉令恢復舊制，故凡十月份以前發布之人令，仍用整師、整旅之名義。

八年抗戰，民生凋敝，益以中共稱兵叛亂，經濟動盪，幣值日貶，關中狀況，已非昔比，自馬歇爾調處與政治和談之後，民生士氣所受影響殊大，關中戡亂兩年，兵力消耗日甚，徵兵停止，兵源益形枯竭。自宜川戰後，第九十師、二十七師覆沒，亟待補充恢復，先生曾面商陝主席祝紹周，緊急徵兵三萬人，當繳緊急徵兵費三十億元，祝主席當面承允，而七月上旬省政府改組，二十七師之兵員至年終，仍不能補足，當可知矣！

物價暴漲，法幣貶值，政府實施金融改革，統制物資，奸敵暗施蠱惑，毛豬魚肉，不入城市，綏署伙食亦斷肉食，全城居民嗷嗷憂急，先生乃命西安市府設法疏導，並由部隊協助運輸，其事由市府秘書長汪震負責主持，市況得以改善。

是年春，先生鑒於經濟狀況，日趨困難，乃成立經濟小組，延聘潘益民、范寶信、吳林柏、韓盛西、甘豫昌、田炯錦等人為研究委員，然無所成就。先生於三十二年春曾派馬志超、田毅安分任沂、渭河兩農場管理處副處長，負實際生產責任，又派汪伏生為軍毯廠長，亦皆成效不彰。

是年先生接見來陝人士，有西北慰勞團團長陳明仁，外報記者麥德林、毛麗絲及曹士洞、陸夢家等人，先生十一月十八日日記云：「六時宴陸夢家教授於六谷莊，夜九時約談於下馬陵，見解超越，學有專長，坦白熱忱兼而有之，誠不可多得之人物也。」可見先生對坦誠博學之士印象之深也。

七　三十七年大事記要

・七月：

七月三日，豫東黃泛大會戰，國軍大捷，殲共軍八萬餘人；十七日襄陽陷於共軍，第十五綏靖區司令官康澤失蹤。

・八月：

八月十九日，總統頒布財政經濟緊急處分令，改革幣制，發行金圓券，收兌法幣，以金圓券一元，折兌法幣三百萬元，每四元金圓券折合美金一元；金圓券於八月二十三日正式發行，收兌法幣及金銀外幣。同時為加強經濟管制，在上海、天津、廣州三地，設置經濟管制督導單位，特派俞鴻鈞、張厲生、宋子文為三地區督導員，蔣經國、王撫州、霍寶樹三人為協助督導。

•九月：

九月十三日，共軍陷兗州，十五日共軍進犯濟南，十九日防守濟南城郊青龍山、簸箕山之整八十四師師長吳化文叛變投共，戰況急轉直下，二十六日濟南陷共。

•十月：

十月八日，總統蔣公巡視北平、瀋陽、天津、塘沽後抵北平，接見張厲生，垂詢平津糧食經濟狀況；午後飛抵上海，召見俞鴻鈞、蔣經國，聽取經濟管制報告。十五日飛瀋陽巡視。十六日錦州陷共，二十一日敵陷長春，二十二日國軍撤出鄭州，二十三日國軍放棄包頭。二十四日，蔣公在北平邀請各大學校長胡適等座談，徵詢目前有關經濟問題之意見，二十七日蔣公飛承德巡視，二十九日蔣公在北平答覆美國記者之提問，分析當前局勢，欲免大戰災禍必先救中國。

•十一月：

十一月二十五日，瀋陽棄守，國軍撤至營口，四日國軍撤出營口，八日中共發動五十萬兵力攻徐州。九日京滬發生搶米風潮，十日首都衛戍司令部宣布臨時戒嚴。二十二日堅守碾莊第七兵團司令黃伯韜奉命西向突圍，隨同官兵傷亡殆盡，**黃伯韜**與其副軍長**楊延宴**壯烈成仁，第四十四軍軍長王澤濬重傷失蹤，第六十四軍軍長劉振湘被俘，第二十五軍軍長陳士章、第一百軍軍長周志道負傷突圍到達徐州是日保定陷於共軍。二十六日中央常務委員會推張羣繼任中央政治委員會秘書長，蔣總統批准行政院院長翁文灝辭職，並提名孫科出任行政院院長。十一月二十七日，黃維兵團被圍於雙堆集，正戰鬥激烈間，其八十五軍一〇一師師長廖運周率部叛變，至十二月十五日陣地陷落，第十四軍軍長熊綬春陣前自戕成仁，司令官黃維，第十八軍軍長楊伯濤，第八十五軍軍長吳紹周，第十軍軍長譚道善等被俘，副司令官胡璉，師長尹俊、王靖之等突圍而出。三十日國軍放棄徐州，徐蚌會戰為戡亂戰役中最重要之一役，國軍精粹，犧牲殆盡。

・十二月：

十二月十日總統頒布命令宣告全國戒嚴，十五日，淮陰、淮安陷共。十五日河北共軍逼近北平，國軍大部退守城內，政府派專機接運北平學者名流胡適、蔣夢麟、梅貽琦等到南京。二十二日孫科經立法院投票同意後組織新內閣，二十四日立法院改選童冠賢、劉健群為正副院長。二十五日，李宗仁、程潛，倡導與中共和談，要求蔣總統下野。二十九日行政院任命陳誠為台灣省政府主席。二十九日總統在內外交逼下電召山西閻錫山、雲南盧漢、陝西之胡宗南來京，聽取時局意見，三十日先後到達，當時閻錫山對反共意志非常堅決，他認為對中共和談，決無結果，除非屈膝投降，他認定中共並無人性，任何和談結果，絕不守信，並保證山西全省軍民，必然擁護政府戡亂到底；盧漢當時亦表示雲南全省軍民、仍將服從中央領導；不致有悖亂行為；先生則認為目前形勢，雖然險惡，以江南人力物力，戡亂戰事並非不可為，倘若總統一旦下野，則國失重心，大局必將靡爛；至於和談，認係中共一貫伎倆，不但無補於時局，且足以瓦解士氣民心，堅請蔣公繼續領導戡亂大局。

翌日，華中剿共總司令白崇禧，河南省主席張軫，同時發表通電主和，亦要求蔣公下野。時局之混亂，不堪收拾，共軍窺伺於外，內部復不團結，國事分歧已至分崩離析之勢。

八 擎柱已去大廈傾

先生於三十七年十二月三十日奉召赴京，三十八年元月五日回陝，六日派盛文為漢中指揮所主任。李正先為二十七軍軍長，令守安康。十日請陝西省政府搶購渭河北岸糧食。十一日湖北防縣失守，友軍之一九九師頗有損失，竹山、竹谿已無守兵，我安康地區遭受威脅。十三日先生指示陝西省政府主席董釗，西安市長王友直，西安警備司令鍾松，對於西安城防事宜，應作非常時期之手段，達成非常之目的，限於二月十五日完成之。同時又指示參謀長羅列，研究殲滅西安附近共軍之計畫。

三十八年元月十日，徐州戰場撤出部隊在青龍集、陳官庄地區為共軍攻陷，官兵都壯烈成仁，第二兵團司令邱清泉自戕殉職，副總司令杜聿明突圍時不幸被俘，孫元良、李彌兩位司令官及第五軍軍長熊笑三、第一三九師長唐化南突圍而出。十五日天津失守。十六日國防部任命陳誠兼任台灣警備總司令，彭孟緝為副總司令。二十一日總統特任朱紹良為福州綏靖主任，張群為重慶綏靖主任。

其時，一般人惑於中共之欺騙統戰，主張和談，幻想妥協，發表停止內戰不再有戡亂之言論，甚至要求總統下野；先生獨排眾議，通電全國，反對與中共和談，擁護領袖繼續領導，力主政府戡亂到底，例舉中共陰謀事實，痛切陳詞，真是春雷鼓鐸，振聾發聵，報導傳聞，一振士氣。然舉目斯世能洞悉中共陰謀者，能有幾人？

三十八年元月十日，中央銀行總裁俞鴻鈞奉蔣公指示，將中央銀行庫存之金銀外匯逐次移運台灣，藉以保存國家元氣，而策安全，但漢口華中剿共總司令白崇禧，對此一決策不表支持，強令漢口中央銀行將移往廣州轉運台灣之金銀外幣中途截回漢口。

元月二十一日，總統蔣公在內外迫逼下發表文明，宣告身先引退，旋即離京回奉化原籍，由李副總統代行總統職權，其時先生奉蔣公電云：

「西安綏署胡主任，中馬日文告，相已達覽，中即於本日離京回籍，冀促成和平，唯念與兄患難久共，膽肝相照，茲當別離，曷勝馳念，尚祈為國珍重，努力勿渝，以竟救國衛民之功，特致拳拳，不勝依依。」

二十三日，北平傅作義局部和平休戰協議，中共一團進入北京，傅作義降共。二十六日先生又接奉蔣公一月二十日之賜函：

「宗南主任弟勛鑒，近日政局即有變動，但陝西省重要，一切工作應照常進行，而且比以前更應積極準備，作死中求生之奮鬥。關於增加弟之番號，已指定二個軍及另配四個師，似已足用，武器亦已指配，望能於三個月內，補充完畢也。今後主力應置於漢中附近，對四川關係特別密切，將來應受重慶張主任之指揮，則公私皆宜，尤其在川中鄰接各地人民，應多加工夫，切實撫慰，軍風紀必須特別優良，以期軍譽嚴肅，提高人民信賴也；中不論何時何地對弟部一切，必如在京時無異，不必以此自餒，只要吾人能自立自助，不屈不撓，百折不回，則最後勝利未有不屬於我也，餘不百一，順頌戎安，中正手啟，三十八年一月二十日正午。」

蔣公引退，李宗仁得遂竊位之願，與中共議和，不欲加強中央軍之武力，故蔣公手箋中所示二軍四師番號及武器之指配，始終未能實施。

擎天支柱引退，大廈危傾，赤焰囂張。二月一日中央黨部遷廣州。局勢靡爛，人民為逃避赤禍，紛紛赴台灣避秦，而台灣土地幅員有限，乃於三月一日起實施軍公人員及旅客入境暫行辦法，作為入出境之管制。三月八日行政院院長孫科辭職，李代總統提名何應欽為行政院院長，經立法院同意，何應欽於二十三日組成新內閣，政局動盪，民心益形不安，而李宗仁始終沉迷於和談陷阱之中。

九　兵員軍糧困境

三十八年二月中旬，陝北新增之共軍徐向前部已有五個縱隊到達韓城以北之薛峰鎮，王震部兩個縱隊亦抵達王莊鎮。二月十四日先生決集中兵力，以一個師守備大荔，主力撤至渭河南岸。趙專員芷青率地方團隊守蒲城，而令第三十師警戒興山、金粟山、盤頭山，主力集結富平附近。十九日敵犯銅川，先生命銅川守軍諸靜亞師，耀縣謝義峰師撤離，而將主力撤過涇水以西，以一部控制魯橋、三原北東西之高地，為前進陣地。二十四日先生部署三原為右翼據點，以為涇水之橋頭堡，而以口頭鎮及其兩翼高地為左翼陣地，二十七日共軍攻我口頭鎮以西高地，**諸靜亞**師覆沒。

三月六日，先生命三十八軍及一三五師，攻擊口頭鎮，佔領嵯峨山；十一日九十軍收復耀縣；十七日收復銅川、蒲城；十九日第一軍攻佔金粟山，主力推進至蒲城東西地區；二十日佔領龍山，肅清白河岸之敵，白河即為白水，發源於橋山東麓，流於洛水，白縣因之而得名。

自大荔會戰獲勝後，先生原欲恢復攻勢，以殲滅彭部之主力，然自徐蚌會戰失利，全國局勢突變，總統引退，華北傅作義降共，太原被圍，在晉徐向前西渡。大局逆轉，而我軍兵源短缺，糧運不繼，幣值暴跌，士不宿飽。先生二月十日日記云：「至二十日，即無存糧，甚為憂慮，乃於下午四時召集董主席，限二月十日交足糧食十七萬包，三月十五日十七萬包，撥發五億元糧款，於三十日前購足，渭河各縣之糧，迅速移往西安以西地區，裴司令官轉飭部隊協助。」又云：「**陝西購糧款，已需要黃金萬兩**。乃知陝西省政府亦無款購糧也。」從先生日記中，曾記述陝西省政府交付軍糧情形云：「三十年代十戰區購糧二百萬包，三十一年應配交八戰區軍糧二〇六萬包，僅交一七〇萬包，三十二年配交八戰區一八四萬包，及代糧食部購軍糧三萬包，未交清，三十三年配一戰區二四〇萬包，僅交一、八五四、七七一包，三十四年配一戰區一、〇六五、四〇〇包，至十二月僅交九〇三、〇七二包。」勝利前僅三十年供應足額，餘皆不足，由部隊自行就地籌措，勝利後之情況，更不如前，故至三十七年，糧食供應已極困難，至三十八年則每下愈況矣！

三月三十一日先生接陝西省主席董釗自南京來電告：「白總司令擬令馬軍接防陝西，請先生率本部各軍移防武漢，囑請在一、二日內飛京一談。」四月一日李代總統來電，促速飛京，商討西北軍事，先生於六日偕空軍徐煥昇司令飛南京，七日晉見李代總統，八日晉見行政院院長何應欽，十日飛溪口，晉見總裁蔣公。

一〇 所謂和談

當時所謂和談，中共一方面高唱和平解決問題以蠱惑人心，一方面以武力圍攻各大城市，而在南京的部分中央民意代表，以代表民意自許，要求政府立即放棄戰爭，就地停戰，以謀求和平，然而並不要求中共停戰。張羣在行政院會中提出備戰宣言和方針，力言必須可戰，然後才能謀和，必須中央與地方一致，乃能實現謀和理想，這一高瞻遠矚的政治目標，竟為李宗仁迷夢所不納。

當時部分民意代表及負野心失意之政客，肆無忌憚地發表偏激言論，到處演講，煽惑人心，有立法委員宋述樵、武和軒、黃宇人等五十餘人，聯名向行政院要求與中共和談，後續有黃佩蘭、劉廣瑛、樊德潤等四十餘人繼之於後[1]。

蔣公引退後，三月二十五日，李代總統派邵力子、張治中、黃紹竑、章士釗、李蒸為和談代表，以邵力子為首席代表。而所派代表都預先經中共同意。中共派周恩來、林伯渠、林彪、葉劍英、李維翰為和談代表，以周恩來為首席代表。

三月三十日中央執行委員、監察常務委員在廣州舉行聯席會議，決定和談基本原則：

㈠停戰須在和談前實現。

㈡國體不容變更。
㈢修改憲法必須依法定手續。
㈣人民之自由生活方式必須保障。
㈤土地改革首先實行，但反對暴力實行土地改革。
中共提出和談條件為八條二十四款，大意為左：
㈠懲罰戰犯：凡政府領導之文武人員皆為戰犯。
㈡廢除憲法：由中共來另訂憲法。
㈢取銷中華民國法統：所有法律規章全部取銷。
㈣改編國民黨軍隊：國軍應全部繳械投降。
㈤沒收官僚資本：大公司、大企業，一律公有，廢除私人財產。
㈥實行土地改革：沒收私人土地。
㈦廢除一切條約：但不包括對蘇俄不平等條約。
㈧召開政治協商會：組織聯合政府，將其外圍組織均列入政治組織單位。
如此和談，南轅北轍，中共之用心，在奪取政權，建立馬克思主義之共產王國。
四月一日雙方代表在北平和談，中共所提條件，絕不修正退讓，四月二十日和談破裂。
四月二十日中共發動全面攻擊，並在荻港強渡長江，驅兵南下，二十三日國軍撤退南京，中共陷鎮江、常州、無錫等地，太原失守，守城之政府及各界人士五百人壯烈自戕成仁。二十五日政府已遷廣州辦公。

五月一日，上海外圍崑山發生戰爭，十三日國軍撤守松江，十五日國軍撤出武漢，十九日台灣全省宣布臨時戒嚴。二十一日國軍撤出南昌，二十七日上海國軍撤至定海。三十日何應欽率行政院各部會總辭。李代總統提名閻錫山為行政院院長。

自蔣公引退，政府領導中心渙散，勝利後各自組成的一二八個政治團體組織，謠說紛擾，莫衷一是，民心士氣遭受打擊，和談以後，土崩瓦解，大局已不可收拾。

二　獨木撐危廈

大局激變，先生慮陝晉之共軍必合力南下，為防止局部損耗，故於四月二十六日決定放棄蒲城、銅川等據點，主力撤過渭河、涇河南岸，以便集中兵力。

五月四日決定放棄三原、高陵、涇陽，主力過涇水，而以一個師以游擊姿態，控制於三原，十二師、一三五師部署於第二線陣地。第二師撤至寶雞為控制部隊，以便遵令入川，於是其兵力部署與任務，重作區分：

㈠第九十八軍、第二十七軍任川、陝、鄂邊區之守備，由二十七軍軍長李正先統一指揮，負責竹山、白河、漫川關及安康地區之守備，阻擊豫鄂川邊境劉伯承之進犯。

㈡第三軍聯繫第二十七軍，守漫川關、山陽、商縣至藍田之線，控制秦嶺各隘口，阻共軍西犯。

㈢十七軍擔任西安城防，聯繫第三軍於藍田、長安、鄠縣地區布防，控制秦嶺北麓。第三軍、第二十七軍、第十七軍統歸西安編練司令鍾松指揮，嚴密控制涇渭河谷，與確保西安，阻擊犯敵。

㈣第六十九軍於臨潼、咸陽布防，控制涇渭河谷。

㈤第六十五軍聯繫第六十九軍，沿涇水西岸布防，任涇陽、永壽、邠州間之守備。

㈥第五十七軍聯繫六十五軍，沿涇水西岸布防，任邠州、長武之守備。

㈦騎兵第二旅及陝西保安旅，沿西蘭公路布防，任長武至涇川守備。涇川、平涼間，由寧夏與甘肅之馬家部隊防守，協調天水行轅，適時馳援作戰。

㈧第一、第三十、第三十八、第七十六、第九十各軍與陝西保安部隊，控制於咸陽、武功、扶風、鳳翔之間地區，隨時機動阻擊共軍。

其時部隊番號雖存，而兵額甚缺，如三十軍、三十八軍、七十六軍、九十軍，皆僅有一師及一團以上部隊，如三十軍乃全軍空運太原後另行編組，其他兩軍在川接兵，僅有軍部番號，而七十六軍亦僅有一二五師直屬部隊。已補新兵者，亦因長期作戰，未能完成訓練，故戰力遠非昔比。

五月十二日，九十軍留置涇河三原之線，三十八軍、六十五軍及十七軍之十二師，撤至涇河南岸。而彭德懷之第一、第三兩兵團已合力南犯。十六日與我口頭鎮撤退之軍在永樂激戰，其主力已於是夜秘密渡過涇河，突破六十五軍防地，直犯咸陽北原。

咸陽距西安五十餘里，同時，敵之十八、十九兩兵團，同時由潼關、韓城渡河，企圖以人眾勢大，逼我於關中決戰。其時西安綏署可用於機動作戰之兵力不足五萬人，而友軍原允推進邠州相策應者，反向涇川、平涼後撤。是夜十一時，乃與蘭州綏署商決，以一部控制於西安秦嶺之間，主力撤至寶雞，誘敵深入，然後決戰而殲滅之。同時以辰篠梅電呈報國防部，即奉辰篠展電復：「與蘭州方面所商定之爾後行動，准予實施」。

西安綏靖公署乃於五月十八日拂曉撤離西安，逕遷漢中。留第十七軍兼警備司令楊德亮率部擔任城守，下午敵陷咸陽。十九日渡渭河進攻西安，我十七軍攖城血戰兩日，殺敵甚眾，乃因後援不繼撤守秦嶺。

此時彭部主力第一軍王震所部，在岐山、扶風地區；第二軍張宗遜部在乾縣、醴泉以北地區，其一部已到達興平武功間。賀龍之十八軍周士悌部先頭已到達西安附近，第十八、十九兩兵團正分由潼關、韓城兼程南下。先生觀視意欲殲滅彭部，宜在賀部未曾會合前，實施各個擊破，乃與蘭州綏署、天水行轅商作戰計畫，協力殲共於涇河西岸武功地區。

關中本為八戰區地境，自三十三年中原戰役後，併入第一戰區，原本為河防、陝北二正面，自此即加入盧氏、西坪、漢中三正面，而兵力並未擴增；勝利以後，又至中原及晉南，在戡亂時期，中共以晉西、陝北之共軍牽制關中，以漢南鄂北之共軍，威脅陝西之背。豫共擾亂東境及秦嶺；關中本為四塞之地，至此以有限之兵力補給，或戡剿於豫西，或馳援於太原，以不足二十萬之兵力，輾轉於數省之地，而又久戰兵疲，無整訓時間。其時中央自蔣公引退後，迷信和談，南京、上海、南昌、武漢，相繼棄守，內閣一再更易，政府自南京遷廣州後，復議遷重慶，物價飛騰，經濟、財政崩潰。先生尚獨挽狂瀾於一隅，在關中保持一部完整戰力，不為誘惑所矇，堅毅不移與中共周旋。軍事本為政治之延續，政治之混亂，中樞無主見，此一時間，先生猶為獨木之支撐將傾大廈，其成敗利鈍，焉戰之罪哉。

一二 功敗垂成

西安撤守之時，先生計畫誘共軍入涇渭平原而殲滅之，乃以六十九軍控制於涇渭河谷，掩護三十六軍及西安各機關與物資之西運，其後即聯繫十七軍向秦嶺山地轉進。第六十五軍，第五十七軍留置一部於涇水西岸，遲滯敵之行動。六十五軍主力撤至乾縣、麟遊地區。第五十七軍主力撤至麟遊、鳳翔地區，掩護綏署之主力向渭水南岸及川陝公路轉進。而此時彭部已率其第一、第二兩兵團及晉共之一部，分經三原、涇陽西進，沿涇渭河谷及西蘭公路大舉西犯。

先生協調蘭州綏署，以寧夏、隴東兩兵團由邠州、靈台經西蘭公路兩側東進，天水行轅所轄之九十一軍王治歧部，及本綏署十八兵團李振所部，由鳳縣、寶雞間沿渭河北岸東進，我三十六軍由斜谷進出渭河南岸，東向攻擊，十七軍出子午谷，第三軍出大峪口，以期包圍彭部於渭河平原武功以南地區而殲滅之。

六月九日會戰開始，十一日我三十八軍攻克歧山，九十軍收復蔡家坡。中共第一、第二兩兵團皆頑拒抵抗，雙方死亡慘重，王震部乘夜南竄，與我三十六軍遭遇。十二日激戰於郿縣之金渠鎮。我十八兵團李振所部，亦渡河圍攻，激戰終日，殲敵甚眾。十四日我渭北部隊克復武功。十八兵團進至縣以西，隴南兵團亦進至武功以東地區，我第三軍軍長盛文率十七師、八十四師、三五四師於引駕迴、杜曲之間，擊破共軍秦嶺北麓守軍第六十軍後，前鋒逼近西安之東關、南關，軍部進至武家坡，準備攻西安至殲滅西安以西地區之共軍。

六月十五日夜，蘭州綏署電謂須調整部署，不能繼續攻擊，幾經交涉協商，至十八日始允以隴東兵團全部渡涇水東出，攻共軍側背，寧夏兵團在咸陽北郊掩護，以一部進攻咸陽。

為此緊要關頭，變更作戰計畫與部署，實為戰場之大忌。我軍雖於十五日已收復平川鎮，南岸克復盩厔縣，而因渭北之敵南下，第十八軍團側背感受重大威脅，無法向鄠縣推進，會攻西安，而共方由潼關、韓城西進馳援，已與涇河南下之敵在西安、咸陽會合，我在渭河南岸之軍，遂陷於獨力苦戰。

六月二十日，得悉隴東兵團以在涇河沿岸之攻擊頓挫，已向靈台撤退；二十五日寧夏兵團在並未通知聯絡下亦密向邠州後撤。共軍遂乘此空隙突進，於是我在渭河北岸之部隊，又遭共軍圍攻，陷於苦戰，十八兵團於是北渡馳援。

其後蘭州綏署建議，西安綏署之主力控制於武功、扶風、與秦嶺各谷口之間。蘭州方面主力控制於醴泉、永壽、淳化邠州附近，聯成犄角，阻敵西進。此議尚未實施，寧夏、隴東兩兵團意見相左，自動撤至長武、靈台。

七月十一日，彭、賀兩部由乾縣迂迴至扶風，迫我十八兵團背水作戰。而在渭河南岸之九十軍同時亦受數倍之共軍攻擊，浴血苦戰，傷亡慘重，敵之一部乘隙西進，連陷寶雞、平涼，直驅隴中。

是役我六十五軍、六十九軍、三十六軍、三十八軍、九十軍，精銳損失過半，一四四師師長**符樹逢**陣亡，六十五軍副軍長張琛、一六五師師長孫鐵英、五十五師師長曹維漢、副師長石滌非、團長唐成基等皆受重傷，共軍為我擊斃亦萬餘人，殲滅彭部於武功平原計畫，功敗垂成。

一三 安康之役

武功戰役後，共軍主力西陷天水直驅蘭州之際，我軍除一部入隴，策應蘭州戰役外，主力遂迅速轉移，以有力之一部沿秦嶺佔領陣地，而置重點於漢水河谷及川陝公路兩側；並經營隴南各縣，屏蔽川北，以鞏固西南基地。其時第二十七軍軍長李正先兼任安石警備司令，指揮二十七軍、六十九軍、九十八軍，控制陝鄂邊區，擔任漢水河谷安康、洵陽、白河、竹山、竹谿、平利、嵐皋一帶之守備。

第三軍、第十七軍及陝西兩個保安旅，防守秦嶺東北，控制秦嶺各隘口，防共軍向南偷襲。第五兵團司令裴昌會，指揮三十六軍、三十八軍、九十軍、騎兵第二旅，防守秦嶺西北部，川陝公路及大散關附近，阻敵南犯。

原守寶雞待命入川之第九十軍各師，已先期逐步西移，駐守隴南徽縣、成縣，而以一部推進至略陽，至雙石舖，準備第二線陣地。

此時西安綏署全部兵力，已不足十萬人，布防於西自隴南成縣，東至湖北竹山六百餘公里之正面，阻敵南犯，安定川北。

共軍以我秦嶺守備嚴密，正面攻擊不易，遂改變戰略，以中原之劉伯承所部，由豫鄂地區向我陝南之安康地區進犯。

七月五日，劉伯承之第十七軍孔從周、第十九軍劉金軒，及鄂西軍區獨立第一四二、一四三、一四四等共九個師之兵力；由鄂西向我李正先各軍攻擊，至十七日止，旬餘激戰。我第二十七軍、六十九軍、九十八軍損失甚大，共軍連陷竹山、竹谿、白河、洵陽、平利各縣，僅二十七軍之三十一師李我所部，尚在安康城守中。

十七日，先生急令第三軍軍長盛文兼安石警備司令，率第三軍由秦嶺鎮安南下，原在安康地區各軍，悉受節制。

盛軍長率部於十九日抵達安康西岸，而共軍之前鋒已逼近安康近郊。

盛軍長即令三十一師固守待援，六十九軍任漢水西岸，九十八軍任漢水北岸之防務，阻敵乘勝渡河，二十七軍集結五里舖待命。二十日，第三軍全部到達漢江北岸，二十一日拂曉，秘密南渡漢江，開始反攻。

並令六十九軍由漢江西岸，九十八軍由漢江北岸發動攻勢，二十七軍之三十一師由安康城分向南北出擊，以吸引共軍注意於漢江南岸。而主力第三軍之十七師、二五四師指向安康東南之大小牛蹄嶺之線，戰鬥慘烈，我七一六團團長張寶琦重傷，營長陣亡兩員，連排長以下官兵傷亡九百餘人，敵之傷亡更大，約一千七百餘人，是夜，重行調整部署。

二十二日拂曉再行攻擊，敵十七軍及獨立第一四二、一四三師仍頑強抵抗。戰線時有進出，形成犬牙交錯；午後，我九十八軍一八四師擊破河岸之共軍，進至安康東北部，是夜乃令一部接替安康城防，其主力則攻擊共軍第十九軍劉金軒之左側背。

二十三日拂曉，乃令三十一師向敵第十七軍及一四二師之接合部大小牛蹄嶺、文、武峯山間攻擊；突入敵陣後方，以主力猛攻共軍孔從周之十七軍及一四二師之背。其時九十八軍已南渡漢水，攻擊敵之十九軍，而我六十九軍亦於午前擊破河岸之共軍第一四四師，向文武峯共軍側背攻擊，在烈日如焚下經一日之激戰，乃將孔從周之五十五、五十六、五十七等三個師擊潰。敵遂全線向東竄逃，我軍亦連夜追擊。

八月五日，乃將平利、竹谿、竹山、洵陽、白河各縣收復。是役自七月二十一日至八月五日半月間之戰鬥，共軍遺屍五千餘具，傷約九千餘人，俘獲其官兵二千三百餘人，輕、重機槍三十一挺，八一、八二迫擊砲二十五門，馬步槍二千餘挺，騾馬三百餘匹，我軍重傷團長二員，營長陣亡三員，重傷二員，連排長以下官兵傷亡三千一百餘人。此次安康作戰之軍，經戰後整編，二十七、六十九兩軍原為兩師制者，僅各編成一師，九十八軍編為四個團，其傷亡之重大可想而見矣！

孔從周，陝西人。原為楊虎城之甥，自幼隨楊為伍，抗戰時隸孫蔚如部，勝利後為三十八軍五十五師師長，國軍整編，在汜水防次叛變投共，逃入大別山，我軍自關中會戰退出西安後，陝西不逞之徒與動搖份子，多有與孔默契聯繫者，至時乃利用其陝籍關係，率眾進犯。盛軍長選定孔為攻擊目標，予以決定性之打擊，藉以杜絕陝西狡焉思逞者之妄念，而弭患於未形，其政治上震懾作用尤為重大。

一四　川陝甘綏署之成立

自隴境友軍相互嫌猜分別後撤，隴山之險盡失，共軍遂分路入甘肅，九月二日陷天水。十七日北路之敵入泰安直驅蘭州，南路入甘之敵則驅洮沙。

先生慮入甘之共軍經隴南直驅川北，大局將不堪收拾，故先期將有力之九十軍移守隴南之徽縣、成縣一帶，另以一部控制於略陽與陽平關之線，為之犄角，至敵陷洮沙後，先生仍慮其沿洮沙河南下，可由陰平入川。乃以西安綏靖公署少將秘書長趙龍文，因其於抗戰初期曾任甘省民政廳長，在甘時間亦久，隴南人地皆熟，請准予行政院閻院長及中央黨部，以隴南黨務特派員名義，率侯占標團五百餘人，進駐武都，侯占標係廣西人，黃埔軍校教導第二團士兵，在第一師歷史最久，勇敢善戰，已積功至上校團長，性孤傲粗獷，不易接受指揮。此次隨趙龍文秘書長進入武都後，整頓各縣團隊，組織黑錯番族，召開隴南各縣黨務會議，加強防務，頗為效力，一時地方大定。

八月八日，行政院閻院長任命先生兼任川陝甘邊區綏靖主任，而將原為天水行轅指揮所之隴南王治岐一一九軍暨隴南之周嘉彬軍，及駐武威之黃祖壎九十二軍編為第七兵團，歸綏署指揮，十日周嘉彬軍密移臨洮以西，故不受先生聯絡指揮，且挑撥王治岐擁兵觀望，需索多端，不受約束，不久即與王治岐投共。

周嘉彬，雲南人。張治中之婿，抗戰時曾任軍七分校副主任，數度要求帶兵，後調任西安警備司令，因縱容部屬與軍官總隊鬧鬥而去職，此時張治中已以和談代表留平不歸。而九十二軍遠在武威，無法東來，第七兵團遂未成立。

九月十二日先生赴廣元，籌設川陝甘邊區綏靖公署，乃以西安綏靖公署副主任於達及曾擴情兼任副主任，並延攬四川青年人望林樹恩（軍校四期，曾任陝西省政府秘書長）為特別黨部書記長，王元暉（軍校四期，原任四川保安司令副司令）為秘書長，綏靖公署設於綿陽，俾使此後在川北接兵與糧秣之供應較為順利。

先是三十六年冬，赤焰囂張，先生顧念川陝應有密切聯繫，乃商請陝西省政府秘書長林樹恩回川與當局交換意見；四川省政府主席鄧錫侯，亦派保安處處長王元暉赴陝報聘，研商具體辦法，其中有「建議中央遴選優秀川籍將領，收攬川官川兵組織一兵團，專可防衛西南之用，對西北部隊兵員之徵召，四川省應設法解決其困難，一旦西南局勢嚴重，西北部隊亦予適宜之策應。」之規劃已有成議，旋因四川省政府改組，遂置不行。

此一時期時局之變化，三十八年六月三日國軍撤離青島，十五日台灣省政府改革幣制發行新台幣。七月一日毛澤東宣布向蘇俄一面倒政策。七月二日政府頒發改革幣制令，發行銀元券。七日西藏宣布叛離政府。十日國民黨總裁蔣公應邀抵菲律賓與季里諾總統舉行碧瑤會議，會後發表聯合宣言，號召遠東各國組織同盟，遏制共產主義之擴張。十八日行政院決定設立東南長官公署，特派陳誠為長官。

八月一日，程潛、唐生智等策動長沙局部和平，發表附共宣言，三日共軍入長沙。五日美國國務院發表白皮書，把國民政府對中共失敗的責任完全推給國民黨。六日蔣總裁飛抵漢城，與韓國總統李承晚商討遠東反共聯盟問題。十五日台灣實行三七五減租完成。十六日贛州陷共，十七日福州失守，二十三日蔣總裁由台中飛廣州，翌日飛抵重慶。二十六日共軍陷蘭州。九日二日，共諜縱火燒重慶，大火燃燒達十八小時，傷亡慘重。七日行政院院長閻錫山由廣州飛重慶。

十月一日，中共在北平成立其人民共和國，二日蘇俄承認中共政權。三日我外交部聲明對蘇俄斷絕邦交。七日韶關陷共，八日衡陽棄守。十二日中國國民黨中央黨部及政府，由廣州遷移重慶辦公。十五日廣州陷落。十六日革命實踐研究院在陽明山正式成立。二十六日中共犯金門，遭我軍迎頭痛擊，犯敵兩萬餘人，全被殲滅，俘虜六千餘人，是謂金門古寧頭大捷。台灣情勢得以穩定。

1　三十八年一月二十日《申報》所載。

孤軍奮戰

一　馳援重慶

自前一年中原戰役失利後，中共勢力蔓延，總裁蔣公迭有縮短戰線，集中兵力，萬不得已時留置一部兵力於陝南，與敵周旋，主力應向川西撤退之指示。當關中作戰時，上海棄守，武漢陷落；三十八年七月下旬，我擊破劉伯承部於安康之役時，陳毅共軍已越宜昌，進陷興山、秭歸，主力迫逐我南撤各軍，進窺廣州；對川鄂公路之共軍，我宋希濂節節抗拒，節節退守；陝甘之共軍則於九月一日向我鳳縣附近之第三十六、第三十八兩軍攻擊，我亦頗有損失。

三十八年九月四日我軍將共軍擊退，全線穩定，而第一師竇雞候令入川者，因受阻於廣州李宗仁代總統，久不得成行；至二十七日，西南長官公署派羅廣文、趙秀崑、皮宗敢到漢中開會，始商定：「三個師到成都附近，兩個師至青川，平武布防，設指揮所於碧口，並限十月十三日前到達成都」。

九月三十日，先生以三十軍、七十六軍殘部整補完畢，乃部署大巴山防務，而以六十九軍胡長青部控制於綿陽，另以一個軍出入關中平原游擊。忽奉國防部電令，秦嶺守軍，須待大雪封凍後，方能撤離。而是年天候較暖，並無冰雪，先生不得已於十月八日決定主力仍在鳳縣，東西第一線各軍各以一部部署於白水、江口、石江口、江西營之線；第二線則迅速即部署於廣元，青木川、平武、通縣、南巴之線，而以一部由鎮安出關中游擊。

十月十九日，先生巡視秦嶺部隊防務，回程過石門，見河上波浪有感，賦詩一首。

石門亦有浪，風雨不聞雷，層絕太華險，而生離別哀；
長安瘴癘滿，漢上旌旗開，偈促巴山下，幾番鼓角催。

是日，先生獲悉四川失意將領政客，劉文輝、鄧錫侯、王纘緒、向傳義、楊永俊、黃瑾懷、蜀不華、鄧漢祥等十三人，換譜拜把，已另有企圖，大為川局憂慮。

十一月三日先生飛台灣，晉謁總裁，奉諭速運一個師至西昌，並允撥黃金一萬五千兩。五日先生回漢中，七日在廟台子，九日赴西鄉縣茶鎮山上野廟中，分別召開作戰會報，規定各部隊爾後之南移行動與任務。

十一月六日入川之共軍陷秀山，十日陷酉陽。先生決定第一師袁書田部運西昌，集中漢中新津機場一千七百餘人；至十九日由新津運西昌者僅朱光祖團之一部，約七百人。由於飛機數量關係，餘皆不及西運。

是月十四日，蔣總裁應李代總統之邀，飛重慶，而李宗仁自己竟於是日由重慶飛南寧。蔣總裁電邀李代總統來渝共商大局，而李置之不理。十五日南路之共軍陷貴陽，攻重慶之共軍則由龔灘渡過烏江，進逼彭水，重慶形勢危急。十九日晨，先生接總統府俞濟時局長電話：「奉諭，第一軍車運重慶，第三軍開新津。」根據先生之日記，當時由於我軍在川北無兵、無糧、無衣，故先生原已令最有戰力之第一軍趕到新津鎮壓，以建立立足點，俾保障川北各部隊轉進之安全，而令第三軍於二十七日前車運到渝，不願「將此等精銳有用部隊（第一軍），毫無計劃分散割裂投置於無用毀滅之途」，「此著如錯，全局皆敗，決無挽回之機會」，再向蔣總裁力爭。但總裁另有考慮，又以嘯章電指示先生：「第三軍開新津，第一軍開重慶。」俞局長甚至奉命直接電話廣元轉達總裁指示。先生知共軍向重慶急進，此時中樞無主，獨賴總裁坐鎮重慶，而為掩護政府人員物資之撤離，總裁決不輕易離渝，而政府可信賴之嫡系部隊僅先生之部隊較有戰力。情勢至急，憂慮百端，是夜，即與羅列參謀長，沈策副參謀長等詳研至二十日晨二時半，決定揮淚從命。命第一軍遵自廣元改變方向，逐次車運重慶，並電該軍陳軍長鞠旅，有「勤王之師，義無反顧」之語。同時電請派卡車八百輛，加運第三軍至渝，協助第一軍之作戰。當時第一軍兩個師，運重慶之車輛，原定重慶、成都兩地方各撥一百輛，日夜川流趕運；實則僅到大小雜車六十輛。雖於二十二日由廣元出發，但半數車輛在途中損壞停駛，部分官兵不得不下車，而以徒步急行軍前進；而續請之八百輛車輛，竟無一輛至者。

十一月二十日，李代總統由南寧飛香港，託病不理政務，蔣總裁於二十一日派居正、朱家驊攜親筆函赴香港促李代總統早日返渝。

二十三日桂林失守，至二十四日李代總統始覆函蔣總裁，表示暫不返渝。於四川戰況緊急之間，電邀在台北之蔣總裁赴重慶，而自己卻由重慶飛南寧，蓋其用心之卑鄙，已大白於世人也。

第一軍陸續抵渝後，集結於九龍坡、大坪、石橋鋪、歇台子地區，機動使用。其時共軍已攻陷彭水。二十五日羅廣文之十五兵團自動放棄南川，敵遂進綦江之惠民場。

十一月二十六日，第一軍先頭一六七師第五〇一團到達，即車運至綦江附近三十華里處時，當時得宋希濂二十兵團副司令官陳克非通知，共軍已陷綦江縣城，奉總裁電示，改布防於長江東岸海棠溪北溫泉之線，待五〇〇團到達後，亦奉命至南溫泉佔領陣地，阻擊共敵。

當五〇一團前衛營至南溫泉鎮時，共軍已進犯，前衛營即依行軍隊形逕前肉搏攻擊，將敵驅於西南一隅。

二十七日黎明，海棠溪迄長江右岸之共軍，以人海戰術密集隊形猛向我五〇一團進撲，前仆後繼，潮湧蜂集。我五〇一團官兵，浴血阻擊，愈戰愈勇，鋒刃利鏃，寸土必爭，激戰至夜，共軍不獲逞而退，遺屍三百餘具，傷者約五百餘人，我俘獲敵二百餘人，二十門總機一部，輕重機槍十餘挺，我亦傷亡營長蕭瀛洲以下官兵二百餘人。五〇〇團到達後亦於是日出擊當面之共軍，至晚已將敵逐出南溫泉南側高地，俘獲敵兵二百餘人，各種輕重機槍三十餘挺，步槍百餘枝，據共俘供稱：「自入川以來，從未遭遇如此堅強之戰鬥，不愧為第一軍。」此時一六七師之四九九團，亦派隊肅清附近叛逆、土匪，至此海棠溪至南溫泉之線，已無敵蹤。

二 自重慶轉戰成都

三十八年十一月二十六日起，第一軍之七十八師逐次到達重慶，由於車輛破損，司機刁難，部隊大多徒步急行軍急進，至二十八日尚未能全部到齊，斯時長江南岸已成真空，七十八師抵渝後，第二三四團守備江津以西江岸，二三三團順延守備海棠溪北岸地區，二三二團位於白市驛守護機場。

二十九日，羅廣文部三六一師在黃桷埡潰退，叛艦又助敵渡江，迭次向我二三四團防地猛撲，友軍皆不戰而走，七十八師遂陷於孤軍獨支全線，苦戰不已。而黃桷埡侵入之敵進擾白市驛機場，與二三三團形成爭奪戰，我為掩護政府人員物資之撤遷，苦守力戰，共軍亦源源增援，勢在必得，激戰終夜，至黎明乃將犯敵擊退。其時宋希濂兵團已經江津西去，羅廣文兵團兩個軍非降即散，楊森之二十軍已奉命自嘉陵北行。第一軍雖孤軍苦戰，屢次擊破共軍，然於後援不繼，無法挽回頹勢。

十一月二十九日行政院由重慶遷成都辦公，是夜俞局長濟時傳令南岸部隊撤回。三十日六時，江津以西共軍大部渡江，永川情況不明，友軍盡走，旋奉楊森總司令電話指示，令第一軍速向壁山撤退，時一六七師尚在沿江布防，七十八師仍與北渡之共軍對戰中，敵見我撤退，乘機急進，陣地陷於犬牙交錯之勢，至夜方獲撤離，損失甚大，迨抵壁山時，楊總司令部參謀留交命令一紙云：「匪已由永川向壁山進犯，軍應向銅梁急進。」於是第一軍乃交替掩護前進，周圍各兵工廠爆炸之聲四起，沿途汽車壅塞，混亂嘈雜，路不通行。

十一月三十日，蔣總裁離重慶赴成都，重慶遂告陷落，白市驛機場即行炸毀，時有驅逐機四架及高級教練機六架，以氣候惡劣，不能飛行，亦一併炸毀。

十二月一日，銅梁縣長與駐軍降共，內江以東汽車停開，道路阻塞，難民等待過渡者，形成十餘公里之長陣，擁擠不堪，秩序大亂，當地有汽車六百餘輛，已失其作用，反障礙交通。四日敵竄擾潼南，有敵數百混入城內，迨一六七師進駐時，即發生劇烈巷戰，一六七師師長趙仁陣亡，敵亦為我殲滅。其時車輛、騾馬、難民、散兵沿途壅塞，友軍皆失聯絡。第一軍自壁山、銅梁、潼南、遂寧前進，陳軍長沿途設站聯絡收容。十一日至簡陽，僅集得七百餘人，重慶之役，一六七師師長趙仁陣亡，代師長曾祥延負傷，團長陣亡一人，營長、連排長死傷十至六七，共軍之傷亡十倍於我，終以敵勢強大，有增無已，而我軍政不能配合，地方政府解體，車輛竄敗，不能使用，補給已斷，糧秣則需自籌，孤軍苦撐，亦僅不負夙志而已。

先生當時之侍從參謀夏新華先生目擊以上之經過，於民國八十五年曾撰詩一首以紀念先生百歲冥誕：

固守秦嶺阻匪軍，突傳元首困渝城，
十萬火急電頻到，將軍勤王急如星，
翻山涉水千里路，將士足底血染塵，
爭奪要地拚生死，安保元首脫險城，
疲兵孤戰撼天地，陸沉最後一將星。

三　中樞遷台北

在陝南之第三軍，因車輛無著，乃即行軍南下，十一月十七日經漢中，二十六日到達綿陽，徒步急行軍，三十日聞重慶失守之訊，乃改開成都。

十二月二日朱家驊、洪蘭友自港抵蓉云：「美國國務院已允李宗仁入境之便利，彼即變卦，又不肯卸去代總統職稱，而要利用代總統名義赴美。」四日，李宗仁在香港發表談話，謂其「胃疾復發，赴美就醫，一俟短期內病癒後，即返國續負應盡之責。」中樞領導無人，國事危急，成都國大代表謁見總裁，旅台立監委員及國大代表，同時來電，促請總裁復職視事，以挽危局。

十二月七日蔣總裁約劉文輝、鄧錫侯來晤，彼等避不應召，反來函稱，王方舟主席與其為難，其投共之心已漸表露。同時雲南盧漢投共心跡亦明，表示不願大本營常駐昆明，亦不接受滇黔剿共總司令名義，蔣總裁即派張羣飛滇晤盧。是夜軍事會報決定，中央政府遷台灣台北，大本營設西昌，成都設防衛司令部。此時先生在陝南之部隊已翻越秦嶺跋涉長途，到達成都平原。蔣經國先生記其事云：「十二月二日匪沿涪江成渝路西犯，數日間隆昌、資陽、射洪陷落，**成都外圍展開激戰。胡部以六百餘公里與敵對峙之正面轉進，至一千餘公里長距離之目的地，而竟能於半個月時間內迅速完成，且主力毫無損失，亦戰敗中之奇蹟也。**」斯無他，先生曾令囑之，勤王之師，義無反顧，官兵皆能深體其義矣！

十二月八日，張羣赴昆明晤盧漢，商討政府遷滇問題，盧態度牢騷表示拒絕；九日盧漢叛變，派兵監視張羣寓所，斷絕電訊，並宣布成立雲南臨時軍政委員會，俟共軍接收。同日行政院開始在台北辦公。十日蓉昆電訊復通，第一封盧漢致劉文輝電，請劉會同四川各將領扣留蔣總裁，以期向中共戴罪立功，蔣總裁當即約見王纘緒，囑其轉告劉鄧，仍盼其入城來見，並令彼等所部，速離成都周圍；同時召集先生、王方舟、楊子惠、蕭毅肅等研討對滇事處置方略，當時在場文武官員，一致要求總裁離蓉赴台，勿再飛西昌，總裁乃決定回台，臨行與先生單獨面談三次，始覺放心，下午二時至鳳凰山機場起飛，六時三十分到達台北。是日劉文輝、鄧錫侯於總裁離蓉以後，即公開通電附共。十一日中央黨部遷台北辦公，昆明懸掛共軍之五星旗幟，張羣脫險飛海防。

四　千里勤王馳蓉城

三十八年十一月上旬，川南戰況緊急，復奉命部隊南運，先生於七日即在廟台子，九日在西鄉鎮分別召開作戰會報，當時除規定各部隊行動及任務外，並作漢水河谷游擊部署，令安康專員李靜謨，西鄉縣長柯愈珊，各以地方團隊壯丁編成一個師，並令十九綏靖區豫西綏靖區主任王凌雲，陝西保安旅旅長徐經濟暨縣長柯愈珊，鞏固安康外圍游擊。並令前六十七師師長李學正為王凌雲之副手，十一日起動員陝南人力物資為南進之準備，另令五十七軍軍長破壞陝南交通，第四處科長蔡劍秋破壞通訊，以為堅壁清野計。

迨李代總統潛逃，重慶外圍之戰失利，秦嶺大巴山已失防守意義。十一月十八日奉國防部成巧電：「彭水昨已陷匪，形勢緊急，務望貴部主力於十日內轉進成都平原。」於是先生令秦嶺、鳳縣東西之守軍酌留三十八軍掩護外，主力於二十五日夜撤向寧強，東江口之八十四師二十二日夜已先行南撤，安康之九十八軍於二十四日夜轉向城口、萬源撤退，原守大巴山之六十九軍、七十六軍、秦嶺之三十軍仍在原地掩護（此三軍連年損耗，僅各有一師兵力，四川新兵始終未能接到補充），然後隨主力行動跟進。其餘第三軍、十七軍、二十七軍、三十六軍、九十軍計有五個軍十六個師的番號，急進成都平原集中，與共軍決戰。

西安綏靖公署人員，於二十九日由漢中車運綿陽，先生乘飛機至廣漢轉至綿陽，三十日至成都晉謁總裁，自此每日陪侍在側。

十二月一日，綏署工作人員到達成都，駐南門外空軍機械學校，附近各部隊陸續撤離防線，向成都集中。二日彭德懷十八、十九兩兵團已向我秦嶺之三十八軍襲擊，一部於五日進踞漢中，三十八軍節節抵抗至摩天嶺之線，遂被優勢共軍所圍攻，軍長李振西率部突圍後於四川茂縣被俘。

川南之敵陷重慶後，中共劉伯承第三兵團、第五兵團及林彪之四十七軍、五十軍已分道西犯，主力竄抵安居、銅梁、隆昌，一部進犯內江、潼南。我二十七軍於十二月一日抵達內江，是夜在內江、榮縣、樂山之綫阻擋共軍第三兵團西進，並掩護重慶撤退人員物資前往成都。

十二月六日，駐瀘縣宜賓間之七十二軍共諜郭汝瑰叛變投共，共軍即西攻樂山，我三十一師遂側背受敵，甫到成都第三軍之三三五師，即運樂山增援，第三軍之主力於六日到達成都後，奉命擔任成都防守，第三軍軍長盛文兼任成都防衛總司令，余錦源、嚴嘯虎（原為成都警備司令）為副司令，曾擴情為政治部主任，第三軍副軍長沈開樾兼任防衛總部參謀長。時成都市內木柵林立，謠言蠭起，附逆份子公然明目張膽歛錢歡迎共軍，名曰應變費。而劉文輝在城南武侯祠駐有獨立旅聶文清部九百餘人，其新玉紗街住宅，匿有便衣兵三百餘人，武裝官兵五百餘人，建國中學有劉之舊部二十四軍一三七師周桂山部近千人，城北昭覺寺及城內上下打銅街一帶，駐有鄧錫侯之九十五軍黃隱部三千餘人，並勾結民眾自衛隊等密謀劫持總裁，佔領成都以應共軍之入城。

第三軍任成都防衛後，首先拆除交通要道上各軍自行劃界勢力之木柵，嚴禁謠言，管制散兵游勇嚴加戒備。

此時桂林已於十一月二十二日失守，十二月六日共軍陷南寧，白崇禧放棄大陸作戰，將華中剿共總部移撤海南島之海口，國軍主力無人指揮，由黃杰率領，退入越南。

十二月七日行政院改組西南長官公署，任命顧祝同為西南軍政長官，先生任副長官，羅列仍代參謀長，西安綏靖公署撤銷，先生仍以原西安綏署人員接充西南長官公署，至於陝甘邊區綏靖公署，改由楊森代理。

十二月十日下午，先生與盛文總司令恭送總裁離蓉赴台，先生日記云：「上午九時晉謁總裁，以昆明事變，劉文輝同謀為慮。」十一時半再謁總裁，問：「余是否留蓉，或即返台？」答以早返台為是，下午一時至鳳凰山機場恭送。

我空運西昌之第一師第二團朱光祖部抵西昌後，即據守機場周圍各要點，等待後續主力之到達。自劉文輝於總裁離蓉即發表通電叛國後，其在西昌所屬逆部伍培英，陰謀襲擊朱團，朱團長得報後，嚴行戒備，先生命其必要時得獨斷採行攻擊，以求自衛。於是朱光祖團長乘其未發，乃於十二月十二日夜，襲破伍培英師部，伍即率其殘匪狼狽向禮州及雅安而去。

伍培英為劉文輝之婿，久居西昌，無惡不作，賀國光主任每優容之，仍不悛改，西昌人民見其敗竄，莫不額手稱慶。事聞，先生嘉慰朱團長云：「此次第二團以不滿七百人之兵力，居然擊退十倍於我之叛敵，重奠西昌，力挽危局，其堅貞勇敢忠憤強悍之情，堪為軍人之表率，深感榮譽，除請將貴團擴編為兩個團之師之外，並犒賞四千元，敬以欣幸之忱，奉祝勝利」。

十二月十四日，先生命盛總司令解決武侯祠及建國中學之獨立旅及一三七師叛部，旅長聶文清被捕，上下打銅街之九十五軍全部繳械。並在劉文輝住宅搜出武器、彈藥、鴉片及不法文件多種，自是通共者皆不敢動，成都市粗告安謐。十五日奉顧長官令，將所擄人員及槍械發還鄧錫侯，並令其移駐灌、茂各縣。

五　成都轉進西昌

自秦嶺撤退之軍，迭受彭德懷十八、十九兩兵團之追擊，安康撤退部隊，亦遭劉伯承部第六兵團追擊，各部且戰且退；一部南向閬中、三台附近集結；一部到達綿陽又迅經成都參加樂山內江作戰，千里馳援，兵不宿飽，沿途戰力耗損，可以想見。

三十一師在內江激戰週餘，團長以下傷亡殆盡，師長李我亦負重傷，內江失守，十二月十日共軍攻樂山，我守軍仍屢次增援，浴血苦戰至十六日，我三三五師、一三五師傷亡慘重，樂山失陷，岷江西岸，全局改變。

先生仍令決守新津、彭山西南高地，主力控制於成都附近，與敵決戰，並以等待後續部隊之集中。湯恩伯總司令來電聯繫，先生於十三日復電云：「台電奉悉，承念至為感動。彭匪已過寧強，向廣元進逼，林匪已向遂寧、三台前進，劉匪由內江、資陽、榮縣、樂山前進中，劉鄧叛變，擁兵於成都、灌縣附近，伺我側背，友軍皆潰散，不能收拾，我兵力分散在六百里外，成一字長蛇陣，兄何以教我。」此時先生所部，在成都附近，北有彭德懷，東有林彪，南有劉伯承，側背又有劉文輝、鄧錫侯，以殘疲之兵，抗四方群集之敵，其艱困之狀，難以筆述。

十二月七日，我九十軍到達新津，十八日第一軍陳鞠旅率七十八師、一六七師殘部北上，為共軍阻斷，第五兵團司令官李文派部擊破敵軍之封鎖，迎第一軍至新津附近。時林彪之十五兵團已由川西、洪雅、丹稜、向蒲江西北前進，彭德懷之十八、十九兩兵團亦陷綿陽，迫近德陽、什祁之線。南路劉伯承共軍從毛家渡過河，我一六五師江承釗部，防廣兵單，在眾寡懸殊下，奮死抗拒，損失甚重，退守普興場。十九日我軍增援反擊，在普興場附近獲捷，敵傷亡甚大，攻勢頓挫，岷、錦兩江三角地帶完全肅清，奉總裁電令嘉獎。

我第一軍以二團之眾守新津，共軍以一個軍力攻擊一日，屹然未動，時劉伯承之第五兵團主力已乘虛西繞，折向邛崍、大邑、崇慶，攻我側背，我李振之十八兵團頗受損失，旋邛崍、大邑陷於共軍，對我合圍之勢已成，而我由北南進之各部，已在廣元、綿陽、三台南部等各地，各自與共敵不斷激戰，亦皆殘破不堪。

時奉總裁號酉電指示：「綿陽新到之匪兵力大小如何？預料長途急進之匪，其力必疲也，惟無論如何，我軍應集中現有兵力，先將新津、成都附近之匪擊滅，不可待綿陽之匪迫近成都，雙方受敵夾擊也，如新津成都之匪果能先行擊滅時，我軍尚有餘力，則再回擊北來之匪，否則循岷江東岸急進，繞攻樂山、宜賓或瀘州，是亦不失為中策也，樂山以南地區，現必無大匪，惟成都必須留少數兵力固守，以牽制匪軍，非萬不得已，切勿撤空為要」。

十二月二十一日又奉總裁電令：「如能在新津、成都堅持五日，將派飛機百架，運送高級人員及必要官兵逕飛西昌。」是夜空軍王副總司令叔銘電：「明日有機二十架至雙流機場。」乃部署長官部部分人員遣至德陽，會合北來部隊，出敵不意，突圍北進，在大巴山豫鄂川交界處從事游擊部分人員，隨隊徒步西進，部分參謀、通訊、譯電、軍需暨重要文書密件款項，乘機先飛西昌，至夜一時，復獲王副總司令電：「昆明機場仍為盧漢叛軍所控制，須改飛海口或蒙自加油轉飛」。

二十二日晨到雙流機場運輸機十九架，載運長官部部分人員至海口。上午九時，先生偕羅列、沈策、裴世禹、趙寧國等至新津，與李文、陳鞠旅、李振、周士瀛、魯崇義、何滄浪、胡長青、吳永烈、吳俊等開會研究，宣布總裁號酉電令指示行動，決定作戰方針。以局部攻擊牽制共軍，主力避戰，各軍以團為單位，化整為零，向敘瀘方面突圍，進入屏山、雷波、馬邊、莪邊、大涼山區，再策後圖。並告知不得已時應向重慶方面突圍，乘虛進入華中，直搗敵後。

經各軍長等研究，以為向重慶突圍，須渡岷江、涪江、沱江及長江，而此四江均不能渡涉，在淪陷區不易徵集渡河器材，部隊麕集易受共軍夾擊之危險，不如向西康方面突圍，先生決仍遵總裁指示，沿岷江兩岸敘瀘地區南下，先進入大涼山區，再向西昌突進，決定於二十三日晚間行動，軍隊區分如左：

㈠第五兵團司令李文，指揮第一軍、第三軍、第三十六軍及二十四師，目標西昌。

㈡第十八兵團司令官李振，指揮第九十軍、第六十五軍，目標昭通。

㈢第七兵團司令官薛敏泉，指揮第七十六軍、第十七軍，目標威寧。

各將領同時以綏署人員無戰鬥力，反要部隊保護，且西昌當地需籌備部隊糧食後勤，乃力請先生率綏署人員先飛至西昌。二十三日晨，空軍徐煥昇司令來告，由於機場治安關係，必須速行，先生乃於九時三十分偕參謀長羅列、副參謀長沈策、參議蔡棨、參謀長裴世禹、副處長楊蔭寰、秘書陳碩、第四科處長蔡劍秋暨周士冕、李猶龍等人至鳳凰山機場，於十時南飛，目標西昌。

是日凌晨三時，第三軍俘敵三十餘人中，有共軍團指導員供稱，共軍已知我軍將向東南突圍，且劉伯承第二野戰軍主力，已於二十二日夜開始向資陽、井研、仁壽各地集結迎擊中。至拂曉，第五兵團李司令官所得情報亦同，於是李司令官文、盛總司令文、李司令官振、陳軍長鞠旅、胡軍長長青等商決，改向西康突圍。

是夕，盛總司令命第三十六軍第一二三師師長雷振守備成都，牽制共軍，命第三軍及三十六軍一六五師暫置一部於陣地，向當面之共軍佯攻。

二十四日拂曉，我軍變更原來部隊區分，以第五兵團司令李文為中央兵團，率六十九軍（僅兩師新兵），二十七軍（僅五個營），由新邛公路向邛崍前進。第十八兵團司令官李振為右兵團，率六十五軍（僅二個團）、九十軍之五十三、三三八兩個師及三十六軍之四十八師，由雙流河邛崍與第五兵團會合後向雅安前進。第一軍軍長陳鞠旅率殘部在公路以南向蒲江前進，到達後以一部進據丹棱警戒，掩護左兵團前進。成都防衛總司令盛文，率第三軍及三十六軍之一六五師為左兵團，循第一軍所經路線向蒲江以北前進，而留二十四師在新津西掩護，其餘公署特務團、砲兵團、輜汽團及幹訓班等約五千餘人，皆在盛軍後跟進。

是日，第二十四師在新津掩護各軍西進，死力阻止進犯之敵，全師壯烈犧牲，師長吳方正陣亡。

西向邛崍、雅安之各軍，自離新津後，即遭強大之共軍包圍阻擊，第三軍於二十四日夜，俘獲共軍第三兵團第十軍三十師八十九團第二連官兵十餘人，有中尉連長覃某供稱：「前二十二日我連奉上級命令，說你們將向東南突圍，我軍奉令開仁壽、井研一帶，準備堵擊，昨二十三日我連正吃午飯，指導員說你們改向西突圍，要我們趕快吃完飯去追，我團剛到此地，就遇上了你們，我們這一軍都來了，聽說還有很多部隊要開來，林司令的部隊聽說亦開來了」。

二十五日晨，第一軍到達蒲江東北，遭共軍三個軍之兵力圍攻，激戰五小時，全部傷亡潰敗，一六七師代師長譚文緯陣亡，軍長陳鞠旅率一部向北突圍被俘。我左兵團左縱隊一六五師汪承釗部，午後二時甫抵蒲江附近之高橋，共軍遂向汪師攻擊，二十六日被圍於高橋附近，第三軍於是日遭共軍圍攻，十七師鄧宏義部被圍於西來場以西地區，二五四師陳岡陵部被圍於松華鎮附近，軍部直屬部隊及盛總司令被圍於西來場東北地區，各部自行奮擊，無法脫圍。

二五四師七六〇團團長**繆銀和**，軍部人力輸運團團長**饒石夫**，警衛營營長**孫鏞**皆陣亡；激戰至二十七日，我一六五師（僅有一個團）向西突進，配以十七師之五十一團，共兩個團之眾，已全部傷亡潰敗，師長汪承釗陣亡。

二十八日夜，十七師亦全部敗沒，副師長田淋，參謀長周兼皆負重傷，五十團團長**陳竟忠**陣亡。

中央兵團李文所部，自新津突破七層包圍之共軍，於二十六日到達邛崍，官兵犧牲殆盡，左兵團盛文所部苦撐至二十九日，沈兼參謀長開樾，師長陳岡陵皆負傷，餘被俘外盡皆四散，盛總司令亦已負傷，同數人避居於古廟禾堆中得免。

右兵團**李振**[1]所部，在新津開會後，即率領其六十五軍二個團殘部輸情投效共軍，其所指揮之第九十軍及第三十六軍之四十八師，均隨李文司令官由雙流向邛崍攻擊西進。先生二十三日日記云：「李振來告，謂魯軍長、陳軍長、李文等，皆擬以機飛行，並謂六十五軍已不成軍，可否乘機隨行，答以救部隊為主，不能飛行，李即回雙流。」（按，李振投共後，被畀予成都市政參事閒職暨人代會特邀代表，四十五年被整肅自殺）。

先生南飛西昌，因氣候濃霧，無法下降，乃改赴海口，海口亦在重霧籠罩下，不能降落，乃飛至海南島最南端之三亞機場，連日電訊不暢，焦慮至深，初以為五指山阻隔遮斷電訊，其實在三亞之百瓦電台，無法與前方聯絡，且西進突圍各軍，日夜苦戰，卒無一、二小時之停止，無法架設電台。而在台北之蔣總裁因無先生音訊，一度亦對先生誤解。

二十六日先生將幕僚通信單位移往海口，並派羅參謀長飛台北，向中央報告各部撤離情形，二十九日上午先生由三亞飛海口，下午一時飛西昌，以飛機漏油，仍回降海口。時奉總裁十二月二十八日正午函示：

「王副總司令與羅參謀長來台面報軍情，日來憂懷為之盡息：此時大陸局勢繫於西昌一點，而此僅存之點，其得失安危，全在吾弟一人之身，能否不顧一切，單刀前往，坐鎮其間，挽回頹勢，速行必成，徘徊則革命為之絕望矣。務望發揚革命精神，完成最大任務，不愧為吾黨之信徒，是所切盼，餘囑羅參謀長面達不贅，中正手啟。」

十二月三十日，先生偕副參謀長沈策、參謀長裴世禺、參謀蔡槃、周士冕、李猶龍、秘書陳碩、第四科處長蔡劍秋等人，自海口飛西昌，下午二時到達。此時在西昌僅有第一師朱光祖團七百餘人，至機場迎候者亦僅朱光祖一人而已，先生到達後住邛海新村，其餘公署人員在海口候機，俟羅參謀長由台返瓊後，率同北飛。

海口至西昌，自昆明、蒙自陷共後，中途無加油站，飛機必須自帶回程油料，故每機一次僅能載送九人，行李亦加限制。

成都突圍之役，第一軍第一六七師少將師長趙仁，同師上校代師長譚文緯，同師上校副師長高宗珊，同軍七十八師上校副師長梁德馨，七十六軍二十四師少將師長吳方正，五十七軍二一四師少將師長王菱舟，三十六軍一六五師少將師長汪承釗，第六十九軍少將參謀長陳壽人，第二十七軍三十一師參謀長**劉禹田**，已查確實均於是役陣亡。其餘團長以下陣亡者眾多；已無法查實。

趙仁，陝西三原富里堡人。軍校五期，性剛強，三十八年潼南戰役負重傷，死於途中。

譚文緯，廣西人。軍校七期，由教導總隊編為二十七軍四十六師中校團附，參加太行山陵川抗日之役，聰穎忠貞，著有功績。

高宗珊，河北人。軍校十一期，三十七年任第一師上校團長，豪邁勇敢，負責盡職，守新津太平場之防務，厥功甚偉，陣亡於蒲江縣西北三十公里處。

梁德馨，河北人。軍校十二期。

吳方正，浙江東陽人，軍校七期。

王菱舟，山東人。軍校九期，三十八年春任二一四師師長，忠毅慷慨，川西突圍時任北縱隊後衛，血戰數晝夜，力盡自戕殉職，其妻亦同時自盡。

汪承釗，字力之，湖南靖縣人。軍校六期，陸大特六期，西安綏靖署參謀處長，調任師長，深得士心，文武兼資，性尤忠烈，轉戰晉陝，至是力戰陣亡。

陳壽人，福建閩侯人。號其椿，軍校第六期通訊科，參加討逆剿共屢建戰功，曾任第五軍通訊營長，六十九師軍務處長，二〇七師上校團長等。三十八年來台安頓家小後返陸，任六十九軍少將參謀長，於成都戰役突圍時在邛崍、五面山一帶為掩護胡長青中將所率軍主力，吸引共軍包圍而中彈殉職，得年三十九歲，時人惜之，四十年公在台北呈請國防部褒揚撫卹，六十二年入祀忠烈祠。

三十八年九月，先生密察李宗仁居心叵測，和談破裂，中共已渡長江，全國局勢艱危，戰事已非短期可了，為使各將領無後顧之憂，宜使其眷屬獲有安定之居所，乃特籌黃金一千兩，電商台灣省主席陳誠，請代購住屋五十棟，後遂在台北的南京東路與今之松江路處有先生部屬房屋，為來台眷屬安居之所；當時各部隊來台者，鮮有此舉，故皆甚為企慕，迨後情況緊急，部隊奉命南開渝蓉之時，先生又急電成都辦事處處長汪震，分批包機運送高級將領眷屬來台安居，至先生抵西昌後，又擬建眷舍千棟，派前三十八集團軍總司令丁德隆理其事，後因戰局劇變未果。

十月二十六日，共軍攻金門全軍覆沒。十一月六日，繼金門大捷之後，國軍在舟山登步島又獲大捷，殲滅犯共軍罪五千餘人，俘虜二千餘人。金門與登步二役，在全國軍事失利聲中大勝，對穩定台灣海峽之戰局，有決定性之影響。

十二月十五日，行政院改組台灣省政府，任命吳國楨為省政府主席兼保安司令。三十日，印度承認北平中共政權，外交部宣布撤回我國駐印使館，與印度絕交。

六　舊部聞風來歸

三十九年元月二日，參謀長羅列率部分幕僚人員自海口抵西昌，展開各項幕僚作業。此時各軍突圍西進者，大部已被圍攻犧牲，其已突出重圍者，又遭劉文輝、鄧錫侯叛軍襲擊，補給斷絕，困疲萬狀。行進甚緩而電訊不通，先生焦慮至深，如各軍不能轉進西昌，一切將無所藉手，當時幕僚人員研究爾後行動方案如左：

㈠第一案：請求全體空運海口，或附近海島，續策後圖。

㈡第二案：全部向滇緬邊境轉進，建立根據地。

㈢第三案：控制有力一部四至五連，保衛指揮機構行動，分散其他現有兵力，控制寧屬南北各縣安定西昌，配合土司，利用漢人展開全面游擊。

㈣第四案：不得已時背城一戰，較之湮沒於窮山荒谷間稍勝一籌。

先生研議後，反對第一案，以採用第三案為主，二案輔之，遂以此為一切準備之目標。

元月四日，得三三五師王伯驊團已過木廠向白羊岡伍培英叛軍攻擊前進之訊。五日王團擊破伍逆叛軍到達富林。三三五師原先在樂山接領新兵，時經半年，僅得一團；樂山陷共時，師長全斅曾降共；全斅曾原為西北軍馮玉祥之舊部，曾任三十軍魯崇義之參謀長，魯曾力保仝人才可用，乃任第三軍三三五師師長，王伯驊為其所屬團長，未料全在危難之間叛逆投共，遂率其新兵一團轉戰於崇山峻谷之間，至是來歸。

時宋希濂兵團一二四軍軍長顧葆餘裕，亦率殘部二千餘人，自滇邊越金沙江至甯南縣。顧係江蘇吳興人，曾任七分校大隊長，亦先生之舊部也，先生特派參謀長羅列乘機飛甯空投補給品及慰勞款，藉致慰勉。

第二十七軍軍長劉孟廉，亦率特務團到達錫蓋梁，有眾七百餘人，先生於元月七日至禮州、錫蓋梁；檢閱顧、劉兩部，予以慰勉。下午二時，先生接第七兵團無線電連長許培人致機要室主任王微電云：「第三軍、十七軍、三十六軍、七十六軍、五十七軍已先後覆沒，三十軍、三十八軍、九十八軍已隨裴昌會被俘投共。」先生聞之，殊為悲憤。

元月十二日，突擊總隊樊廷璜已突圍至松潘附近，尚有千餘人，武器較全；十三日，第三十八軍五十五師團長張天祥率數百人與突擊總隊陶慶林，豫省部隊長田中田數百人，亦至松潘附近，並沿小金沙江南下，收復康定。先生親筆函勉田中田、陶慶林、張天翔、任天鋒云：

「當此大雪封山，道路險絕，強寇縱横之際，而能突圍南下，克復康定；可歌可泣之雄風，砥柱中流之偉績，對革命之忠貞，行動之機警，求之今日，實不易多得；至為欽佩，茲特派機致送所需，並以忻慰奮發之忱，敬祝全體官兵勝利，胡宗南手啟。」

第六十九軍軍長胡長青率殘部一千四百餘人，由邛崍突圍，經天全、蘆玉亦抵達富林，與王伯驊團會合；至是旬餘之間，各軍陸續至西昌地區者萬餘人，整理訓練，尤可一戰，先生於是發表：胡長青兼第五兵團司令，朱光祖為第一師師長，陶慶林為一三五師師長，田中田為一三七師師長，王伯驊為三三五師師長，資以黃金糧秣，使各整訓備戰。

七 竭力經營西昌

西昌為西康東南十數方公里一小盆地，水土饒沃，四周為高山深谷，皆夷胞所窟宅。生夷竄居窮谷，常擄漢人鬻賣為奴；熟夷則各有統屬，其各酋長也多不能和諧相處，常相攻伐，敗則懾伏，勝則自雄，罔識禮義，交通梗塞，糧食尤缺。抗戰時期為瞰制康滇，乃於此設指揮機構，聊示雄圖，自戡亂軍興後，移西康省政府於此，賀國光為省主席。

先生至斯土後，土司、夷酋頗多來見，先生加以安撫；於是委鄧德亮為西南人民反共自衛軍第一縱隊司令，楊砥中為邊務委員會主任，鄧如凱為反共自衛救國軍第一縱隊長，王文深為越雋特務大隊長，李幼軒為西南人民反共自衛軍第二縱隊第七團團長，嶺光電為第二縱隊新編第四師師長，蘇國憲為西南人民反共自衛軍第三縱隊司令，李延桐為金沙江南岸挺進司令；其餘孫芳、陳超、李元亨、陳子武、郡海泉等，先生皆賦予名義，發給款項，使整理地方團隊，並派顧邦俊招致夷兵一千餘人，成立部隊。其由各地進入西昌地區之各部隊長張桐森、田中田、高超等，先生皆資以經費糧彈，熱忱撫慰，並以張桐森為第二軍軍長，一時聲勢頗振。

先生以各軍幹部龐雜，漢夷思想智能未果一致，將來部隊擴充，幹部尤為不足。乃呈准中央設置「西南幹部訓練團」，自兼團長，以羅列、賀國光任副團長，沈策為教育長，楊蔭寰為軍事幹部訓練班主任兼學生大隊長，復命羅參謀長籌劃於陰曆年前，購屯大批糧食於昭覺寺、大涼山、西昌、鹽源等地，並速購騾馬成立運輸隊，又電台北催運銀元調劑金融，安定物價，並研擬成立經濟委員會，延攬有力份子，鞏固內部。

元月下旬，總裁派其長公子蔣經國飛西昌視察，並手函指示：

「雲南情況變化後，西昌當更艱難，然最近匪似不致大部入康，如將台北軍火配運西昌，為可能之事……如匪攻台灣，余必與台灣共存亡，而決不出國。」

先生即函呈：

「此間情況至為艱危，但如能在二月十五日前空運一個師之武器彈藥到西昌，仍有可為。」

自二月八日起至三月二十三日止，由台北空運武器彈藥七次，約四十架次，共運不足三分之一，至三月下旬，共軍已猛向西昌進犯，無法續運。

西昌原為伍培英叛軍所據。經第一師朱光祖擊潰後，復糾合殘部，遁入夷區，自雲南盧逆之叛，土匪朱家壁數千人先入康境，其後龍純曾繼之，聞我軍進駐西昌，遂徘徊金沙江上，時與伍培英殘部呼應，四出竄擾，皆為我軍擊退。

八　西昌之役

三月中旬共軍大舉西犯，號稱十萬。十七日龍純曾部千餘人由窪烏渡江再犯會理，共軍十二軍之四十三師繼其後，而陳賡之十五軍由余建勛指揮者，亦於同日由龍街渡江；鹽源方面，朱家壁共軍迫近城郊，與我諸葛士槐部對戰中。先生令一二四軍高副軍長，及第一師朱師長合力阻擊渡江之共軍，保衛寧南，另令德昌第二警備分區司令吉紹虞策應鹽源作戰。

二十二日，朱師向新場攻擊獲勝，而殘共之渡江者已陷鳳山營以南地區，北路之共軍六十二軍已由峨邊、榮經、天全、瀘定，分道入寇，其主力則由峨邊金河口、簑衣嶺直犯富林，與我王伯驊師鏖戰於黃木廠附近，中共之新二軍則繞攻康定。於是共軍以四面合圍之勢，攻西昌一隅之地，其勢已成。

二十三日，第一師朱師長率部續向葫蘆口之敵進攻，遭中共十五軍之主力反擊，傷亡過半，西昌警備團劉營，掩護朱師退卻，亦傷亡殆半，朱師長遂向寧南轉進，高副軍長率一二四師之王團，亦受鳳山營殘共之攻擊，孤兵無援，傷亡殆盡。

六十九軍與三三五師雖迎戰於黃木廠，而敵已分股千餘人陷漢源，渡過流沙河，進逼農場，威脅側背，守農場者王伯驊師二連之眾，皆忠勇抵抗，全部犧牲，黃木廠二十三日棄守，田中田孤懸西北瀘定，被圍呼援已無兵可支應。

二十四日六十九軍與三三五師轉進至大樹堡、海棠之線，朱光祖退至白水河，繼退普格，會理之顧葆裕、張桐森亦受打擊，撤至黃水塘，會理失陷，形勢突變。

二十六日朱師退拖木溝，敵進益力，一部迂迴河西，進逼西昌。於是分置劉孟廉、陳超於雷馬屏區域，田中田、陶慶林、張天翔於康屬區域，孫仿於寧東，鄧德亮母子於寧西，顧葆裕、張桐森於滇西，潛留兵力，從事游擊。

九　總統復職令回台

三十九年二月三日，李代總統在美致電監察院，以接洽美援為名，決在美國遙領國事。十二日，監察院指責李代總統滯居美國遙領國事之謬誤，決議請國民大會彈劾之。十三日，中央非常委員會聯名電李宗仁，促其返國，而李宗仁於十四日復電非常委員會，以醫囑不能遠行之理由，拒絕返國。這一時局大變之時，國家領導中心解體，中樞無主，蔣總裁以在野之身，既不能下命令，又不能定決策，獨賴以總裁身分，協調從政同志，艱難苦撐。而行政院長閻錫山，將政府自南京遷廣州，遷重慶，遷成都，復播遷來台北，得以保持行政體系。此時大陸已次第撤守，共軍東南沿海集結重兵，窺台日急，我國在國際之地位日漸動搖，內外情勢，萬分險惡。二十三日非常委員會決議請蔣總統早日復行視事，立法委員、監察委員、國民大會代表及各政黨民意機關，紛電請求蔣公復職。蔣公以全國軍民之殷切責重，並鑒於國家民族存亡絕續之所繫，於二十八日假台北賓館舉行茶會，中央常務委員、中央監察委員、中央政治委員、非常委員會委員，均應邀出席，一時群情沸騰，一致擁護蔣公復職。蔣公顧及全國民情，即宣布於三月一日起復行總統職權。

三十九年三月一日蔣總統復行視事，並發表文告，昭示全民同心奮鬥，光復大陸。國有領袖，中樞有主，黎明曙光，萬民欣歡。三月六日，中央常務委員會臨時會議通過准行政院院長閻錫山辭職，提名陳誠為行政院院長；八日，經立法院同意，即組成新閣。十二日，總統任命行政院政務委員及各部會首長、行政體系恢復，秩序步上正軌，民心告安。十七日，總統特任周至柔為參謀總長兼空軍總司令，孫立人為陸軍總司令。三軍指揮有人，軍令體系漸復，軍政之混亂至此步上規範，獨挽洪流之狂瀾者，蔣公之復行視事也。

總統悉共軍號稱十萬之眾圍攻西昌，深知我軍新造，戰力未充，殘破飢疲，勢難抗禦，遂命空軍總部於三月二十六日派運輸機兩架，接先生與賀國光主席等高級人員回台，國防部副參謀總長郭寄嶠即行手擬總統手令，逕行下達：「大勢如此，部隊交予胡長青指揮，其餘人員隨空軍飛機返台」。

先生奉命後不願自己離去，還召集幕僚人員研究西康山地形勢，態度嚴肅，舉止從容，並取酒杯與趙龍文曰：

「龍兄請乾此杯，為你餞行，待明日天明，你就飛回台灣。」

並指身旁一個包裹云：

「這是我十幾年來的日記，請替我帶回去。」

於是秘書長趙龍文、參謀長羅列等諸人，在深夜中陳說數四，並由羅參謀長留西昌代行職務，百般引喻古今之事，並云：

「總統需要你，遠較殉職成仁重要，你不過一心與所部共存亡，然今殘部不多，且有羅參謀長在，足可代理，而總統對你的需要，誰能去代理呢？軍人服從命令是大忠、大義所在，今共軍盡集精銳，以八部環進，口口聲聲以活捉先生，豈可使之稱快得逞，反共非一旦一夕所能完成之革命事業，真正之反共戰鬥，尚在未來，先生如何可捨棄這個未來責任呢？」

最後羅列起而懇切陳詞云：

「領袖對先生如此愛護，先生怎可棄領袖而犧牲。我已決心至再，願為紀信，務請先生以反共前途為重，接受命令，不然我將自殺以明心志。」

先生心存黨國，聞趙龍文、羅列之言，一陣默然，領袖與部屬，責任與道義，洶湧起伏，悲壯凜冽，趙龍文、羅列以目光指示在場人員，亦顧不得平時儀節，一擁而前，急擁先生至機場。此時已為三月二十七日凌晨四時矣！先生乃偕西康省主席賀國光，西南長官公署秘書長趙龍文，總務處代處長蔣竹三，參議蔡檠等十餘人，在機場四周散敵共軍濃密的槍聲襲擾下，上機起飛，未明即離西昌飛海口，是為大陸撤退最後之二架飛機。

三月二十七日上午，先生抵海口，立即建立指揮所，而海口各處亦正遭土共襲擊中。空軍已準備撤離，乃於四月一日飛台南，翌日即向總統暨陳院長報告西昌戰況，並向總統請罪，願再赴疆場，求得死所，總統體察戰況實情，勉其稍事休息待命。

先生自三十八年十一月秦嶺撤守，成都突圍，西昌鏖戰，半年以還，處身危慮勞頓之中；精力疲耗，痔瘡復發，回思戰局，夜不成眠。湯恩伯知其情況，乃在花蓮代賃一屋，先生於台北公事粗了，即飛花蓮海濱休養。

一〇　凜冽萬古存

先生於二十七日晨四時離西昌後，羅參謀長即率警衛隊一營，第一師新兵二營北進，向瀘沽北上，預期與胡長青六十九軍由富林南下之部隊會合，東越大涼山夷區，會合雷波陳超所部，再作後圖。下午抵瀘沽，而南來之共軍已沿西瀘公路向北追至，瀘沽之共軍鄧宏又召集夷兵襲擾，乃深夜離瀘沽，東進甘相營。甘相營為鄧德亮故鄉，其父子為夷人所信服，由此可東越大涼山出雷波。二十八日到達甘相營，議購糧米東出之計。北路胡長青、王伯驊主力連戰於大樹堡、平壩、蠟梅嶺、觀音岩等地，白刃相接，共軍遺屍滿途，我亦傷亡過半，而敵仍增援相迫。

二十八日，胡、王兩部退至甘相營，共軍亦追蹤而至，時鄧家議購糧米及假道夷區之事未就，敵已蟻集，乃命胡部扼路西守，羅參謀長於二十九日夜率部南移祭妖溝，數十里間迭遭夷人襲擊。三十日晨，共軍已大至，圍之數匝，鄧家幹部紛紛投共。羅列所率之警衛營及第一師新兵以飢疲之眾，激戰三晝夜，困疲已極，而南北之敵愈集愈眾，我軍已三日未得糧食，羅參謀長集眾激勵，此時追隨者僅五百餘人，告之曰：「只有團結拚命衝出重圍，才是生路，稍稍動搖，必無一倖免。」並手刃中共勸降代表，官兵感奮，益作殊死之戰。

四月一日中午彈盡力竭，死亡枕藉，祭妖溝終於不守，官兵皆戰死；羅參謀長率衛士十餘人，兩度突圍，脫離戰場時，僅餘衛士一人隨行，又遭夷人二百餘人圍攻，被擊重傷，昏然罔知，掉入溝底，後為忠義漢人所掩藏，旋獲川中幫會首領伍道遠等人之助，得脫離康境。

第五兵團司令官兼第六十五軍軍長胡長青，於三月二十八日與羅參謀長會合甘相營後，乃於甘相營西大風口佔領陣地，掩護羅列東進；激戰一日，拒敵東進，而中共之夷兵後至者益眾，度不能勝，與王伯驊師長西向分道突圍，期圖繞出敵後，相會星姑廟，胡司令官激戰於孟獲山附近二日，團營長死者有**顏道遠**、**李騰蚊**、**李忠光**、**劉兆祥**等人及連長以下官兵七百餘人，兵漸少而圍不開，胡乃集中所部四百餘人突圍至肖山，所部傷亡殆盡；胡足受重傷，流血不止，而義不受辱，自戕未遂，共昇至越嶲縣之星姑廟，而王師長伯驊適苦戰突圍亦至，共敵詐稱胡軍而迎之，力屈被執，胡司令官見之，遂一慟而絕，王師長被俘後，在管訓時逃出，五月輾轉至香港來台。

二十七軍劉孟廉四月間越大涼山至雷波與陳超會合，陳有眾九千餘人，劉亦收散卒數千人，請濟械彈取瀘州為犄角。時西南長官公署已裁撤，部隊歸國防部直接指揮，械彈已無法接濟，至六月陷雷波，二十七軍軍長劉孟廉、參謀長劉逢會力盡被俘，囚於瀘州，誘降不屈，九月遇害。

南部之顧葆裕、張桐森率所部退出理會後，救援西昌被阻，乃遶出敵後，渡金沙江南入滇境；張桐森在滇游擊，顧於八月間輾轉來台，其餘如蘇國憲、李元亨、陳志武等所部，多寡不一，其時仍在夷區游擊。

游擊總司令唐式遵，忠貞不貳，川省淪陷，西入西昌，西南長官公署資以械彈後，與西康國大代表羅子州隨羊仁安北進；羊仁安乃劉文輝之舊部，當先生在漢中時，一度來見，詭稱在川康可號召數萬人，先生委為十三軍軍長，令招攜劉部，其後又請西康省政府派為雅屬行署主任，留西昌匝月，觀望不就，迨西昌危急，乃隨唐式遵北去。

三月二十八日途中遇共軍。唐式遵、羅子州率部抗拒，激戰初起，羊仁安即請降，**唐式尊**、**羅子州**身先士卒，同時陣亡。羅子州身上中數十彈，叫罵而絕，其女良鳳，隨侍在側，同死難。國大代表之殉難，所知者尚有**高介夫**、**吳道遠**。共軍之第一次人代會中，有四川代表羊純安，經查即為羊仁安其人，可知其早已與中共勾串而偽裝與我接觸也。

成都防衛總司令部副總司令余錦源，於我軍突圍西進時，回至金堂原籍，組織義勇鄉人從事游擊，一時聲勢頗盛；至七月間中共曾調大隊搜捕，以後情況不詳，迄至六十一年四月，共軍紅衛兵奪權造反，在成都反紅衛兵奪權鬥爭中，公開聲稱有先生舊部掀起反毛活動，始知余部之尚有人在進行反共活動也。

西昌之役中，陣亡者有七十九軍軍長兼代第五兵團司令官胡長青，西南長官公署少將參議**王維一**，被俘不屈遇害者有中將參議周士冕，第二十七軍中將軍長劉孟廉，少將參謀長劉逢會，第一師少將師長朱光祖力盡被俘，劉文輝恨之澈骨，要求共軍將朱光祖解至成都殺害，死狀極慘，其餘團長以下官兵死亡者，約近萬人。

胡長青，河南臨湘人。軍校四期工科，陸軍大學九期，忠毅果敢，抗戰剿共著有勳績。三十八年共軍渡江戰於首都近郊，以不能殲敵，自戕傷胸，來台傷癒後，復往漢中，至是終於殉國。

周士冕，江西永新人。軍校一期，誠篤不貳。先生任旅長時，時任參謀主任；以後歷任西北軍官訓練班教育長，特種黨部書記長，二十七軍軍長，第七補給司令；竭力反共，抗戰時曾捐資印發反共書籍數萬冊，被俘後誘降不屈，在瀘州被害。

劉孟廉，陝西人。軍校四期，和愛容眾，深得士心。歷任團、師長，向成都轉進時二十七軍與第三軍較為完整。

劉逢會，陝西人。

朱光祖，甘肅平涼人。軍校西北軍官幹訓班第一期畢業，為人豪邁而有機智。以上士排長積功至團長，在西昌以七百餘人，擊潰伍培英叛軍一師，升任第一師師長。

李學正，字晏芳，河南靈寶人。軍校五期。歷任河南靈寶縣民團司令，張鈁部團長、旅長，六十七師少將師長，第一屆國大代表，英武仁愛士心，三十八年平津戰役後來台，旅赴漢中，公任命為川陝甘挺進軍副總指揮，敵後游擊，後於四川通江被俘殉國。

三十九年三月二十七日，西南長官公署裁撤，二十八日，國軍撤出西昌，即為大陸沉淪之日[2]。

1　文載《新聞天地》，五十一年三月三日，七三三期。

2　取自中國國民黨七十年大事年表。

儒將風範

一 遭彈劾俯仰無愧

居廟堂之高，不明邊疆戰況。身在台北之清議，何知西昌之悲壯。先生返台之後，監察委員李夢彪領銜草擬彈劾文，案由為：「胡宗南喪師失地，貽誤軍國，依法提出彈劾，以肅綱紀，而振軍威。」全文數千言，四十五位監察委員簽署，於三十九年五月二十六日提出監察院院會，經院會推派劉永濟等十一位委員審查成立，移送公務員懲戒委員會審議，有關刑事部分並移送國防部偵辦。

此一彈劾文未至監察院院會前已油印分發各報社，故於五月十一日，先生見報載彈劾案全文後，即由花蓮回台北，借居於湯恩伯錦州街住舍，同學友好慰問者唯遜謝而已。

先生於萬難中奉命來台，竟遭監察院彈劾，集謗怨於一身，不僅無一語自辯，且一再約束舊部：「不許與任何人爭論，作辯怨白謗之無聊舉動」，剴切表示：「我們身為國家軍人，為領袖負責之幹部，丟掉大陸，我們沒有責任，誰有責任？」其舊日部屬紛為不平，陳大勳曾撰一稿，欲在《新聞天地》發表，以澄清謠啄，事先呈送過目，先生閱後即行收下，一笑置之，並云：「你是我的學生，你應該了解，數十年來，我們吃國家的飯，拿國家的餉，我們有什麼貢獻，別人指責我們是應該的，我們是革命軍人，是領袖的幹部，只求俯仰無愧，一切誹謗，加之於我，復又何辭？今後唯有益自惕厲，再圖報效領袖與國家，以補罪愆。」對於彈劾之事，泰然處之。

《新聞天地》雜誌發行人卜少夫曾訪問先生，談及西安、成都、雙流撤退以及功罪問題，先生說：「我當然要負責，失地戰敗，一個軍人只有以死謝國，我決心不出來了，我的部下、我的參謀長對我說，即使你死了，對國家又有什麼益處，這是最愚蠢的行動，使敵人哈哈笑的行為，留得有用之身，再謀報效國家，以贖前愆，才是最正確亦是最明智的一條路，我來負責，代替你在這裡收拾殘部，徐圖再起，你可以放心罷，他們甚至用自殺來勸我上飛機，我仔細靜思，他們的話亦很有道理，我悲愴地離開了他們」[1]。

後人評先生之胸襟與勇於負責承過之精神，較之馮異之功成勿居實有過之而無不及。除國家領袖外，已進入忘我、無我之最高武德境界，若非深獲儒家之克己功夫與素養者，何克臻此。

二　立委上書請命

監察院之彈劾案，由行政院移送國防部審辦，其時激起立法院不平，立法委員江一平、張鴻烈等一〇八人簽名上書總統及行政院院長，請為國家愛惜人才，免其議處，畀以新任，責效將來；文中備言先生之苦心孤詣，忠黨愛國，以孤臣孽子之心，衛護領袖，克盡厥責，其原文如左：

「胡氏以孤軍四應，轉戰數省，仍遵命令，扼守陝南。原擬加以整編，即順江南下，直搗武漢、荊宜，予匪以心臟之打擊；使此策果行，則勝敗之數，仍未可知。乃因華中棄守，匪氛四溢，川湘各省，迭失名城，川滇將領，復多攜貳，彼時鈞座親蒞成渝，力謀挽救，政府遂有調胡部援川之令。胡氏忠黨愛國，是其天性，擁護領袖，尤出至誠，此時遂不得不移江漢之師，赴成渝之急；明知大軍轉進山區，不易爭取時效，但以搶救政府，護衛領袖，均為大義所在，不敢不投箸而興。此一時間，胡氏因愛護政府，效忠領袖，放棄成謀，移師入蜀，凜凜大義，甘蹈危機。律以郭汾陽、渾瑊之尊重朝廷；岳忠武、吳玠之倡導忠義，其心其志，未必可以成敗之跡論之。溯自東北沉淪，平津告急，公卿將帥，相率言和，貪懦之徒，更多變節；以致人民惶惑，戰士躊躕，傳作義之卸甲，即其時也。迨華中不守，湘贛隨之，政府再遷，川滇迭變；其間失地喪師，叛國降共者，何可勝數！在全國鼎沸之日，大陸靡爛之中，獨以數千里赴援之胡宗南部，則責以制勝出奇，全師保地，揆之情勢，寧有可能？至胡氏內撫戎行，外應強敵，忠貞之志，百折不撓。所部備歷艱危，輾轉奮鬥，軍師團長傷亡至數十員，迄今參加游擊者，尚有參謀長羅列等人，是其忠誠感召，故能眾志同心。勁草疾風，時窮即見，雖無顯績之呈，已收默化之效，其崇尚武德，發揚軍魂，求之當今，洵為碩果」。

三　社會流傳恩怨

一時立、監兩院對先生之所見相左，時人論之者甚多；各行憲法之職權，皆為人民之代表，無可置啄；唯當時監察委員李夢彪除領銜彈劾外，尤為對先生有所辯白者而激憤，致使李夢彪與江一平引起一場論戰，脣槍舌劍，各抒所見，因之有甚多傳言，誤以為李夢彪與先生之積有私仇也，故有傳言云：

㈠監察院彈劾文案，在未付院會討論前應屬秘密文件，該案在五月二十六日交付院會討論，而於五月十一日即全文見之於各報刊，何以要先行印發各傳播媒體？於尚未在院會通過前而聳聽聞。

㈡東北陷匪，華北降敵，華中棄守，華南轉進，川滇叛變，皆未聞有任何彈劾案，而獨先生之來台，予之彈劾？或云監察院對西北之事特加重視乎？

㈢據傳李夢彪在西安郊區之一私有土地，為七分校作為軍事訓練營區，軍方並以在西安一個很寬大房舍庭院與之交換，為李所不滿，怨恨在心[2]。

㈣先生在西安時，每年春節，例向陝西諸先達張翔初、寇勝浮、景梅九等，備禮物親往拜年，三十八年農曆歲盡，先生身在西昌，曾電台南辦事處，派員贈送陝西參議會議長王宗山，立法委員劉楚材等黃金各十兩，以為度歲之需。王宗山曾任軍校秘書，先生在陝所師事者也，劉人口眾多，其子劉恩蔭曾服役先生軍中相互關切，時有往來，故例有餽贈，其餘皆未與矣！而先生返台後，不知李亦播遷來台，未往拜會，因之李大為不快[3]。

李夢彪為黨國元老，早期參加同盟會，歷任要職，抗戰前後曾任陝西省議會、副議長，行憲後以宿儒耆老當選為監察委員，莊正自持，頗負清望，提彈劾案之時已七十二高齡，當不致為前項傳言而行公報私怨之舉。揆之實情，實為監院諸公，對抗戰後戡亂戰況無所了解所致。尤以在未提院會前之秘密文件、油印分送各報社，實令人難以理解。

勝利後先生所部多有外撥，其在關中較完整之部隊者僅整一、整二十九兩軍而已；瓦子街戰役後，只有整一軍較為完整，然因政府停止徵兵，久戰兵疲，人員無法補充，就以整一軍各師而言，兵員皆已不足，則各部隊更可想見，再以千里馳援，在激戰中轉進，其損耗更難以想像，渝蓉戰後雖各部隊軍師番號尚在，其兵力亦僅存一團一營而已；就第一師二團空運西昌，僅二營兵力，與叛軍周旋，傷亡頻增，迄至朱團長升任師長時，亦不過僅有一營兵力。此種狀況實非未在戰場者所能體悟，其後人員補充無望，即糧彈之補給，亦告不繼，戰場之困疲，難以言狀，斯實非居身於後方者所能了然。

從先生日記所示，確欲與士卒共存亡而為國犧牲；而當時之實情，兵不逾萬，多為新造之眾。十萬之共軍圍攻於外，劉、鄧叛軍襲擊於內，揆之大局，先生果抗命而殉難於西昌，而稱快意者為中共，而使至痛者乃蔣公。仇快親痛，何其可也，故部屬願作紀信，代死於西昌，並欲以自戕以明心志。如是情況下，故奉命而返台，實不宜以成敗之論先生也。

四　對彈劾案提出申辯

監察院彈劾案送達行政院後，即交由國防部審理，先生接奉通知後，於八月十六日奉國防部令提出申辯書，對所提彈劾案依法提出答辯，內容概分九項：

㈠「平時養兵四十五萬，新式武裝當全國三分之一，倉庫所儲其數尤多，駐軍西北，將近二十年。部隊不為不多，配備不為不精，蒞事不為不久」：

查先生之部，於二十七年淞滬戰役奉令入關，前後共十一年。抗日時期奉令入關隸屬督訓整編之各部隊，最多時期共計為二十七萬餘人，分防豫、晉、陝、甘、新、冀六個省區，防線長達數千里，其後西南告急，三十六軍赴渝，五十七軍空運貴陽，抗日勝利後復以最精銳之三十四集團軍劃撥入冀；復以河南地區共軍南竄，又將十五軍劃歸第五戰區，俟部隊整編後，指揮隸屬完整之部隊，僅為第一、第二十九兩軍而已；至於槍械，並無美式配備，且槍彈不足，皆按六成配發，各部隊不敷分配，雜色步槍佔六分之一，每槍配彈不足五十發，尤以砲兵為最，皆為舊式口徑，無一美式裝備。武器彈藥之配發尚不足，遑論倉儲之存積，彈劾所提，實係道途傳聞所誤。

(二)「自駐軍西北，豈唯作西北之長城，抑且為國家之柱石，不料三十八年五月十八日，竟放棄西安而去，使其放棄西安之動因，乃為共諜李茂堂所中，虛聲恐嚇，不曰共軍六十萬渡河而西，即曰三十萬人已抵涇河北岸，不察虛實，遽作走計，而匪政工人員於二十二日始至，匪兵到者不滿千人，直至六月匪焰始張」：

查西安戰役，守城之第十七軍及保安團隊，與共軍血戰至二十日，予敵重創後始安然撤守秦嶺，所謂匪諜李茂堂，係中央所派之陝西省政府調查統計室主任，與先生素無往來，亦從未與之有任何接觸，何來受其恐嚇，遽行出走之理。真不知監察委員何來此一軍情資料。

(三)「應青寧軍團之約，共取關中，迨青海軍鋒已抵咸陽城下，連電催促，胡部行至盩、鄠一帶，按兵不前，以致青海騎兵喪身於渭河者，達一團之眾，此軍既敗，而關中區域，遂全盤淪陷矣」：

查反攻西安之役，我第三軍於引駕迴、杜曲間擊破中共第六十軍後，前鋒已進迫西安之東關、南關，隴東兵團馬繼援主力亦擊破乾州之共軍進圍咸陽，不幸其騎兵一團，戰鬥兵力僅六、七百人，誤中敵計，陷沒城壕，攻勢頓挫，夜得蘭署通知，以須調整部署，不能繼續攻擊，如是改變圍攻西安決戰計畫，幾經力爭，終違原議；隴東兵團初渡涇河，頗有斬獲，至後攻擊又遭頓挫，即撤至靈台，寧夏兵團亦後撤鄙州，致友軍與我軍間造成一大空隙，而共軍之後續兵團，已源源而入，不得已乃將第三軍撤回秦嶺，先生久戍西北，素佩寧、青友軍，而與馬氏昆仲叔侄，尤屬莫逆，涇渭河谷之大捷，即係緊密合作之明效。戰場狀況瞬息萬變，豈有友軍之來協力，而有不與合作之理哉！

㈣「蘭州危急，馬步芳部隊浴血苦戰，日夕呼援，迄不一應，蘭州既陷，寧青繼之，雖非胡宗南一人之罪，而胡宗南實應負最大責任」：

查，自反攻西安功敗垂成，中共氣焰益張，局勢危急，陝署與蘭署協商，陝署之主力控制於武功、扶風、盩厔及秦嶺各峪口，而蘭署主力控制醴泉、永壽及淳化、鄜州附近，聯成犄角，相互策應，未幾，寧夏與隴東兩兵團彼此意見相左，復又將部隊撤至長武、靈台地區，共軍遂得挾其絕對優勢之兵力，南下迫我作戰，並由彭德懷共軍率部西竄，陷平涼、天水直迫蘭州，當時陝署第一線部隊與蘭州相距千里之遙，雖在浴血苦戰之中，仍分部西援，且已攻佔天水、西和、禮縣，然節節受匪所阻，而馬氏叔侄由於意見不一，先後撤守，遂致局勢劇轉，其所謂「日夕呼援迄不一應」，實不明當時之戰情耳。

㈤「入川時期，南倚巴山，北據秦嶺，扼茲山岳地帶，尚可作巴蜀之屏藩，阻匪之進擾，在陝南既不為長久固守之策，又不為從容撤退之謀，一聞匪至，又棄陝南而去，倉皇凌亂之情形，其非預有計畫可知」：

查陝南之撤退，係因戰略關係，其時陝署曾有直驅武漢之議，後奉命南撤，當時之防線，長達二千餘里，由於部署周詳，秩序井然，行動迅速，曾蒙中樞嘉獎，其轉進期間，道路澈底破壞，曾使共軍行動遲滯，當時友軍失利，重慶危急，於十一月八日奉令轉進成都平原，除留一部為後衛，阻止共軍南犯，主力開始南行，致敵軍於十二月五日始越過秦嶺進抵漢中。若非先生率部急進，馳援渝蓉，則領袖之安危及中央政府之能否由渝遷蓉、遷台，尚難預卜。此陝南之撤退，如此周密部署，謂之倉皇凌亂，彈劾諸公實不明當時之戰略及狀況也。

㈥「月向川省政府索三十五萬人軍糧，則其勢當不為弱，於軍情萬分緊急之際，由成都飛往三亞，主帥既去，各軍因之解體」：

查軍中之糧餉，政府已建立後勤制度，軍隊之糧餉皆由軍需單位撥發，軍隊於作戰期中，已是夜不宿飽，在糧彈二缺之時，大多由各部隊自行就地籌劃，省政府於兵荒馬亂之間自顧尚不足，何來餘糧撥支部隊，是以不明當時之補給後勤狀況也。至於飛三亞，乃迫不得已所為，乃經國防部核定先赴西昌布置，其時空軍去蓉飛機，奉令不問氣候須立即撤退，以防不測，因以成都西昌間，陰雲密厚，而昆明、霑益兩機場已為在滇叛軍控制，均不能降落，乃應空軍建議改赴海口，而抵海口上空時，機場因濃霧關閉，遂迫降於三亞，未幾即由三亞經海口轉飛西昌，彈劾所提乃不明戰況及氣候變化之謂乎！

㈦「到西昌之後，置當地游擊部隊之不理，不以戰鬥力最強之陶慶林升師長，致陶部撤退，共軍乘虛而入，游擊首領唐式遵、羊仁安以缺乏武器，兵敗身殲，而政府所希望最後一線之大陸，至是喪失無餘」：

查先生至西昌時僅三月，舊部來歸者已達萬餘人，友軍及川康志士來會者，皆委以縱隊司令或邊務主任，地方團隊分別擴編為軍為師為縱隊司令，陶慶林即委為一三五師師長，田中田委為三一七師師長，唐式遵委為總司令，忠誠謀國，輾轉來康，雖在極度困難之中，仍籌發武器，資以經費，不幸於返川途中遇害，其時也，舉凡意志堅強，忠貞黨國人士，無不竭盡羅致，畀以重職，資以武器，餽以糧餉，豈有來者不與置理之事，至於羊仁安，原為劉文輝舊部，自劉逆叛變，則徘徊觀望，委以雅屬行署主任，遲遲不行，此人後即投共。以當時新造之兵，與敵十萬之眾周旋，四面被圍，奉令離西昌之日，並令由參謀長羅列繼續指揮軍事，分令所部從事游擊，潛留力量於大陸，言不與川康志士之聯絡，皆不實之傳聞也。

(八)「盛文主鎮成都，其司令部竟有開會商議集體投降之事」：

查成都戰役，當時雖陷重圍，疲憊不堪，然猶奮勇死戰；防衛總司令盛文、六十九軍軍長胡長青、九十軍軍長周士瀛、五十三師師長樊玉書、第一軍參謀長張銘梓、第一六七師師長曾祥廷、第二十七軍軍長吳俊皆負傷，第二一四師師長王菱舟自殺，第二十四師師長吳方正、第一六五師師長汪承釗、第二五四師師長陳岡陵、第一六七師師長趙仁、譚文緯，第一師副師長高宗珊、第七十八師副師長梁德馨，皆陣亡；團長以下幹部傷亡殆盡，屍積如山，血流成渠，第五兵團李司令官文，第一軍軍長陳鞠旅，力盡被俘；如是之成仁取義，壯烈犧牲，竟有降敵之議，真不知何以對死去者之英靈？

(九)「所養數十萬大軍，今皆何在，所畀予重地，節節放棄，喪師失地，事實昭然，理合依法提出彈劾，以肅綱紀」：

查自武漢國軍南行，鄂西共軍傾巢西進，先生奉令輾轉戰守，凡十月之久，戰線經萬里之遙，地區達四省之廣，糧餉不繼，疲憊萬狀，然以戎機劇變，大陸全沉，思曹沫不諱三北之羞，范蠡未殉會稽之恥，嬴秦三師，不刎二陵，誠以寸屈尺伸，亦春秋之大義也！是日苟果殉職西昌，則其結果必然親痛仇快，復負抗命之咎，於國於民，無所俾益，以先生之志節，決不惜一己之生命，泰山鴻毛，唯義之所在耳，其語云：「苟罪有應得，雖刀鋸鼎鑊甘之如飴，決不推諉。」當返台臨行之時，苦思再三，參謀長羅列慷慨代死，願為紀信，部屬以自殺為死諫，斯皆忠誠感召所致，疾風勁草，時窮節見，是則先生揚軍魂、尚武德，為國精忠之心，世人之所可共鑒也[4]。

國防部軍法處，經過六個月之審訊，並傳訊先生所部在台之各將領及陝甘有關官紳後，證明監察院所提，均與事實不符，遂予以不起訴處分，其後懲戒委員會亦以先生在三十八年由西安撤退至西昌，歷經戰鬥，並未措置乖方，應免議處。先生之被謗冤曲，至此無罪不罰已告確定，先生之耿耿精忠，亦得以大白於天下。事後先生黃埔一期之同學，來台後曾任交通部長之袁守謙先生歌之曰：

橫流奄九州，君又守一區。
踵召赴海嶠，揮淚別邑閭。
誰知志士歸，盈篋皆謗書。
千言易黑白，萬言說罪辜。
貝錦粲然成，忌忮仇揶揄。
盲風扇沙埃，白璧錙須臾。
奈有滄浪水，滌濯不為汙。
君志復中原，磨礪俟前驅。

置此突兀事，付之長嘻吁！

五 三十九年大事記

•四月：

四月四日，大陸災胞急待救援，谷正綱先生創導成立中國大陸災胞救濟總會於台北。其後該會發展為亞洲反共聯盟，繼又擴大為世界反共聯盟，谷正綱先生被聘為世界反共聯盟榮譽主席。五日，行政院核准台灣省實施地方自治。十七日蔣夫人領導全國婦女成立中華婦女反共抗俄聯合會於台北。並集合婦女力量縫製征衣。

•五月：

五月二日，由於兵力分散，運輸線過長補給不易，軍隊配置作戰略之調整，駐守海南島國軍轉進來台。十六日舟山群島國軍亦主動撤退來台。蔣總統為撤退海南島與舟山守軍，向全國廣播，唯有集中兵力，確保台灣，方足以反攻大陸，復興國家。十八日，總統顧念軍人生活艱困及生命之保障，公布軍人保險辦法，規定自七月一日起三軍官兵一律納入軍人保險。

•六月：

六月十七日，抗戰勝利後曾為台灣最高長官陳儀，竟欲降共叛變，經軍法審判後正法。二十五日北韓共軍進犯南韓，韓戰爆發。二十七日，美國總統杜魯門令駐日美軍派遣部隊援助南韓作戰，並令第七艦隊協防台灣。二十九日，我政府通知美國，願響應聯合國號召，派兵赴韓。

• **七月：**

七月一日，美國謝絕國軍援韓。二日，台灣實施地方自治。四日政府改善軍公教人員待遇，實行生活必需品配給。九日，美國駐日統帥五星上將麥克阿瑟（Douglas MacArthur）受任聯合國援韓軍事最高統帥。三十日，美國派藍欽（Karl L. Rankin）為駐華公使代辦。三十一日，援韓聯軍統帥麥克阿瑟不顧美國政府之反對，由東京來台北訪問，與蔣總統二度會談。

• **八月：**

八月一日，麥克阿瑟飛返東京，臨行發表聲明，認為蔣總統之決心，與美人之共同利益相符合。麥帥記其訪台之印象曰：

「……蔣總統所統率軍隊有五十萬人左右，都是極精良之部隊，他們士氣高昂但物質配備卻不調和，缺乏大砲、卡車，和許多現代裝備。這支隊伍可以訓練成一支極精銳的軍隊，他們的空軍大概有二百至二百五十架飛機，飛行員都很好，這一支雜湊的隊伍，卻有很英雄的表現。他們的海軍，實在不能稱為海軍，而是小型艦艇的隊伍而已。我曾登上兩艘艦艇，外表很像樣，實際上只能擔任海岸區域的工作。可是他們的力量，卻代表五十萬名第一流戰鬥員的潛在力量。」5

麥帥返日後。立即建議美國政府，從速派遣一個軍事代表團來台灣，以四個月時間，完成國軍之裝備與訓練，由蔣總統自己決定如何使用。而美國政府認為共軍尚未公開參戰，不予接受。

•八月：

八月十六日，台灣省原設八縣九市，行政院會議通過，台灣省各縣市行政區域調整方案，調整為十六縣五省轄市。十七日，中央改造委員會通過改造委員會各處組織規程，改造中國國民黨。三十日共軍撕毀與西藏和談之協議，進兵西藏。

•九月：

九月九日，中央改造委員會通過黨員歸隊實施辦法，及改造期間區黨部、區分部及小組劃編改組原則。十三日，美軍在仁川登陸，收復漢城，揮軍北上。原第八軍團亦突破釜山外圍，向北猛衝，於一月之內俘擄北韓官兵十三萬人。三十日國防部總政治部發表破獲中共中央政治局潛台共諜組織詳情。

•十月：

十月一日，蔣總統發表「為何漢奸必亡，侵略必敗」論文。二十五日共軍以志願軍名義，入韓參戰，與聯合國聯軍為敵，韓戰之形勢及本質，發生變化。

•十一月：

十一月四日，共軍發動反美援朝運動，東北野戰軍向鴨綠江集結，大陸部隊亦開始向華中華北集結。二十一日麥帥聯軍已攻克平壤到達鴨綠江南岸，奉令不得追擊。二十六日

圖 48：爭取與國敦睦邦交——民國 39 年 7 月 31 日，蔣總統歡迎美國三軍統帥麥克阿瑟（Douglas MacArthur）將軍。

中共兩個野戰軍，以壓倒優勢向聯軍猛攻，繼之進入北韓，三十餘萬志願軍發動猛撲。聯軍被迫後撤，以後兩軍相持於金化、鐵原地區。

・十二月：

十二月五日，立法院重選院長、副院長，劉健群、黃國書當選正副院長。二十三日中央改造委員會號召黨員歸隊。

是年三月下旬，西南長官公署裁撤，先生留西昌部隊尚在分區與共軍苦戰，而原在台南之電台，已奉命撥歸聯勤通訊署，通訊困難，聯絡中斷，雖復遭監察院彈劾案及國防部之調查審訊，先生仍念念西昌所部之存亡，乃先後派遣前秘書徐書麟，前第二十七軍軍長吳俊，至香港探詢部隊情況，接待脫險歸來官兵，其因故不能來台者，資以生活費用。其後第四處處長戴濤脫險來台，先生又請其赴港，協同前第九軍軍長陳瑞河，派員深入大陸，與川康邊境游擊隊聯繫，指示方略，予以接濟，經營年餘之久，至四十年以後，中共對大陸人民控制漸嚴，出入不易，乃告終止。

1　文載五十一年三月三日，七三三期《新聞天地》。
2　見李文博先生所著之《蟻語集》，第三十二頁，經筆者親訪李文博先生稱，此一郊區之地在曲江池。
3　見蔡孟堅先生〈追念胡宗南將軍〉一文，載於《傳記文學》四十六卷第二期三十八頁。
4　監察院彈劾案三十九年度劾字第二號，全文刊行憲監察院實錄第一編，二〇六頁，先生「答辯書」六千餘言，並附萬餘言之附件一冊，為國防部各項作戰命令以及各項作戰經過報告暨糧彈經費補給之文

第十卷第八期第十六頁，暨三十九年十月二十八日出版之《新聞天地》一四一期，尤明遠先生所撰之「等待公正的裁判」一文。

件，該項附件從略。其九項答辯摘要，見三十九年十一月二十一日出版之《中國新聞週刊》

5　文載聯合國同志會編譯之《麥帥證詞》二〇頁。

疾風勁草

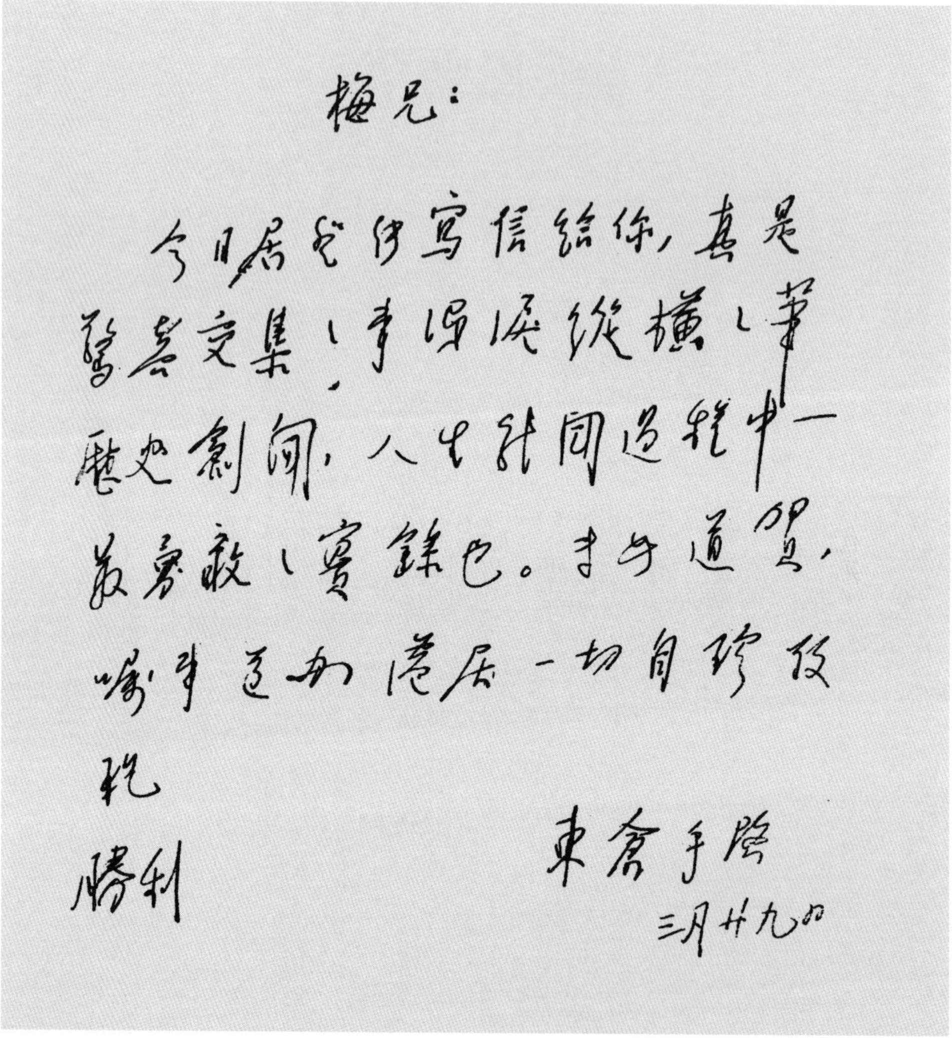

梅兄：

今日居然得寫信給你，真是驚喜交集，手得縱橫之筆，歷史創聞，人生征途中一最寶貴之實錄也。手此道賀，順頌道安，港居一切自珍攝

祝

勝利

東昌手啟

三月廿九日

圖 49：羅列（1907-1976）上將於大陸脫險後，於 40 年 3 月抵達香港，接奉胡宗南將軍親筆慰問函。

一　義薄雲天

西康省為西川軍閥劉文輝久踞之地，其婿伍培英率一師兵力駐西昌，橫征暴斂，廣事搜括，更令居民廣植罌粟，以販賣煙土為主要財源，奢侈淫樂，霸稱土皇。三十九年局勢急變，即隨風轉舵，通電歡迎共軍解放西康，並迫西康行營主任兼省主席賀國光簽名投降，為賀所拒。後聞第一師空運一個團抵西昌（名為二營實際兵力只有四個連），初不為意，後集結其三團兵力，欲圍攻機場，第一師第二團團長朱光祖察其陰謀，立即指揮四連之眾（番號仍為二個營），向其師部進擊，將其一師之眾擊潰。伍培英之部，平時既無訓練，烏合相聚，分駐各地，皆以欺壓人民為能，從未經過作戰，一遭國軍進攻，即四向逃竄。

自先生到達西昌後，重整軍伍，伍培英始遁入夷區。三十九年三月二十六日。先生接奉蔣公手令：「將部隊交給第五兵團司令胡長青，西南長官公署人員隨機轉進海口來台。」先生無意捨棄部屬而離西昌，反而請秘書長趙龍文率西南長官公署人員隨機往海口，且舉杯為其送行，祝福愉快。並託其將十年來之日記帶回台灣。當時趙龍文以大義面陳，誠訴再四，時已至二十七日凌晨三時，先生始終不允，此時共軍之進攻戰報已三度傳入。參謀長羅列，再以沉毅低沉語音，起而陳言：

「當年漢高祖滎陽被圍，假如沒有紀信代死，以後的歷史可能就沒有漢民族了，現在情況已如此，我們犧牲，於反共大業不致有何影響，先生你犧牲了，將來這七萬學生，三萬多幹部，誰能起來號召？誰能起來領導？將來我們化整為零在敵後武力，誰能繼續指揮？領袖對先生如此愛護，如今又如此需要你前去襄助，先生又如何可以棄領袖而犧牲，我已籌思至再，願作紀信，務請先生以反共前途為重，接受領袖命令。我們早就決定犧牲，如果先生抗命而不離去，對國家領袖作無益之犧牲，則我們將自殺以明心志。」

先生聞羅列之言，略加沉思，於是在座諸人，在趙龍文、羅列目光指示之下，一擁而前，將先生擁往機場，此時室內悲壯激昂，室外細雨紛飛，遠近槍聲不絕，壯士熱血飛騰。機聲隆隆風蕭蕭，忠貞盡瘁在今朝。時為三十九年三月二十七日上午四時。

二　求成仁淪入夷區

自先生離去後，羅列參謀長心神舒暢，如釋重負，立成仁之志，抱必死之心。以凜然正氣，懷忠貞報國之志，為酬先生知遇，展從容成仁之衷。其時曙光初露，共軍已四集，羅列率部死戰，衝出重圍，北上瀘沽，預期與胡長青部會合，於二十九日輾轉至祭妖溝，與敵作殊死之戰。

四月一日，周圍之敵，如潮湧集，肉搏拚殺，死傷枕藉。戰事之慘烈，真是驚天地而泣鬼神，慟山嶽而淒風雨。羅列見大勢已難挽回，乃以最後一信致共軍，大意云：「你們雖然戰勝，但雙方條件並不相等，我自己已盡了應盡責任，亦不感慚愧，有一件事須測驗你們，是否配作現代軍人？那些戰場上已死的官兵衣服，能否制止夷人，不再剝脫，已被夷人擄去之官兵，能否尋回？予以戰俘待遇？」上款寫的是我的敵人，下款署名為這一戰場上最高指揮官陸軍中將羅列三十九年四月一日自殺前。書罷即將地圖、軍人手牒等有關文件，掘地埋藏，然後舉槍自戕，悽愴壯烈，志在不辱。不意竟被隨身衛士緊緊抱住，哭請奮勇殺出，何可因勢危而自絕。

西康地區，山頂、山腰，氣候寒冷，多為夷族所居，黑骨頭又稱黑夷，是夷族中統治者；男女都戴大耳環，面全黑，眼大齒白，赤足，唇厚，而嘴皮外翻，容貌奇醜，尚無衣裳文字，以打獵搶奪為生，經常集結大群，持棍棒槍械，掠劫居住於山麓漢人財物及牛馬羊豬等牲畜；並擄走漢人，一入深山，男者為奴隸，婦女由黑骨頭酋目賞賜予忠實奴隸，所生子女，稱為白夷，從此世世代代，被黑骨頭階層視之為奴隸階級。若有逃亡，必將其捕回處死，或有漢人收容逃亡奴隸者，則必群趨毀此漢人村家。

夷人無紡織，故無布匹，一見死亡官兵，不論敵我，盡剝脫其衣服，而散亂官兵，俘去為奴，羅參謀長自視必死，又恐散失官兵被擄為奴，傷亡官兵被脫剝衣褲而曝屍，故留書陣前敵人，呼籲制止夷人蠻行。

此時共軍劉伯承、陳賡等所部十萬餘眾，土共朱家璧、龍純曾及劉文輝、伍培英等叛軍共約十三萬餘眾，逐次進入西昌，分頭搜索國軍；而羅列已進入祭妖溝，激戰之後，僅餘隨從衛士四人，被迫進入山區，旋被踞守山頂之夷人，推下混石擊中，倒地昏厥，夷人誤以已死，乃剝脫其全身內外衣褲，將之推入深溝，呼嘯而去。

三　堅百忍重掀希望

羅列昏迷，已失知覺，由於山泉浸潤，寒風吹襲，陰森漆黑，夜寒如冬，除呼呼山風，潺潺流水外，別無聲息，不知時過多久，朦朧中醒來。忍痛洗淨全身血跡，不顧遍體鱗傷，嶙峋尖石，爬到危峻山壁下，發現小潭溫泉，乃即入潭邊泉中，一陣溫暖，驅除寒氣，振神細思；此處係夷區，一旦被擄，則將永不見天日，唯有往山麓潛行，或可遇見漢人，赤身裸體，奮力下爬，到達山坳，有一破棄茅寮，入內休息，竟因過度飢困，呼呼入睡。

一覺醒來，已是明月高懸，滿天星斗，急取樹葉破廢等物略掩下體，向山下勉力而行，及抵山麓，叩民家門，自稱丁貴才，以失途漢人，求一衣一食。

老者告以共軍懸賞白銀千兩活捉羅列，找到屍體亦賞百兩，滿山遍野，不論漢夷，皆在尋找羅列中。居民老者見狀，詢問再三，知其既非羅列，亦非夷擄逃奴。乃移入室中，喚兒女出衣食待之。

數日未進食，飢餓已甚，丁貴才一口氣吞下三大碗粗食，得老者贈送破舊衣褲一套，既非唐裝，又似僧衣，得以遮體，一如當地之漢民。

翌日天明，對老者之解衣推食，再三致謝，辭行時老者贈以乾辣椒一筐，些許資賦，並以舊白布一條，包纏頭上，如此可不致引起行人注意，九死一生，竟無一物以謝老者，引為歉憾。

以辣椒小販，踉蹌而行，至富村一小街，入舖就食，見牆壁上貼有黃紙所印之《大悲咒》，精神為之吸凝，雖文句艱澀，於精誠所至下，死記活背，或有所忘，次日復往，借紙筆以記之，全咒八十四句，晝夜誦念，終於在求仁得仁必死之心中，不禁掀起逃生之欲望。

四　遇故人絕處逢生

丁貴才傷勢未減，信心倍增，乃自富林緩步越簑衣嶺，經茫茫荒野，孤獨寂寞，心神緊張，一經坐下休息，全身疼痛，右額如錘針在刺，雙腿舉步艱難，於是閉目養神，唯一可行之思維，念念《大悲咒》耳！忽聞有足音人聲，由遠而近，人眾行疾，欲入林躲避，行動艱難，為時已所不及，心中一橫，咬牙聽天命，成仁就義，早已決心，遂假作昏迷置之不理。

新任川省邊區行政專員兼游擊縱隊司令之國大代表雷聲揚，在川北、綿竹、江油、茂縣一帶集人槍約四千餘人；另一國大代表胡嘉德，是新三師師長，其部隊散布於洪雅、吳莊、總槓山等地，有千餘人槍；此二人赴西昌請領經費及械彈後返防，中途相遇，結伴同行，為避免共軍耳目，乃越荒野而走，竟然與丁貴才在此相遇，經再三辨識，瘦骨駭人，黑灰不明，貌似相識，形實有異，遂將之呼醒，睜目相望，驚叫互擁，真是絕處逢生，相見喚呼，一言難盡別後事，欣幸重逢舊戰友。原來共軍掘獲羅列所置埋之遺物後，已證實其自戕殉職，大肆廣播，稱國民黨最後一位高級將領羅列已自殺，例舉遺書證件，呼籲游擊健兒投降。

先是羅列易名丁貴才，至是仍名丁貴才，以掩耳目，乃與雷、胡結伴同行，翻越野山叢林，沿途收集地方武力，設法貯糧，籌劃在總槓山建立基地。然不久，共軍二千餘眾，自洪雅來襲，原綏署政工處長及女譯電員陣亡，雷司令被俘至丹陵縣，不屈遇害。羅、胡二人各自突圍，逃匿後山竹林深處，於半山峽谷巧遇，再度結伴同行。但因羅列創口迸裂，極需診治休養，而共軍因得不到羅列屍體，懸賞益急，於是暫時寄居於胡嘉德親戚所設之鹽廠內，充任員工養息，並改名為樂傑。

療養月餘，健康狀況好轉，羅列與胡嘉德及反共自衛縱隊取得聯絡，乃化裝藥材商赴武都、松潘，指示地方部隊活動方針。但到達崇寧縣不久，為封鎖游擊區共軍糾察員盤詰，以形跡可疑，拘捕審訊，兩晝一夜，受盡酷刑。檢查文件只有《大悲咒》，晚夜竊聽還是《大悲咒》，認定係一佛教徒，乃云：「既非國特，不應北上，若有熟人作保，即可釋放。」胡嘉德聞悉後，多方設法，以親友轉託親友，為之保釋，重獲自由。真是不識游擊將軍是羅列，只知販藥商人名樂傑。

五　破鐵幕百劫歸來

羅列與胡嘉德，不忘建立游擊基地，今既不能北上，唯以潛赴成都，密與胡之降共部屬聯絡，已略有端倪，不幸行藏敗露，胡嘉德深夜被捕，嚴刑逼供，二十餘日，始終未吐一語，反而痛責共軍禍國殃民，共軍以棉絮塞其口，押解至昭覺寺槍決，胡嘉德從容就義，慷慨成仁。

雷聲揚、**胡嘉德**皆為國大代表，當地風氣熟習，親戚故舊眾多，軍餉經費易籌，掩護聯絡方便。由於兩人遇害，羅列自感孤掌難鳴，且共軍懸賞通緝之風聲益緊，自知留此已無作用，乃決定衝破鐵幕，決心回台。

關山遙隔，滿途荊棘，自蓉至渝，經武漢、長沙而往廣州，萬里迢迢，稽卡重重，沿途既無志士相依，復乏身分證明，遂乘夜暗撕共軍布告印跡，用肥皂仿刻敵印，自名樂傑由蜀赴粵通行路條，以為沿途檢查之身分證明。

三十九年十月中旬，羅列以樂傑之名，負花生米、辣椒等雜物為小販，準備東行，唯此時共軍對戶籍登記已極嚴格，為恐牽連好友家屬，乃將胡嘉德為其所報之樂傑戶籍遷出至渝地，然後出蓉東行，胡嘉德夫人希望有日能為其夫復仇，贈以首飾、人民幣以為資賦。出東門途遇軍校同學趙恆如，亦存逃離之心，遂相約而行，而趙回家正在屏當安頓之時，突然被捕，深知凶多吉少，曾暗囑夫人竭其力支援樂傑成行，趙夫人亦贈以人民幣及所需物品。**趙恆如**不久解回原籍被害。

樂傑見狀已不宜再留，即行離蓉赴渝，在渝停留二旬餘，衣服、雜物齊備，以小販之身，流連於長江碼頭，擺地攤出售雜物以為掩護，購妥船票以待船期，一日於清晨五時開船，於解纜頃間，憑票上船。待啟碇離岸，風帆鼓鼓，目見船尾白浪，兩岸房屋移動，知已離蜀而去也。月餘之驚惶，始略鬆安，船行一週，抵宜昌，晚宿旅棧，入夜公安人員盤查，細察通行路條，疑非區政府所出，囑店主看守，明晨往公安局報到審訊。

樂傑若無其事，口應明朝往局報到，心知不妙，仍泰然就寢，於半夜突呼腹痛，披外衣著拖鞋，棄置雜物竹筐如公廁，店主見其行囊在室，未以為意。樂傑入廁後見無動靜，即越牆東行，黎明已至東郊，覓僱民間木船，順江東下，經洞庭湖而抵長沙。

驚弓之鳥，漏網之魚，形雖定而心憂焦，唯前游而不回顧，沉毅剛強，大智大勇之儒將風韻，隱於行動之中而不露，重整衣履，購妥車票，盤桓於車站附近，見火車進站，從容混入人群之中而上車，汽笛嗚叫，車聲轔轔，終於安抵廣州，輾轉設法，了解情況，一切似尚混亂，變賣所有首飾等物，以百萬元人民幣購得共軍邊防局頒發之出境證，心神釋然，安抵澳門，三日後抵香港，即電中樞聯絡，四十年四月十五日返抵台北。

其時也，中樞獲各地情報，以及共軍廣播宣傳，先生亦派員深入聯繫而無果，種種跡象顯示，生還希望極微，研判必以自殺成仁，為之開追悼會，追贈陸軍二級上將，靈位入祀忠烈祠。先生至為痛悼，唯共軍雖一再廣播其遺書及身分證件，而又一再在懸賞找尋屍體，先生期之於心者羅列或未死也，今果見其歸來，相晤握手，竟凝咽無語，默默良久，而不禁淚下，如同隔世。

羅列返台，立蒙總統蔣公召見，初命國防部中將參議，旋即歷任重要軍職。無論統兵御將，或幕僚長或校長，對同僚、部屬、學生，不論官階，胥能慈和禮待，從不疾言厲色，逢有向之訴說，咸能細聽衷腸，勸慰誨撫，一如家人。操守清廉，生活平淡樸實。凡事兢兢業業，躬親執著。居家奉母至孝，每年春節，必率家人向慈母行跪拜大禮。其治軍能洞燭機先，謀定而動。其廟策能運籌帷幄，決勝千里。戰則衝鋒陷陣，克敵致果，危則公忠體國，從容就義。此次逢危難之際，臨敗軍之時，置生死而作紀信，雖重傷而堅貞不拔。由蜀來台，間關萬里，前途關卡，危機四伏，於至急之時，咸能從容不迫，不懼不惑，總能化險為夷，百劫歸來，真完人也。

六　羅列的生平

羅列，字冷梅，福建長汀人，生於清光緒三十三年（紀元前五年，西元一九〇六年）八月十四日，十歲入高等小學，十三歲入舊制縣立中學，四年畢業，民十三年負笈廣州，入省立高等師範學校，十四年秋考入黃埔軍官學校第四期步科，十五年十月畢業。

軍校畢業，留校任少尉排長，北伐軍興，隨東路軍入蘇浙，先後參加建德、桐廬、龍潭之役。十九年任國民革命總司令部新兵訓練處中校大隊長，適中原鏖戰，率新兵出守馬牧集，擊退石友三部騎兵之突擊。二十一年入陸軍大學，二十四年畢業，復入陸軍大學兵學研究院深造，結業後留校任兵學教官。二十六年八一三滬戰起，出任第一軍少將參謀長，參加上海保衛戰，翌年升任十七軍團參謀長，轉戰皖豫二省。二十八年升任第三十四集團軍參謀長，旋調第四十八師少將師長。三十年調軍校第八分校主任，三十四年晉任中將調第一軍軍長，及抗戰勝利，第一軍整編為第一師，仍續任整一師師長。

三十五年共軍擴大叛亂，七月率部入晉，收復晉南曲沃臨汾等要地。三十六年國軍收復延安之役，奉命率整第一師出敵不意，由宜川拊敵背，直入延安。三十七年率軍赴援鳳翔、寶雞，痛擊彭德懷，造成涇渭河谷大捷，晉升整一軍軍長，復敗賀龍等共軍於陝東。三十八年升西安綏靖公署副主任兼參謀長，年底隨軍馳援四川，轉戰於重慶、成都。

三十九年大局激變，至西昌受命為西南長官公署參謀長，撫輯流亡，整訓部隊，擬建設西昌為反共復國根據地，詎中共以十萬之眾，多路進犯，乃自請留康代行指揮職責，堅請西南軍政長官胡宗南受命返台並以自殺表明代死決心，終因眾寡懸殊，傷亡慘重，撤出西昌。原期統率殘部，游擊敵後，不意復遭共軍大軍圍攻，祭妖溝一役，彈盡力竭，進入夷區，為夷人雷石擊傷暈厥，嗣後共軍竟謂其已死亡，大肆喧騰，復甦後，復合舊部游擊於川康總槓山區。後共軍控制日嚴，舊屬相繼被捕遇害，無法活動，始化裝潛行，輾轉萬里，於四十年四月十五日返抵台北。

抵台初，奉派國防部中將參議，旋即調第三廳長，第一廳長，四十四年升任副參謀總長，並赴美國陸軍指揮參謀大學深造，四十五年調第一軍團司令，四十八年升陸軍總司令，晉升二級上將。五十年調任國防部聯合作戰研究督察委員會主任委員，五十一年調任三軍聯合大學校長。五十九年調總統戰略顧問，旋即退為備役，受聘為總統府國策顧問。六十五年九月八日病逝台北，享年七〇。

出師大陳

一　往大陳整編游擊隊

先生自來台後，雖遭監察院不符事實之彈劾，然對反共復國之心志，一如往昔，對於遺留大陸之游擊部屬，尤為關懷，共軍每以消滅先生所部俘殺某某人等等人作廣播宣傳，而先生以為忠貞智能之士，必有潛匿再起或逃離大陸至港澳等地者，故先後派遣人員赴港探查外，仍與在台部屬友好研討今後反共軍事之戰略戰術，尤為重視反共意志培養。念大陸沉淪，中共政權尚未穩固，宜於此時建立挺進部隊，展開大陸游擊，以挺進部隊為基點，作為爾後武力發展之核心。

大陸於京滬棄守後，江浙兩省反共志士，或率其原有小股隊伍，或原縣府地方團隊，或臨時糾集義民，或就其原有漁撈生產之船舶，紛紛組成游擊隊，不斷在浙東及蘇南沿海一帶，抗拒共軍。其後國軍撤集舟山群島，游擊隊不甘受共軍奴役，亦陸續撤居舟山外圍荒僻小島，以漁撈墾殖或為當地居民傭作維生。

舟山撤守以後，各海上反共志士，亦隨國軍撤至浙南海上，北起漁山，南至南北麂、洞頭各島，其中與國防部有聯繫者在大陳有王相義之三十六縱隊，林篤弇之二十九縱隊。漁山有陳舜欽之第五縱隊，王明之第八縱隊，陳永昌之第九、第十縱隊，張熙明之二十七縱隊。一江有程慕頤之三十五縱隊，王祥林之獨立第七縱隊。另有張為邦之海上船舶游擊隊獨立第一縱隊，袁國祥之二十八縱隊等，共計二萬三千餘人；各部隊不論戰力強弱，人數多寡，率隊者皆稱司令，有為國防部所賦之番號，有用大陸原有之番號，各不相統屬，分別出擊大陸沿海村落，亦甚且有恃力兼併，攔劫友隊財物者。

先生於卅九年五月三十日曾親擬報告送行政院，大意為：「請以今在台灣、香港之江蘇、浙江、安徽、山東等省之義民三萬人為基礎，成立三個野戰挺進縱隊，施以軍事及游擊所需戰鬥技能，如民眾組訓，黨務推行，地方行政，經濟運用等諸般智識學術，使就其才能，成為各級優秀幹部，為爾後革命武力發展之核心，以破釜沉舟有進無退之精神，深入浙、閩、贛、蘇各省邊境，如滾雪球，如縱野火，逐漸長大，以響應迎接反攻之國軍。」然由於當時之局勢狀況而未果。

四十年三月韓戰，美軍與共軍相峙於金化、鐵原地區，麥克阿瑟發表聲明，主張聯軍行動擴至中國大陸，建議美國政府使用空軍轟炸東北，甚至投擲原子彈，造成一鈷地帶阻止共軍增援，並利用國軍在鴨綠江登陸東北；四月六日該一文發表，十一日美國總統杜魯門（Harry S. Truman）下令解除麥克阿瑟元帥一切職務，由李奇威（Mattew Bunker Ridgway）上將繼任統帥，美國戰不求勝，寬容敵人，殘忍自己，共軍得以喘息囂張，為禍亞洲。

其時共軍不斷增援，韓戰成膠著狀態，美國國民中之反共人士及我國友人，頗知我大陸沿海尚有若干游擊隊，可以牽制共軍，使之不敢東進韓地；經國會之議決，派員來台調查協商，於是政府派鄭介民上將為代表，美方以中央情報局皮爾司准將為代表，由美駐華代辦藍欽（Karl Rankin）居間協調，商定整理游擊部隊，由美方供給裝備。美方主持機構代名為西方公司（Western Enterprises Inc., WEI），我國則成立大陸工作處以總其成，至是乃有先生整理指揮游擊部隊之命，先生事前並未予聞其事。

三月十五日先生突奉總統命令，整理指揮沿海游擊隊，遂迭與國防部研商整理辦法，但當時國內物資不足，突然增加數萬人補給及經費，均感力所不及，研商數月未得要領。

先生感念政府之支援困難，為顧及時效，毅然遵命北去，並薦前西南長官公署參謀長羅列，前三十六軍軍長鍾松為副總指揮，以為助理，於九月九日率同副總指揮鍾松，政治部主任沈之岳，總參議兼參謀長馮龍，以及劉慶曾、袁書田、張銘梓、張正達、趙才標、許正魁、蔡美璋、張文伯、伍天祥等人，在基隆乘二〇三號中字號登陸艇北駛，翌日十時三十分抵下大陳，時為保密，以國防部視察組名義前往，先生用代名「秦東昌」，鍾松用代名「鍾常青」，沈主任用代名「王明」，故當時無人知情，亦無人迎候，既至下大陳，先生為三十六縱隊司令迎接至其家居住，餘眾僦居於下大陳財神廟，廂屋兩間，草草布置，開始辦公。

先生以總指揮官名義抵下大陳，面對各數不相屬之游擊隊，以為應先申明約束，使知遵守紀律，互相協同。故先傳附近島嶼各游擊司令，親加慰勉，然後乘艦巡視披山、一江、漁山等各島嶼部隊，宣諭總統及軍事首長關注之意；次即申明紀律，務令各游擊部隊團結協同，嚴禁兼併，互相攻伐。鑒於各游擊部隊，武器皆屬陳舊，且多零散不全。自大陸撤退至舟山，再由舟山撤至沿海各島，求生之力多，訓練之日少，乃先令恢復訓練，是年冬，國防部令第一、第三兩個軍官戰鬥團至上大陳，乃商調戰鬥團中軍校畢業優秀軍官，分至各游擊隊擔任教官，協助訓練，兼負思想考核之責。補給方面在先生力請下，國防部已准予按官兵人數配發主食米，服裝亦及時配發游擊部隊，以免飢寒之慮，軍容由雜亂而整齊，官兵均極仰戴。

二　江浙游擊總部之編成

先生既駐下大陳，以其地為市廛所在，非軍事機構宜駐之地，乃於十一月中旬將指揮部遷至上大陳大岙里，上下大陳相距不足一海里，水深二公尺許，舢舨四十分鐘可達，而居屋甚少，部隊悉住帳篷。

四十年十二月，國防部核定江浙反共救國軍總指揮部編制：總指揮、副總指揮、下設參謀長、副參謀長、總參議、秘書各一，處長六。另設有政治部。限於十二月三十日前編組成立，其編組人員：

總參議兼代參謀長馮龍、秘書長趙才標、總務處長袁書田、第一處處長張銘梓、第二處處長劉慶曾、第三處處長胡復威、第四處處長程開椿、政治部主任沈之岳、台北辦事處處長程開椿兼、電訊處處長王微。其時羅列已出任國防部軍職，故未列入編制。

至此江浙反共救國軍指揮部，始有正式編制，總指揮部自移駐上大陳後，國防部復增調第二、第四兩個軍官戰鬥團進駐上大陳，其成員皆為來台部隊整編後之編餘軍官，當時第一團團長周志道，乃先生之舊部，第二團團長為孟廣珍，第三團團長為王靖之，第四團團長為任柱桂。各團轄三個大隊，一千餘人，但不久第一、三兩團仍調回台灣。

美國的西方公司原設台灣。過去曾有部分人員，偶或一去披山、大陳，至是因先生已移駐上大陳，故亦成立前方機構，由藍浦森負責，建屋於上大陳之南坑，設有電台，並組織聯合辦公室，我方由鍾副指揮，美方由藍浦森，各率必要人員，每日同室辦公，聯絡合作，精密和洽。

三　四十年時局狀況

四十年一月一日，由於大陸沉淪，台灣天然資源缺乏，國軍創導克難運動，舉行首屆克難英雄大會於台北。二十一日美國向聯合國大會提議，要求判定中共為侵略者。二十五日美國國務卿杜勒斯（John Foster Dulles）抵東京，商籌對日和約。二十八日台灣省實施地方自治，各縣市成立議會，完成各縣市議員選舉。政府並宣示實施地方自治之決心。

•二月：

二月一日，聯合國大會通過美國所提譴責中共為侵略者案。十三日聯合國大會否決蘇俄控訴美國侵略台灣案。十五日國軍殲滅進犯高登共軍。

•三月：

三月一日，國防部部長郭寄嶠，副參謀總長蕭毅肅宣誓就職，三十一日國防部總政治部發表台灣保安司令部破獲朱毛共幫台灣省蓬萊族解放委員會全案。

•四月：

四月五日，美政府宣布對華政策不變，韓戰仍反對使用中國部隊。十五日台灣省各縣市選舉縣市長全部完成。二十一日，美國派遣軍事顧問團來華，蔡斯少將為團長，團內分陸海空軍各單位，規定人數最高可達六百人，美國會撥七千一百萬軍援，以為整補國軍之所需。

•五月：

五月二日，美國軍事援華顧問團在台北開始辦公。十八日聯合國大會一致通過對中共、韓共實施全球性戰略物資禁運案。二十五日立法院通過三七五減租條例，規定耕農對田主之租期，一律改為六年，全省私有出租耕地依法先後換訂租約者，當時共計三十七萬餘件，訂約農戶計有三十餘萬戶。

・六月：

六月一日，國軍開始實施陸海空軍士兵退除役辦法，十四日美英商定對日和約，中國不列入簽字國，二十九日，美總統杜魯門訓令韓戰聯軍總司令李奇威向中韓共提出談判建議。

・七月：

七月八日，聯軍代表與北韓、中共代表，在開城停戰談判，於是韓戰即進入打打談談之中。十九日行政院長陳誠因我國未被列入對日和約簽字國引咎辭職，總統批示慰留。

・八月：

八月七日，台灣開始徵兵，首期徵集補充兵一萬二千人。八月資源委員會撥出公有耕地二萬九千一百九十餘甲放領，以扶植自耕農。十日，中共貨輪大漢號船員五十二人載值港幣二百萬元之物資起義來歸，安抵高雄。

・九月：

九月八日，對日和約在舊金山簽字，參加四十九國。十一日外交部宣稱中國願與日本簽訂雙邊和約。十四日並警告日本不得與北平中共政權締結條約。

・十月：

十月一日，外交部同意日本在台北設海外事務所，二十五日韓戰談判一度停止，是日改在板門店重開。三十一日軍人之友社總社成立於台北。

・十一月：

十一月十七日，台灣各縣市選出臨時省議員五十五人，是日日本在台北設海外事務所。

・十二月：

十二月十一日，台灣省臨時參議會成立，黃朝琴、林頂立當選正副議長。十四日立法院通過兵役法。十八日外交部長葉公超聲明，聯軍與共軍交換戰俘，凡不願返回共區者，應不列入換俘名單。二十四日日本首相吉田茂函告美國國務卿杜勒斯，保證不承認中共，將與中華民國政府訂立和約。

四　整編游擊部隊及船艇

四十一年元月六日，共軍調集兵力，並徵召熟習洞頭地形之共幹，準備進犯。洞頭位於甌江口東側，為溫州灣列島之一，距大陸較近，潮退時可徒步登陸，僅有少數游擊隊駐守，以往中共亦未加重視。自先生至大陳後，以洞頭島登陸為進入雁蕩山脈最佳之地點，乃命第七縱隊王祥林率部經營，並由戰鬥第三團挑選優秀隊員協助訓練與構作工事，其事未竟，共方於元月十二日即向該島進犯，我皆新造之眾，且眾寡懸殊，王祥林司令率部血戰、寸土必爭，先生亦乘艇率部馳援，奈潮汐不利，馳援部隊限於舟具，無法登陸，共軍蜂擁而入，激戰三晝夜，即將撤退人員接回，洞頭陷落。

游擊隊番號龐雜，眾寡不一，尤以淵源不同，每難協調合作，影響指揮作戰甚鉅，先生以

圖 50：民國 41 年 7 月國防部政戰部主任蔣經國蒞臨大陳島在海軍體育集合場對江浙反共救國軍講話。胡將軍於民國 40 年 9 月至 42 年 7 月間以秦東昌為化名赴浙江外海大陳島任江浙反共救國軍總指揮，在極艱苦環境下，於不到兩年時間內突擊大陸 39 次。

德化威行，積半年以上之力，漸臻於理，而各司令亦受先生之感召，不復挾部隊以自重，於是商定編組為六個突擊大隊，一個海上突擊總隊，於二月上旬開始整編。

三十六縱隊編為第一大隊，大隊長王相義，駐上下大陳。

獨立第七縱隊編為第二大隊，大隊長徐驤，駐南麂。一〇一路等部隊，編為三、四、五，三個大隊，第三大隊大隊長王樞移駐漁山；第四大隊大隊長王華，移駐一江山；第五大隊大隊長陳和貴（後為黎克強），駐披山。

獨立三十五縱隊編為第六大隊，大隊長陳慕頤，駐上大陳。

另將各部隊之船艇，如一〇一路呂渭祥部有藍天使、突擊、遠征、天王等四艇；獨立第七縱隊徐驤部有祥瑞、文齋兩艇；獨立二十七縱隊吳樹霖部有海蚊一號、二號、五號三艇；獨立第二十八縱隊袁國祥部有漁粵、漁蘇、江淮、國威、德興、倚雲等六艇；獨立三十六縱隊王相義部有海昌、小利華、中興、義安四艇；海上獨立第一縱隊張為邦部有萬慶、順利、馬和泰、福雙安四艇；獨立三十五縱隊程慕頤部有萬昌、青海、公子二號、小東海、鴨綠江五艇。共計船艇二十八艘，編為海上突擊縱隊。總司令最初由海軍駐大陳巡防處處長招德培兼任，副司令先後為馮龍、袁書田、其後招德培回台，袁亦調職，先生請夏季屏任總司令，轄有第一艇隊張為邦，第二艇隊袁國祥，第三艇隊陳漣林，第四艇隊余宋，第五艇隊王連森，第六艇隊張熙明（女性，樂清人）等七個艇隊。指揮總部直屬部隊有特務隊，砲兵隊、工兵隊，皆具體而微。另第二處主管情報，有偵察隊，電訊處主管通訊，有總機一台，無線電台八個，於是軍制劃一，規模煥然，各游擊部隊皆納入指揮系統，得能相互支援，統一使用。

五 復麂島揚威海上

游擊部隊皆係民眾自行組成，作戰勇敢有餘，而缺乏戰鬥技能，先生積極進行訓練，嗣據第一、第二大隊教官報稱，第一期戰鬥訓練已按計畫完成，可用於戰鬥，而西方公司主持人藍浦森原為韓戰中之陸戰團連長，頗曉登陸戰術，亦請出擊大陸共軍。

先生於六月十日下午八時，率第一、第三大隊數百人，分乘永壽、潮安兩艦暨漁粵、祥瑞、義中、勝安、義安、信和、中益、復興、順慶、藍天使及新求順等機帆船艇，突擊黃礁、北江兩地。

黃礁為溫嶺縣突入海中之土股，守軍為共軍正規軍六十二師二八六團第九連，及教導隊四百餘人，配有山砲、平射砲、迫擊砲等，我游擊部隊於是夜十一時換乘舢舨，解纜登陸，第三隊在黃礁東側，第一隊向一八三高地東南兩側登陸，展開激戰，另第四中隊同時由二二五高地南端六十四號標設登陸，四面圍擊，分別佔領道士冠，北江之老鷹咀，一三八、二四四高地東側灘頭，翌日八時正，準備攻擊二二五高地時，我海軍接獲有颱風來襲報告，已知共軍無力反撲，乃行白晝撤退。此一戰役中，我游擊部隊對登陸戰、突擊戰及砲兵之協同，皆已熟練，證明與正規部隊無異，而士氣尤為旺盛可用。於七月十一日第一大隊突擊跪人山，第二大隊突擊松門角之吊幫鄉，第一大隊之第二隊突擊白帶門之雷門坑、砲台山，皆能踴躍用命，完成任務。

南麂島為溫州灣外海最大之島嶼，自洞頭戰役後，共軍遂進駐該島。八月上旬先生決心派隊掃蕩，並經營南北麂山，為浙南游擊發展基地，乃命第二突擊大隊徐驥所部，配以海軍永

圖 51：行政院政務委員黃季陸（其後擔任教育部長等職）率勞軍團訪問大陳（約民國 41 年）

定、潮安二艦及聯珠登陸艇，漁粵、藍天使、義中、義安及公字二號五艇，由大陳發航，於八月十三日突擊北麂。十四日晨二時，分三區隊登陸北麂島，該地僅有共幹民兵七十餘人，經小戰鬥後，全部被俘。十四日晨七時，第二突擊大隊第一、第四隊續向南麂島之小南龍、龜頭山掃蕩，共軍自北麂為我佔領後，其主力已竄回大陸，而島上居民恨中共之迭次洗劫，自動引我軍登陸，協助逮捕民兵共幹二十一人，於是南北麂之共敵，為之肅清，兩地竟為我軍收復。

八月十五日，情報傳聞，沙埕集有共軍，企圖北犯，先生即命第二突擊大隊之第二、第三兩隊較有突擊經驗者，突擊福建沙埕港，由海軍嘉陵、港澤、雅龍三艦之掩護，分乘漁粵、義昌、義安、中益、臨海、藍天使等船艇及聯珠登陸艇等，於邊潭地區登陸，擊斃其警戒哨兵，主力即向邊潭以東之高地攻擊，並轉上、中、下岙搜剿，沙埕守軍為中共邊防部隊七十三團一營三連及部分民兵，無激烈抵抗，惟其馳援部隊迅速，故我突擊部隊於五時撤回，未敢深入，是役斃傷共軍七十三團連指揮員以下六十餘人，俘民兵七名，士兵四名，步槍六枝。

八月十七日第二突擊大隊之第二、第三隊，藉永定、潮安兩艦之助，乘勝突擊平陽之金鎮衛，攻佔棕樹坑灘頭陣地；沿官台山、島岩山折經朱家樣攻擊汎地鄉信智區公所，俘獲民兵中隊長共幹等二十八名，步槍五枝，續攻下馬海，斃敵三十餘名，先生以其地在大陸，不能久據，乃命撤回南麂。

自南北麂佔領後，即組訓民眾，構築工事，成為一個重點，為使游擊部隊健全組織，乃分設四個司令：漁山地區以顧錫九為司令，披山地區調馮龍為司令，南麂地區以徐驤為司令，後為曹維漢，一江山以程慕頤兼任司令。各司令皆為北伐、抗戰、剿共久經戰陣人員，負責指揮駐在地之突擊部隊作戰。

六　掃蕩雞冠山大捷

九月下旬，情報顯示，寨頭地區踞共軍二連，附砲二門，並有民兵百餘人。雞冠山、羊嶼踞有其公安師部隊及武裝地下工作共幹五十餘人，據為諜報根據地，有襲擊我船艇可能，經研究分析，宜予驅逐之，先生乃命披山地區司令馮龍指揮掃蕩。

十月八日由第五突擊大隊之第一，第二隊兩隊混合編組一百二十人，藉海軍雅龍艦之掩護，乘漁粵、勝安兩艇，突擊寨頭，夜半抵沙埕附近，開始登陸，一部攻擊鲍家山，一部攻擊小岙山，以主力阻擊增援之共軍，遂發生激戰，攻佔鲍家山、小岙山之後，誘捕民兵二十三人，擊斃逃竄之共軍五十餘人。

突擊雞冠山、羊嶼者，為第一突擊大隊之第一、第二兩隊，藉嘉陵艦之掩護，乘藍天使、中益兩艇，由披山發航，以一個區隊突擊，馮司令親自指揮主力攻擊雞冠山，十月十日晨四時三十分，第二隊人員由大隊附李道隆指揮在雞冠山之大岔岙、小岔岙登陸，五時進至茶山，與中共公安第十三師五十團第二營、第三營之一部遭遇激戰，而共軍另一部亦於大岔岙、小岔岙行反登陸增援，於是全面陷於苦戰，當我已佔領制高點，西山一地，共軍四次猛撲未逞，其營長王某為我擊斃，敵始潰竄。

第一隊由後忝登陸後，即與北邊山、雞冠山共軍第八連及機槍連之一部展開激戰，第一隊隊長**胡庚來**，教官**甘德華**陣亡，戰至下午一時，我攻羊嶼之區隊援至，始將共軍擊潰，潛伏之共諜，遂得全部搜獲。

第一隊副隊長張積玉，指揮攻擊羊嶼之區隊，登陸羊嶼後，擊潰中共公安十三師五十團三營之第七連，並招降其士兵一班，肅清全島後，遂即增援雞冠山。

是役與我對戰之中共公安第十三師，五十團之第二、第八兩連，及第七、第九連、機槍連之一部，兵力超過突擊隊一倍以上，終為我擊破，擊斃共軍營長及連指導員等六人，及其餘官兵三百餘人（未含落水淹斃者約百餘人），俘其官兵三十三人（不包括招降之一班），男女地方共斡五十四人，民兵二十三人，長槍一百一十五枝，六〇砲七門，我亦陣亡軍官二員，士兵十八名，傷三十七人，為本年度各突擊戰役中規模最大之戰鬥。所獲戰利品國防部陳列於新公園博物館（今更名為國立台灣博物館）內，作為第三屆國軍克難成果展覽，指揮是役突擊司令馮龍，奉頒五等寶鼎勛章，其餘李道隆等四十五人獲選四十三年戰鬥英雄。

七　游擊部隊經費困難

先生有意徵集江浙皖等地來台義民三萬人，施以游擊軍事政治之訓練未果，擬在香港接回義胞八千人，亦未奉准。感於游擊部隊多數幹部，皆來自民間，未受正式軍事訓練，戰時忠勇直前死傷甚大，平時訓練不足，乃奉總統核准，成立東南幹部學校，先生自兼校長，延請西方公司大陳負責人范爾森為副校長，李惟錦為教育長，先調訓排班級官兵三百餘人，編為一個大隊，施以短期速成訓練，二個月結業，遣回原部隊，游擊戰術思想與戰鬥動作，得以逐漸統一。

自江浙反共游擊總指揮部成立，先生迭請於國防部，雖已按實有人數發給主食米及服裝，但仍無薪餉及副食費。先生臨行前晉謁總統，蒙給銀元二千元，為指揮機構之費用。後鍾副指揮來台開會面陳大陳游擊隊窮困情形，蒙總統發給銀元五萬元，亦諭云：「只有此數，後難為繼，應節省使用……」。先生後得知為總統生活之費用，為之淚下，並電復辦事處：「我輩不能為領袖抒難，何忍使用領袖生活之費，何所逃罪？宜即呈繳。」後來該一經費領到時，已歸還聯勤總部借款一萬五仟元，無法呈繳，殊為悒悒憾嘆！乃發海上官兵每月副食費十元，大隊辦公費月三十元，隊十元，並向隊長以上人員說明此款之由來，眾亦為之淚下。

是年，先生奉總統令兼任浙江省主席，方青儒、鍾松、沈之岳、徐世麟、趙才標、程開椿、毛學里等七人為省府委員。沈之岳兼行政處長，鍾松兼軍事處長，程開椿兼經濟處長，尚缺委員三人，先生呈明須待將來反攻作戰中有功人員派補。

省政府成立後，旋即成立溫嶺、玉環兩縣縣政府，溫嶺縣政府設下大陳，並設警察局，縣長初由一大隊長王相義兼任，後由前獨立二十七縱隊司令吳樹霖擔任；玉環縣政府設披山，由披山地區司令馮龍兼任縣長，其他未設縣政府地區，由地區司令就近主持戰地政務。

四十二年先生離大陳，浙江省政府於四十四年奉令裁撤。

八 國際外交之變遷

四十一年一月六日，警備總部公布去年一年來檢肅共諜之成果，自首者六二九人，檢舉偵破者一四一件，對內部之淨化，收到極大之效果。九日，美總統杜魯門與英首相邱吉爾發表聯合聲明，指出美英對華政策雖異，惟仍合作對付中共。三十日，日本政府派河田烈為談判中日雙邊和約首席代表。

二月十二日韓國巨濟島戰俘營內七千名華籍戰俘，向聯軍總部呼籲，願往台灣參加反共抗俄工作。十五日總統特派葉公超為締結中日和約全權代表，日本首席代表率團來台。二十日，中日和約會議在台北舉行，我國提出和約草案。

三月十二日總統核定「軍事主管任期制度」。二十七日日本政府擬推翻和約約議。二十八日葉公超聲明，我對日和約立場不變。

四月十二日韓國釜山戰俘營華籍戰俘刺血上書蔣總統，誓願效忠蔣總統，參加反共抗俄。

二十八日中日雙邊和約，由葉公超與河田烈代表中日雙方在台北正式簽字，自二月二十日舉行第一次正式會議起，至四月二十八日在台北賓館正式簽字止，共舉行正式會議三次，非正式會議十八次，議定文件為中華民國與日本間和平條約一件，換文二件，同意紀錄一件。中日和約共計十四條，經雙方國會通過批准於八月五日在台北互換批准文件。此後我國在東京設立大使館，日本在台北設立大使館，兩國關係乃恢復正常。我國外交部裁撤駐日代表團，任命董顯光為駐日大使，日本派芳澤謙吉為戰後首任駐華大使。

五月十日美國政府任命克拉克（Mark W. Clark）為中將接任韓境聯軍統帥。

六月十三日美國太平洋艦隊司令海軍上將雷德福（Arthur M. Redford）來台訪問後，促請美國政府優先以現代化武器裝備我國軍隊。

七月十九日總統答覆美聯社記者稱：對共軍採取積極措施，不會觸發世界大戰，我國反攻大陸，毋須外來人力及地面部隊協助。

十月十日我閩海游擊隊突擊南日島大捷，俘共軍五九六人。

九　游擊總部撤銷返台

四十二年元月十五日中央常務委員會通過，派先生兼任中國國民黨浙江省黨務特派員，沈之岳兼任書記長，設辦公處於下大陳；除在各島嶼建立本黨組織外，先生特別重視物色冒險犯難勇於犧牲之青年黨員，加以訓練，密遣深入敵後，從事秘密活動。先後計有五十餘人，其中有因通訊暴露而殉職者，亦有經常與中央直接聯繫者。

披山之西為羊嶼、大、小麂山，更南為雞冠山，均靠大陸，向無守軍，我雖一度突擊，亦未佔領，而國防部特種情報人員，經常藉以進入大陸，共軍亦偶派兵來搜索，此出彼入，互不相干。山上居民亦互供彼此情報，藉以取利，是年五月下旬，我國防部情報人員方進入其地，即為中共潛伏官兵所捕，乃請披山地區司令部發兵佔領雞冠山，兵未動而謀洩，共軍遂以一營之眾，先我佔領雞冠山，北掠大小麂山、羊嶼諸島，並在大小麂山設置砲兵陣地，每日轟擊披山，至七月中旬未止，而我缺乏砲兵，一任其濫肆轟擊，先生以其影響南部各島之安全，乃部署第四突擊大隊任大小麂山之攻擊，第五突擊大隊之一支隊佔領羊嶼，第一大隊為預備隊，藉海軍第二艦隊之掩護，分乘十一艘機艇發航，於六月十九日夜半登陸，擊滅羊嶼共軍，破壞其砲兵陣地，佔領小麂山，而大麂山共軍陣地，築設有三層鐵絲網，雖我軍奮勇突進，然無破網工具，先生以徒傷士卒，乃同意部屬建議，命撤回，是役擄獲敵砲十二門，機槍二挺，衝鋒槍及步槍六十三枝。

先生至大陳，用代名秦東昌，除下大陳海軍陸戰隊隊長楊作漣為七分校學生相見時知為先生外，即各游擊司令與洞頭被俘官共，亦皆不知，顧自雞冠山之役國防部情報人員被俘後，共方始悉秦東昌即為先生其人，華東軍區乃大為驚愕，除大事宣傳廣播外，乃積極部署，以攻勢行動，於是有積穀山之役。

六月二十四日下午二時，前沙共軍砲轟我積穀山。積穀山位於大陳之南，距總指揮部所在地大忝里海面一萬四千公尺，守軍為戰鬥第二團之一大隊，計八十九人。總指揮部配以無線電台一座，先生審其地之重要，先請國防部撥發水泥鋼筋，俾構築工事，乃以地缺沙石，無法完成工事，島為岩崖，僅山麓有粗淺野戰工事，共軍初以砲火轟擊，先生命海軍十五號艦艇巡邏還擊，發數十砲，不能遏止，而敵砲益密，時山中有霧，守軍隊長劉咸一，就能望見敵船群向我疾駛，於十八時左右共軍強行登陸，先生乃命下大陳海軍陸戰隊一個隊馳援，終因風大浪高，驚濤拍岸，無法接近，積穀山遂告陷落。

沿海諸島其登陸通道，皆在西側，積穀僅有西岸一路可登，距大陸前沙極近，而距大陳則十四公里有奇，先生雖曾命劉咸一另闢一通道，限於器械，所開通道，巉岩仍不可登，共軍既佔積穀山，即設置大量長程岸砲，阻我西繞攻擊，先生數度謀以規復，因不果行。

自積穀山失陷，美國西方公司以為中共迫近大陳門戶，遂於六月十七日撤退。其大陳地區領導人巴羅（Robert Barrow）於行前流淚向先生辭行，對我台北國防部不盡力支援大陳，而又要先生負責，甚不以為然。巴羅返美後回軍，最後成為美國陸戰隊上將司令。民國七十二年他以退役之身，來台北晤及我陸戰隊司令盾由信，盛讚三十年前在大陳所共同奮鬥的胡將軍對國家的忠誠、負責、勇敢、堅決，在西方將領中難以見到。台北國防部當時除派員來大陳調查外，並於六月底商同美軍顧問團派遣作戰、情報、通訊等業務，參謀率同譯員來上大陳詳研作戰情況及爾後措施。以為在共軍有積極窺犯之陰謀下，我大陳方面之防衛作戰，須完全仰賴海空軍之密切協調合作，而現有之各級指揮組織，部隊素質，後勤補給及海空支援等方面，缺點太多，務求符合陸海空三軍聯合作戰之要件，始克應付共軍。七月初，國防部決定撤銷江浙反共救國軍總指揮部，改設大陳防衛司令部，以劉廉一為司令。先生奉命回任總統府戰略顧問委員會上將顧問。先生於四十二年七月三十一日偕秘書長趙才標、醫官許正魁及衛士三人，乘泰字號軍艦回台，留鍾松副指揮官辦理移交。先生心內頗有大陸敵後工作之部署不得不中斷為憾。

先生在大陳，未滿二年，突擊大陸達三十九次，而執行突擊之部隊，率皆訓練未成，並缺薪餉給予，唯尚忠勇之氣，兼以槍械窳劣，補給不足，全賴先生威德感召而承受節制赴戰者也。

先生返台後之次月，四十二年八月，即奉命入國防大學校肄業，入聯合作戰系第二期，學號二〇九八。

一〇四十二年大事記

元月二十六日總統公布實施耕者有其田條例，依條例規定，田主可保留水田三甲或旱田六甲，其多餘土地由政府以徵收補償辦法，交由佃農承租耕種，其目的不僅在改善農民生活，增進農業生產，主在建立一種公平合理之土地制度。並繼續實施公地放領，前後共放領六次，放領公地共計九萬六千六百餘甲，承領農戶達十八萬三千七百餘戶，耕農由公平合理之地價，採用分期付款方式，取得耕地，成為自營之農民。

台灣省政府根據耕者有其田條例，訂定保護自耕農辦法，實施後農戶大增，至四十四年統計，共有農民六十六萬三千一二九戶，每一公頃稻穀生產量，平均增加九〇一公斤，這是政府遷台後土地政策上輝煌之成就，農民生活安定，農村經濟建設亦逐次繁榮，成為開發中國家之典範。

•元月：

一月二十八日，台灣地區開始徵兵，第二期補充兵入營。

•二月：

二月二日，美國總統艾森豪向國會宣布，第七艦隊將不阻止中國反攻大陸。三日，蔣總統發表聲明，我國反攻大陸，不要求盟邦地面隊協助作戰。

•三月：

三月六日，蘇聯領導人史達林死亡，由馬林可夫繼任蘇聯總書記。二十六日，緬甸向聯合國控訴我國支持滇緬邊境游擊隊；聯合國大會通過墨西哥建議，要求中國游擊隊撤離緬境，並請美國居間調度，中緬談判繼續進行。

•四月：

四月十日，中央常會決議通過，台灣省政府委員兼主席吳國楨辭職照准，同日行政院會議通過，以俞鴻鈞繼任台灣省主席。十一日，韓境交換戰俘協議在板門店簽字。

•五月：

五月八日，美國總統艾森豪（Dwight David Eisenhower），重申反對韓境強迫遣俘，堅持志願遣俘立場。

•六月：

六月三日，聯軍與共軍代表簽訂換俘協定。十八日，韓國總統李承晚下令釋放戰俘營中韓籍戰俘二萬五千人，韓戰和談一度停頓。二十九日，釜山戰俘營華籍反共一萬四千餘人，刺血上書蔣總統，請求來台參加反共抗俄陣營。

•七月：

七月二日，中樞決定將羈留越南四載之忠貞國軍及難胞三萬餘人分批運抵台灣。二十七日，聯軍與共軍代表在板門店簽訂停戰協定，歷時三年之韓戰宣告結束；計自韓戰爆發至終止，中共、韓共傷亡達一百八十餘萬人，其中六〇萬為北韓共軍，中共共軍死傷人數，約在一三〇萬人左右。

•八月：

八月五日，韓境聯軍與共軍開始換俘，反共戰俘移至中立區，由印度、瑞典、瑞士、波蘭、捷克五個中立國看管，而由印度軍維持營地秩序。

•九月：

九月十一日，國防部總政戰部主任蔣經國應邀赴美考察。十七日聯軍統帥克拉克聲明，保證中韓戰俘享有歸宿自由，共軍對不願返回大陸之反共戰俘個別審問洗腦，戰俘營中選擇來台義士，堅毅壯烈，不為所動。

•十月：

十月二日，韓境印軍開槍殺死華籍戰俘兩人，傷五人。

•十一月：

十一月二日，印軍一營進入戰俘營，槍殺反共義士一名，傷二十七人，架走二十三人。

我政府發言人沈昌煥斥責印軍暴行，中華民國各界在台北舉行反對印度屠殺中國留韓反共義士，外交部向美國政府提出備忘錄，促有效制止印軍暴行。九日，滇緬邊區反共游擊隊開始分批撤至台灣。十四日，中國國民黨第七屆三中全會閉幕，蔣總裁發表「民生主義育樂兩篇補述」，完成國父三民主義未及演講部分。二十八日，韓國總統李承晚來訪，返韓前與蔣總統發表聯合聲明，重申反共決心。

• 十二月：

十二月二十三日，韓境聯軍統帥赫爾上將宣布，使用一切便利，於一九五四年一月二十三日將華籍反共義士送往台灣。

鎮守澎湖

一 生活與戰鬥一致

四十三年一月二十三日，韓境反共義士分批抵台，在基隆上岸，獲得自由，全國響起自由鐘聲，慶祝義士自由日，至二十五日在全國熱烈歡迎下義士一四、二〇七人全部抵台。

二月十九日，第一屆第二次國民大會在台北開幕，於三月二十二日選舉蔣中正為中華民國第二任總統，二十四日選舉陳誠為中華民國第二任副總統。

是年二月，先生畢業於國防大學。先生自黃埔軍校畢業後，東征北伐，討逆剿共，繼之抗戰戡亂，三十年來，全在軍中，除在廬山訓練團、重慶中央訓練團等短期訓練擔任隊職官外，絕無機會有系統之參加軍事教育，於四十二年八月入國防大學校肄業，刻苦奮勉，一如寒素之士，至今二月畢業，名列優等，所獲政治考核總評語為「學養深厚，忠貞堅定，剛毅果決，智深勇沉，研究熱心」，而且「服從組織，老成練達，敬業樂群，嚴守規律」，總平均分數為九十一點七六分。其政治方面的參謀論文題目為「國民革命的本質」，而其「自傳」中更以「在反攻大陸之日，願為第一綫之一兵一卒，以爭取黨國最後之成功」為其志願。是期同學中，多有為先生之部屬者，雖仍對先生敬禮不衰，而先生與之切磋切磨，怡然相處，並不以昔日之長官自處。另值得一提為其在校所登記之通訊地址仍為「江浙反共救國軍總部」，顯示先生當時雖身在台北，而心仍在前線也[1]。自四十三年二月畢業後，又慊然以為不足，每日在寓刻苦自修，與在學時無異，間常邀約專家學者來寓共餐，藉以研討問題，以求進益。

四十三年四月二十五日，總統召見先生。兩個多月之後，當年七月五日，實踐學社聯合作

圖 52、圖 53（p529）：民國 47 年八二三炮戰期間，總統蔣公赴澎湖巡視，胡宗南司令官陪同，蔣經國主任，澎湖李玉林縣長亦同行（張安浩先生提供）。

戰研究班第二期在台北近郊石牌開訓，先生即奉命參加。該項研究班招訓優秀之將級及校級軍官，目的為磨練彼等之統帥能力，用兵思想，及幕僚業務等，並研究反攻作戰之具體方案。教官則由抗戰時中國戰場日本最高指揮官岡村寧次所推薦，有豐富戰略素養及作戰經驗之日本將領富田直亮領隊，率同彼等所招聚的日本軍官團擔任；富田的中文姓名取為白鴻亮，故該團又名「白團」。該期研究員共有四十二位，如曾祥廷，宋達，孔令晟，郝柏村，羅揚鞭，李學炎，孟述美等，均一時之選，而以鄭挺鋒中將為班長（其後先生獲任命為澎防部司令官時，鄭挺鋒將軍即在澎擔任其副司令，而孔令晟等則係先生七分校之學生）。先生由於資望以及階級均最高，故主辦單位在蔣公授意下，將之列為最後一員，表示係前往「旁聽」。

按，此一訓練係蔣中正總統鑑於國軍在大陸新敗，必須重新從思想精神及戰略戰術上加以訓練，才能重整旗鼓，準備反攻，而為取各方之長，乃在西方國家的軍事顧問外，另闢蹊徑，邀請日本教官來台，於民國三十九年五月，以極機密的作為，成立名為圓山軍官訓練團的組織。其後由於美軍顧問團有意見，乃改名為實踐學社聯合作戰班，移到石牌上課。蔣總統自兼訓練團團長，請彭孟緝將軍任教育長，張柏亭將軍為副教育長，白鴻亮將軍則為總教官。白鴻亮，范健等日本軍官們感念蔣公抗戰勝利後以德報怨之對日政策，自然掬誠以報，全力協助我軍整訓，並作出了良好的成績。在第一期訓練班的開訓典禮上，蔣公特別強調孫中山總理一生都希望中日合作，發揮東方王道文化，而日本友人有東方哲學，視死如歸的武士道精神，以及優良的軍事素養，對培養我方軍官獻身革命，殺身成仁的精神及提升其戰略戰術能力必有助益，何況日本軍官思想反共，必會真心助我反共抗俄，故盼各研究員放下日本係被我國打敗的心態，認真虛心地向他們學習請益。

聯戰班第二期自四十三年七月開始，至四十四年三月十日結業，包括多次研究大陳局勢。先生由於係「旁聽」，故不在畢業成績計算之內（該期結業成績第一名為朱悟隅，第二名宋達，第三名朱嘉賓），但在受訓期間，仍一本在國防大學時之不計名位，認真努力與謙沖為懷的學習態度，從而贏得師生們普遍的尊敬，其同學如郝柏村將軍等在許多年之後回憶起來仍然讚佩不置，而蔣公當時對先生特別的安排自亦有期望，在爾後的反攻作戰中再予借重之深意。事實上，蔣公日記顯示，他在當年先生在聯戰班尚未畢業時，在二月二十六日就已在思考先生的職務出處，到畢業後的第三天——三月十二日，即已考慮派先生出任「衛戍司令」（以上聯戰的相關資料係請教車守同先生提供）。

四十四年六月及八月，先生再奉總統召見，垂詢軍事意見與近況，至八月乃命澎湖防衛司令之任。知之者以為先生勳望素隆，未必願往，命令下達後，先生卻欣然赴任。

先生自蒞任後，經營澎湖，不遺餘力，初在周圍離島如萬安、七美、虎井等處，加強火力。繼復在馬公拱北山籌劃構築堅強之核心陣地，俾一旦有警，足可抵禦強大共軍，而作死守待援之準備。

澎湖防衛部成立後，澎湖地區駐軍增加，而原有營舍，已不敷應用，急待興建。先生認為若興建集中式營房，對平時訓練方便，然僅適合於後方訓練基地。今澎湖若處在戰鬥地區內，務期使平時駐紮與戰時部署成為一體，且為避免轟炸及砲擊之摧毀，尤宜分散。故先生決定採用班排掩蔽部式之營舍，構築於陣地各要點附近，並加強其射擊與防禦等設施，屯儲充分之糧彈、燃煤及飲水，使平時成為冬暖夏涼安適之營舍，戰時則能發揮守勢戰力之堅強陣地。且依戰鬥需要，什伍相參，支援便捷，尤可使官兵有生於斯，戰於斯，死守奮擊於斯之觀感，先生或有取於蔣百里先生所謂「生活條件與戰鬥條件一致者強」之理乎！

四十五年四月，先生奉令參加國軍將領參訪團赴美參觀軍事，由國防會議秘書長，前參謀總長周至柔上將領隊，同行者有羅列、劉安祺、石覺、胡璉、黃鎮球等十餘人，十二日由台北起飛，經舊金山、西雅圖而抵華盛頓，由美國國防部安排參觀日程與食宿交通。先生所至，悉心觀察，不厭求詳，尤其對國防組織，軍事教育，部隊訓練，軍需生產，後勤設施以及原子能之研究發展等，所得獨多，美國軍官對先生敬禮無已，賓主歡合。時先生下榻於麻銳姆旅社F七〇六室；而當年於抗戰勝利後保送出國深造仍留美人員，皆已學成，聞訊皆前往訪候，服務於美國農業部之涂心園博士，尤為熱切聯繫，先生相見甚歡，殷殷垂詢求學及家庭狀況，並勉勵多加進修，以為國家將來需要之徵召，全部參觀行程，經月餘始結束，於五月中旬返國，經晉謁總統，報告參觀心得後，即回澎湖任所。

先生在鎮守澎湖期間，常為外界傳為佳話者為其接待彭孟緝總長之態度。按先生當年在西北任三十四集團軍總司令時，彭為其砲兵旅長，是三級部屬，但來台後，彭升為上將參謀總長，為澎防部司令的直屬長官。但是當彭總長去澎湖視察時，先生堅持以軍禮軍制辦理，要求各副司令官一同到機場列隊迎接，並喊敬禮。總長很尷尬的與大家握手，等到在大禮堂同官兵講話時，請先生上臺坐，先生堅坐臺下第一排。這種尊重體制的謙虛作風一時傳遍軍中，令各界十分敬佩。

圖 54：民國 45 年胡將軍陪同外賓觀賞美化後的澎湖庭園

二　建設澎湖

澎湖地區多風，房屋亦甚多簡陋，先生至澎後，乃令部隊遍植樹木，修建馬路，除安定地方，改良民風外，並裝設自來水，增建防風牆。顧及官兵生活，利用當地岩石，籌建眷舍數十幢，堅固美觀，有眷官兵得有安棲之所。

先生重視部隊訓練及軍紀維護，故軍民相處融洽，對部隊訓練之督導，成效顯著，陸軍第九十二師，在馬公守備訓練，於四十五年終，接受國防部校閱，成績為陸軍第一名，另舉行金湯演習，成績亦為全國第一。

四十六年四月，先生司令官任期將滿，奉命延任一期。是年冬，婦聯會總幹事皮以書，常委錢用和，委員趙筱梅等一行，往澎湖勞軍，對先生在澎短短二年任期內之各項建設，深為欣佩，回台後紛紛電告夫人，對先生讚揚備至。

澎湖原有飛機場，狹小簡陋，由於年來航空之進步，平時已感不甚適用，戰時更非所宜，先生默察大勢，一旦有事，澎湖實為支援反攻作戰之前進基地，亦為拱衛台灣本島之門戶，其地位將更形重要，因之建議擴建澎湖機場，機場擴建後，利用軍民航機之起降，台澎空軍之能運用如今者，先生啟之也。

先生鑒於澎湖駐軍日多，且為支援外島作戰之基地，官兵死亡難免，而軍人公墓尚未建立，致官兵死亡者隨地埋葬，甚至與當地人民埋葬一地，僻地荒野，亂石叢莽，日久將無從查考，死者無知，隨之埋泯，而生者不免感嘆！頗為憾傷，生共其難，死臨其穴，祭之以時，慰

圖 55：金門炮戰時，胡將軍陪同蔣公在澎湖巡視沿海補給線。

以英靈，乃後死者之事也，於是親自規劃，建立軍人公墓，頗具規模，使官兵死亡者，葬有其穴也。

四十七年八月二十三日金門砲戰，前方傷亡後送，後方補給前運，澎湖負起中間站之任務，海空軍群集，後送前運，先生皆躬為之，對陣亡遺骸處理，除在台有眷必須運台者外，無眷者皆安葬於公墓。特值一提者包括戰事初起時，吉星文、趙家驤、章傑三位陣亡駐金副司令官安葬事宜，戰事進行時安排蔣公蒞澎湖指揮，以及中、美高級首長多次赴澎參訪研商，尤其確保最後勝利的美援八吋砲要運金門等，均皆賴先生費心擘劃。

澎湖地脊，五穀不生，人民什九以漁撈為生，且附近又礁多水淺，魚量不豐。遠洋漁獲，又無力構造大船，故物質生活頗難改善。先生欲興當地建設，重以漁者有其船為主，以加強海難預防救護而輔之；三年以後，漁船逐次增加，人民生活亦漸形改善，又盡力提倡築道路，植樹木，輔導農業，改良風習，倡導教育等，因之地方逐漸繁榮，風氣一新。自沙島至漁翁跨海大橋，亦先生當時所倡導，今則長虹臥波成為亞洲最長之跨海大橋，乃先生鑒於島民交通不便所建議也。

據先生在澎湖部任內擔任營務組長之梁廷琛先生告稱，當時在國防部管理軍中財務的吳嵩慶將軍赴澎湖視察時，以先生生活儉樸清苦，曾私下約見梁及另一組長，提供二十萬美元供先生公、私方面使用，請二位組長處理。先生事後聞悉即強調，「在此國難之時必須刻苦，不准向上邊要一分錢。」於是將二十萬美元分文未動，在先生任滿離澎湖前交給李玉林縣長，修補澎湖漁民的魚塭，李縣長亦寫了收據並清楚註記用途。

三 起居生活記述

澎湖地方有派系，明爭暗鬥，影響政令之推行與地方之建設，主政者亦可運用以為利，先生則一秉至公，四年間均致力於黨政軍民間之協和團結，除公開集會時諄諄致意外，每利用機會談話、聚餐、散步甚至玩橋牌遊戲，在輕鬆愉快之際，談笑微言之中，暗示感召，使各方之意見相互交融，增進團結，聚晤溝通，消除隔閡，故先生離澎之日，各方又能和衷共濟者，皆云先生之儒理忠誠光明正大之義，不敢有違也。

先生駐澎期間，前途之澎湖縣長李玉林記其事云：

「平時督導所屬，考核綦嚴，信賞必罰，然有績效擢用者，暗加保舉，而自隱其事，絕不作市恩之意，由是上下用心莫不用命。忠義肝膽，出自天性。崇敬領袖，許身黨國為終身不移之職志。砥礪氣節，依歸正義，為警世立本之信條。其言要而不繁，其旨嚴而不偏。蓄有至理之情，出以委婉之口，使人聞之心感而誠服，潛移默化而不自覺。平時展讀領袖訓詞、學說、記誦服膺，實踐力行，一若佳弟子之若嚴師。對領袖之起居安危，尤無一日忘懷。」

「有一室為領袖蒞澎時曾居者，除啟扉瞻仰外，即不昂然步入。椅桌不敢褻瀆自用。有庭院曾為領袖遊憩者，則禁驅車踐行於內，小心寅畏，發於至性。蓋忠而兼孝者也。」

「其持躬謹嚴，尤恆為常人所不及，清正樸素，安儉守約，廉俸之外，百無一取，廳事孤陋，陳設簡潔：足敷坐談而已。沐室僅有一木桶，欲予以更易之，先生堅以為不可，曰：『在莒之辱，報猶不遑，未死之身，留待疆場，豈可變我素志，以適四體哉！』見其飲食簡薄，偶餽餚膳，亦必致謝卻還。」

前述之梁廷琛前組長亦告稱，先生身為上將，其仁民愛物之品格獨一無二，常去離島探望士兵，去軍醫院協助生病官兵，美國軍艦來訪時所送之巧克力、洋酒，亦必送離島官兵；而個人生活儉樸至極：如食僅每餐一葷一素一湯；衣：均著公發軍衣，冬背心及襪子均逢補之再；住：大床改為小床，軟墊改為硬木板；行：從不使用司令官的轎車，留給來賓用，而自己只坐吉普車。以上稜稜風尚，亦可見先生居澎時生活作息之大概。

四　精神教育

先生治軍，素重訓練，在澎湖四年之中，除辦理各種短期訓練班次外，另辦理三民主義訓練六期。各班隊凡開學及結業，先生皆親臨致詞，語多精鍊，言皆警策，聽之者莫不動容，今收入文存者（見《胡宗南先生文存》一書），有「立定腳跟」，「共患難」，「告充員戰士」，「學習戰鬥最理想的地方」，「一切光榮屬於勝利的部隊」等五篇，綜其重要內容如左：

㈠事業以下層為大，英雄以無名為大，精神以犧牲為大；思想戰備、精神武裝，較軍事戰備更為重要，絕對信仰主義，無條件服從領袖，我們一定要在思想上立定腳跟，才不致動搖，才能擊敗敵人[2]。

㈡在最困難之時，更應該擁護領袖，信仰主義，寧可窮死、餓死、氣死、苦死，而必須幹到底，把兵帶好，把仗打好，把身體練好，把責任盡到，改造自己，充實自己，竭力搶先，趕上時代，只見道義，不見利害；只見犧牲，不見報酬；只見光榮，不見恥辱；只見轟轟烈烈，然後才能與領袖國家共患難到底[3]。

㈢樂觀愉快可以帶走憂愁，帶走失敗，可以帶來勝利。悲觀想自殺的人，是最無理、最卑鄙、最無志氣的荒唐男子。思想要有中心，信仰要有中心，失去了中心，力量就隨之消失，滿肚子牢騷，滿肚子批評，不能表現他有才能和學識，正表現他的愚蠢無能。大事有大難，小事有小難，天下事無一不難，但天下事無一不可克服，只在我們的決心和毅力[4]。

㈣澎湖無高山河川，土地貧瘠，但人民學會了結網打魚乘風破浪的本領，這就是戰鬥精神戰勝環境之一例，澎湖樹木，受暴風壓迫，不能向上高舉，但能向平地延伸，雖然高度不能超過屋頂，但盤根錯節，彎曲結實，能站得住挺得起，這是戰鬥精神戰勝自然的一例。今天是一個戰鬥時代，戰鬥訓練在建立革命人生觀，生活就是戰鬥，與強暴戰鬥，與黑暗戰鬥，與腐敗戰鬥，不能戰鬥，便將失去生存。[5]

㈤人稱部隊能打仗為第一，部隊以打仗為第一，一切光榮、名譽、事功皆屬於打勝仗的部隊，九十二師自辦士官訓練，增加信心，加強戰力。連以下戰術研習，使營連排長想法一致，看法一致，戰術思想一致，各種演習，有思想有計劃，情報演習，反空降演習，成績斐然，全國第一，執行馬公機場擴建工程督導有方，裝備車輛管理嚴格，禮節周到，軍紀優良，士氣旺盛，信心堅強，在戰力估計上，是必能打勝仗的部隊，不愧為主義的軍隊6。

五 國防研究院深造

四十八年十月，先生在澎湖任防衛司令前後四年，二任期滿，奉令調回台北，仍任總統府戰略顧問，十二月奉命入國防研究院第一期深造。其時鄞縣張其昀先生主持院務，為先生三十年前老友，雅相契重。先生在院一秉院中規定，進退以禮，同學中素敬先生為人，乃公推先生為學員長。先生在研究院八月，勤奮一如在國防大學時狀況。在院中遇昔日教授何浩若，並分析敵情，對人民公社及當前反共局勢，預測最近將來大陸必將發生空前饑荒。先生在分組研討時，嚴肅地說：「我輩對反攻大陸，責無旁貸，如其不能，則寧可與草木同腐，亦不願與人爭一日長短」。

一次研討會中，談及當前革命形勢時，先生說：

「革命事業，乃驚天動地非常大業，全在艱苦奮鬥中，須以大智、大仁、大勇之精神完成之。革命者不怕失敗，只怕無所作為，國父革命前後失敗十次，最後武昌一役，而告成功；況人能弘道，非道弘人，千古歷史，均係由人而創造，並非歷史創造人，此之所謂士不可不弘毅，任重而道遠。反攻復國重擔，擺在我們身上，不怕擔子重，只怕我們無勇氣，以肩挑此擔子，故吾人應再接再厲，鼓起最後餘勇，以與共軍搏鬥，沿歷史上開國者如漢高，中興者如光武，均在幾度艱困中，迭次失敗後，而以百折不撓之精神以獲得最後之成功也。」

四十九年六月，先生畢業於國防研究院第一期，其畢業論文為「論人才與建國建軍之關係」，尤為院方各教授所重視，名列第一。先生選人才問題為畢業論文之題目，曾面告張其昀先生云：

「大陸淪陷，真如土崩瓦解。據我個人看法，基本原因，還在於一般青年和專家學者，茫然不知，於是隨波逐流者有之，譁眾取寵者有之，是非混淆，黑白顛倒，正氣消沉，公道淪喪而大亂隨之。故今後再造中華之唯一要務，乃在實踐『知難行易』的革命哲學。因為實踐篤行，本於真知灼見，不肯有真，何能實踐？這是我所以選人才問題為畢業論文之用意。」

先生論人才與建國建軍之關係論文，共分五章，第一章「緒論」。第二章「人才的培養」：分如何發掘人才，如何教育人才，如何任用人才三節，分別敘述發掘、教育、任用之要領。第三章「中興復國人才的條件」：分哲學的修養，科學的修養，兵學的修養，品德的修養四節，敘述哲學、科學、兵學、品德四種修養為中興復國人才之必具條件。第四章「反共戰爭將才的選擇」：分風度、武德、才能三節，說明一位戰將應有的智能。第五章「結論」。斯文可謂用人之針砭，先生有感而發，全文已收入在《胡宗南先生文存》中。

國防研究院將各班畢業研究員組織同學會，以聯絡感情，砥礪品德學術。先生奉兼院長蔣

圖 56：民國 48 年胡將軍與至友董杰、袁守謙、蔣經國、彭孟緝歡談。

圖 57：胡將軍（時為國防研究院同學會會長）在國防研究院第三期畢業聯歡會中致詞。

公選任為同學會會長，仍以總統府戰略顧問名義居台北，辦理國防研究院畢業同學會會務，並常與同學研討學術，不斷研究軍事政治及反攻戰略，一如在軍在學之時。

先生好學不倦，凡同學故友之來，必談及讀書心得，凡所見每問近來所讀何書，一日先生頗欣賞敬重的李樹正將軍應邀相晤，告以近日所讀者為《亞歷山大新傳》。先生曰：「為將之道應熟讀亞歷山大、汗尼拔、凱撒、屠雲尼、尤金、阿爾多夫斯及菲特烈等名將之戰史，悉心私淑之，則必有所得。」並問及亞歷山大臨終時所言何事，對之感想如何？聽所答言後，先生繼謂：「余併讀亞歷山大新傳英文本，發現其臨終時曾言：『余雖然統治世界，但最後余終為世界所統治，一切空空如也。』其言究何所指？」李樹正答以亞歷山大可能以其承嗣無人，帝業必將崩潰，故空有餘恨耳。先生曰：「此固可能之一面，但其十年征戰，均建築於侵略之上，雖有功業，但乏德澤，充其量不過乃一大英雄，大豪傑耳。常言人之將死，其言也善。此時之亞歷山大，雖凱旋而歸，卻身死異域，未嘗不想及此，故其心中特有餘恨，不若我之國父，推翻專制，創造民國；我之領袖，北伐統一，抗日勝利，其德澤永久留在人間者可比，此乃大聖哲與大英雄區別之處」。

先生之博學強記，對古今中外之聖哲賢人，皆以國父、領袖之德澤為標準，一般言行品德，總折中於國父與領袖，其信仰之堅定，忠貞之氣節，非他人之所及也。

1 以上國防大學校資料係國防大學提供。

2 「立定腳跟」，《胡宗南先生文存》。

3 「共患難」，《胡宗南先生文存》。

4 「告充員戰士」，《胡宗南先生文存》。

5 「學習戰鬥最理想的地方」，對澎湖戰鬥營講。

6 「一切光榮屬於勝利的部隊」，九十二師調離澎湖惜別聚餐會上所講。

關關雎鳩

一 窈窕淑女

先生夫人葉霞翟，浙江松陽縣人，民國十九年時年十六歲，是夏考入浙江大學農學院附設高中之農高，在一位家長是黃埔四期的同學家中，偶然見到一張懸掛牆上先生照片。美人慕英雄，心神為之傾倒。從此不斷去了解先生東征北伐事跡，所得印象是忠誠為國，勇敢善戰，而年僅三十餘歲，已為國民革命軍第一師師長。白馬王子由是而進入淑女芳心，因之在報社、雜誌上就特別注意先生之訊息，由於這一張相片，而引發出爾後天地悠悠之姻緣。

二十二年，霞翟時年十九歲，畢業於高中農科，此時戴笠在杭州招考特種勤務電訊訓練班。由於九一八、一二八事件之激憤，青年男女愛國情操驅使，毅然考入該班受訓。活潑慧敏，熱忱勤勞，受到戴笠特別器重。這就是以後霞翟在各項著述中稱戴笠為師之由來。

二十四年，霞翟考入上海私立光華大學政治系，至二十六年正在讀大三之春天，偕嫂往杭州探親，順便訪候戴笠，適先生亦在杭州，戴笠還為其裁製一套新中山裝及一套新西裝。霞翟與先生相遇於戴家，戴笠遂為之正式介紹，由於雙方對歷史興趣濃厚，相談投機，時先生已任第一軍中將軍長，感覺

圖 58：胡宗南將軍之畫像。

霞翟溫柔淑慧，一見傾心，而霞翟之印象中，先生體貌較之相片所見，更為魁壯煥發，驚喜忐忑，不堪言狀。

時正暮春三月，江南正是草長鶯飛之時，戴笠遂約嘉賓散步湖濱公園，薰風陣陣，遊人欲醉。適逢戴笠有事於南京，乃同往車站送戴去京，先生即送霞翟回家。

下午先生換著戴笠為其新製之西裝，專程訪小姐，閒談杭州風光，西湖十景，小姐的印象中先生對各種典故，如數家珍，態度瀟洒儒雅，傾心晤談，不覺時已黃昏，先生乃告辭。

晚上先生復往，飲茶坐談，對於歷史上諸多問題，先生皆有獨到見解。引經據典，對答如流，意甜情深，不覺時鐘已告十二響，先生告辭並約定明晨來接，共遊西湖。

家人告小姐曰：「此將軍打仗殺敵，勇猛無比，其攻少女之心，亦有專精，初見相識，一日三訪，來勢洶湧，宜當小心矣！」

翌日九時初鳴，先生復至，同往湖濱，下車僱小舟遊湖，自平湖秋月經三潭印月上岸，至九曲橋，眺望流連，緩步而行，至岳墳區，弔岳王墓，午餐在杏花村吃寧波菜，午後復乘舟過蘇堤，荷葉茂密，芬芳陣陣，划游其間，情趣無窮。比達湖濱，已見萬家燈火，車送回家，意猶未盡。先生之意，奔馳於叢山峻嶺，呼吸大地空氣，較之盪漾碧波，閒弄芙蓉，更具風趣，遂約明晨爬玉鳳山，以伸登高望遠之心。

次日天明，小姐已是輕服便裙，以待將軍。突有一參謀來稱：「昨夜急電，云有要公，先生已連夜乘快車去京矣！」漪漣心緒，不禁失望。

二　君子好逑

越二日，霞翟偕家人回滬，居法租界薩波塞路，念杭州之行，殊自欣慰。約五日，先生復至，雙手捧一綠磁花盆，盆中植深紅玫瑰，除三朵怒放外，餘皆含苞待發。並云：「不送一束鮮花，搬來如此一大花盆，作為余送汝之第一件禮物，余欲其生根發達，年年開花，只要勤加灌溉，永會枝葉茂盛，鮮花常開。」霞翟感以深情所羈，告以必將悉心培養，務期花更美，根更深，雙雙伸手緊握，凝視無言，互體濃情。

略望片刻，同遊外灘公園，中午在南京路吃西餐，下午去霞飛路聽音樂。是日先生作了自我介紹，童年喪母，由叔母撫養，後父親續絃，由鎮海遷孝豐，以及如何求學，如何投入黃埔等等往事。細聽訴說，感其自幼已懷有負天下興亡之壯志，念及自幼失去母愛親情，芳心為之感動，聞及孤苦奮鬥往事，不禁熱淚盈眶，是夜先生即北歸南京。

時第一軍駐徐州，先生經常因公至南京，爾後三個月時間中，亦經常至上海，或留二天三天，甚有一天半天者，凡應門女傭來告，總是：「小姐！又是那位送花盆的先生來看你了！」而每次來，並無預約時間，突然而來，匆匆而去，看似靜默，卻很健談，然從不言軍事、政局及防地職務，卻留有南京辦事處地址，寄去信件未到，而人又來矣！

二十六年六月，一日早晨，先生至小姐家門，相見即云：「速行遊江灣一天。」小姐明其時間之緊促，遂將學校考試功課放置，共去江灣，車途中先生一反往日之暢紓談笑，默然而緊張，很少說話，俟車出市區，先生突然握小姐左手，將其手錶取下取出小巧白金手錶一隻，代為戴上，聲稱這是我第二次送給你禮物。霞翟心中總覺不妥，而先生云：「不喜歡嗎？可以去換，先暫時收下好嗎？」霞翟無法再拒。

午餐後海邊遙望，在霞翟感覺中，先生有言未能出口，氣氛異常，注視沉思多於言談，未幾雙目相對，先生溫柔堅定而云：「霞！我們今年結婚好不好？」

這一語對霞翟而言，心待已久，然聞後心靈卻猶引起劇烈震盪，面對先生之注目，唯以點頭作答，掀起了愛情幸福的遠景。

三　國而忘家

興奮期待，滿懷幸福，然而七七砲聲，催去了十年良晨美景，當七月七日日軍侵華戰爭爆發，先生在牯嶺，奉令返防，於八月上旬在上海戴笠家相見，因時亂人多，未作詳談，先生僅云上樓寫一封信，就此辭別，迨霞翟返家後，戴笠之司機送先生與霞之信至，內容云：「霞妹，我因公來滬，本晚即須返防，上次之約，必須展期，此為萬不得已，想妹定能原諒，一待戰事勝利結束，我必赴約，後會有期，千祈珍重……。」先生國而忘家，謹守其匈奴不滅，何以家為之古訓。

一週後，八一三上海保衛戰發生，繼之南京撤守，遷都重慶，戰火蔓延，遍地腥風，光華大學亦西遷成都。

二十七年二月，霞翟途經漢口，甫抵住地，先生來訪，亂世情戀，半年不見，一相見淚流滿面，霞見先生又黑又瘦，不禁心酸，相互連問：「你好嗎？你好嗎？」關切之心，溢於言表，小姐盈淚滿眶，掀起先生憐香惜玉之心，出手帕為之擦拭臉上之淚，溫語告慰：「看你！到底是女孩子，禁不起一點風險，我在這裡好好的，還哭什麼啊！告訴我你是怎麼從上海跑出來的，已經兩個月沒有你的信了，正要派人去上海打聽你的下落呢！」

次日程開椿先生來接霞去先生居處，入室設有靈堂，一爐檀香，香烟裊繞，上掛相片，氣氛肅穆。先生云：「這是我父親照片，他老人家不幸於兩個多月前去世了，最近我才得到家報。去年夏天，在上海醫院醫病，我好幾次想帶你去看他，都遲疑未決。結果他竟未能在生前看到你，我感到非常遺憾。」行禮後兩人相對而泣。

下午四時許，先生請程送霞回住處，自己即回防地。半月後，霞偕家人乘船去重慶，於二十七年三月二十日由重慶去成都入學；不久先生亦移駐西安，一位是統兵將軍，一位是大學生，當時既不能結婚，遂約定不公開雙方關係，嚴守秘密。

是年冬一個下午，先生利用赴成都華西大學醫學院診治牙疾機會，來至王家霸光華大學，身穿中山裝，以送信者身分找霞翟，相見在門房時，裝作不相識，同出校門散步，問其何以猶突然其來?云：「很早想來看你，只是實在太忙，這次為了牙痛，請了兩天假來治牙，才有時間來看你，不是假公濟私，而是借醫濟私罷！」言罷相顧大笑。翌日霞陪同先生遊杜工部草堂，參觀青羊宮花展及城外之薛濤井、武侯洞，成都故蹟多，雙雙遊勝景，頗有當年西湖情趣。

四　在洋之洲

二十八年六月二十五日，霞翟畢業光華大學，鑒於戰爭短期內難以結束，乃計劃出國深造，此時已獲美國哥倫比亞大學入學許可。其時先生抵成都，祠堂街友人家，由程開椿去光大接霞相聚，稱此次之來，一為賀大學畢業，二為去美國留學送行。晤談時間雖不長，但所言甚多，從辦出國手續與去美深造計畫，至國際現勢，國內戰局，以及將來可能之趨向，最後結論是：「我們互相保證，不論這戰爭拖得多久，我們倆隔得多遠，我們的愛情決不改變，我們一定要彼此等待，直到日後再相見。」海誓山盟，神鬼為證，並約定以後不論狀況如何，聯絡時以當地名為代號。

霞翟辦妥一切手續，出國前夕，頗多故國河山之戀，突接先生派專人送來一信云：

「吾妹此次遠渡重洋，去國離家之感，英雄兒女之情。離愁密密，思緒紛紛。夢寐勞神，感慨必多。兄因職務在身，未能親來話別，尚希旅途保重，俾免懸念。」

霞翟於七月二十三日自重慶飛香港，隻身出國，遠涉重洋。八月十二日從香港乘美國柯立芝總統號郵船經上海，日本，於二十六日抵達舊金山，然後乘火車於九月一日抵紐約。

當時由大使館蕭秘書來接，感到紐約這個都市太亂、太大，並非就學佳境，蕭秘書建議改入喬治華盛頓大學，於是就隨同蕭秘書前往美國的首都華盛頓，翌日即持哥倫比亞大學入學許可證，向喬治華盛頓大學政治學院註冊入學。

從此一在華盛頓，一在西安，唯賴魚雁往返，互慰寂寞。初到美國，二十九年那年是最感適應上困苦的一年，至三十年六月上旬，依美國學位規定修畢美國政府、美國憲法、美國政黨、美國歷史等，三十學分，而獲得政治系學士學位。中旬入麥迪生城的威斯康辛大學，三十一年獲政治系碩士學位，仍繼續深造，於三十三年獲得政治系博士學位。時年三十一歲。

五年苦讀，一切之酒會、茶會、舞會、讌會等社教活動一律婉辭謝絕。念念先生在戰火連天之中，不可虛擲光陰。自三十年冬日軍偷襲珍珠港，南進香港及太平洋之後，海空航線均告中斷，家中接濟及信件亦告消失，生活陷入極度困乏，當是秋獲得該校獎學金，略紓窘迫。先生之信，原本不多，大多短短數語，雖寥寥幾行，亦足慰渴心，至是亦遭劫而不通。

三十三年五月三十一日，在歸心如箭下自諾福克海軍基地上船，出巴拿馬運河，經好望角至印度之孟買，再乘火車至加爾各答，乘機飛抵重慶與兄嫂諸姪歡聚。

五　寤寐思服

三十三年七月中旬，先生在重慶，以葉重慶之名，由駐渝辦事處處長前往接霞至住所，相見擁抱，默默無語。此時正是陝州靈寶戰役之後，當了解前方戰況情形，先生告之云：「目前狀況雖然惡劣，但我們必須在沒有辦法中想辦法，我們只許勝利不許失敗。」霞問何時可得到最後勝利呢?先生兩眼發光炯炯注視云：「這當然要看各方面情況，不過據我判斷，不出明年春天，日軍已無力西進，必將後撤。」略頓一頓又云：「當然在這以前我們將有一段艱辛的日子。」談到回國後之工作問題，霞告以將回母校任教。先生說：「那很好，成都環境簡單，你又是舊地重遊，就去那裡教一年書再說罷！」

這次相逢時間甚短，相互證明，純真愛情，已衝破時空之隔離。七月十四日先生即陪同陳長官去漢中就職，到達西安後，寄詩二首：

八年歲月艱難甚，錦繡韶華寂寞思。
獨見天涯奇女子，相逢依舊未婚時。
縱無健翮飛雲漢，常有柔情越太華。
我亦思君情不勝，為君居處尚無家。

從這兩首詩中，可見先生對霞的愛情是如何真摯與堅厚。霞於九月三十日由重慶抵成都母校執教，正在抗戰後期，物資缺乏，一切皆甚簡陋。宿舍是舊教室後一室，原為堆棧儲藏室，上無天花板，下無地板，泥磚地縫中長滿青苔小草，窗子木格糊紙斑剝，一張木板床，一張小書桌，一把椅子。房外一片荒草，室內一燈如豆，外面是秋風蕭瑟，秋蟲唧唧，裡面是潮氣襲人，孤影自處。大學教授一月薪水，僅能買一件藍布旗袍料，生活極為艱苦。念念年逾三十，而仍孑然一身。國事艱難，戰亂未已。瞻顧前途渺茫遙遠。伏案靜思，一陣悽愴。此時日軍南進桂黔，戰況轉緊，先生派部赴渝援黔，坐鎮西安。原約定十一月中旬來蓉相晤，屆時未至。十一月二十日先生電報云：「某日兩函均悉，戰事緊急，一時未克抽身，萬希原諒，一待勝利，即當前來奉候。」兩日後復派人送上鮮花一束，鋼筆一對，筆盒中附一箋條云：「千言萬語，都讓它代為訴說，敬祝愉快。」

是年寒冬陰曆除夕前，先生著中山裝，在門房指引下來到霞翟宿舍。

「啊！是你！怎麼會忽然跑來的？」開門相見，莫名驚喜。

「一連熬了幾天夜，火氣上升，整口牙齒都腫，特別請假來醫牙齒。」

「真高興你牙病又發了，希望以後多發幾次，以便我常常能看到你。」

「啊！好狠心的小姐，你這不是把快樂建築在別人痛苦上嗎？」

「你不痛苦，我就痛苦啊！」

「說真的，霞！我真對不起你，你能原諒我嗎？」

「不原諒又能怎樣？可是你要我原諒多久呢？」

「………」半晌無言。

此一時期中，先生身膺寄閫大將，年已五十，由於愛情保密，多少政要聞人介紹名家淑女，先生笑而婉謝，甚而謠傳風聲，造成婚姻困擾，先生皆不置理。

三十四年春局勢好轉，繼之在日本投下兩顆原子彈，日皇於八月十五日宣布無條件投降，抗戰結束，而戡亂緊接興起，時正暑假，霞由蓉回渝與兄嫂相聚。一日有大哥之友來訪，詢及西北狀況，其稱：「甚為緊急，而共軍之殘忍較之日軍有過之而無不及。」取出朱經農囑帶送先生之七律一首：

年來常抱憂時意，歌頌聲中一惘然，

海上風雲觀世變，耳邊和戰警愁眠；

天山時見南來馬，遼瀋空歸北去船，
聞道龍城有飛將，可能萬里靖狼烟。

霞閱後，知先生肩靖萬里狼烟之任，必然難以分身，其時家人逐次復員飛京，霞仍回蓉執教。雙方雖無機會相逢，但書信往返甚密。一日，先生念及其父在滬養病時，痛責其不結婚，遺訓悲切，心神激盪。乃在凌晨三時許，寫了一封十頁長信，內有一段云：「我無能為領袖分憂是不忠，尚未完成父親遺訓為不孝，累你如此冷落而不義，這樣不忠、不孝、不義之人你要他作什麼？」言詞情深，兒女情長，然而生不逢辰，又能怪誰呢？

三十五年春，光華大學成都部分改為成華大學，由川人接辦。金陵大學亦於五月結束，復員南京，於是霞翟就隨金陵大學飛南京至上海，與老母相見，伏懷痛哭，一別十年，於烽火離亂之中，母女重逢，親情慈撫。母親的第一句話：

「霞！告訴媽，你以為那個人絕對可靠嗎？」

「媽！你放心，他是絕對可靠的。」

「這樣就好了！」

不久全家隨大哥遷南京，霞應聘任教於金大。生活雖然安定，而對遠在西北戰場上之心中人，未能片刻忘懷，情絲千里，漪漣於心，西北軍事之順挫，無異亦金大之事也。九月聞整一師晉南失利，先生前往訓示之新聞云：「在三個月內，我們要以鐵面、火心、鋼膽來重整紀律。在三個月內要臥薪嘗膽來報仇雪恥，在三個月內我們要擒賊擒王來洗雪軍人恥辱。」霞聞悉後，已知先生有攻延安、搗匪窠之志也。

三十五年十一月下旬，先生抵南京，經電話聯絡時，舉家問霞，是否那個送花盆的人打來的，這一語已為全家人愉快之故事。

未幾，有車來接霞去上海路先生居處相見，一見面先生即以雙手按霞之雙肩，從頭至足，細加欣賞，爽朗而笑云：

「沒有變，一點都沒有變！」

「怎麼了？一年不見你以為我變成老太婆了嗎？」

「什麼？一年？我以為已一世紀了呢？」

霞亦仔細看上先生一陣，只覺得紅光滿面，英氣勃勃，戰場風塵，並未減損其生龍活虎之儀態。

少頃，先生出白蘭地酒一瓶，酒杯兩隻，倒滿二杯酒，以一杯遞給霞說：

「來，我們乾這一杯！」

「怎麼今天一見面就喝酒？你知道我是不會喝酒的。」說著還是把酒接過來。

「你喝好了，不喝完沒有關係，我是有用意的。」言罷先生把自己那杯一飲而盡，而立即又倒滿一杯。

「來！我們來喝這一杯，預祝我們成功。」言罷一飲而盡，又再倒第三杯。「再飲這一杯，預祝你幸福。」

「請乾這一杯，我向你保證，我將以偉大戰果，來作迎親的聘禮。」雙雙都喝完了杯中酒。

圖 61：將軍夫人新婚儷影：民國 36 年 5 月，胡將軍與葉霞翟女士於西安新婚儷影。

圖 59（p558 上圖）：烽煙處處戰鼓頻催時，胡將軍與夫人於西安興隆嶺珍貴的短暫聚首。
圖 60（p559 下圖）：1947 年 5 月，延緩十年的喜訊終於來臨——胡將軍與夫人在西安王曲舉行婚禮，其中證婚人王宗山、石敬亭、張鈁、高桂滋、劉楚材、祝紹周等六人，介紹人為顧希平、盛文等二人。

二人平時皆不喝酒，先生兩眼炯炯發光，語態慷慨激昂連飲三杯白蘭地，雙方凝視，相與都充滿淚光，等待十年的婚期，終於說出了最後保證。

六　鸞鳳和鳴

三十六年三月，先生率部攻克延安，國家大事，亦成為霞心中之大事，不久後霞得南京辦事處徐君送來先生之電報：「請即飛西安。」於是霞即整裝買鞋，屏當用品，於次晨至明故宮機場，程開椿先生陪同上機，九時起飛，下午二時抵西安，即往興隆嶺，先生已戎裝畢挺，佩帶齊全，已在佇立迎候，相見笑容滿面，即挽手走進一個窰洞的禮堂。

當時先生僅通知數人來晚餐，來者不知何事，石敬亭到達時見其自己打掃臥房，整理床鋪。省主席祝紹周以為先生生日小敘，攜酒兩瓶而來。參謀長盛文倉卒間聞知，帶來紅紙一張，紅燭一對，當場寫結婚證書。臨時聘定王宗山、石敬亭、張鈁、高桂滋、劉楚材、祝紹周等六人為證婚人，顧希平、盛文為介紹人，別無賓客，行禮如儀後，喜宴一桌，菜餚八碗，證婚人未帶私章者，簽名為證，爾後補蓋章。

十年苦戀，結成眷屬，醇厚愛情，滋潤心靈。每一溫語柔聲，都能使心弦顫跳，眉語細言，兩頰泛紅，花前月下，品茗論詩。三天蜜月，陶醉在只羨鴛鴦不羨仙之風情中。

婚後第三日下午，先生去西安而回云：「霞！最近我要離開西安，只好明天先送你回南京。」晴天霹靂，良辰苦短，蜜月之暫，前所未聞。不禁淚眼相望，先生百般殷勤，終難安新娘芳心。真是相見時難別亦難，別離傷感淚痕殘。

圖 62：胡將軍結婚時，與夫人相聚於重慶梅園行館。

新婚後第四日由南開大學電機系畢業的夏新華少校為司機，在晨霧中由王曲興隆嶺駕車去西安，沿途之朦朧勝景，古都山色，已無心欣賞，真是別有一番滋味在心頭，先生見霞凝目默然云：「看你為什麼老是悶悶不樂，你應該高興，你想你多麼神氣，有國家少校軍官為你開車，我給你做衛士。」國事重於家務，先生送別三日新娘，惻惻於心亦有其難言之苦衷耳。

飛機七時起飛，下午一時抵南京明故宮機場，辦事處來接待的人員，恭敬致禮，稱呼一聲「夫人」，從此改變了小姐身分，羞喜襲上心頭，十年苦等，一切皆成過去。

先生的結婚，無論在西安在南京，除少數人知道外，似乎仍在保密中，數月之後，申報首先刊出新聞，而夫人已懷身孕，已無保密必要，而各報雜誌，多加臆測往事，捕風繪影，互刊不實舊聞，在金大成為一大美談。

先生之長子為真，乳名小廣，生於南京鼓樓醫院，當晚南京辦事處處長徐先麟以電話報告。先生急問：「夫人安否？」答以：「安好。」問：「還有什麼？」答以：「得一學生。」先又問：「還有什麼？」仍答以：「得一學生。」再問：「還有什麼？」答以「得一男孩。」先生即謂：「好！好！」先生已五十三歲，此時正因戡亂戰事緊急聲中，悉夫人生產平安，心神之歡悅，溢於長途電話中，問得一男，樂而不知所云，只呼「好！好！」諸僚屬皆為之欣慶。

不久後先生因公來京，回家步入大室，大聲嚷叫「我的新媽媽身體可好？」看到小床上麟兒笑說：「噯！這小傢伙滿漂亮的嘛！我看有點像我呢！」引得家人哄笑！

圖 63：長子為真四個月時攝

七　顛沛來台

三十七年局勢大變，法幣貶值，物價飛騰，先生素性公而忘家，家中自真兒出生後，費用增大，家中生活極為拮据，已無隔宿之糧，至秋一切積蓄已盡，真兒營養不足，夫人乃親往西安，告知後方生活艱困情形。先生正在戰況緊急之時，為之皺眉云：「怎能家用老是不夠，你知道我們家用比士兵普通薪餉高出好幾倍了。」可是先生並不了解後方經濟混亂，待遇與現實脫節狀況，在先生心目中，想不到婦女、家庭、小孩有更多需要，總以為士兵可以過的生活，家中亦應可以如此生活。

這次會晤後，先生所給與家用，仍以士兵薪餉為標準，對後方財政金融的急劇變化，仍不了解，以後亦略寄實物如毛巾、白布、粗米等，一次還寄去了一箱靈寶紅棗，夫人僅以教授微薄收入，苦撐維持。九月戰況直下，先生派徐先麟處長及程開椿先生設法送夫人及真兒赴滬。十二月二十四日聖誕夜，先生託湯恩伯照料夫人母子乘中興輪來台，暫居於湯家中。生活已是捉襟見肘，寄人籬下，一籌莫展。乃書一長信，希望往後生活能有一安排，先生接信後託人送來機票一張，囑去西安。

三十八年一月二十六日，夫人去西安，住五天，正是烽火滿天，戰鼓頻催之時，度過陰曆年，於三十一日夫人飛返上海，陪同母嫂乘中興輪來台，先生曾電在台朋友，請其代租二間房子，但想不到要先匯錢給人家，沒有錢又如何去租房子呢？

幸而有昔日西安東倉門任會計之某君，調職基隆，將其在台北仁愛路房舍供使暫住，房子雖小，夫人已是喜出望外。不久台灣省政府主席陳誠，撥出省府在浦城街眷舍一棟，夫人始得安居。

三十九年四月一日先生抵台，始與妻兒相聚，溯自結婚以來，夫妻相處不滿一月，相對淚眼，默默相依，回台後暫居花蓮，居一月有監察院彈劾風波，隨即回台北，當時甚多親友，都欲在報章雜誌申辯屈直，先生謝而禁之，告云：「我們是一個法治國家，我願意接受國法任何裁決，對於社會責難，願作自我反省，事實真相，總有大白的一日，用不著去申辯，我們用不著與別人爭長論短打筆墨官司，我只求仰不愧於天，俯不怍於人，對任何誹謗責難，我既不生氣，亦不介懷。」當告知大陸淪陷整個責任都推在你一人身上，實在不公平，先生答曰：「我是國家軍官，大陸淪陷我當然要負責任，我不負責任，誰去負責任？」

此一時期中，夫人與戴夫人經常查經研究教義，先生研究古書及戰略理論。一日聞夫人背誦耶穌對門徒說：「人若賺得全世界而失去自己靈魂，又有什麼益處」一語時，先生就放下書本，參加查經，而開始更進一步接近上帝。

先生之次子為善，乳名小德，在台北婦幼中心出生。待產時，先生天天去婦幼中心陪伴夫人，每天送鮮花一束，說笑話，講故事，換水插花。主治醫師以及同在待產太太們，對先生如是體貼溫存，不勝羨慕，皆云：「自古英雄皆多情，先生真是個大英雄也。」當先生聞嬰兒出生，急急進入產房，夫人告訴他：「又是一個壯丁」，他立即緊握夫人雙手說：「好極了！我為胡家祖宗謝謝你！亦為新生孩子謝謝你！」

圖 64：民國 48 年聖誕節攝於寓所

八　居處有家

四十年九月九日，先生以秦東昌化名去大陳，臨行對夫人曰：「霞！我這次出去，不知何時才能回來，望你在家好好帶領兩個孩子，安心等待，只要那邊略有頭緒，我就會寫信來，如果一時沒有消息，亦不要慌張，你知道我會想著你們的。」

四十一年五月先生因公一度返台，居兩日即返大陳。

先生之三女為美，乳名美美，在台北內江街婦幼中心出生，體重九磅，母女平安，先生聞悉甚為欣慰。七月大陳江浙游擊總部改組防衛部，先生奉命返台，八月入國防大學肄業，每晚回家，至此才稱是真真享受到安定正常之家庭生活，逗玩兒女緊抱親吻而不放，有時匍匐地面令孩子騎在背上學騎馬，享受了天倫之樂。

先生之幼女為明，乳名明明，出生於婦幼中心，先生適在台北，每日赴中心陪伴夫人，一如為善生時，夫妻愛深情篤，見之者，仰慕不已。上帝的主恩，雖然晚婚，仍賜給二男二女，且皆聰慧美麗，為象徵光明在望，故名為明。

四十四年九月九日，先生奉命去澎湖，以後凡是去澎湖回來之人，總有電話將澎湖進步狀況告知夫人。四十七年五月十二日為先生六十歲生日，夫人曾請羅列、趙龍文去澎湖相接，來台歡度花甲華誕，先生告之曰：「海峽偷生，匆匆六十，慚悪悲苦，何能作壽？且待二十年後再作考慮。」先生從不作壽，人亦不知其生日，當婚後第一年生日時，夫人欲往西安共度良辰，其卻回信云：「妹之盛意，兄當心領，時局如此緊張，報國無能，正感惶恐萬分，何敢言壽……。」拒夫人去西安，夫人乃親織毛衣一件送往，以盡心意。

四十八年十月，先生澎湖兩任期滿回台北，十二月入國防研究院深造，研究院主任張其昀講「養天自樂，畏天自修，事天自強，知天自足」之天命之道，先生深有所感。另一次講總統的革命為大無畏精神，先生的筆記是：

「消極方面：不悲觀、不失望、不灰心、不動搖、不煩悶、不躁急、不苟安、不妥約、不懈怠、不退縮、不間斷、不推諉；不求近利、不急近功；不投機取巧、不依賴僥倖，堅忍不拔。除此以外還應包括逆來順受之道理，能忍而方能持久，能持久方能成功，要知道橫逆憂患之來，正是增進德業之機會。」

「積極方面：自愛、自重、自反、自立、自助、自勵、自信、自榮、自強不息，以及堅毅、堅忍、堅定、站穩與奮發，奮鬥到底。做事只問耕耘，不問收穫，只有是非，絕無利害，要忠誠負責，樂觀進取。既不可有成見，又不可無定見。要居之無倦，行之有恆。無畏由於無私，無私由於無我。既已獻身革命，則為國犧牲在所不顧，一息尚存此志不渝。」

此一篇大無畏精神演講詞，先生認為非常精彩，至理名言，句句刻鏤心臟，筆記甚詳，交由夫人為之整理。

研究院有良師益友，都是年逾半百飽經憂患之士，一次談及當前革命戰爭形勢之時，先生說：

「革命事業，乃一驚天動地非常大業，全在艱苦奮鬥中，以大智、大仁、大勇之精神完成之。革命者不怕失敗，只怕無所作為，國父革命前後失敗十次，最後武昌一役而告成功。況人能弘道，非道弘人。千古歷史都是由人創造，並非歷史創造人。此之所謂士不可不弘毅，任重而道遠。反攻復國重擔，擺在我們身上，不怕擔子重，只怕我們無勇氣，以肩挑此付擔子。故吾人應再接再厲，鼓起最後餘勇，以與共軍搏鬥，況歷史開國者如漢高，中興者如光武，均在幾度艱困中，迭次失敗後，而以百折不撓之精神，以獲得最後之成功也。」

九　國慶閱兵激壯志

先生在研究院深造，重溫學生生活，青年舊夢，輕鬆愉快，依院方規定學生必須住院，兼院長蔣公體念先生畢生軍旅，婚後家人相處時間甚短，乃主動指示主任特准先生外宿。此時先生無官一身輕，有子萬事足，生活非常踏實，精神亦較愉悅。

一日回家，見德兒（為善小名）在哭，就叫到後房，打手心十下。問他：「你是不是好男兒。」答是。

「那麼你要記住，男兒流血不流淚。」又問：「你是不是大丈夫？」答是。

「記住！大丈夫有淚不輕彈。」從此改變孩子愛哭的習性，孩子受委屈想哭，好男兒、大丈夫就立即衝入孩子之心房。

有一次回家，見兩個小女孩在門外與鄰居孩子玩，一進門就告訴夫人，把她倆叫回來，各輕打手心十下，告誡女孩子不可在門外與人玩。平時家居，先生必服裝整齊，天熱汗流，夫人勸其脫去襯衫長褲，必云：「在孩子面前，服裝不整齊如何可以！」

四十九年六月國防研究院畢業回家，勤讀英文，亦開始練習打高爾夫球。至於查經修道，總是在自我研究階段，不欲與家人同去教堂，嘗云：「只要信道理即可，何必做禮拜，信道主要在心理，用不到去教堂做給別人看。」夫人是虔誠的基督徒，告訴他多少靈性、靈光、經典、教義，每星期日還是不去教堂。是年聖誕夜，聞悉蔣公與夫人亦將去禮拜，乃在四個孩子祈求下，亦去士林的教堂。家人慶幸他接近了上帝，而先生心靈中亦可能因蔣公與夫人而受感。

五十年元旦，西北舊屬金門防衛司令劉安祺上將來信，邀請先生於春節假期，作金門一遊。先生復信云：「元旦手書欣悉，盛意拳拳，至為心感，今年匪若大舉來犯，而兄認為外圍島嶼有顧慮時，弟願參加大膽島之作戰。屆時朝電夕至，同襄盛業，至現時，不想來金門叨擾也。」

先生自來台後，總以此後無死所為憂，去大陳、去澎湖，此次又嚮往大膽，祈求找一死所爾。

五十年雙十節閱兵，總統府送來兩個觀禮證，先生與夫人同往觀禮，這是結婚以來第一次先生攜夫人外出參加盛典，先生身穿戎裝，英挺如昔，熟人相見，皆驚問：「啊！嫂夫人亦來了？」

這次閱兵，鑒於部隊精壯，裝備齊全，武器優良，軍容耀目。激起了先生萬丈雄心，深感反攻準備完成時間已經成熟。是日歸家晚餐，見夫人為慶祝國慶而加菜，云：「如此佳節，怎可無酒。」即取杯斟滿，「預祝明年在中山陵前陪總統閱兵！」言罷一飲而盡。那騎駿馬，領神兵跨海歸去之氣概，使夫人滿懷激奮，亦舉杯為賀曰：「祝願望實現，願上帝賜福。」

天地悠悠

一 哲人其萎

時光易逝，歲月無情，先生來台後心情，始終鬱結，賴著堅毅意志與報仇雪恥之苦心支撐，強作歡笑。四十九年秋，先生與夫人曾作碧潭遊，傍晚時分，遊人稀少，夫妻兩人默默相依，憑欄遠眺，忽見對山白雲如潮，湧上樹梢，瀰向天際，先生心有所感，回家後寫下五絕一首：

澎湃凌雲氣，奔騰出谷心；
鄉山一水隔，歲月二毛侵。

自去年底有心律不正感，經檢查並無毛病，乃深信運動可以治病，習打高爾夫球，興趣甚濃時間亦延長，唯常有倦容。

五十年七月漸感不適，夫人欲陪同榮民總醫院檢查，先生曰：「那是軍人看病的地方，太太去幹什麼？」經丁農大夫檢查，血脂肪過高，兼有糖溢量，乃請先生節食，尤忌糖肉類，先生家無餘蓄，自奉本薄，至是以蔬菜水果進食，數月之後，體頗羸瘦，然精神仍健，往來行動，不異疇昔。而先生天性堅強，不以為意。十一月間總統府戰略顧問委員會在介壽館四樓開會，先生陟階而上，至二樓，不能再進，遂託人請假而歸，家人無以知之。

五十一年二月七日陰曆正月初三，由於春節應酬，往返勞頓，感不適，家人請丁醫師至寓所診治，以為心臟略不正常，須住院檢查，下午入石牌榮民總醫院。不久，總統臨視，囑善調攝，撫慰備至。何應欽上將夫人特來為先生祈禱，先生至為感動。數日後，主治大夫報告病況漸減，大命無妨。羅列等部屬一、二十人聯袂往訪時告之曰：「今日何日，此時何地，領袖需要我們，國家需要我們，反攻復國的大業需要我們，而我竟臥在病床上……。」言此嗚咽，語重心長，其沉痛之情，溢於言表，旋見各舊屬為其病有愁容，又曰：「不要灰心，不要失望，我可能會死，但你們要幫助總統，反攻大陸！」

十三日再照X光多張，證明病確有進步，下午醫師面告夫人，數日後可出院。白晝進食正常，夜九時尚進蘋果四分之一，旋即入睡，十一時許醒，見舊屬袁學善侍側，催速去休息，瞑目復睡。

二月十四日晨三時許，突然驚叫（可能是噩夢），一手高舉，袁學善急起趨視，呼之不應，按其手不屈，急按鈴召醫師，為注射強心劑，並用氧氣罩。是晚夫人適因長公子為真患重感冒發高燒回家照應，聞訊趕至，以先生在世時已表示信仰基督並勤讀聖經，乃在摯友張靜愚夫人之協助下，立即請附近謝牧師為先生施洗。惟先生已入彌留狀態，終無一言，於五十一年二月十四日上午三時五十分，與世長逝。

二　身後哀榮

二月十四日蔣中正總統對國軍幹部會議訓話時，親自宣布先生逝世之噩耗，並弔之曰：

「胡宗南同志已經在今天去世了！他是本黨一個忠貞自勵，尚氣節、負責任、打硬仗、不避勞苦、不計毀譽、革命軍人的模範。大陸淪陷前後，他曾經屢次寫信給我，說至今還沒有能夠求得一個死所，其意若不勝遺憾者，後來當他大陳調職的時候，他又寫信說：『今後我恐無死所了！』宗南同志現在竟未能如其所願，使他自己的生命得到一個轟轟烈烈光榮戰死的死所，實在令人追思不置。他死已附於正氣之列，自不失為正命，亦可以瞑目於地下了！」

二月十五日總統台普字第一九八號令：

「故陸軍二級上將胡宗南，追晉為陸軍一級上將。」

十六日下午組成治喪委員會，何應欽、顧祝同分別任正副主任委員，友好部屬四十餘人為委員，羅列為總幹事。移靈台北市極樂殯儀館。

十七日開弔，首先舉行追思禮拜，由周聯華牧師主持。其後，親友舊屬到達與祭者三千餘人，總統除頒賜「功著旂常」輓額及旌字第一四五八號「旌忠狀」外，並於十二時偕夫人親臨祭奠，撫慰遺族，恩禮有加。

三月十三日總統頒布「褒揚令」：

「總統府戰略顧問委員會戰略顧問陸軍二級上將胡宗南，氣度恢宏，志行堅卓，早歲入黃埔軍官學校研習軍事，曉暢戎機。東征以來，參與革命戰役，臨陣奮勇，迭建奇功。歷任第一軍軍長，第十七軍團長，第三十四集團軍總司令，第八戰區副司令長官，第一戰區司令長官暨西安綏靖公署主任等職，指揮震慴，為國干城。抗戰勝利後，共軍擴大叛亂為禍國家，該上將秉承方略，窮追逋寇，直搗匪穴，丕振軍威。政府播遷，率軍殿後，艱危備歷，勞瘁不辭。來

圖 67：前副總統陳誠先生蒞臨祭弔

圖 68：哲人已遠，典型在夙昔——胡將軍之靈堂

圖 65：前總統蔣中正先生暨夫人蒞臨祭弔

圖 66：前總統蔣中正先生暨夫人弔唁胡將軍之遺屬

圖 71：國防研究院各期同學公祭，致胡將軍。

圖 72：胡將軍與家人、袍澤之永別。

圖 69：西北五省同鄉公祭，致胡將軍。

圖 70：第十戰區、第一戰區　西安綏署同仁公祭

圖 75：送別胡將軍一
圖 76：送別胡將軍二

圖 73：出殯前治喪委員會公祭——顧祝同上將主祭
圖 74：胡將軍之長子胡為真博士與敬愛的父親

台以後，整訓部伍，鞏固海防，咸收績效。比年升任戰略顧問，方質蓋籌，期多獻替，遽聞溘逝，軫悼殊深。除追晉一級上將外，應予明令褒揚，以彰勛績。此令。」

先生逝世後，李文、劉安祺、趙龍文、羅列等昔日部屬，與夫人商決，在台北市近郊覓地營葬，靈柩暫厝於極樂殯儀館內。並親往近郊尋覓墓地，最後選定陽明山竹子湖北投紗帽山，購得地數畝，並由工兵署協助開築墓道，興建墓穴，墓地建築時，蔣總統曾親臨視察。墓地完成，於六月九日上午十時葬先生於紗帽山。是日會葬者長官同學部屬親友共一千一百餘人。總統與夫人亦親臨弔祭，甚至掩面淚下。不久，蔣總統夫人以胡夫人悲傷太過，曾建議其換環境而攜子女移居美國，並允協助，惟胡夫人以子女需接受完整中華文化教育，希彼等成人大學畢業後再出國而婉謝。

三　追思紀念

澎湖軍民以先生在任期間嘉惠地方，造福軍民之德澤，感戴至深，先生歿後，於民國五十七年二月，特為先生鑄塑銅像於馬公風景區即軍人公墓前，並為文以紀之其文曰：

「胡宗南將軍民前十六年生於浙江孝豐，當時我國家民族內憂外患，存亡絕續之秋，將軍以繼往開來，救國救民為職志，遂毅然從軍。民國十三年卒業於黃埔軍校第一期，自見習官，排連長以次洊升至戰區司令及西安綏靖公署主任，位至上將軍，畢生追隨總統蔣公致力於三民主義國民革命大業，凡東征、北伐、剿共、抗戰、戡亂、無役不與，守固攻克，屢建殊勛，彪

圖 77：胡宗南將軍於民國 44 年抵達澎湖防區，擔任防衛部第四任司令官，關懷建設，嘉惠地方，令澎湖軍民感念難忘，圖為由各界獻建在馬公林投公園內的胡宗南紀念銅像及銅像四面刻鏤之文。

炳戰績，俱已載入史冊，與日月同垂不朽。民國四十四年來澎，公任防衛司令官，治軍以嚴，馭下以厚，律己以儉，待人以豐，而其關懷建設，端正風習，嘉惠地方，愛護人民，則尤綱舉目張，無微不至，是以我澎軍民，同被德澤，感念難忘。民國五十一年二月，將軍以憂勤國事，積勞成疾，遽爾殂謝。我澎軍民以將軍為人傑，歿垂典則，爰為鑄銅像，永昭矜式。澎湖全體軍民敬立中華民國五十七年二月〇日。」

先生離澎湖時，繼任防衛司令官李運成，曾擬為先生建一紀念亭，至乃為先生建一宗南圖書館。

駐烏坵之游擊舊部為先生建東昌亭於島上，東引駐軍在島上建東昌閣，以紀念先生昔日海上游擊之勛績也。並於閣壁勒石為誌，其文云：

「東昌閣誌：閣名東昌，乃因『秦東昌』而命，追念故胡宗南將軍扶植本軍之遺愛也。憶自民國三十八年，赤禍橫流，中原板蕩，我東南沿海志士義民，氣憤風雲，紛舉義旗，毀家紓難，從事沿海游擊作戰，誓與匪偽不共戴天，先後大小戰鬥，不下二百餘次，揚威東海，賊膽為寒。迄今民四十四年，本軍進駐東引，管鑰海峽，屏障台澎，效忠領袖，益矢堅貞，篳路藍縷，慘澹經營，臥薪嘗膽，櫛風沐雨，時時以復國為懷，朝夕與怒濤為伍，而氣益壯，志益堅固。領袖之德威感召與各位長官之愛護扶持有以致之也。

五十二年秋，承中華婦聯會，國防部軍友社及台灣進出口商之資助，由本軍衡山附五部隊兵工興建，旨在策勵同胞堅守革命志節，光前裕後，發揚本軍傳統精神，戮力中興大業，開創本軍光明前途，以期無負斯閣以東昌名焉，是為誌。陸軍反共救國軍謹誌中華民國五十三年元旦。」

中央陸軍軍官學校在該校史館，闢室成立胡宗南上將紀念專櫃，以供該校師生之景仰紀念。陽明山中國文化學院（即今之文化大學）新校舍成立時，闢室為紀念先生，名為宗南堂。國立政治大學於民國一〇三年三月為慶祝在台復校六十週年及黃埔建軍九十週年，特於該校社會資料中心舉行「胡宗南將軍史料文物特展」，以追念先生為國家民族所立之報國典範，並以數位化之方式典藏先生之文物資訊。

另值一提者為大韓民國金大中總統，於民國八十八（一九九九）年曾召集韓國歷史學者專家研究考証韓國史料後，於當年八月韓國國慶日，特追贈先生韓國最高榮譽勳章「建國勳章獨立章」，以表揚在中國抗戰期間，先生在訓練、輔導、支援、派遣韓國光復軍對抗日本佔領軍，使韓國終獲獨立的重大貢獻。由於先生逝世業已三十七年，乃由先生之長子胡為真博士及長孫胡斯廣博士赴漢城（今首爾）代表接受。

先生逝世後，同學友好部屬為文紀念者甚眾，共約三十餘萬言，將之刊為紀念集於五十二年二月十四日出版。先生所作文字，昔在軍中戰亂之時保存不易，經搜集者約十萬餘言，由中國文化研究所整理分類，於五十二年六月出版《宗南文存》行世。另，六十一年二月十四日由編纂委員會刊行先生「年譜」約二十萬言。民國一〇三年，台灣商務印書館為慶祝黃埔建軍九十週年，復將本傳記以及以上先生之紀念集、文存、年譜增修再版問世，名為「胡宗南先生四

圖 78：民國 79 年，諾魯總統杜維尤果（Bernard Dowiyogo），在時任外交部禮賓司長胡將軍之長子胡為真博士陪同下，參訪高雄鳳山陸軍軍官學校校史館中之胡宗南將軍文物資料展覽之專櫃。

圖 79：韓國前總統金大中追贈胡將軍之「建國勳章獨立章」

書」，中央社亦計劃出版先生之圖傳。

此外，國史館為慶祝抗戰勝利七〇週年，更擬於民國一〇四年出版先生之日記，俾國內外學者研究歷史之參考，此均使先生之行誼，流芳千古。

先生逝世後，同學友好親屬，每年在墓地公祭，第一年一次冬至，次年開紀念會於台北實踐堂，參加者千餘人，會後往紗帽山謁墓者四百餘人，是年至墓地公祭者三次，為清明、生日、冬至各一次，五十三年後，每年二月十四日逝世之日，皆往謁墓一次，其後為參與者方便，改於台北紀念，每年一次，五十餘年，從未中斷，可見先生之德澤感之於後人者至深也。

先生逝世十週年紀念日，國防研究院同學會全體同學，以先生為該院永遠之同學會會長，領導同學，砥礪品德，增進情感，獲益至深，且先生休明之德，歷久彌著，其嘉言懿行，誠足勵薄俗而垂榘模，特於先生墓側立碑紀念，其文曰：

「陸軍上將胡公宗南，出身黃埔，奮志戎行。沐國父三民主義之薰陶，受總統蔣公革命精神之作育。東征之役，著績棉湖。北伐興師，公為先路，數創群敵，迭建殊勛。統一之局方成，諸兇先後搆亂，公復奮其英武，屢擊叛逆於鄂豫隴海之間，靖掃逆鋒。共軍自贛潰圍西竄，公率部陟險巇，踰秦嶺，越巴梁，幾盡殲之於川北草原。日軍侵我，既佔東北，復覬京滬，公乃喋血奮戰於滬蘇皖豫等地，遏其封豕長蛇之謀。於是共軍殘喘復蘇，盤踞陝北，陽藉抗日之名，陰懷篡竊之實，竟與日軍遙相呼應，危害抗戰。公奉命開府關中，戰守兼備。固行都之上游，奠磐石於西北，東則轉戰豫境，疊赴晉援，抗倭寇於潼虢。北則固碉壍，嚴斥堠，防匪蠢動於陝甘。嗣共軍叛跡日彰，為害日烈。中央無可再忍，公遂奉命興師，直搗延安匪巢，殲厥醜類，捷聲所播，舉國騰歡。其在關中，又嘗募兵招生於陷區，與日軍爭兵源，與共軍爭青年，壯我戰力，宏謨遠識，勝於兵機。居恆以『為主義生，為主義死，效忠領袖，盡瘁革命』自勉，並以勉部屬。其忠勇實踐之誠，尤見於西昌大陳諸役。當中原淪陷，遍地腥羶，公毅然置身危難，於西陲窮邑，東海荒嶼，重輯餘部，數揮魯陽之戈，冀遂興復之願。凡公部屬，悉皆沐義浸仁，效忠陳力，著績效於當時，而各盡厥責矣！

公奉命受訓於國防研究院第一期，畢業後，復蒙兼院長總統蔣公選任為本院同學會會長，我同學等與公昔同黌舍：久承教益，深仰公仁勇之性，孕育中懷，忠義之行，彪炳於史乘。公雖逝世十年，然公休明之德，久而彌著，郁郁芳徽，誠足勵薄俗而垂椝模。爰綜公生平大要，泐之貞珉，永勗來者。」

四　世人誣衊之辨正

先生在時，不許所屬為人誣衊之事而辨正，致使誤誣之謠傳，仍在不明情況真相之角落中流傳，令人聞之而嘆息！現在已去世，身為先生之部屬，不得不為先生辨正之，俾免以訛傳訛而成為後人之荒謬誤解。

先生之對人對事，都是求真、求實，質樸無華，表裡一致。既不知偽裝，亦不知文飾。其處世原則，不僅止於多做少說，甚至是只做不說。從不諉卸責任，而且勇於擔當。對青年後進愛護備至，於照顧拔擢之中，從不阿私徇情。其之用人，須經遴擇考核，絕無同鄉同學界域之分，亦無親戚故舊之見。至於個人生活，簡單樸素，淡泊自甘。衣食住行，雖身膺疆寄，仍不離儉約美德，一切皆出自然，發乎天性，為典型軍人之本色。

先生雖處方面之重，然始終以領袖馬前一卒自居，故有領袖在不多言之自銘。讓功承謗，不自我辯白，不招待記者。尤以因深受領袖器重，軍力逐漸擴展，不免引起同時期不及者之妒忌，與傳播媒體報章雜誌各記者之誤會，乃有甚多流言，作種種歪曲事實之揣測批評，加先生以神秘、驕傲、西北王、矯揉造作等等之誣衊，共軍之傳聲筒，隨之而宣揚。而先生總以「大丈夫俯仰無愧，何必多言，歷史將是最好之證明」，是故一味容忍，緘口不語，無形中積非成是，誤以為其是一種無可駁正之默認，不也謬乎！爰將所知，申正如左，俾使先生質樸風格，天性本色使世人有正確之了解。

㈠關於神秘：世人評先生為神秘者，主在行動方面，因其去一地方，及離開一地方，在事先總是不使人知，而毫無預感。此事就先生自己所見，完全是一件極平常之事，意在不使增加煩擾，尤其至各部隊看看實況，一旦洩漏行蹤，難免臨時作偽，而發生表面工作之流弊。至若公務旅行作事先通知，則無異招搖，必將使當地政府、部隊勞師動眾，平添接送煩累，不堪洗塵接風，餞行酬酢之負擔，這種浪費精神、時間及金錢之友情，對樸素儉約性格之先生而言，不但不欣賞，且又厭惡。又因凡所去之處所，皆有預定任務，或特殊之使命。活動之日程，十分緊湊，很少有多餘時間作私人拜訪，或公務外之應酬。為了控制時程，專心一意於公務，當然儘量減少一切不必要之聯繫，為了軍事上之保密與安全，事實上亦不宜事先發布新聞，公開招待記者會，宣布行程。

其次是先生具有只做不說之性格，不願招待記者，他總覺得招待記者，難免淪為自我宣揚而為大眾注視之目標。他本著無名為大，無我為大的哲理，所以很少舉行記者招待會，更少在旅途中接受記者訪問，亦很少讓記者照相，抗戰期間，有一位相識已久之記者，遠道經西安來訪，長談之後，臨別堅請拍照一張，留為私人紀念，並保證不對外發表，可是不久，這次的訪問記及照片，都在南京的畫報上刊登出來。先生發覺後，大為不樂，深以那位相交已久的記者朋友之背信為一大遺憾。以後更少和記者朋友接觸，與此事多少有關。

七分校二個總隊畢業，印製同學錄，向先生要一張相片，先生說：「你們要知道，軍校的教育，是要訓練一個實行三民主義的信徒與服從領袖的革命幹部，你們現在就要畢業了，你們就是國民革命軍中服從領袖實行三民主義的幹部，同學錄上只有校長照片，我的照片不需要印上。」抗戰勝利後，共軍黨中央，找出政府高級人員之照片，以為其情報人員之運用，獨找不到先生之照片，使其情報人員，只知先生之名，而不識先生之形。

在先生心目中，只有國家，沒有個人，只有領袖，沒有自己。只有公務，沒有私事。平生最討厭自我表揚，他認為自我表揚自視甚高的人，都是當年軍閥作風，而新聞記者或多或少亦沾有這種自高自揚的風氣，訪問不到新聞，照不到相片，就不明先生天性風格，加上了這個神祕的封號。

㈡關於驕傲：抗戰期間，先生任方面之重，而年逾五十而未婚，很多大家閨秀、名門淑女由各地名流仕紳相與說媒，而先生總以「匈奴未滅，何以為家？」為古訓婉辭。一般人認為其深通韜略，才華內歛。謀國以忠，待人以愛，與佛家之無聲、無相、無物、無欲之精神吻合，生活如同苦行僧，故認為係羅漢轉世，並無婚姻宿根。而共軍更以種種關係不能結婚而造謠，殊不知先生早已情有所鍾，盟有所誓，專一愛情，何能言她。後有寄其情人信中之詩云：「我亦思君情不勝，為君居處尚無家。」因此，滿懷關切而來之媒公媒婆，乘興而來，敗興而歸，心理當然失望，而以驕傲封之。其實先生雖沉毅寡言，而實滿腔熱忱，在其君子好逑一節中即可見之。唯以生活於憂患時代，故甚少有歡樂之時，來客相訪，皆以禮待，遇有知己者，則談古說今，晝以繼夜。然而有批評主義及領袖，月旦他人之事者，則必厲聲駁斥，嚴予糾正。對自視甚高之人談話，總一笑而置之，對不想接見的人，就不與接見，絕不會虛情偽意去稱許來奉承獻媚之人，亦從不參加各種應酬，視應酬為浪費時間，是以此類訪客，敗興歸去而加之以驕傲之封號矣！

毛澤東、周恩來狼狽為奸，可玩弄汪精衛、馮玉祥等軍閥，甚至美國部分左傾人員於股掌之上，即以馬歇爾而言，身為美國總統特使之身，亦入其術中。而先生坐鎮關中八年，洞燭陰謀，不與接觸，偶有發現作說客或滲入於學生中者，一經查實，即逮送軍法。共軍偈踞陝北，無籌可展，分化造謠，無所其逞，其存畏懼者，唯先生一人耳。當勝利之後，共軍中央分組派遣人員，接近政府中央大員，而獨不敢與先生接近，鬼域伎倆，為之而窮，亦唯以種種封號加之於先生，欲達其分化離心之目的，以破壞先生之聲望，忌之者聞之，竟附和而作惡性之批評。領袖聞而評之曰：「宗南忠誠可靠也。」先生忠貞不二，堅毅不拔之精神，能獲領袖如此之考評，豈偶然者。

㈢關於西北王：世人皆語先生掌百萬大軍於西北，無著名戰役，即監察院彈劾案亦云先生掌兵四十五萬，後經國防部審查，先生最多兵力之時，只有二十七萬餘人，抗戰時間，北拒萬惡共軍，東抗日軍西進，靈寶、陝州之戰，西峽口之役，若稍有所失，日軍必入潼關長驅關中，當時重慶若失北疆，則不知如何結局矣！此外東馳晉豫，西出隴新，繼之援黔輸渝，勝利後復有輸冀之軍，裁軍整編，位於關中之主力僅第一軍第二十九軍兩軍而已，集中兵力攻延安之時，總兵力署僅七萬餘人耳！何來百萬之師？四十五萬之眾？

先生因不願接近記者，因之部分報刊雜誌之「專欄」、「特寫」往往以西北王三字封號先生，引為社會諷刺之意味，察此封號，大多以擁兵自重，大權獨攬之含義，以為西北黨政軍大權集先生於一身，斯皆不了解西北情勢之作者為之。先生在西安，對陝西省之黨政事務，極少預聞，陝西省黨政負責人，皆由中央直接遴派，例如當年發起民眾組訓運動，省主席不同意，乃即行撤銷許可證。又如抗戰勝利後，中國國民黨陝西省黨部集會，請先生兼任主任委員，先生婉謝。即就軍事權責而論，亦非先生可獨行其事，除西安有委員長行營外，蘭州有第八戰區長官部。至抗戰後期，先生直接控制之部隊，僅限於第一戰區之管轄範圍。勝利以後，亦只限於綏署之建制部隊。不論戰區與綏署之一切大政方針，完全以中央之命是從，以領袖之意旨為意旨，絕無獨斷專行之事例。

西南有警，即命二個野戰軍，飛援渝黔，華北需兵，即命三十四集團軍，越晉赴冀。五戰區力有不足，即一野戰軍撥歸序列，甘肅匪亂，西征三定，新疆危急孤軍抗俄。三晉有難，精師東渡，抗戰八年共軍數度蠢動，先生以迅雷之勢鎮擊之，使其懾於軍威，不敢南下，始終抱孤臣孽子之心，置誹謗謠啄於度外，忠貞堅毅屏障西北。至於監察院彈劾案所稱諸事，經國防部軍法局逐一詳審調查，均非事實，此可為證之也。

先生對自己職內之事，分辨清楚，軍事以外之事，更有分際，謹小慎微，未敢稍涉逾越，有一時期經費感到非常困難，幕下幾位財政專家，建議向中央申請籌設「西北墾殖銀行」，發行紙幣，藉以靈活西北金融，紓解軍中經費之艱困。先生云：「用意雖屬至善，但我們是軍隊，我們責任是發掘兵源，充實戰力，如果當軍人亦要辦起銀行來，如何還能專心一志去打仗呢？」可見是如何尊重體制，分辨權責，他認為軍人之事是練兵打仗，不該旁騖其他，非奉中央特別指示授權，絕不致越權去處理他事。

至於軍中的四大公開，早在先生第一師師長時期，已確實奉行，貫徹到底，尤以本人以身作則，樹立楷模，鎮守關中十年，無一田之置，更無一室之築，部屬誰敢建屋營田？就人事而言，中高級幹部籍貫，大多是豫湘陝魯之人，浙籍人數甚少。心地光明，治事是崇法務實，質樸持平，西北王這一荊棘冠冕，實係記者們因不能受接待訪問所誤加。

二十九年中央有高級人員（陳立夫先生）來訪告以「蔣公以北伐第一軍之基本部隊授兄，並以最佳美援武器補充兄，兄宜作一件轟轟烈烈之事以報之（按，即在沒有蔣公同意的情況下逕自突擊中共首府延安），則今後天下，兄乃能承其緒，兄如有此魄力，我願共負其責，並告以計畫」。以當時軍事狀況，西北並無美援裝備而先生亦不可能作違背領袖之叛逆行動，而留不義之惡名於後世，故未依其計畫而行，而其人謂先生雖有大志而無大膽，不可以有為矣！復言大陸淪陷，胡之數十萬大軍冰消雪融，一無作為。閱其所書，不禁為之浩嘆！大陸淪陷尚何來數十萬大軍，設無先生之千里勤王，領袖之安全及中央政府是否能安全播遷來台，尚屬問題，可知其不明當時之全局狀況也！（按，陳立公其後致函先生舊部吳俊將軍，對不明情況而對外作詳論一事表示歉意。）

㈣關於共諜熊向暉：熊向暉原名熊彙荃，早年加入共黨，十八歲時以大學生身份與其他知識青年如林徵祈，陳大勳，李芳蘭等一同參加先生麾下，先生知其左傾，但因當時青年常以左傾為時髦，而先生以熊某甚年輕而有口才機變，乃希予感化，並予培植，故將其選為侍從之一。抗戰勝利後，國內建設需人孔急，甚至亦選其為送往美國留學的十七位青年之一。熊某於大陸淪陷後返陸參加中共外交、統戰等工作，其後則較賦閒。

民國八十年大陸《人民日報》海外版刊載其回憶「地下十二年與周恩來」，彰顯其對中共建政之功績，經國內外轉載，頗為轟動。經查熊文之主要動機，應係當時大陸正宣傳抗戰戡亂時期潛伏在我政府內大小共諜之「功績」，而他正好在中共政權內較不得意之時，遂用此文拉了周恩來來自我標榜，提醒當局注意其「貢獻」。該文中所有引用對其稱讚語句之人士如毛澤東，周恩來，董必武，張治中，王石堅等當時均已過世，死無對證。其內容聳動，卻在細查後，發現其中人，事，時，地，物方面有甚多錯誤之處：例如其描述先生於三十六年三月十九日攻下延安後，於二十五日前往毛澤東所住之「棗園」巡視，在其窯洞抽屜內竟看到毛留下的諷刺字條，便是大謊。因本人即係當月十九日以第一師尖兵連連長身份，首先衝入毛澤東窯洞的，那時桌上茶杯內所留茶水尚有餘溫，還有一本用紅筆圈點過的書，顯示毛是極為倉促的逃離延安，而並無任何紙條，其後各級部隊長，營，團，旅，及羅列師長，盛文參謀長等均曾進入該窯洞，此等紙條豈有留待六天之後讓先生發現之理？而所言那時國軍在延安偽設共軍俘虜以欺騙來延的訪問團，更是荒唐的說法，現在世間均留有當時的照片為證，而且此等伎倆怎可能逃過當時資深記者們的法眼？此外，我第一軍突擊延安是經由金盆灣附近崇山峻嶺，荒無人煙的路綫進攻，目的使共軍猝不及防，才能在五日內攻下延安，並非如熊文所述他設法透露予延安「金延大道兩側」的路綫「情報」。

又如民國三十五年五月，先生擬突擊延安未能實現，熊文暗指是其事先告密之功，事實是當時馬歇爾在華調停國共衝突，先生係受到六月七日第二次停戰令的限制，以及當時孔從周副軍長突然因反對軍隊整編而叛變，必須立即加以解決而耽誤。熊文另提蔣公密令，先生於三十五年五月消滅李先念部，事實是當年七月，李部在湖北擊敗了當地國軍，向豫陝擴張，先生才奉命東向加以圍殲；再如文內指出，先生對林彪甚為輕視，亦極不正確。事實上，先生日記以及其他相關記載中顯示，先生在民國三十二年林彪來西安時，對與林彪學弟見面十分重視，亦努力希望趁他路過西安時能加強他對政府的向心力。該文其他不實之處甚多，外界不明，而全盤接受其說法，各方文字及網路上又一再有心無心的加以引用，以訛傳訛，造成對先生及我政府許多錯誤的印象。

本書前已說明，真正影響到我軍陝北剿共工作的是南京國防部作戰次長共諜劉斐。是他的強力運作，使我陝北及全國在剿共戰略上陷入不利形勢；熊某對先生必有損害，但其惡劣影響遠不如站在指揮調動全國國軍位置的劉斐，及其後的國防部作戰廳長共諜郭汝瑰。只嘆息先生為人太忠厚（此為先生摯友湯恩伯上將對先生的評語），一生喜愛鼓勵年輕人，希為國家多多培養人才，也確實培養了千千萬萬的人才，卻也遇到這位如同耶穌的猶大一般未能知恩悔改來報答知遇的侍從。

㈤關於矯揉做作：係指生活言行而論。大凡當人之面是一種方式，背人之後，又是一種景況。對普通人是一副容貌，對特殊人物，又是一種態度。於某一時間之環境內是一種扮演，在另一環境時，又是另一種形態，簡潔而言，矯揉做作之人，是多變善變，專講利害表面，旨在投機取巧，沽名釣譽之人。

先生一生是樸素淡泊，克難節約，行軍作戰住破廟，食粗糧，與士卒同甘苦。抗戰期間領袖偕夫人到西安主持軍事會議，曾往先生官邸董子祠巡視，並一弔雜草叢生董子陵塚，隨行人員見到荒涼簡陋官邸，詫異不已，並云：「真是想不到副司令長官之公館，竟然在如此蹩腳的一個墓祠內」。

有人認為先生當年在軍中之衣服鞋襪，經常呈現破舊補綻，乃是故意做作給部屬士兵們看的，絕非無錢治裝。然確非無錢購置，而是先生本性儉德，自軍校畢業後如此，晉任師長軍長亦如此，升任總司令及司令長官亦如此，臨終之時，所穿之毛線衣，老友認出係在西北時所穿者，為戴笠先生二十年前所贈者，已極破舊。先生之所為，表裡一致，始終如一，斯可與矯揉做作者混為一談乎！蓋先生之愛惜物力，民胞物與，其克難之精神，實出之於至性，後人有言先生行誼者，當可明先生之為人也。

領袖引退，國失重心，戡亂時局劇變，大廈既傾，一木難支。悉重慶危急，即撤六百公里之戰陣，千里奔馳。是時也，兵源奇缺，補給中輟。器械殘破，交通阻塞。前有蜀軍叛亂，後有共軍追擊。勤王之師，義無反顧。甫抵渝蓉之師，無整補時刻，即投入戰場，掩護領袖與中央政府由渝至蓉，復由蓉來台。若當時無先生率軍奮戰，更不知其後果之如何也？渝蓉陷共後，復率殘餘，轉進西昌，以萬餘之眾，抗擊十倍之敵，艱困之狀，難以管述，最後奉令來台，大陸沉淪，為最後撤出之高級將領，後人之於先生尚有何言哉！

五　先生之家人

夫人葉霞翟，浙江松陽人，父慶崇，畢生以教育為職志，菁莪樸棫，聲蜚鄉里，生子女七人，夫人居三，自幼穎悟，喜讀書，性澹素不尚華飾。少年即受新式教育，極具愛國意識，曾受業於戴雨農先生，戴氏曾譽為奇女子。嗣經戴氏介紹，民國二十五年與先生訂白首之盟。二十六年抗戰軍興，先生守匈奴不滅，何以家為之古訓，乃將婚期延宕。

夫人早年就讀於上海光華大學，畢業後即參與抗戰，盡瘁於文化宣傳工作，並任四個救國團團長之一。民國二十八年赴美深造，於喬治華盛頓大學與威斯康辛大學，先後修畢學士、碩士、博士學位。三十三年學成歸國，任教於成都光華母校及金陵大學。勝利復員，專任金陵大學教授。三十六年先生於攻克延安後，迎娶於西安王曲，訂婚十載，始結盟好。

三十七年後，赤燄鴟張，先生輾戰西陲，來台後復有大陳，澎湖之命。夫人約躬素樸，艱辛持家，並任教育部特約編纂。五十一年二月十四日先生積勞病逝。夫人悲痛逾恆，乃更堅其志節，推燥居溼，教養子女，並應張其昀先生之邀，協辦中國文化學院，出任家政系主任及研究所所長，五十六年春應教育部之聘，任省立台北師範專科學校（今國立台北教育大學）校

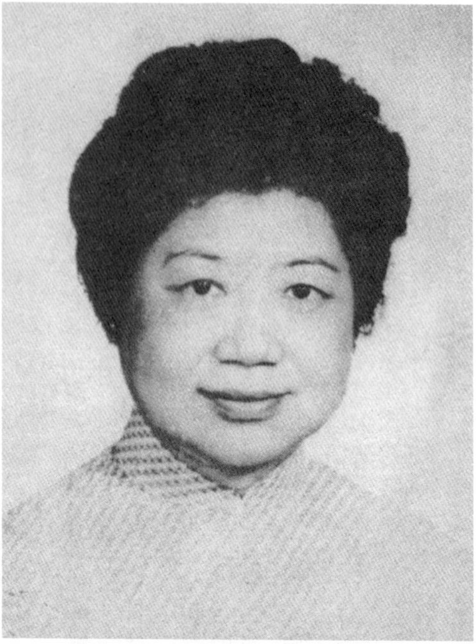

圖 80：胡將軍之夫人葉霞翟女士

長，接任後殫思竭慮，力圖整頓，興建校舍，擴充設備，加強學術研究，提高師生素質，並與美、日、韓各國學術界，加強交流，績效斐然，獲全國特優人員褒獎。教育評鑑，榮膺第一，稱之為我國教育界之女傑。

夫人學貫中西，不獨治學精勤，且擅文學創作，於對大學教材著有：《家政概論》、《家政學》、《新家政學》。文集著有《婚姻與家庭》、《主婦與青年》、《人群關係與家人關係》、《東方和西方的啟智教育》、《成年智能不足及家長教育》。散文著作有《天地悠悠》、《軍人之子》、《山上山下》、《一樹紫花》、《華岡之雨》及《梅林花開》等。

夫人之忠黨愛國，出於天性，畢生參加組織活動，曾任中央婦女工作指導會議幹事委員，兩屆膺選中央委員，至七十年四月膺聘為中央評議委員。

六十九年八月自北師專校長任內退休，專任文化大學家政研究所所長，因罹患癌症，十一月入院就醫，住院九月，至七十年八月十日晚，不幸奉主召安息，享年六十有七。

先生及夫人共育有二子二女，五十餘年後已至第四代：

長子為真，國立政治大學外交系畢業，美國喬治城大學外交碩士，南非斐京大學國際政治學博士，美國哈佛大學訪問學者；從事公職約四十年，歷任外交，國安諸項工作，包括駐外大使及國安會秘書長等，現擔任總統府資政；長媳林惠英，政大教育系畢業，加拿大多倫多大學教育行政學碩士，放棄攻讀博士全額獎學金返國服務，於省立台北師專任副教授及心理衛生中心主任，其後隨夫出國協助外交工作，九〇年代在國內曾應蔣宋美齡夫人邀請，擔任華興學校駐校董事四年，致力協助孤兒及一級貧戶子女；他們育有二子二女，長女獲美國康奈爾大學英國文學博士，在美任教，婿亦為康奈爾大學電機博士，服務於高科技公司，業已有子女三人；長子獲美國哈佛大學法學博士，服務於美國多國公司任副總裁，媳亦服務於美國之人才招募公司，現育有二女；次女次子則分別於美國明德大學及加拿大麥吉爾大學畢業後返台，刻在國內創業。

次子為善，國立中興大學經濟系畢業，美國密西根大學企業管理碩士，奧克拉荷馬大學財政學博士，先後服務於台電公司，財政部國庫署，其後任教中原大學，曾擔任系主任，院長，副校長等職多年；次媳蔡蓉係為善大學同班同學，美國東密西根大學碩士，返國後於母校中興大學任教三十年退休，夫婦二人桃李滿天下；他們育有一子一女，公子獲美國印第安那大學企業管理碩士學位，服務於美國財務金融公司，媳為美國印第安那大學音樂學博士，在美國音樂學院任教；女公子獲美國巴爾的摩大學生化博士後在美作博士後研究。

長女為美，輔仁大學圖書館系畢業，美國威斯康辛大學教育碩士，曾任私立中國文化學院（今文化大學）講師暨僑生外籍生輔導中心主任，美國南加州帕薩迪納市立學院中文講師，後因夫婿職業調動，移居美國北加州矽谷經營房地產事業；業餘寫作，為海外華人女作家創會會員，並曾擔任北加州華文作家協會會長。長婿王世毅，私立逢甲大學電子計算機系畢業，美國南加州大學電腦碩士，任職美國萬國商業公司並派駐北京服務，於二〇一四年春獲業界主機五十年始終如一成就獎；他們亦育有一女一子，女公子為美國加州史丹福大學碩士，任職金融公司高級主管，女婿亦任職金融商管，現育有一男一女；公子為美國康奈爾大學電腦碩士，現任職美國高科技公司。

次女為明，政治大學西語系畢業，美國舊金山大學文學碩士，在美擔任教會師母；次女婿黃廣浩美國奧克拉荷馬及喬治亞大學畢業，獲美國金門浸信會神學院教育及道學雙碩士，在美擔任華人教會牧師三十年；他們育有一女，美國奧克拉荷馬大學傳理學博士，現任教於母校，婿獲美國奧克拉荷馬大學商學管理碩士學位，在電腦科技公司工作，已育有一男一女。

先生過世五十年後，胡家四代數十人中，就學歷言，已有八位博士，十位碩士；就經歷言，在國內外各行業各機構服務，多有貢獻，亦確繼承先生以服務為目的之人生觀。外人視其後代之表現及發展，常謂「積善之家必有餘慶」，而先生之子女們則以基督徒之立場，強調此均上帝之恩典也（以上資料由先生家人提供）。

永懷先生

圖 81：胡宗南上將——永遠的青年及軍人之典範

先生之武德

世稱先生，不以名，不以爵，不以勛位，所以尊其為人也。先生入黃埔之前，曾任小學教員，一度往南京高師進修，與初入高師之張其昀相識，張憶記云：

「每與先生晤談，如飲醇醪，不覺自醉，一見面熱忱蓬勃，然不愛多說話，可是意味深長，有儒將風流之感與中流砥柱之望。他是一個性情中人，厚重有威儀，而富於人情味，他不說話則已，說話常是從血脈上來感動人的。」

古人說：「士先器識而後學問。」先生以為軍人所需要之學問，是科學，科學化是工業化現代化之根基，富國強兵，必賴於斯。但學問須濟之以器識。先生之謂器識，係指軍人精神教育，包涵軍人之武德——智信仁勇嚴。有武德始能發揮軍人魂，武德乃是民族魂之寄託。有了民族魂的哲學，再加上科學知識、科學方法，才能建立現代化之軍隊，現代化之國家。

先生解釋軍人之武德云：

「智足以料敵：洞察是非，明辨義理。信足以待人：誠實不欺，始終如一。仁則悲天憫人：保國衛民，捨生取義。勇則能制敵：乘勢決勝，從容鎮定。嚴則能備敵：信賞必罰，開誠布公。武德與將才，關係密切，政府選拔將帥，必須選擇器量寬宏，才識卓越的人，戰爭是一種特殊事業，必須由內心砥礪其志節，磨練其情操、培養其正氣，傾注全智全能於此事業，以養成確實、敏捷之處事習慣，尤須公而忘私，國而忘家，專心一意，全力以赴，庶幾克盡軍人之本分，負荷安內攘外之重任」。

又云：「要使每一個軍人，腦之所思，口之所言，行為所表演，精神所鼓舞。光是存之於內形之於外者，無一不美，無一不善，無一不真。樹立陶鑄軍人性格之典型，使大家有所遵循，有所模仿」。

先生畢生盡瘁軍旅，效忠民族，從初級軍官而至戰區長官，經歷多少次戰役，遭逢多少艱辛，始終站在革命最前線，從事於最忠勇之戰鬥。與國家與領袖同其休戚，確實做到鞠躬盡瘁死而後已，而為革命軍人之典範。古之論儒將者，必以武德為標準，爰將先生風行之武德，概而述之，亦使後世之讀者，知先生為今之儒將矣！

先生之智

一　好學不倦，自強不息

平時陳設簡單，然而藏書甚豐，可謂琳瑯滿架，戎馬生涯，不忘進修。除在作戰或有特殊事故外，每日讀書、研究、討論之時間，總在三小時以上，孜孜矻矻，精進不已。嘗云：「**做一個部隊長，要自己成為烈火，方能熔化鋼鐵**。」四十八年參加國防研究院第一期深造，一般同學均深佩其學問之淵博，非儕輩所能及。思想卓越，言行超群，常有獨特之見解，從不人云亦云。字跡秀麗，文筆雋永，峭拔有奇氣。風流儒雅，自成一家。有文存一冊行世。

二　注重科學，講求方法

先生嘗云：「現在是科學時代，唯具有科學知識，才能稱是一個真正的現代軍人。科學是重視系統、條理，講求分工合作之學問，我們想要提高工作效率，就要養成一種精密、確實、有步驟、有秩序、有方法的科學精神」。

又云：「在前方要能戰鬥，在後方要能生產，在這個動亂時代，需要文武兼資的創業人才。過去軍人，並非不是顯赫一時，但他們對於時代究竟有什麼貢獻呢？我們要完成革命建國的使命，僅只有熱忱毅力還不夠，還要研究科學知識與技術，發揮科學辦事的效能，才能獲得勝利與成功」。

三　愛護士兵，作育青年

在團師軍長時期，皆知先生之於行軍，無論遠近皆不騎馬，士兵宿營未畢，不入房舍，很少看部隊出操，但經常查看部隊的伙房、馬廄、寢室、廁所，對官兵傷亡疾病，安置療養特別重視。

位於西安市郊二十公里終南山麓之王曲，有烟雲林木之勝，抗戰期間，先生在此主持中央軍校第七分校、戰幹第四團、西北游擊幹班等訓練機構，他能不避險阻派人深入敵後，收容大批青年，先後近十萬人，對抗戰之貢獻與對共軍之打擊，至為重大。先生特別重視訓練與教育，只要時間許可，他都親自上課、升旗和參加野外演習。所有講詞，簡要精闢，見解新穎，深具啟發和鼓舞作用。當時全國很多學者專家有志之士，慕名景從，奔赴麾下，奉獻所知，充任師資。民國三十一年冬，美國威爾基（Wendell Willkie）參觀王曲後，曾云：「**想不到中國**

西北的山區，有全世界最大的軍官養成所，看到這樣多的青年，受著最卓越之訓練，中國之抗戰，必勝無疑」。

抗戰八年，先生坐鎮關中，不僅西北安如磐石，而且營地絃歌不輟。王曲訓練是非常成功的，此亦是使共軍在抗戰時期，困據陝北無法發展的主要原因。抗戰勝利以後，先生又資助一部分優秀青年留學深造，及其後今學成歸國，多能蔚為國用。當年曾引用胡林翼之語云：「人才無求於天下，惟天下自求之。……人才不用於天下，則天下自失之。」又引用左文襄語云：「開誠心，布公道，以盡人之心；獎其長，護其短，以盡人之力；用人之朝氣，以盡人之才；令優劣得所，以盡人之用。」他認為唯有人才，才能擔負中興創業的重任。

四　培養幹部，知人善任

先生之於人事，自始即深具卓識，建立良好制度。自任師長以來，舉凡部屬之升遷調補，概以各人平時之戰功勞績、操行考核及年資等為準繩，絕無地域觀念、親疏關係，或接受請託奔走之事。他知人善任，善於發掘人才；獎勵後進，培植幹部；禮賢下士，求才若渴，幕府中人才，極一時之盛。青年將校，心悅誠服，樂為效命；斯乃先生最了不起的地方。

五　震聾發瞶，矢志反共

抗戰之前談到共軍問題，先生認為不將共軍殲滅，則將來必將成為國家心腹之患。抗戰時期，共軍於表面上站在抗日同一戰線，實際上無一日不想南下發展。先生整軍西北，一面要抗日，一面要制共，總是懷著一種戒慎恐懼之心情，時刻不忘達成使命。

三十八年徐蚌會戰失敗後，共軍氣焰高張，國內外人士惑於共軍之欺騙宣傳，主張和談，甚而不惜贊成領袖下野，以期向共軍靠攏者。獨先生力排眾議，通電全國，主張政府戡亂到底，一振全國民心士氣，亦是全國當時反對與中共和談唯一的通電。更於毛澤東發表那篇沁園春詞後，先生斥責其：「為帝王反動的個人英雄主義者，只能存在於十八世紀以前的宗法社會，在二十世紀的今天，而有如此荒謬的思想，只能表示他狂妄與落伍。不管這種人是如何猖狂得意，結果只有成為歷史上的怪誕丑角，終必被時代潮流所埋葬」。

三十七年一月二十日，總統宣告引退消息到達西安，先生正在東倉門下馬陵辦公室，他面對斗室內的軍事地圖和總統肖像，幾乎有二個小時的靜默而未發一言；在房內踱來踱去，最後長嘆一聲：「我們完了！」接著掏出手帕，擦著眼眶外溢的淚痕及紅紅的眼睛。當他走出辦公室，到後面董仲舒墓地前，徘徊良久，乃搥胸失聲流淚。他已深深地了解到，此時總統引退，無疑是使國家失去領導中心，三軍失去了最高統帥，而予敵人以可乘之機，最後必將是首都不保而全面瓦解，因此他還拍桌痛罵主和這一群人的「無恥與無知」。當時即勉勵僚屬說：「**我們是領袖的孤臣孽子，要準備作最後的犧牲，這一場戰爭是漢賊不兩立，忠奸絕不並存的艱苦奮鬥。**」

先生之信

一　信仰領袖，忠貞自勵

先生於敵我之際，認得最清，功利之間，看得最淡。他謀國之誠，忠心耿耿。對部屬能擔當責任，顧大局能忍辱負重，是三民主義最堅強鬥士，領袖最得力門生，亦是最忠實的信徒。嘗云：「**國父遺教，領袖訓示，是我們行動之準則，戰鬥之南針，勝利的明燈，工作的導師。**」又云：「**行舟中渡，任何驚濤駭浪，只要聽命舵手的指揮，一定會安全渡過，直登彼岸。**」總統蔣公曾云：「**胡宗南同志，是本黨一個忠貞自勵，尚氣節，打硬仗，不避勞苦，不計毀譽革命軍人的模範。**」

二　互信互助，廓然大公

先生是一位最成功的教育家，對軍校各班隊畢業的學生，儘可能安排時間，舉行分組談話，他所講之主題，在於闡明同志的要義。要大家爭取互信，團結奮鬥為第一要義，從名譽奉之於上，危險歸之我中去努力。曾云：「**一念之公，則四方人才畢至，皆樂於效命；一念之私，則舟中之人，形成吳越，儼如敵國。**」他以為今日中國一般現象，群的意識比較模糊，在一個團體裡面，往往相互妒忌排擠，推諉牽制多，而彼此勉勵，幫助合作的現象少，知有個人而不知有團體。今後必須要人人能克己為群，化私為公，「**功則相讓，過則相承**」，才可以擔當革命建國的重任。

三　精誠相感，道義相期

先生之對朋友，素來是肝膽相照，以道義相期許。在一般人看來，先生有孤傲性格，但他對長官之尊敬，對部屬之愛護，尤其對朋友同志之真誠，確非世間虛偽應酬，泛泛論交，一味著重於現實利害者所可比擬。

先生主張腳踏實地，不說謊話，他認為隱瞞是我們本身最大之毛病，要儘量暴露自己的缺失、弱點，讓大家來共同研究糾正。嘗云：「**官長撒謊一句，士兵必撒謊二句。戰友要患難相扶，生死與共。試問在骨獄血淵的戰場上，豈可有作偽撒謊之人，肯與我們同生死嗎？**」先生一生倡導勤學，他自己確能躬行實踐。

四　珍惜時間，提高效率

先生嘗謂我們一般現象，時間觀念比較薄弱，集會的時候，不是遲到，就是早退。限定今天完成之事，往往拖到明天；一次宴會，要花三、四個鐘頭。工作不像工作，休息不像休息，因此外國人譏笑中國人，不知時間之價值。我們要想現代化，必須養成時間觀念，重視時間，遵守時間，今日事今日畢，拖延等待，是失敗的原因。講速度、講時效、重信守，惜時光，才能迎頭趕上，爭取勝利與成功。

五　無我無私，不憂不懼

先生畢生盡瘁國事，不計個人榮辱毀譽，常以「**勞苦忍辱**」四字自勉勉人。生平不接見記者，不照相片，不發表談話，嘗云：「**吾輩革命軍人，應以成仁取義，獻身保國為職志，實不可效世俗之沽名釣譽，華而不實也**。」他顯赫一生，從無一語自我表揚，他對於「謗亦隨之」之種種誤誣，亦無一語以自辯。他要把一切榮譽歸於領袖，歸於同僚，一切過失，歸於自己。一生以「**無名為大，無我無私**」為處世作人及訓練部屬之箴言。他始終堅守立場，效忠領袖，不憂、不惑、不懼，埋下頭來，去竭盡他軍人的本分。

民國三十九年，先生奉命西昌撤退來台後，遭人彈劾，集謗怨於一身，除奉命依法對彈劾案提出申辯書外，他從無一語以自辯，且一再約束舊部，不許與任何人爭論及辯怨白謗之舉動。而且剴切真摯表示：「我們身為國家軍人，為領袖負責之幹部，丟掉大陸，我們沒有責任，誰有責任呢？」或向先生告以現在這個社會，如果對於一種誤會與批評，只是一味容忍，一味緘口不言，必至於「積非成是」，無形中造成一種「默認」。他慨然而說道：「**事實是最好的雄辯，歷史是最佳的證人，在歷史與事實之前，人之語言，乃為多餘**。」又云：「**大丈夫俯仰無愧，何必求人諒解！**」他信仰領袖，信任部屬，以歷史事實自信，是一位鐵錚錚的硬漢。他所修養的自信是出於至誠，俯仰無愧。

先生之仁

一　志士仁人，主義是從

先生曾云：「今日的中國，需要志士仁人，忠勇鬥士，做無名英雄，埋首於工作，沉毅於行伍，在槍林彈雨中，創出轟轟烈烈的戰鬥光輝。」

又云：「今日的戰士，必須沉潛於主義之中，從容於疆場之上，為主義繼志，為主義傳道，繼承國父遺志，完成國民革命。所謂傳道，就是實行三民主義，發揚黃埔精神；所謂授業，就是收復中國失土，復興中華民族；所謂解惑，就是一個政府，一個領袖，一個主義」。

二　勝利第一，榮譽第一

先生云：「人格重於生命，什麼都可以犧牲，人格不可以犧牲，人性與獸性所不同者，禽獸只要生存，而不需要榮譽。人是需要生存外，同時亦需要榮譽。軍人更是需要勝利，需要榮譽，而並不重視生存。所謂勝利第一，生命第二，這是為什麼？因為軍人的職責是戰鬥，戰鬥的目的在榮譽，對勝利的渴望，對榮譽的追求，是軍人必須具備的性格」。

三　守正不阿，臨難不苟

先生認為高級人才的選擇，要注意下列三項因素：第一是「德」，因為品德是立身行事的根本，有高尚的品德，方能領導群倫，為大眾所敬仰。第二是「才」，包括一切治事的能力與學識。第三是「勞」，包括過去服務的勞績及健壯的體魄。曾文正公選擇人才有兩個標準，就是有操守而無官氣，多條理而無大言。他所謂的操守就是德，條理就是才。嘗云：「**我們取人，如果他是才德並茂，當然是最理想的人才，否則寧可拔擢德高於才的人選。因為有品的**

人，才有氣節，才有風骨，才有良心，才有血性，才有正氣，才有操守。一個守正不阿，臨難不苟的人，才能見利不虧其義，見死不更其守。」又云：「一個具有良好品德的人才，先天的本性固很重要，而後天的學養更不可少，必須敦品勤學，才可養成圓滿的人格」。

四　生於理智，終於道義

抗戰期間，七分校供給華北各戰場的軍事幹部，幹四團供給政工幹部，游幹班供給敵後游擊幹部。幾萬青年，茹苦含辛，圍繞著西安市而學習殺敵技能，波瀾壯闊，萬脈歸宗，一概以實行三民主義為中心。在翠華山懸崖上，赫然漆上了十六個大字「生於理智，長於戰鬥，成於艱苦，終於道義。」先生釋之曰：「釋善固執，貫徹始終，理智也；克復困難，戰勝環境，戰鬥也；屢敗屢勝百戰不撓，艱苦也；篤信死守，不計成敗利鈍，道義也。由真切之理智，而歸於雄厚之道義，此戰士之所以能為聖賢，為英雄，為時代光輝，為民眾表率。」先生在軍中與士卒共甘苦，以身作則，並親書「**鐵肩擔主義，血手寫文章**」為七分校大門對聯。常云：「**我們要在骨獄血淵遍地荊棘之中，打開一條血路，開出主義之花**」。

五　剛毅木訥，決死苦鬥

先生釋孔子之語云：「孔子對仁字之解釋，是剛毅木訥近於仁。剛是堅強，毅是耐久，木訥是厚重。總結起來，仁的意思就是『堅強，持久而厚重』。」又云：「巧言令色鮮矣仁，是說虛偽輕薄的人靠不住，由此可知儒生真誠質樸的氣質和仁的氣質相近；農民真誠質樸的氣質，亦和仁的氣質相近；雖然和仁相近，而不是完全的仁，唯有現代革命軍人殺身成仁、捨生取義的氣質，才完全是仁的氣質」。

怎樣才是革命軍人的氣質呢？先生說：「真正的英雄，不能脫離現實的需要，今天事實的需要是統一，不是割捨。是需要建設，不是破壞。是工作成績的貢獻，而不是個人權威的爭奪。因此今天的英雄，不是宋江、石達開、毛澤東一流人物，而是有思想、有信仰、有肝膽、有辦法的革命戰士。以國家為本位，以三民主義為中心，不說大話，不唱高調，而在學術上、工作上、戰鬥上，拚命求表現，爭第一，爭抬頭。有這樣的風氣，來砥礪決死苦鬥的精神，克己愛人的精神，親愛精誠的精神，建立攻無不克，守無不固的堅強鐵軍，才能擔當起革命建國之大責重任」。

先生之勇

一 抗志古人，無愧良將

先生曾說：「不仁的人談不上智，更不足以言勇，只能作奸商、做市儈，而決不可治兵，為什麼？因為治兵事業，是堅苦的事業，是神聖的事業，是犧牲自己救國救民的事業，是殺身成仁，捨生取義的事業，絕不是奸商市儈所能擔任的」。

先生認為兵學並不是什麼特殊奧妙的學問，人人皆可以修習而得，顏習齋鑒於明末亡國之禍，主張以六字強天下：「**人皆兵官皆將**」，這不失為一遠大理想，中國古代六藝教育，原是文武不分，使用兼備。聖為孔子，在夾谷之會前夕，亦說過「有文事者必有武備」。其門弟子中，不乏善於作戰之人才，冉求、子路可為代表，兵學家吳起，就是曾子的門徒，亦是孔子的再傳弟子。

先生例舉古代之名將如西漢之趙充國，東漢之馮異，晉之羊祜、陶侃，唐之李靖、郭子儀，宋之曹彬、岳飛，明之徐達、俞大猷、戚繼光，清之曾國藩、左宗棠、胡林翼、彭玉麟，或為開國元勳，或為一代名將，在國史上都建立了不可磨滅的功績，建立起將帥的風範，足為後人取法。「仁者必有勇」，先生曾云：「**良將不怕敵人，敵人必怕良將**。」他一生抗名古人，公而忘私，國而忘家，在危險震撼之中，愈能表現其忠貞；在艱難困苦之中，愈能表現其弘毅，真不愧為一儒將。

二　公忠體國，忍辱負重

先生曾言：「戰爭本是關係國家存亡之大事，而主宰戰場之將領，更是關係成敗的重要因素，將領須有將領之風格和氣度，才能負荷國家的重任。必須有崇高的品德，偉大的器識，不矜不伐，有為有守。同時應有大公無我的精神，公忠體國，顧大局，識大體，本諸忠誠純樸之氣質，發為勇毅果敢之行為，正直無私，廉介自處，具有堅定的意志和忍辱負重、刻苦耐勞的修養，更要以歷史名將作典型，作為立身的規範」。

先生云：「將之所謹者五：一曰理、二曰備、三曰果、四曰戒、五曰約。理者治眾人如治寡，備者出門如見敵，果者臨敵不懷生，戒者雖克如始戰，約者法令省而不煩。用兵之事，要能臨時而懼，好謀而成，謹此五者，始可為將。蓋不理則亂，何以治眾？不備則怠，何以待敵？不果則怯，何以殺敵？不戒則驕，何以守勝？不約則煩，何以率下？」

先生以為將帥的能力，要不偏於一面，而能概括全體。「花繁柳密處撥得開，方見手段，風狂雨驟時立得定，才是腳跟。」周易所謂「知進退存亡不失其正者」，庶幾近之。

三　真近質樸，寧靜致遠

先生最推崇曾文正公，稱其能由真正的儒生，作軍隊之骨幹，並引述王闓運在《湘軍誌》中所云：「湘軍初起之時，曾國藩用儒生帶領農民，朝氣蓬勃，有真誠質樸的氣質，建立了不少功勳」。

真誠質樸的氣質為何？即是不說謊，不報假，不虛偽，不欺騙，真心誠意，實實在在的氣質是也。儒生治天下之大是大非。而忘自己之禍福苦樂，以爭取天下之大利大善，而不計較個人之調遷升沉，這就是當時之儒生。至於農民，最能安分守己，埋頭苦幹，從生到死，絕不變更，這就是當時之農民。以儒生之智慧，發揮農民的力量，在真誠質樸的基礎上，凝結起來，而能造就優良的風氣，擔當天下的大責重任，先生之謂歟！

先生以為做一個現代的將領，要有道義和磅礡的精神，並分析其要點如左：

㈠道義精神

1. 不貪名利，不圖享受，淡泊明志，寧靜致遠。
2. 摩頂放踵，冒險犯難，捨身救人，捨身衛道。

3.不背叛團體，不出賣夥伴，患難相扶，生死與共。

㈡磅礴的精神

1.像山嶽一樣的崇高——蓬蓬勃勃，頂天立地，出類拔萃。
2.像雷霆一樣的威武——有聲有色，摧撼人群，震驚萬物。
3.像江海一般的澎湃——不停止、不休息，乘風破浪，勇往直前。
4.像日月一樣的光明——沒有隱瞞，沒有汙點，光明永在，浩氣長存。

四　注重訓練，講求謀略

先生用兵，多重伐謀，以不戰而屈人之兵為上稱，平時對訓練、裝備、紀律，極度重視，戰時則必謀而後動。他每天要有作戰會報，預判敵我之行動，共商進退之機宜，反覆辯論，作最後之決定。故軍旗所至，矢無虛發，證驗未來，十符八九。

先生一生，參與北伐剿共，抗戰戡亂，無數戰役，尤其捍衛西北，進攻延安，掩護中樞撤退，乃至率領海上游擊，雖每每遭遇「客主之形既不相如，步騎之勢又甚懸絕」之困境，卻無不達成戰略要求之目標，即為注重謀略與訓練之功效也。例如三十六年三月十九日他親率部隊攻克延安，國際觀感為之一新，據當時參與之幕僚回憶，洛川一夕之作戰會議，即決令共軍瓦解之命運。

先生生平歷次戰役，皆能以少擊眾，以弱擊強，戰果輝煌，屢開創例。三十八年秋一月之間，集結重兵五萬餘眾於川境，以應國家最高政略之所需，行軍期間，屢遭艱難險阻，十百倍於攻城掠地，而仍不懈於訓練與紀律，一生只有積極，只有前進，嘗云：「頹喪苦悶，即表示戰鬥意志消失，所以戰士只許流血，不許流淚」。

五　堅苦卓絕，見危受命

先生曾云：「**現代國家所需要者，不是個人英雄，而是團體英雄。**」他認為個人英雄成就有限，貢獻不大；如能成為部隊英雄，那貢獻與成就，就大多了。

嘗云：「**今日戰士，必須擔負歷史使命，做時代先鋒。所謂歷史使命，就是你們不要忘記，歷史的使命落在你們肩上，國家的命運，握在你們手上，先烈的眼睛，盯在你們頭上，所以要把救國的責任擔負起來；所謂時代的先鋒，就是你們不要忘記，必須開闢國家的前途，痛苦的民眾要你們去拯救，要你們去教化；淪陷的山河要你們去恢復，要你們去整理；廣大的土地，無盡的寶藏，要你們去保障，要你們去開發。光輝的歷史，幸福的國家，要你們去建設，要你們去創造**」。

先生視政工為作戰之大前提，民國二十年剿共之始，他對政工人員說：「剿滅共軍，要基於政治工作，我們的組織先入，政治隨之，軍隊跟進。」當時他所領導的第一師政工人員，有特大之任務，亦有無比權力。先生之思想與作風，確是一向走在時代的前頭。

先生治兵，特別注意士兵身世，經常督促幹部，隨時覓取機會，與士兵互訴身世，細話家常，藉以了解士兵的家庭背景，而增進官兵間之感情。曾對幹部云：「**你們要士兵同志以血肉生命貢獻於革命戰爭，除了以革命大義相勉外，更須誠懇而親切地引發士兵情感，故能自動地**

向我接近，隨時吐露肺腑之言，這樣才可能做到同生死共患難，親愛精誠，團結一致，要不然彼此視同路人，那裡還能發生力量呢！」

先生常言：「**事業以下層為大，英雄以無名為大。**」凡存犧牲之心，即集中一切所有，破釜沉舟，以求決戰，亦即見危受命之勇氣。又云：「軍人思想，以忠實為美，體格以強健為美，意志以堅決為美，動作以迅速確實為美，而戰鬥以慘烈為美。在敵機狂炸之下，作戰失敗之時，而又陷於飢寒顛覆流離之際，要能鼓舞風雲，振奮士氣，使士兵重返於戰鬥，以達到最後之勝利」。

又云：「**戰績惟有精於研究，勤於訓練，勇於犧牲者始可獲得。現代的戰爭已經不是喝了酒，拿了刀向前衝的時候了，軍人固然要有必死的決心，同時更要練成不死的技能，這樣才能殺敵致果，求得勝利。成功的秘訣，是在向最危險道路前進，忍耐到最後五分鐘，才能得到勝利**」。

先生據其自己一生親身體驗所得，認為軍事教育為一堅苦的事業，亦為神聖的事業。不是有思想、有學問、有抱負、有認識的人，不足以擔任此一工作，更不足擔任此一事業。何況軍事教育，宗旨在訓練一批信仰主義，為主義生、為主義死的信徒；為民族、為國家保守土地，保衛人民之戰士；養成流血流汗，粉身碎骨，斷頭折臂，視死如歸之烈士。軍事教育更是要訓練一批有正氣、有道義、有良心、有血性，富貴不能淫、貧賤不能移，威武不能屈的大丈夫；軍事教育尤須訓練一批打硬仗，紮死寨，受傷不退，被俘不屈，在嚴刑拷打之下，刀鋸鼎鑊之前，至死不投降，赴義不變節的硬漢好漢！嘗云：「各位部隊長的責任重大，其貢獻亦大，真所謂任重而道遠，仁以為己任，不亦重乎！死而後已，不亦遠乎！」

先生之嚴

一　無名無我，埋頭苦幹

先生自投筆從戎，一生都是以「**無名無我**」四字為軍中信條，他認為每一個幹部，必須養成「**作大人——無名為大；做大事——下層為大；成大勇——無我為大**」的工作精神。要像金人一樣封口，不叫苦，不吹噓，不發牢騷，埋頭苦幹，在工作中提高他人對自己重視。

先生之信仰領袖，忠愛國家，本出之於天性，其對於個人之窮通困達，毀譽褒貶，皆非所計。一般人對他印象是沉默寡言。實際上有時亦會議論風生，豪氣干雲。他並非拙於詞令，其剖析事理，闡述主張，或排解糾紛時，每能條理縷析，語皆中肯，使人誠服。若遇有詆毀國民黨，或對領袖國家偶有建白：言語之間未盡得當者，輒以「衛道者」自任，駁斥辯難，聲色俱厲。然係對其個人之事者，則常持緘默木訥態度，不予論辯。

先生有言：「**革命的人生觀，就是自我犧牲**。」合於佛家我不入地獄誰入地獄之宗旨。他對自己所作所為，絕不願自我宣傳，事事都是做而不說，寧作無名英雄，不作鋒頭人物，這是他天性的一貫作風。

先生雖然厚重寡言，可是對人的態度，常使人有不平凡之印象，常見其生龍活虎，英光照人之英姿，常見其禮賢下士，興趣盎然之笑貌。老年人敬之愛之，青年人亦敬之愛之。先生對音樂、話劇與活動，很感興趣，鑒賞水準極高，非一般人所可企及。常云：「文化藝術之盛衰與民族隆替有其基本關係，古之所謂制禮作樂，亦就是今日文化運動之一部分」。

繆贊虞（鳳林）在抗戰時期，數度應邀至西安王曲講學，他談到先生時說：「他讀書很勤，才識雄偉，新舊學問都很有根底。」最後他又說：「**先生另有一種格調，另有一種風範，而這種格調風範，則是由其堅強、刻苦、謙抑、忠恕、廉介的性格與行為中孕育而來，且是最能吸引人的。**」

二　嚴肅紀律，自愛自重

先生手訂「戰鬥紀律」，分為三條：

「能執行命令，完成任務，守必固攻必克，這是戰鬥紀律第一；能受命不辱，受傷不退，被圍不驚，撤退不亂，這是戰鬥紀律第二；不幸而被俘，嚴刑拷打之下，刀鋸鼎鑊之前，至死不投降，至死不變節，至死而不出賣戰友，不洩漏機密，造成中華民族至高無上的氣節，可歌可泣的風格，這是戰鬥紀律第三」。

先生曾言：「戰鬥紀律是道義的信條，是無形的規範，要自覺、要自動、要自治、要自重、要自信。」又云：「我們參加革命是自己來的，不是繩索綑縛來的，因此我們的生活行動，必須自重自愛，處處靠人家監督鞭策，這是奴隸的心理，絕不是革命的戰士」。

先生之治軍，以身作則，以實行新生活規條，來改造部隊。具體而言，就是要：「一不吸烟，二不酗酒，三不嫖妓，四不賭博，五不唱高調，六不說謊話，七不失時間，八不洩漏機密。」至於工作，先生說：「工作要精到敏捷，積極專一為主，要做到不敷衍、不妥協、不懶惰、不消極、不散漫、不推諉、不掩飾、不欺騙。」又云：「工作應從苦幹、實幹中努力，養成口到、心到、眼到、手到、足到的習慣。」對於辦事，先生說：「要養成處理、整理、修理三種本能。」又云：「沒有錢亦能辦事，這就是革命。辦事處處靠錢，是失敗的原因，要在自己責任範圍內，積極地、主動地、創造地來做事」。

民國二十一年任第一師師長之時，從安慶指向霍山一帶圍剿共軍。先生出發前宣布命令：「剿共必先愛民，民眾不歡迎，雖勝亦敗，所以第一件事要做到不擾民，不拉夫，不取民間一針一線，一草一木，公平買賣，不賒不欠；借住民房，要打掃乾淨，物歸原處。做到了便是不擾民，監督命令之力行，由政工人員負責」。

民國二十二年當先生駐軍甘肅天水，他又宣示：「一切為民眾，官兵與民眾發生糾紛，不問情由，對當事之官兵嚴懲不貸。」因此官兵不敢與民眾口角爭論，形成了官兵懼怕民眾之局面，但亦正因如此，商民等感於軍紀之嚴厲，深恐官兵因些許討價還價之小事受罰，乃大家開會，商定「不二價」公約，由於軍愛民，民敬軍，使天水商人成了不二價運動之先進。

三　經理公開，信賞必罰

軍中一向所號召的四大公開——人事、經理、賞罰、意見——先生在第一師師長時期，已切實奉行，貫徹到底。其本人以身作則，樹立風氣，以導之於規範，他認為四大公開是師「克在和」的基礎，亦即是四大同心，使前後方同心，軍民同心，三軍同心，上下同心。嘗云：「軍隊如此能成功，組織和政工的作用很大。」又云：「料事不易，知人最難，凡事求心安為第一。」

先生不治生業，分文不取，即本人薪餉之剩餘及上峰偶有之賞給，悉數歸入公積金，全部用於全體官兵身上。國軍那時尚為委任經理制度，照編制發給經費，由部隊長負責經理。第一師除人員充足外，尚有積餘，由各部隊長推選各級人員為代表，公開管理公積金。當時政府並無明文規定，因此，第一師成立了不成文的各級經理委員會之體制，自動經理公開。

先生認為革命軍人，必須要有犧牲精神，至於犧牲精神應如何培養，先生認為要從不貪財、愛名譽、愛團體三個條件中養成。古人說：「酒色中尚有英雄，銅臭中絕無豪傑。」先生云：「**貪財的人沒有不怕死的，怕死的人到了緊要關頭，沒有不投降變節的**」。

先生治軍極嚴，尤於戰陣之際，令出必行，凜然使人不敢違犯，故能戰必勝，攻必克，自北伐剿共，抗日戰亂，歷時數十年，大小數百戰，均所向有功，賞不逾時，罰當其罪，故官兵莫不畏威懷德，樂為效命。

關於部屬之融育，先生云：「用得其人，用得其物，用得其地，用得其時，公正愛護，嚴格考核，勤勞指導，快樂糾正，明正的賞罰。」他對敵人絕不姑息，他曾說：「連上發現間諜、漢奸、叛徒、奸宄時，必須竭力解決之，對敵人寬大，就是對自己殘酷。」

四　關懷部屬，優遇傷兵

先生以軍為家，一生心血，貫注於部屬，自奉甚薄，律己極嚴，平生不事生產，生活之刻苦，殊難想像。而待官兵，則至為優厚，對各部屬家庭生活之照顧，無微不至。例如傷患住院，必親臨撫慰，餽贈食物現金；如遇陣亡病故，除厚卹家屬培植其子女外，均安葬公墓，四時派員祭掃。部隊行動，眷屬安置，子女就學等均妥於安排，指定專人管理。平時治軍素嚴，雖恩威並濟，實恩過於威，偶有違犯規定者，必親為之糾正，以身教之，所有官兵，敬若父兄，盡心力而效命。

人云先生之性格，比於禪宗高僧，智慧極高，苦行彌篤。為度人苦厄，不避刀山劍樹。然非靈性相通，則絕不作無謂周旋。眾生平等，愈卑微者，愈得青睞。至於達官貴人，則往往避之若浼。亦有人喻之為苦行僧，實際上他是性情中人，對於戰士那種愛護珍惜，都是至性之流露，對於負傷者之安置及眷屬之生產事業，總是盡心竭力，而其自己一生不治生業，從無個人經濟算盤，其非天性之使然乎！

三十八年大陸情勢逆轉，先生為謀安定幹部生活，在公費極端困乏之下，抽出部分，竭其力之所及，託台灣省政府在南京東路購置住宅四十棟，以供來台眷屬居住，而先生自己，則無一瓦之覆，一椽之庇，公而忘私，先生之所謂乎！其用意在使有眷幹部，能奮勵向前而無後顧之憂也。

先生嘗云：「**當軍人受傷，是最美麗而有意思的事，沒有受過傷的軍人，正似一朵未開的花一樣。**」語意深長。當任第一師師長之時，一手創立傷兵年會制度。第一師自北伐以來，連年作戰，每次戰後負傷戰士，先生團部衛生隊轉送至師野戰醫院，輕傷者痊而歸隊，重殘者送後方醫院，經核定重殘者退伍，發給傷證還鄉。先生痛念傷患，不忍流離失所，規定每年六月間於師部所在地，召開傷兵年會，致送慰問金。傷殘們稱之回娘家。每日晚餐，先生親臨參加，開會之日，勉以良民為良兵之基礎，良兵為良民之模範，回鄉後應安分守己，服從地方長官，努力生產，以報國家。語詞懇切，聞後傷殘們有失聲痛哭者。此一制度，行之於募兵時代，對鼓勵士氣，促進團結，發揚戰力，開拓兵源，發生很大之影響力。故當年第一師無逃兵，無潰兵，所向無敵者，蓋有其原因也。凡第一師招兵，未及一月，即可告全，皆為退伍傷殘在鄉宣傳之力也。傷兵年會，非特我國前所未有，即在世界各國，亦屬首創，蓋非精誠關切於傷患者，其可能乎？

五　公而忘私，國而忘家

先生之廉介，實非筆墨所能形容，自排連長升任至司令長官，從未為私人置一畝田，蓋一房室，或取用公款，以私人名義存入銀行。其任軍長以前，一直沒有蓋過棉被，穿過皮大衣，在西北苦寒氣候下，手指、手背及臉上，經常凍得發腫，甚而潰爛出血，諸友責其何不加衣、不烤火，他說：「**弟兄們享受不到的，我亦不要享受，今天需要我們上下一致來克服困難，身體膚髮受點煎熬，算不了什麼！**」一次在甘谷時害了一場大病，經醫調養，始告痊癒，醫生警告他，寒氣內侵，宜加防護，此後始製棉被一條，但仍不穿皮大衣。一直到臨終之時，始終保持一種廉介自持之風範。人云：「生無片瓦之屋，死無銀行帳戶。」克苦自勵之精神，不稍逾越。「臣以寒士來，願以寒士歸。」彭玉麟如此，先生亦如此。

先生任戰區長官時，桌上僅鋪蓋藍布一方，紅藍鉛筆幾枝，無珍玩奇寶，客室磚地蓋竹蓆。一次經理處請為其添襯衣四套，他批示兩套。宴客時每桌多置四色小菜（豆腐乳、鹹菜之類）中放一沙鍋，用大鍋燉就的雞、肉、粉絲、白菜等物，隨吃隨添，很少用名貴菜品，如遇特別宴會，稍會豐盛一點而已。

有人認為先生當年在軍中的衣服鞋襪等，經常呈現破舊，露出破綴補綻等痕跡者，乃有意做給部屬和士兵們看的，只是做樣子而已。然而觀先生之一生皆如此，直到臨終之時，榮總護理人員，發現其裏面所穿的那件毛線衣，已是破洞纍纍，據在場諸友認出此件毛衣，還是在西北時所穿的舊品，如果不是病倒在醫院裡，且於易簀之際，為眾目所共睹，以他當年地位之顯赫，今日仍為國家的上將戰略顧問，有誰能相信，他身上所穿的衣服，竟是那樣破爛，因此使人們對他平日樸質淡泊的生活，獲得了更真切的認識，他之儉德，完全是一種克己節約的軍人本色，乃是表裡一致始終如一的天性。

在住的方面，尤其是當年駐節西北，身膺疆寄時期，其居處之簡陋，竟是令人難以置信，一直住在西安之董子祠——董仲舒墓祠，他僅用祠內正廳一間（約二十蓆），作為辦公室，及廂房一間（約六蓆）作寢室，室內除滿布作戰地圖外，僅有簡單木器家具。這樣一所「官邸」，毫無任何現代設施，他能安之若素，在董子祠附近，雖曾租用民房一幢，作為接待室——即一般人所稱之東倉門辦公室；實際上，那裡是作為會客室及隨員辦公之用，並非他自己生活起居之所。就當時西北一般生活水準而言，東倉門辦公室的建築與陳設，亦不過相當一個團長的公館，至董子祠官舍，只比得上一個連長的住宅而已。

民國三十六年二月，第一戰區長官部高級幕僚會報後，提到共軍清算鬥爭事，先生很沉靜的說：「我可以和毛澤東相互清算一下，我為國服務二十多年，無片瓦之存，無寸土之置，一身之外，別無長物，就是連一個建立家庭起碼的妻子還沒有；反視毛澤東，極富貴、窮淫樂，後宮粉黛多人，他有何種條件清算別人？再進一步的講，我可以清算任何共產黨徒，他們都是那些掛羊頭賣狗肉的騙子，他們每個人都是為了自己的享受和中飽私囊而鬥爭別人，這就是我戡亂必勝的保證」。

先生常言：「**生活的潮流，要以最忠實、最勇敢、最熱忱、最廉潔的精神，永遠做人家的模範，來影響群眾，領導群眾。**」他以此言勉勵部屬，自己亦是以身作則來實現這種生活，來作部屬的楷模，他那些粗衣糲食的作風，正像一個苦行的長老，因之軍中有一種傳說，謂先生係苦修羅漢轉世，實際上主要原因，還是在他躬行實踐，以轉移社會上頹廢驕奢的風氣。

先生有軍中聖人之目，平日好吃柑桔水果，別無菸酒等嗜好，軍事之餘，除讀書修養外，常攜僚屬馳騁於原野高山大河之間，在大自然浸潤陶冶下，養成其生動純潔，感情豐富和高貴的品格。先生喜歡沉思，常常閉戶蹀躞，左右僚屬，知其在深思沉索，都不敢去打擾他，他亦常常騎馬去僻靜處，沉思熟慮。

先生畢生獻身革命，長期軍旅生涯，年逾五十，於三十六年四月，始與葉霞翟女士結婚，伉儷情深，生有二子二女，有一個美滿家庭。葉女士是美國威斯康辛大學政治學博士，她一心治理家務，從不過問外事，故縱屬先生之高級幹部，除親近者外，十之九均未曾與夫人謀面，亦不知其家居究在何處？談到他倆十載訂婚，三日新娘的故事，實在富有傳奇性。

先生於七七事變前與夫人相識於杭州西湖，一見鍾情，相約於當年冬天結婚，詎料抗日聖戰發生，先生本「**匈奴未滅，何以家為。**」之古訓，遂將婚期延擱，一延就是十年，有人問其何時結婚成家，他曾說：「我今天不帶兵，明天就可結婚，帶兵必須專心一致，方能打勝仗，如為家私分了心，精神便不能貫注，敵人子彈就會打在我身上，使國家人民的生命財產，枉受損失，那如何對得起良心和我們的校長啊！所以我現在不談結婚」。

直到抗戰勝利，先生壯志已酬，本擬即時成婚，以了宿願，但為了對這位苦等十年的意中人，表示崇高的敬意，表示願以偉大的戰果，來作將來迎親的聘禮，所以又延到三十六年三月十九日克復赤都延安的第二個月，才與夫人在西安王曲興隆嶺舉行婚禮。當時參加婚禮的人僅有八人，行禮時亦無樂隊，禮成備八碗菜餚便餐，大家吃了就散，其他部屬及社會人士，直到先生把新娘送返南京後，還不知他已結了婚。事實上第一天新娘由南京接來西安，第二天算是先生與新娘度蜜月一個整天，第三天已在離愁之中，第四天一早就把新娘送返南京。新娘的新婚歲月，是多麼短暫，這時間又是多麼珍貴哪！從此一別又是三年，到三十九年四月，先生自西昌返台時，才算是婚後有家，從訂婚到結婚為十年，蜜月以三天計，婚後重聚定居又隔三年，這樣公而忘私，國而忘家的精神，實不讓大禹治水在外十三年三過其門而不入，專美於前了。

夫人為一忠誠之基督徒，亦是先生真正之知音者，聚少離多，極少家室之樂，而伉儷情深，則全繫於革命報國之共同目標與事業。此於當世或不無特立異行之感。先生以天下為己任，唯恐力有所未逮。事有未竟其人生之境界，生活之情趣，自與常人不同。而其竭心盡智，傾全力以赴革命之事功者，亦於此略窺其端倪也。

先生一生不治生業，公私區分極嚴，每月家用，僅仰其薪給，一應炊爨衣裳，悉由夫人自理，夫人歸先生時，任大學教授，溫慧端麗，世罕其匹，以一學人而主中饋，且計入為出，常人所難能，夫人安之怡如也。

先生之生日，部屬與親朋，未有知之者，亦從未聞其做生日。民國五十一年二月十四日以疾卒於榮民總醫院；春秋六十有七，棄世之日，內無餘帛，外無餘財，身後蕭條之情景，絕非外人所能想像。彭玉麟曰：「中興大業，宜扶植名教，振起人心。」滿清三百年來，歷數清廉之官，當以彭玉麟為最，民國五十年來，歷數清廉之官，以先生為最，非一人之私言，乃世間之公論。

先生之軍人魂

國父常以質樸堅毅四字勗勉同志，先生是國父手創黃埔軍官學校第一期學生，親聆國父訓誨及親愛精誠感召，其能遵行國父質樸堅毅四字，確可概括先生一生之風格。

古人云「知人論世」，了解先生為人，始能知其卓越之戰績，實非倖致。先生自民國十三年黃埔一期畢業後，參加東征、北伐、討逆諸戰役，如民國十五年擊破孫傳芳南昌之役，十七年敗張宗昌會師濟南之役，十八年敗叛軍孫良誠嵩山之役，十九年敗叛軍唐生智平濱路之役，戰無不勝，攻無不克；叛逆者畏之為虎，甚而友軍部隊臨時改懸其所屬第一師旗幟，以唬嚇叛逆。其時若無第一師縱橫戰場，南北奔馳，則勝負之數，尤非所可卜者。

先生之功業，直接關係於國家之安危，民族之興衰者也，從他參加剿共戰爭開始，於二十一年在安徽收復六安以後，辦理鄉鎮善後建設，已是七分政治三分軍事的實行者，安徽省政府特別將他所訂定諸種措施，作為剿共基本方略，是年秋，剿贛鄂之共軍，追徐向前共軍入豫陝川甘於群山峻嶺之中。二十三年共軍從贛湘黔川流竄，當時先生由甘入川，堵擊於川北，指揮若定，士氣如虹。沿途地形、天候、補給、衛生等，艱苦困難之情，非寸管所能引述。尤其在川西松潘地區，於不毛之地，交歡藏羌之民，土司聞訊，千里餽糧，神奇之事，可歌可泣。共軍流竄之始，尚有六七萬眾，至經川甘入陝北，僅四五千人，沿途損失，十之八九。戰力消耗殆盡。如果無二十五年十二月之西安事變，假以時日，共軍必可消滅淨盡，這是反共戰鬥中最足以影響全局之一頁。七七軍興，外臨強敵，腹存蠱毒，先生坐鎮西安，持八年之抗戰，共軍不敢南下，其貢獻之偉，是該大書特書者也。

二十五年西安事變發生，先生為解決此一問題之核心武力，當時軍政部電令在西北中央軍，統歸先生指揮，先生復電僅有簡單六字「五日完成任務」，由於指揮適切，行動機敏，且因救援領袖，士氣怨憤，果於五日內依命令指示佔領寶雞，脅迫西安，發表宣言，表示決心。當時之東北軍、西北軍，無一敢迎第一軍之鋒刃，反而對領袖之安危而擔憂，萬一領袖發生意外，則不論東北軍、西北軍，均將在第一軍橫掃千軍之悲壯軍威下而覆滅。張學良一面受領袖感召，一面在先生勤王待發之軍威壓力下，始知事態嚴重，乃親送領袖還京，滿天陰霾，乃得重見天日。

二十六年七七事起，先生率部增援上海，堅守楊行、劉行、蘊澡濱、大場一帶，浴血苦戰，死守六週，敵不得逞，血肉磨坊一役，令寇膽寒，張季鸞有云：「一軍健兒，乃國家之精旅，如此犧牲，不禁令人愴然落淚。」可見先生所部壯烈犧牲之情形，自淞滬戰役後，國軍英雄奮戰之精神，乃為世界各國所公認。

二十七年，先生移駐關中之後，肩負對日對共兩面作戰之任務，東禦日軍，北阻共軍，艱苦奮鬥，八年之久。屏障西北，安固北疆，使政府無側背之憂，終獲最後勝利。在這一偉大民族聖戰中，先生自軍長、軍團長、集團軍總司令、副司令長官，而戰區司令長官，而綏靖主任，雖職銜數度變更，卻始終駐節西安，鎮守關中，以一身支撐半壁河山。西北地域遼闊，地方色彩濃厚，政治情況複雜，先生推心置腹，安撫綏和，使各地區各種族部隊，都能心悅誠服，鞏固了抗戰後方基地，保持了後方的安全和完整。

抗戰時期，先生一面建軍，一面作戰，無日不在憂勤惕慮之中，不僅關中安篤如常，而尤須馳援燕、晉、豫、甘、寧、新各省，分兵四出，從容部署，有條不紊，鎮靜以處。且不斷組訓民眾，使西北各地全民皆兵，軍民一體，八年之間，日軍始終未能入侵關中，使西北各省得免淪敵，先生之肩挑重任也，於抗戰艱困之時，西北充沛之人力及資源，得以支持全局，拱衛陪都，從而奠定勝利之基礎。

曾有人誤解先生擁兵自重，並未建立特殊功勳，因而妒之者亦眾，殊不知當時黃河以東有日軍，陝北一帶有共軍，新疆邊陲有俄軍，虎視眈眈於周圍，而甘寧等地有內憂，秦嶺關中復為拱衛陪都重慶之門戶，西北若有所失，必致影響抗戰之整個大局。八年抗戰，先生率部固守黃河，日軍未能越潼關一步，監視陝北，共軍未敢南下關中，警備河西走廊，各地土著未發生重大變亂，最後派兵入新疆，使俄軍不敢南下牧馬，而中央政令得能行使於從未到達之地區。

抗戰中期，陝西已成為支援西北華北各戰場之基地和幹部的儲備所，而始終有二軍兵力在敵後的中條山及晉東南作戰，牽制日軍。三十三年春，日軍在河南集結大軍，發動攻勢，先生親臨潼關指揮，靈寶會戰，終將日軍擊退，安定了後期西北之局勢。

日軍於靈寶失敗後，三十三年冬復在西南集結重兵，對貴州獨山發動攻擊，此為日軍在中國戰場上孤注一擲之戰術，我西南各戰區，連年苦戰，筋疲力竭。先生復遣精銳之師，由劉安祺率領，空運貴陽，支援獨山作戰，確保貴陽，解重慶南顧之危，另以精師運渝，由鍾松率領安定陪都，功不可沒。三十四年春，日軍復在豫西集結大軍，進犯西峽口，先生令三十一集團軍王仲廉率部迎擊，只許前進，不准後撤，血戰月餘，先生親自指揮各集團軍作戰，終將犯寇擊潰，斯為勝利前日軍垂死最後一次之會戰，先生對屏障西北之功不可沒。

三十四年八月十五日，日軍宣布投降之夕，先生派遣精旅空降北平，布告安民，杜絕了激進共軍企圖入北平接收之陰謀，顧慮之周可以概見。

日軍投降後，共軍掀起了全面叛亂，利用「談談打打，打打談談」之詭計，以轉移國際視聽，先生洞悉其奸，預作準備，當和談一再破裂之後，即率麾下所部於三十六年三月十九日，以迅雷不及掩耳之行動，在全國烽火漫天之中，一舉收復延安，對當時之民心士氣，產生了極大之鼓勵。使共軍叛亂之陰謀，受到嚴重之打擊，共黨中央亦倉皇撤到黃河以東之山西地區。是年五月各戰區裁撤，先生改任綏靖主任，厥後榆林、大荔、涇渭河谷、中條山、運城、臨汾之戰，無不予共軍重創。

三十七年間，各地戡亂軍事節節失利，至三十八年領袖引退，和談高唱入雲，繼之京滬失守，政府始遷廣州，整個大陸局勢，已成一片混亂，唯有先生掌握之西北地區，仍在堅守苦戰之中，與各地區戡亂情形相比，真可謂疾風勁草，一枝獨撐。

廣州陷共後，政府遷重慶，代總統李宗仁不理國事，竟出國赴美，藉病就醫；中樞無主，先生始奉命放棄西北，退保川康，此時川中叛逆，暗中反對先生部隊入川，與中共勾結，公開叛變，先生在新疆及河西走廊之部隊，距離遙遠，無法後撤，一部分組成嚙血同志會，間關萬里，翻越帕米爾高原經印度而來台灣。先生僅能率原陝甘之部隊，先退守秦嶺，再退保渝蓉，一面轉進，一面作戰，保衛重慶之役，第一軍在綦江南溫泉一帶，奮戰四晝夜，師長以下，傷亡慘重，如此始能使政府由渝遷蓉。

最後成都平原之作戰，為保護總裁之安全及政府安全撤退來台，不計大軍成敗利鈍及個人毀譽榮辱，始終服從命令。若無先生入衛渝蓉，當時總裁之安全及中央政府之能否播遷來台，實不堪想像。

綜觀整個大陸戡亂失敗經過，實因各方面敗退於先，先生孤軍奮戰於後，政治、經濟崩潰，戰略上已至無可挽回的地步，先生嘗言：「**武人要忠厚，文人必須是忠信者，方可志同道合，同創事業**。歷史上最令人悲憤的一段，就是岳飛正在戰場上殺敵衛國，而後方奸臣秦檜竟不斷下令逼迫退兵。犧牲忠良，賣國求榮。這種千古罪人，最令人痛恨！」其忠勇報國之精神，溢於言表。

成都之役，戰鬥之激烈，傷亡之慘重，敵眾我寡，懸殊十倍，革命精神之發揚，堪稱空前。迨三十九年三月一日蔣總統復行視事，中樞有主，三月二十六日始奉命忍痛離開大陸最後據點之西昌，他已作了最大的努力，不料來台以後，反遭誹謗攻訐，先生處之泰然，以為有領袖在，毋庸辯白，其相忍為國涵養之深，胸襟之寬宏，足資矜式。

蔣經國先生所著《危急存亡之秋》一書中，提及成都之役云：「此時胡宗南部隊，已翻越秦嶺；跋涉長途，輾轉到成都平原，以六百公里與敵對峙之正面，轉進至一千餘公里長距離之目的地，而竟能在半個月時間內，迅速完成，亦戰敗中之奇蹟也。」先生苦戰西進，至西昌整頓部署，重振軍威，繼續奮戰，使青天白日國旗，在西昌又飄揚四月之久。

先生是我國高級將領中由大陸最後來台之一人，來台時他的部隊仍在大陸繼續戰鬥，按當時狀況，全國淪陷，無法進行正規戰及大規模游擊戰，唯有分散潛伏，進行地下組織戰，以待時局之開展。數年之中，在隴東、隴西、秦嶺、川北、西康等邊區，發生反共抗暴行動及游擊戰爭，大多皆先生昔日之舊部。

先生來台以後，忍辱負重，力圖雪恥，先後奉命出任大陳江浙反共救國軍總指揮，澎湖防衛司令等職，部署外島防務，訓練守備部隊，同時整編選訓游擊幹部，以為深入敵後相應反攻大陸之準備，均卓著成效。最值得記述的是先生在大陳時期，他僅憑著個人一點聲望和苦幹的精神，在那孤懸海上的島嶼中，日夜不息地經營戰場，而且親自指揮游擊部隊作戰，當時他曾經說過：「我們應戰至最後一人，這一個指揮所，就是我們的最後死地。」後來一江之役，王生明戰至最後一人，而壯烈殉國，是乃受先生精神感召有以致之也。

「**鐵肩擔主義，血手寫文章，服從領袖，從頭收拾舊山河，保中國**。」這是先生的遺言，軍中毋忘在莒運動之至誠宗旨，亦正在此。今先生長眠於陽明山竹子湖畔，西望大陸，萬里河山。他一生的功業，應是流芳千古。當他離開成都時，「我們一定打回來的」最後呼聲，震盪著中國青年的耳鼓。他所念念不忘反攻復國大業，亦將由千千萬萬一代又一代先生的化身在繼承，以三民主義統一中國的理想，將來終必將達成。

先生曾云：「**學校教育必須影響學校所在地之社會；軍隊駐地，亦必須影響所在地的社會，引起新的改革，造成新的風氣。**」回憶抗戰時期，先生鎮守西安，治軍王曲，當時西北半壁山河，穩如磐石，日軍既不敢西渡黃河，亦不敢進叩潼關，共軍宣傳煽惑失效，亦不敢南越封鎖線。旺盛的士氣，無怨無尤的民心，安定的環境，樸實無華的社會，至今尤為人懷念不已。

先生立志要做反攻大陸時，把青天白日滿地紅的國旗插在南京城的第一人。國喪干城，造成難以補償之損失；不過我們深信，將來的歷史，將使世人對他有更真實的了解與尊敬，他那種高明而又沉潛，平凡平實及深刻的態度與精神，將在這個大時代後起的軍人中，發生巨大無比的影響。

從先生的生平言論中，可以看出他一顆光明燦爛的心，他是青年的導師，革命的典型，所以有無數青年圍繞著他，無數青年向他學習，更有無數青年對他嚮往。經他多年培養剪裁薰陶訓練的幹部和學生，曾用各種不同的方法，冒險犯難，從大陸各個角落間關來台，而繼續努力奮鬥者，又何止萬千，仍然形成擔當復興國家的忠貞幹部。更有無數愛國青年，受過先生影響，在大陸，在海外，今後必將改變中國，重建中華。

先生之軀殼雖逝，然其精神不死。先生之堅強意志力，無窮盡之創造力，無我無私之革命力，絕對服從，忠貞不貳的精神力，已代表這一時代的軍人魂。他為青年建立了模式，亦為軍人塑造了典型。千秋萬世，永遠活在人們的心目中，永遠是青年及軍人之典範。[1]

1　本章取材於文化大學創辦人張其昀先生對胡宗南逝世三週年之紀念文。

附錄

胡宗南將軍年表

時間	年歲	事蹟
民國前十六年	一歲	五月公降生於浙江鎮海。
民國前一〇年	七歲	十二月公父際清先生挈公來浙江孝豐（今安吉縣）。
民國前一年冬	一六歲	公畢業於縣立高等小學堂。
民國　四年	二〇歲	畢業於公立吳興中學校，受聘為縣立小學校國文史地教員。
民國　五年	二一歲	受聘於私立王氏小學高年級主任教員。
民國　十年	二六歲	遊塘沽山海關間。
民國十二年	二八歲	考入黃埔中央軍官學校第一期。
民國十四年	三〇歲	軍校畢業，參加東征，升教導第二團營長，攻佔河婆橫峯敵陣。 組織孫文主義學會。
民國十五年	三一歲	升上校團長，隨同北伐，擊潰銅鼓孫傳芳敵軍。　解救二十六軍新登之圍。
民國十六年	三二歲	擊破孫傳芳洋埠富陽之敵，克復杭州。　擊潰直魯聯軍畢庶澄部，佔領上海莘莊龍華及上海兵工廠。　五月，升第一師少將副師長，仍兼第二團團長。　同月渡江北伐至山東郯城。　八月，率第一師參加龍潭之戰。　十一月，公升任第二十二師師長，會克徐州。
民國十七年	三三歲	四月，擊破直魯聯軍於侯孟六十子克韓莊。　同月會克濟南。 六月，回師曲阜；縮編任第一師第二旅少將旅長。第二旅被譽為模範旅，其第三團經評比為全國陸軍第一。
民國十八年	三四歲	三月西征，第二旅首先入武漢。　七月入豫，十月討伐馮玉祥。 十二月唐生智叛，戰於豫南。

民國十九年	三五歲	元月討唐，降其團長九人，唐逆解體。五月參加中原戰役，升任師長。擊潰馮部主力，確保總司令安全。設開封訓練班，創半傷殘年會。
民國二十年	三六歲	令第一旅、獨立旅肅清河南各地積匪。四月入冀，會同友軍敉平石友三之叛。首設立師屬無線電臺，訓練人員。
民國二十一年	三七歲	參加一二八淞滬戰役，修築澄錫常溧公路。五月入皖剿共，收復六安霍山。七月，剿贛鄂之共軍，九月，追中共徐向前入甘。
民國二十二年	三八歲	全師入駐甘肅隴南。六月敉平孫殿英之叛。成立天水訓練班。禁煙、修築飛機場，設各種訓練班，協助甘政府施政。
民國二十三年	三九歲	為天水、甘谷兩縣修復水利。
民國二十四年	四〇歲	元月命獨立旅擊潰四川昭廣共軍。赴松潘長途追擊剿共，自三月起至十一月方回駐甘肅甘谷縣。
民國二十五年	四一歲	兩廣異動，率部至長沙備禦。十月擴編第一師為第一軍，公任軍長。剿共隴東，包圍中共，正欲進兵陝北，西安事變，移師赴難。
民國二十六年	四二歲	全軍移駐徐州歸德護路，作抗日訓練。參加淞滬抗戰自八月起血戰至十一月。升任十七軍團司令。
民國二十七年	四三歲	十七軍團移駐關中。成立第七分校、戰時工作幹部訓練第四團、西北幹部訓練團。增援蘭封作戰，增援信陽作戰。支援武漢會戰。
民國二十八年	四四歲	成立長淮招募處，爭取陷匪青年，成立西北游擊幹部訓練團。

民國二十九年	四五歲	五月，擴編十七軍團為三十四集團軍。第二次援晉，收復晉西南各縣。
民國　三十年	四六歲	戰區變更，公部歸第八戰區指揮。動員指揮部成立與裁撤。第三次援豫。日軍犯東龍門山。將校訓練班第一期開訓。
民國三十一年	四七歲	赴晉見閻長官錫山。兼職軍令部西安辦公廳主任。奉召赴蘭，隨侍委座視察河西等地。所部擴編為三十四、三十七、三十八等三個集團軍。
民國三十二年	四八歲	建立生產事業機構。派盛文敉平甘亂。派周保黎山東募兵。
民國三十三年	四九歲	二次入晉謁閻長官。五月，日寇攻陷洛陽，率部戰於陝州靈寶拒止之，確保潼關及重慶。戰區變更，公以第八戰區副長官改任為第一戰區副長官。日軍陷貴州獨山，調兵增援，並空運增援重慶。遣兵救援榆林。遣李鐵軍部入新疆平亂，苦戰經年。
民國三十四年	五〇歲	升任第一戰區司令長官。三月寇犯西荊公路，指揮三十一集團軍王仲廉等擊敗之，造成西峽口大捷，為抗戰勝利前最重要之勝利。　中美合作共同訓練部隊。抗戰勝利，奉命在鄭州受降。共軍阻撓受降，圍攻彰德湯陰等地擊敗之。十一月赴渝參加整軍會議。晉上將銜，並當選中國國民黨中委。
民國三十五年	五一歲	七分校停辦，改為督訓處。整編部隊為三軍十師二十五旅。清剿豫北共軍，李先念王震等竄擾陝南，擊潰之。第四次援晉，打通同蒲路。公命調查歷年死事先烈事蹟，撫養遺族，及籌辦文化事業。
民國三十六年	五二歲	收復延安及陝北各縣。與葉霞翟博士結婚。第一戰區裁撤，改設西安綏靖公署，公任主任。蔣中正巡視延安讚陝北軍人為全國軍人模範。建議編練新軍。遣兵馳救榆林。

民國三十七年	五三歲	國防部共諜劉斐調陝北剿共主力第一軍赴豫，力爭未果。　二月馳救宜川，戰於瓦子街失利，劉戡嚴明李達周由之等陣亡。　三月誘擊共軍於涇渭河谷之間，大破之。　第六次援晉，協防太原與臨汾據點。　共軍犯大荔再擊破之。　是年公自調軍食。
民國三十八年	五四歲	經始規劃漢南，五月西安綏署奉命遷至漢中。　戰於武功，收復西安未成。　共軍犯安康，盛文部擊破之。　經營隴南，公兼任川陝甘邊區綏靖主任。　十一月第一軍奉命馳援重慶，翊衛領袖及政府赴蓉，全軍南移入川，成都保衛戰。　蔣總裁與政府法統得安遷來台。　改西安綏署為西南長官公署，公任副長官，部隊轉進西昌，西昌苦戰，公奉令回台任戰略顧問。　西南長官公署裁撤。
民國三十九年	五五歲	監委以不實資料欲彈劾未成。　立法委員一〇八人為公辯誣。
民國四十　年	五六歲	奉命赴浙江外海大陳列島，整理沿海游擊部隊，率部救洞頭，突擊沿大陸各島。
民國四十一年	五七歲	兼任浙江省政府主席。
民國四十二年	五八歲	兼任浙江黨務特派員。　攻擊大小鹿山羊嶼。　積穀山淪陷，反共救國軍總部裁撤，公回台灣。　於極艱苦條件下，在大陳不到兩年而突擊大陸三十九次。
民國四十三年	五九歲	國防大學校畢業，名列優等。　七月，以旁聽名義參加實踐學社聯合作戰研究班第二期受訓。
民國四十四年	六〇歲	三月，聯戰班結業。　八月，受命擔任澎湖防衛司令，籌建澎湖軍屬眷村。強化戰備，全面植樹。
民國四十五年	六一歲	赴美參觀。　駐軍九十三師獲全國陸軍師評比第一。
民國四十六年	六二歲	積極強化軍經建設改築澎湖飛機場，建軍人公墓。

民國四十七年	六三歲	改良漁民生活，建議籌建跨海大橋。全力支援金門砲戰，終獲勝利。
民國四十八年	六四歲	任滿回台灣，進國防研究院第一期深造。
民國四十九年	六五歲	國防研究院第一名畢業，被選任為同學會會長。蔣中正總統屢欲委以實職，均婉謝。
民國五十　年	六六歲	患血糖及血脂肪過多病。
民國五十一年	六七歲	在台北逝世，葬陽明山。
民國五十一年		公逝世後，其故舊門生每年集會紀念，歷五十餘年而不輟。台北陽明山中國文化學院（即今文化大學）成立，特設立「宗南堂」，並陳展公之文物，以作紀念。
民國五十七年		澎湖軍民為公鑄立銅像、紀念亭，東引游擊舊部為公建「東昌閣」。
民國六十一年		國防研究院同學為公立碑表德。
民國八十　年		高雄鳳山陸軍軍官學校校史館成立公之專櫃，陳展文物，以教育該校師生。
民國八十四年		公於抗戰期間所主持之中央軍校第七分校，其在台師生組成「王曲聯誼會」，繼於民國七十八年起編組開始編撰《王曲文獻》，以軍校校史，師生們所參與之抗日及戡亂戰史，及胡宗南上將專集等為重點，共計八大冊，於民國八十四年完成，對外發行。
民國八十八年		韓國金大中政府追贈公「建國勳章獨立章」，以表揚公在抗戰期間訓練，裝備及協助韓國光復軍抗日，有助於韓國獨立之功勳，由公之長子胡為真博士及長孫胡斯廣博士赴首爾代表接受。
民國九十八年		電腦專才朱君於網路闢建「胡宗南紀念館」，摘錄公之各項事績供外界點閱。

民國一〇三年		台北國立政治大學成立「民國史料館及名人書房」，其首展即以實物及數位化方式陳展公之文物、作品、書籍，以表彰公對國家及歷史之貢獻。　台灣商務印書館將公之文存、紀念集、年譜及傳記重新編修，出版「胡宗南先生四書」，中央社計劃出版圖傳。
民國一〇四年		國史館為慶祝抗戰勝利七〇週年，出版公之日記史料以供國內外人士研究。

參考書目

1.《胡宗南上將年譜》：胡宗南上將年譜編輯委員會編印，民國六十年二月十四日初版。
2.《胡宗南先生紀念集》：胡故上將紀念集編纂委員會編印，民國五十二年二月十四日出版。
3.《宗南文存》：中國文化研究所，五十二年七月再版。
4.《教澤流芳》：葉教授霞翟紀念集編輯委員會編印，民國七十五年八月十日出版。
5.段彩華著：《轉戰十萬里——胡宗南傳》，民國七十四年三月二十五日，近代中國出版社出版。
6.李文博著：《蟻語集》，民國七十三年四月二十三日出版。
7.李守孔編著：《國民革命史》，中華民國各界紀念國父百年誕辰籌備委員會，六十九年十月再版。
8.陳國柱、袁繼毓合撰：《中國歷代演義》之二十七冊，民國七十一年十二月三十一日，馬陵出版社。
9.童昌明，陳國柱合撰：《中國歷任演義》之二十八及二十九冊，民國七十一年十二月三十一日，馬陵出版社。
10.劉峙著：《我的回憶》，民國五十五年四月，廣隆印刷公司出版。
11.《王曲校刊》第九卷第六期，民國三十二年三月十六日，中央軍校第七分校王曲校刊社出版。
12.張其昀著：《黨史概要》第一至五冊，民國六十八年三月二十九日，中央文物供應社出版。
13.張其昀著：《永懷胡將軍宗南》，民國五十四年二月十四日至二十四日，《中央日報》連載。

14. 徐枕著：《阿毛從軍記》，民國七十六年三月十四日，福記文化圖書公司出版。
15. 《胡宗南先生逝世二十四週年紀念文集》，民國七十四年二月十四日，王曲叢刊出版社出版。
16. 《胡宗南先生逝世二十五週年紀念文集》，民國七十六年二月十四日，王曲叢刊出版。
17. 葉蘋著：《天地悠悠》，民國五十八年七月，省立台北師範專科學校出版。
18. 李芳蘭著：《喜相逢》，民國七十年三月，華欣文化事業中心出版。
19. 崔寶瑛編譯：《麥帥回憶錄》，民國五十三年十月，中央日報社出版。
20. 何應欽上將著：《日軍侵華八年抗戰史》，七十一年十一月，黎明文化事業股份有限公司出版。
21. 彭桂芳編著：《五百年前是一家》民國八十二年，黎明文化事業股份有限公司出版。
22. 《中國國民黨七十年大事年表》：黨史史料編纂委員會，五十四年十一月二十四日出版。
23. 劉紹唐主編：《民國大事日誌》，傳記文學社，六十八年三月一日出版第一第二兩冊。
24. 行憲監察院實錄第一編，頁二〇五，彈劾案三十九年度秘字第二號。
25. 劉紹唐主編：〈民國人物小傳〉，《傳記文學》三十二卷第六期，頁一四四。
26. 劉紹唐主編：〈民國人物小傳〉，《傳記文學》二十九卷第六期，頁一二五。
27. 蔡孟堅著：〈追念胡宗南將軍〉，《傳記文學》四十六卷第二期，頁二八。
28. 東方赫著：〈胡宗南的英雄崇拜〉，《新聞天地》七三三期，五十一年三月三日出版。
29. 尤明遠著：〈等待公正的裁判〉，《新聞天地》一四一期，三十九年十月二十八日出版。

30. 卜少夫著：〈在台北認識胡宗南〉，《新聞天地》七三三期，五十一年三月三日出版。
31. 費雲文著：〈模範軍人胡宗南〉，《中外雜誌》影本。
32. 劉廷芳口述：〈記兩廣六一事變未公開的一段內幕〉，《傳記文學》第五十卷第二期，頁二一。
33. 吳天威著：〈西安事變與近代中國歷史的大轉折〉，《傳記文學》第五十卷第二期。
34. 唐德剛著：〈西安事變六一事變五十週年〉，《傳記文學》第五十卷第二期。
35. 莊政著：〈黃埔軍校建校秘辛〉，《中外雜誌》影本。
36. 彭城伯著：〈東征勝利奠定革命基礎〉，《潮州文獻》第十二卷第二十三、二十四期合刊，七十五年十月十日出版。
37. 郭兆華著：〈北伐軍到達梅城〉，《潮州文獻》第十二卷第二十三、二十四期合刊，七十五年十月十日出版。
38. 王建竹著：〈國民革命軍棉湖大捷〉，《潮州文獻》第十二卷第二十三、二十四期合刊，七十五年十月十日出版。
39. 戈士德著：〈胡宗南先生與戴笠〉，《中外雜誌》一八〇、一八一、一八二三期連載。
40. 耀祖著：〈偉大的戴笠先生〉，《浙江月刊》二一七期，七十六年五月十日出版。
41. 龔德柏著：《汪兆銘降敵賣國秘史》，民國五十二年七月一日出版。
42. 周谷著：〈鐵血壯士行〉，《中外雜誌》三十八卷第三期，民國七十四年九月一日出版。
43. 史銘著：〈追憶西安事變時的蘭州〉，《傳記文學》四十一卷第六期，七十一年十二月出版。
44. 〈黃埔軍校校史〉，《王曲文獻》，民國十三年至十六年版本。

45. 王仲廉著：〈中共禍國紀實〉，《征塵回憶錄》第六卷，七十五年六月出版。
46. 吳湘湘著：〈口述歷史實習心得〉，《傳記文學》五十一卷，四期，七十六年十月出版。
47. 鄭思聰著：〈預三師增援豫西靈寶之役〉，《王曲叢刊》第十期，七十二年三月二十九日出版。
48. 郭谷鈺著：〈豫西會戰之役〉，《王曲叢刊》第八集，頁六一，民國七十年六月八日出版。
49. 王洽南著：〈黃埔精神在王曲〉，《王曲叢刊》第八集頁三，民國七十年六月八日出版。
50. 黃潤生著：〈八年抗戰最後大捷豫西、西峽口之役〉，《王曲特刊》第二集，頁一一九，民國七十六年二月十四日出版。
51. 凃心園著：〈七分校點滴——兼憶胡宗南主任〉，《王曲特刊》第二集，民國七十六年二月十四日出版。
52. 林凌著：〈老兵的話——二十七〉、《寧波同鄉月刊》二三三期，頁一七，七十六年一月一日出版。
53. 〈彈劾案胡宗南申辯書〉，三十年八月十六日呈參謀總長報告文書。
54. 徐枕著：〈在鬼屋中鎮日苦讀的胡宗南童年〉，民國七十八年三月十三日文載《中央日報》第十七版。已收集在《近代中國名人的童年》，頁二〇八。
55. 《羅列上將紀念集》，民國六十六年。
56. 國防大學提供國防大學校及聯戰班相關檔案資料。

胡宗南先生四書
一代名將胡宗南

作者◆徐枕
發行人◆王春申
副總編輯◆沈昭明
主編◆葉幗英
責任編輯◆吳素慧
校對◆謝惠鈴 鄭秋燕
美術設計◆吳郁婷

出版發行：臺灣商務印書館股份有限公司
10046 台北市中正區重慶南路一段三十七號
電話：(02)2371-3712 傳真：(02)2371-0274
讀者服務專線：0800056196
郵撥：0000165-1
E-mail：ecptw@cptw.com.tw
網路書店網址：www.cptw.com.tw
網路書店臉書：facebook.com.tw/ecptwdoing
臉書：facebook.com.tw/ecptw
部落格：blog.yam.com/ecptw

局版北市業字第 993 號
初版一刷：2014 年 8 月
初版二刷：2014 年 9 月
定價：新台幣 700 元

ISBN 978-957-05-2928-9

一代名將：胡宗南／徐枕著．--初版．-- 臺北市：
臺灣商務, 2014. 08
面； 公分.

ISBN 978-957-05-2928-9(平裝)

1.胡宗南 2.臺灣傳記

783.3886 103004491

讀者回函卡

感謝您對本館的支持，為加強對您的服務，請填妥此卡，免付郵資寄回，可隨時收到本館最新出版訊息，及享受各種優惠。

■ 姓名：________________________　　性別：□ 男　□ 女

■ 出生日期：________年________月________日

■ 職業：□學生　□公務(含軍警)　□家管　□服務　□金融　□製造
□資訊　□大眾傳播　□自由業　□農漁牧　□退休　□其他

■ 學歷：□高中以下（含高中）□大專　□研究所（含以上）

■ 地址：
____
____

■ 電話：(H) ______________________ (O) ___________________

■ E-mail：____

■ 購買書名：____

■ 您從何處得知本書？
□網路　□DM廣告　□報紙廣告　□報紙專欄　□傳單
□書店　□親友介紹　□電視廣播　□雜誌廣告　□其他

■ 您喜歡閱讀哪一類別的書籍？
□哲學・宗教　□藝術・心靈　□人文・科普　□商業・投資
□社會・文化　□親子・學習　□生活・休閒　□醫學・養生
□文學・小說　□歷史・傳記

■ 您對本書的意見？（A/滿意　B/尚可　C/須改進）
內容 ___________編輯________校對________翻譯_________
封面設計________價格________其他____________________

■ 您的建議：____
____

※ 歡迎您隨時至本館網路書店發表書評及留下任何意見

臺灣商務印書館　The Commercial Press, Ltd.

台北市106大安區新生南路三段19巷3號1樓　電話：(02)23683616
讀者服務專線：0800-056196　傳真：(02)23683626
郵撥：0000165-1號　E-mail：ecptw@cptw.com.tw
網路書店網址：www.cptw.com.tw　網路書店臉書：facebook.com.tw/ecptwdoing
臉書：facebook.com.tw/ecptw　部落格：blog.yam.com/ecptw